문화예술교육 프로그램 개발의
이론과 실제

CULTURE AND ART EDUCATION
PROGRAM DEVELOPMENT
THEORY AND PRACTICE

문화예술교육 프로그램 개발의 이론과 실제

홍은실 · 김태윤 · 안원현 공저

dm 동문사

PREFACE

국제화·다양화 시대의 도래에 따라 문화예술교육의 중요성이 증가되면서 정부에서는 모든 국민의 문화적 삶의 질 향상과 국가의 문화역량 강화에 이바지하기 위해 2005년 문화예술교육 정책이 본격적으로 추진되면서 문화예술교육진흥원이 설립되었다. 같은 해 문화예술교육지원법이 제정되면서 이러한 문화예술교육 활성화의 환경을 조성하고 지원하기 위한 조직으로 문화예술교육을 지원하기 위한 법적 근거가 마련된 결과 2012년에는 문화예술교육 인력 양성을 위한 문화예술교육사 제도가 도입되기에 이르렀다.

문화예술교육에 대한 인식의 확산은 문화예술교육의 성장과 발전을 견인해 왔고 이와 함께 교육 현장에서는 보다 질 높은 교육 프로그램을 요구하고 있다. 여기에는 문화예술교육 대상이 모든 국민인 만큼 폭넓은 교육 대상에 따른 다양한 교육적 요구에 부응하는 차별화된 프로그램과 빠르게 변화하는 사회적 변화와 창의적 인재 양성의 교육적 대안으로써의 문화예술교육 프로그램의 요구가 포함된다. 또한 문화예술교육사들에게 있어서는 문화예술교육의 기획·진행·분석·평가 및 교수 등의 업무 수행이 요구되고 있는 현실에서 문화예술교육사에게 문화예술교육 프로그램의 개발은 필수적인 역량으로 간주되고 있다. 프로그램 개발은 바로 이러한 요구에 대한 실천적 응답이다.

이러한 중요성에도 불구하고 사실상 일부 전문가들을 제외하고는 체계적으로 프로그램을 개발하기란 쉬운 일은 아니다. 이는 실제 프로그램을 개발할 때 프로그램 개발자가 당면한 수많은 장애들이 곳곳에 존재하고 있을 뿐만 아니라 이를 슬기롭게 해쳐나가기 위해선 프로그램 개발자의 다양한 역량과 자질을 필요로 하기 때문이다. 이러한 문제는 프로그램 개발자가 교육 프로그램 개발과 관련한 학문적 이론과 현장의 실천적 특성과의 균형을 이룸으로써 가능하다.

이 책은 이러한 부분들을 고려하여 사회문화예술교육에 중점을 두고 문화예술교육 프로그램 개발과 관련한 학문적 이론과 실제를 균형 있게 다루고자 노력하였다.

이 책의 주요 내용을 살펴보면 크게 1, 2부로 나누어 1부에서는 프로그램 개발의 이론적 토대가 되는 문화예술교육의 이해와 문화예술교육 프로그램 개발의 기초적 이해, 문화예술교육 프로그램 개발의 이론과 접근방법에 대한 내용으로 구성하였다. 2부에서는 프로그램 개발의 실제에 해당되는 내용들로 교육 프로그램 개발의 가장 기본이 되는 ADDIE 모형을 근간으로 하여 기획(Plainning)을 추가한 PADDIE 모형에 따라 기획(Plainning) 및 분석(Analysis), 설계(Design), 개발(Development), 실행(Implementation), 평가(Evaluation)의 각 단계별 주요활동을 중심으로 구성하였다. 2부에서 제시된 내용에 따라 프로그램 개발을 수행함으로써 프로그램 개발의 초심자들도 쉽게 접근할 수 있도록 전개하였다.

아무쪼록 이 책을 통해 프로그램 개발 연구나 교육 현장에서 문화예술교육 실천가들이 보다 체계적이고 조직적으로 프로그램을 개발하는 데 도움이 될 수 있기를 바란다. 그리고 다소 부족한 부분은 후일 독자들의 고견을 수렴하여 책의 내용을 보완해 나가고자 한다.

마지막으로 이 책의 출판을 기꺼이 허락해 준 동문사의 이중수 사장님과 관계자들께 감사의 인사를 드린다.

2020년 2월

홍은실·김태윤·안원현

CONTENTS

차 례

CONTENTS

PART I

문화예술교육 프로그램 개발의 이론적 기초

CHAPTER 01
문화예술교육의 이해

CHAPTER 02
문화예술교육 프로그램 개발의 기초적 이해

CHAPTER 03
문화예술교육 프로그램 개발의 이론과 접근방법

CHAPTER 01

문화예술교육의 이해

개 요

이 장에서는 문화예술교육에 대한 이해를 돕기 위해 문화예술교육의 개념, 문화예술교육의 필요성 및 목적, 문화예술교육의 범주 및 유형, 문화예술교육의 특성에 대해 개괄적으로 소개한다.

학습목표

이 장을 학습한 후, 다음과 같은 학습목표가 성취되기를 기대한다.

- 문화예술교육의 개념을 설명할 수 있다.
- 문화예술교육의 필요성을 설명할 수 있다.
- 문화예술교육의 목적을 설명할 수 있다.
- 문화예술교육의 범주 및 유형을 설명할 수 있다.
- 문화예술교육의 특성을 설명할 수 있다.

1 문화예술교육의 개념

문화예술교육은 문화교육과 예술교육의 복합어로 이 두 교육이 어느 한쪽으로 치중되거나 분리되어 이루어지는 것이 아니라 함께 이루어짐을 의미한다. 먼저 문화교육에 대해 살펴보면 문화교육은 예술뿐만 아니라 타문화에 대한 이해, 전통과 현대의 조화 등 삶과 관련한 다양한 영역을 그 대상으로 하고 있으며(한국문화정책개발원 외, 2000) 다양한 인종과 민족이 함께 살아가야 하는 다문화사회에서 서로를 이해하고 소통하는 데 필요한 문화적 이해인 문화해득력(cultural literacy)을 길러주는 교육을 의미한다. 즉, 서로 다른 문화의 차이에서 오는 가치관, 생활양식, 관습, 의식, 사상, 태도 등을 문화적 다양성의 관점으로 바라보는 시각을 형성할 수 있도록 교육하는 것이며 또한 제3세계 이주민, 장애인 등 사회적 차별이 존재하는 현대사회에서 함께 더불어 살아가기 위한 지혜와 감수성을 가르치는 교육이라 할 수 있다(한국문화정책연구원, 2004: 3).

문화교육에는 문화에 의한 교육(education of culture)과 문화에 대한 교육(education on culture)으로 나눠볼 수 있다. 문화에 의한 교육은 문화 자체의 중요성을 강조하면서 학교나 사회교육기관 등의 여러 교육적 상황에서 문화를 어떠한 방식으로 가르쳐서 학습자들의 전인적 발달을 도모하고 창의력, 비판력, 문화 감수성 등에 중점을 둔 교육을 의미하며 문화에 대한 교육은 대중문화, 언론문화, 민속문화, 제3세계 문화 등 여러 문화를 분석하고 해석하고 행동할 것인지에 대해 가르치는 교육을 의미한다(윤주국, 2005). 이 두 개념은 엄격히 구분되어 교육되기 보다는 각 교육적 기능이 내적으로 통합되어 이루어짐으로써 문화교육이 추구하는 교육적 의미에 보다 더 충실할 수 있다. 그러므로 문화교육은 두 개념을 모두 포함하고 있다.

이러한 문화교육의 궁극적 목적은 문화와 자연, 사회를 포괄하는 인간의 삶과 인간의 소통을 원활하게 하는데 있다. 따라서 문화교육은 우리의 삶 속에서 접하고 있는 문화의 가치를 인식하고 교육을 통하여 문화적 감성을 활성화시킴과 동시에 문화적 리터러시(literacy)를 활성화 시키는 것뿐만 아니라 문화에 대한 지식을 습득할 수 있으며 문화생활 안에서 보다 창조적이며 풍요로운 삶을 영위하며 삶의 질을 향상시키는 것을 추구한다.

다음으로 예술교육에 대해 살펴보면 예술교육은 주로 음악교육, 미술교육, 무용교육, 연극교육 등 개별 예술장르들에 관한 교육을 통칭하는 개념이다. 예술교육 또한 문화교육에서와 같이 예술을 위한 교육과 예술을 통한 교육으로 나눠볼 수 있다. 예술을 위한 교육(education for art)은 인간이 가지고 있는 예술적·창조적 능력과 가능성을 개발하고 예술적 경험을 갖게 하며 예술적 표현과 감상의 즐거움을 알게 하는 것이다. 즉, 예술 그 자체와 전문성을 습득하는 데 목적을 두고 기술적 측면을 중시하는 예술 지향적 교육을 의미한다. 예술을 통한 교육(education through art)은 예술을 도구적이고 방법적 기능으로 활용하는 것으로 예술이 창조적 사고와 정서를 함양해준다고 인식하고 예술적 창조성, 미적 경험과 예술적·문화적 감수성을 자극하고 성장할 수 있도록 도와주며 예술을 통해 전인적 인격을 형성하고자 하는 데 목적을 둔 교육이다(유혜경, 1997: 35). 요약하자면, 예술을 위한 교육은 예술교육의 협의적 개념으로 예술창작·감상 및 기예를 가르치는 행위이고, 예술을 통한 교육은 광의적 개념으로 예술적 정신이나 기법이 활용되는 모든 형태의 교육을 포괄하는 것으로 인간의 바람직한 성장에 초점을 두는 교육이다(이홍수 1996: 12). 이들 두 종류의 교육적 기능들은 각기 개별적으로 작용한다기보다는 상호보완적으로 작용할 때 교육적 상승효과를 볼 수 있다. 따라서 예술교육은 이 두 개념을 포함한 것으로 예술교육의 궁극적 목적은 개개인의 특질을 살펴 인간의 잠재능력을 계발시키고 창조적 통찰력을 표현하게 함으로써 통합적 인격형성에 그 목적이 있으며 나아가 일정한 훈련과정을 통해 사회와 자신 간의 유기적인 통일과 조화를 이루는 데 있다.

이상의 내용을 종합해 볼 때, 문화교육은 예술의 사회적 역할을 강조하고 예술교육은 예술적 경험을 하는 과정에서 문화적 의미를 지닌다고 볼 수 있다(이동연, 2008: 215). 이와 같이 문화예술교육은 문화교육과 예술교육이 명확히 분리되기보다는 상호 연계적이고 보완적인 관계 속에서 설정된 개념이다. 따라서 문화예술교육은 단지 문화예술을 기초로 지식과 체험을 확장하는 차원을 넘어 이를 통해 인간의 존재성을 확인하고, 문화를 통해 자아를 실현하고 자신의 현재를 이해하는 과정이라 할 수 있다(신승환, 2008: 54).

이러한 관점에서 김세훈(2004: 15-16)은 문화예술교육을 '미적교육, 문화다양성교육, 여가교육, 매체교육, 문화적 문해교육 등의 영역들이 개인의 미적·창의적·성찰적·소통적 역량을 키워줌으로써 개인의 발전과 성숙뿐만 아니라 사회의 문화적 성장과 성숙을 이끌어내는 교육'이라고 개념화하였다. 이처럼 문화예술교육은 인간의 전인적 성장을 이루고 사회를 통합하여 균형적 발전을 이끌어 낸다는 점에서 그 중요성이 더욱 강조된다고 볼 수 있다.

한편, 이러한 문화예술교육의 개념이 우리나라에서 적극적으로 사용되기 시작한 것은 대략 2003년 7월 문화부와 교육부 공동으로 '문화예술교육 활성화 공동사업추진 계획'을 상정하면서 문화예술교육 정책에 대한 기본 방향을 발표하면서이다. 이후 본격적인 정책수립 과정이 진행되어 2005년 12월에 제정·공표된 문화예술교육지원법에서는 문화예술교육이라 함은 「문화예술진흥법」 제2조 제1항 제1호의 규정에 따른 문화예술 및 「문화산업진흥 기본법」 제2조 제1호의 규정에 따른 문화산업, 「문화재보호법」 제2조 제1항의 규정에 따른 문화재를 교육내용으로 하거나 교육과정에 활용하는 교육으로 정의하였다.

문화예술진흥법에서 '문화예술'이란 문학, 미술(응용미술을 포함한다), 음악, 무용, 연극, 영화, 연예(演藝), 국악, 사진, 건축, 어문(語文) 및 출판을 말하며(문화예술진흥법 제2조 제1항, 제1호), 문화산업진흥법에서 '문화산업'이란 문화상품의 기획·개발, 제작, 생산, 유통, 소비 등과 이에 관련된 서비스를 하는 산업을 말한다(문화산업진흥기본법, 제2 제1항). 문화재보호법에서 '문화재'란 인위적이거나 자연적으로 형성된 국가적·민족적 또는 세계적 유산으로서 역사적, 예술적, 학습적 또는 경관적 가치가 큰 다음 각 호(1호 유형문화재, 2호 무형문화재, 3호 기념물, 4호 민속문화재)의 것이라고 규정하고 있다(문화재보호법 제2조 1항). 이 규정에 따르면 문화예술의 범위는 문화예술, 문화산업, 문화재 모두를 포함하고 있다는 것을 알 수 있으며 문화예술교육은 문화체육관광부뿐만 아니라 문화재청과도 관련된 개념으로 볼 수 있는 것으로 그 범위는 매우 넓어서 예술보다 크며 문화보다는 작은 개념이라고 할 수 있다(이참슬, 2013: 20).

또한 문화예술교육 지원법에서는 문화예술교육을 정의함에 있어 학교문화예술교육과 사회문화예술교육으로 세분화하여 제시하고 있다. '학교문화예술교육'은 영·유아보육법 규정에 따른 어린이집, 유아교육법 규정에 따른 유치원과 초·중등교육법 규정에 따른 학교에서 교육과정의 일환으로 행하여지는 문화예술교육을 말하며 '사회문화예술교육'에는 문화예술교육시설 및 문화예술교육단체와 각종 시설 및 단체 등에서 행하는 학교문화예술교육 외의 모든 형태의 문화예술교육으로 정의하고 있다. 이와 같이 문화예술교육의 범주를 학교문화예술교육과 학교문화예술교육 외의 모든 형태의 사회문화예술교육으로 규정하고 있는 것은 문화예술교육을 평생교육이라는 영역으로 확장한 것으로 볼 수 있다. 그리고 문화예술을 교육내용으로 하거나 교육과정에 활용하는 교육을 말한다고 하는 것은 문화예술을 가르치는 것뿐만 아니라 문화예술을 통해서 수학, 역사 등 다른 것을 가르치는데 활용하는 것을 포함하고 있다는 것이다(김리아, 2013: 7).

문화예술교육의 영역을 그림으로 나타내면 다음과 같다.

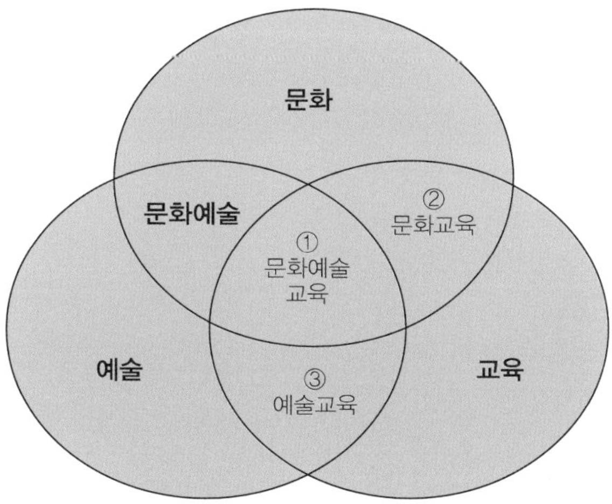

[그림 1-1] 문화예술교육 개념도

[그림 1-1]과 같이 문화예술교육을 개념적으로 협의의 영역과 광의의 영역으로 구분하여 설정할 수 있다. 여기서는 협의적 영역으로 문화나 예술과 교육이 만나는 공통분모로서 문화예술교육을 정의한다. 즉, 문화예술교육영역(①)은 문화와 교육의 공통영역인 문화교육(②) 및 예술과 교육의 공통영역인 예술교육(③)을

포함하는 영역이다(김리아, 2013: 7). 이와 같이 문화예술교육은 문화, 예술, 교육이 상호적인 관계를 주고받으면서 문화교육, 예술교육이 유기적인 연관성을 갖고 통합적으로 교육하는 의미에서 문화예술교육이라는 개념이 정립되었다고 할 수 있다.

이상의 내용을 볼 때, 문화예술교육은 사실상 학문영역에서 제기된 개념이라기보다는 정책영역에서 제기된 개념이라고 볼 수 있다. 따라서 본 책에서는 문화예술교육지원법에서 명시하고 있는 정의를 토대로 문화예술교육의 개념을 다음과 같이 정의하고자 한다.

문화예술교육(Arts education)[1]이란 학교에서 교육과정의 일환으로 행하여지는 문화예술교육과 학교문화예술교육 외의 모든 형태의 사회문화예술교육을 통칭하며 문화예술 및 문화산업, 문화재 등을 교육내용으로 하거나 교육 프로그램에 활용하여 개인의 문화적 삶의 질을 향상하고 나아가 조직 및 국가의 문화역량을 지향하도록 하는 교육을 의미한다. 그리고 이러한 개념을 적용함에 있어 본 책에서는 사회문화예술교육에 좀 더 중점을 두고 있다.

---

1) 유네스코에서는 1999년 '학교 문화예술교육과 창의성 증진을 위한 국제호소(international appeal for the promotion of arts education and creativity at school)'를 채택하며 예술 혹은 문화적 교육과 관련된 모든 기관에 유치원부터 중학교에 이르기까지 예술적 과목을 가르치는 것이 아이들의 교육에서 필수 역할을 차지할 수 있도록 재정을 확보하라고 호소했다. 이에 따라 2006년 포르투갈 리스본 회담에서 제1차 세계문화예술교육대회가 열렸는데 여기에서 문화예술교육은 The World Conference on Arts Education이라는 대회 명에서 'Arts Education'으로 표기되었다. 원문에서는 '예술교육'으로 표기되었다는 것인데 공식적으로 '문화예술교육'이라는 용어를 쓰고 있는 우리나라에서는 혼란을 피하기 위하여 한국어 번역본에서 이를 '문화예술교육'으로 표기하였다(문화체육관광부, 2010: 21; 이참슬, 2013: 14). 따라서 본 책에서도 'Arts education(문화예술교육)'이란 용어로 사용하기로 한다.

2 문화예술교육의 필요성 및 목적

1) 문화예술교육의 필요성

문화예술교육의 필요성은 학자들 마다 매우 다양하게 제시되고 있지만 공통적으로 언급되고 있는 내용을 중심으로 살펴보면 다음과 같다(김소영, 2015, 류한별, 2013; 이용관, 2003; 조형은, 2010, 황연주, 2005).

첫째, 주5일 수업과 주5일 근무제 시행의 정착, 고령화 사회로 접어들면서 이에 따른 여가시간을 보다 효과적으로 활용하기 위해 문화예술교육이 필요하다. 주5일 수업제란 5일만 학교에 등교하여 수업하는 것을 의미한다. 주5일 수업제를 시행하게 된 주요배경은 주5일제 시행에 따른 사회의 변화와 자기 주도적 학습 및 평생교육을 강조하는 교육에 대한 의식의 변화라고 볼 수 있다. 주5일제 수업의 실시에 따라 학생들은 학교 외에서 보내는 시간이 많아지고 이런 시간을 학생들이 보다 유익하고 건전하게 보낼 수 있도록 다양한 경험과 기회를 제공할 필요가 있다. 이에 문화예술교육은 건전한 여가활용을 위한 효과적인 방법을 제시해 줄 수 있다.

그리고 기성세대의 경우 청소년기에 여가활용을 위한 취향과 향유능력이 개발되지 못하여 주5일 근무제 시행에 따른 여가시간의 확대에 효과적으로 대응하지 못하고 있다. 1990년대 이래로 국민소득이 지속적으로 증가했음에도 불구하고 개개인의 삶의 질은 이에 걸맞게 발전하지 못함으로써 현재 삶에 대한 만족도가 낮은 상황이다. 또한 고령화 시대의 도래로 노령인구 증가에 대한 대비는 경제적인 면이나 보건의료 분야가 주된 논의 대상이지만 한편으로는 이들이 즐겁고 행복한 노년을 보낼 수 있도록 하는 부분이 중요하게 부각되고 있다. 이러한 측면에서 문화예술 활동에 대한 참여는 기성세대와 노년의 여가생활을 위한 유력한 대안이 되고 있다(용호성, 2015: 81). 이와 관련하여 문화관광부(2004)에서는 '새로운 한국의 예술정책'을 통해 개인은 일과 여가활동의 균형성을 회복하고 일상에서 문화적 삶의 실현을 위한 취향과 향유 능력을 개발할 필요가 있음을 강조하고 있다. 이렇듯 개개인 모두가 일상생활에서 문화적 가치를 실현하고 여가시간을 적극적으로 즐길 수 있게 하기 위해서는 삶의 전 과정에 걸쳐 체계적인 문화예술교육이 필요하다(문화관광부, 2004: 23).

둘째, 지식·문화의 세기가 요구하는 창의 인재 육성을 위해 문화예술교육이 필요하다. 산업중심 기술이 지배하던 시대가 지나가고 빠르게 변화하는 현대사회에서는 표준화되고 일반화된 지식은 한계에 도달했다. 오늘날의 사회에서 필요로 하는 지식은 단순한 선행지식들의 답습이 아니라 새로운 지식을 끊임없이 만들어 낼 수 있는 창의력과 새로운 문제에 대처해 나갈 수 있는 문제해결 능력이다. 이는 21세기의 생존과 발전, 번영을 위한 핵심요소로 미래를 위한 준비이기도 하다. 이와 같이 예측할 수 없는 다음 세기의 환경에서는 미래의 방향을 설정하고 새로운 지식을 창조해 낼 수 있는 인재를 요구하고 있다. 이에 문화예술교육은 인간의 창의성 개발을 촉진시키는 기능을 할 뿐만 아니라 이성과 감성을 조화롭게 이끌어가는 기능을 하므로 현재와 미래의 우리시대가 요구하는 창의적 인재 상의 양성을 가능하게 한다.

셋째, 지역 간, 세대 간 갈등, 인종 간, 국가 간의 갈등 등 다양한 갈등이 존재하고 급변하는 사회문화 환경에 능동적으로 대처하기 위해 문화예술교육이 필요하다. 호주, 영국, 캐나다 등에서는 이민족과의 화합을 위해 예술교육 참여를 강화한 결과 예술교육이 민족적·문화적으로 다양한 나라의 행복에 기여한다고 밝힌 바 있다(문화관광부, 2004: 121). 이와 같이 문화예술교육은 타문화의 다양성을 인식하고 타문화를 수용·존중하고 사회구성원들 간의 소통할 수 있게 도와줌으로써 사회적 통합을 가능케 한다. 따라서 문화예술교육은 지역사회의 정체성 강화와 사회통합을 위한 공동체 강화를 위해 사회적인 차원에서도 반드시 필요하다.

넷째, 문화예술향유자 육성 및 확보를 위해 문화예술교육이 필요하다. 최근 보고된 한국예술정책의 기본방향 중의 하나가 '향유자 중심의 예술활동의 강화'이듯이 문화정책이나 예술교육의 주요 흐름도 종래의 제작자 또는 생산자 중심에서 수요자 중심으로 방향전환이 이루어지고 있다. 이것은 문화예술에 대한 일반대중의 소비욕구가 증가함에 따라 문화예술을 창작하는 능력 못지않게 향유할 수 있는 능력과 문화적·예술적 감수성 함양이 문화적 삶을 위해서 보다 중요하다는 필요성에 입각한 것이다(조형은, 2010: 52). 1992년 전미교육협회(National Education Association: NEA)의 조사에 따르면 문화예술에 대한 교육이 예술창조와 소비를 증가시키는 가장 중요한 요소임을 밝히고 있다. 이는 문화예술발전에 있어서 문화예술교육이 중요한 역할을 함을 의미한다. 따라서 문화예술에 대한 관심을 증대시키고 문화예술 향유자를 육성하고 확보하기 위해서는 문화예술교육이 우선되어야 하며 이를 통해 개인은 다양한 문화적·예술적 환경에서 보다 질적으로 선택하고 비판하며 주체적인 문화예술의 향유자가 될 때, 국가의 문화예술역량도 보다 강화될 수 있다.

이상에서와 같이 문화예술교육은 문화와 예술을 통하여 개개인이 향유해야 할 삶의 질을 보장하고 창의성과 상상력, 감수성, 문제해결 능력 등을 발달시켜 건강하고 성숙된 개인을 육성하며 국민 개개인의 주체적 역량을 강화할 뿐만 아니라 이를 통하여 사회와 국가의 발전을 지원할 수 있는 교육이라는 점에서 그 필요성이 요구된다.

2) 문화예술교육의 목적

앞서 제시한 문화예술교육의 필요성을 토대로 문화예술교육의 목적을 살펴보면, 문화예술교육지원법에서는 '문화예술교육을 활성화하고, 나아가 국민의 문화적 삶의 질 향상과 국가의 문화역량 강화에 이바지함을 목적으로 한다'고 명시하고 있다. 이를 토대로 황연주와 정현희(2005)는 문화예술교육은 기존의 각 예술장르(음악, 미술, 문학, 체육 및 무용 등)에서 공통적으로 추구하는 창의성 육성, 미적 정서적 함양, 미적 감수성의 기본 목표를 통해 문화예술 창작 및 향유하고 문화예술을 통해 서로 소통·이해하며 나아가 문화를 비평하고 애호하는 진정한 문화예술 향수자를 육성하는데 그 목적이 있다고 하였다. 이러한 목적을 살펴볼 때, 일반적인 교육의 본질이 세상을 보는 안목을 열어주는 것이라면 문화예술교육의 본질은 전인적인 성장의 바람직한 변화의 시작을 위해 문화예술을 토대로 삶의 질을 향상하기 위한 가치추구에 있는 것이다(김소영, 2015: 18).

이와 같이 문화예술교육은 인간이 중심에 서는 교육으로 삶을 살아가는데 있어서 방향감을 주며 개개인의 문화적 삶의 질을 향상시키고자 하며 궁극적으로는 인간다운 삶의 실현에 있는 것이다. 이상과 같은 문화예술교육의 궁극적 지향을 달성하기 위해서는 다음과 같은 목표를 지닌다(김세훈 외, 2004: 108-110).

첫째, 문화적 창의성의 제고이다. 참여정부의 문화비전으로 2004년 문화정책 중장기 계획인 '창의 한국'은 말 그대로 우리나라가 나아가야 할 문화정책의 키워드로 창의성을 설정하였다는 것을 뜻한다. 여기에서 창의성이란 인문학과 예술의 영역에 국한 되는 개념이 아니라 과학의 영역, 정치의 영역에까지 확장하여 밀접하게 연관되는 것으로 규정하고 있다. 따라서 문화예술교육을 통하여 누구나 내재되어 있는 창의성을 발견하고 그것을 개발함으로써 개개인이 만족한 삶을 누릴 수 있게 도와준다는 의미를 담고 있는 것이다.

둘째, 문화적 정체성의 강화이다. 삶의 질은 단순히 문화예술을 향유할 수 있는 기회가 확대된다고 해서 반드시 향상되는 것은 아니다. 삶의 질에 대한 인식은 자신과 자신이 살고 있는 지역 사회에 대한 분명한 정체성과 동질성의 강화를 통하여 우리 사회의 현주소를 파악하게 하고 그 속에서 앞으로 지향해야 할 목표를 분명하게 설정할 수 있게 함으로써 개인과 사회의 지속적인 발전을 모색할 필요가 있다.

셋째, 문화적 다양성의 확대이다. 다양한 문화적 가치와 문화예술 활동 및 접근 기회를 확대시키는 것은 개인이나 사회의 시야를 확장시킬 뿐만 아니라 이를 통해서 서로 다른 가치와 문화에 대한 존중, 타인에 대한 이해와 배려, 자신에 대한 성찰을 불러옴으로써 자신을 새롭게 바라보고 느끼며 그 가치를 확인할 수 있는 기회를 제공한다고 할 수 있다.

넷째, 문화적 해득력의 제고이다. 다양한 문화적 관점에서 사회적 관계를 총체적으로 이해하고 타인과의 의사소통에 주체적으로 참여하기 위해서는 자기 자신의 생각과 느낌을 효과적으로 전달하고 서로를 이해하며 다양한 표현 수단에 대한 활용 능력뿐만 아니라 사회적 상호작용의 과정이 어떠한 맥락에서 이루어지는지를 분별할 수 있는 능력이 요구된다.

3 문화예술교육의 범주 및 유형

문화예술교육은 학습 주체에 따라 청소년교육과 성인교육으로 나눠지기도 하며 교육지원 대상의 성격에 따라 향수자 교육, 매개자 교육, 창작자 교육으로 나눠지기도 한다. 또한 교육제공 주체 및 공간에 따라 학교교육과 사회교육으로 나눠볼 수 있다. 이밖에 교육의 목적이나 교육받는 대상의 특성 등 다양한 유형으로 나눠질 수도 있다. 여기에서는 2016년 문화예술교육지원법의 정의에 따라 학교문화예술교육과 사회문화교육으로 나누어 살펴보고자 한다.

1) 학교문화예술교육

문화예술교육지원법에서는 학교문화예술교육을 「영·유아보육법」 제2조의 규정에 따른 어린이집, 「유아교육법」 제2조의 규정에 따른 유치원과 「초·중등교육법」 제2조의 규정에 따른 학교에서 교육과정의 일환으로 행하여지는 문화예술교육으로 정의하고 있다. 학교문화예술교육의 목적은 학생들이 삶 속에서 문화예술을 경험하고 이를 통해 창의적 자아표현, 통합적 사고, 다양성의 이해, 타인에 대한 이해 및 소통능력을 배양할 수 있도록 하며 이들이 문화를 향유하고 미래사회를 위한 문화시민으로 성장하는 데 있다(최현묵, 2008). 이러한 목적을 토대로 학교에서 제공되는 문화예술교육은 크게 정규 교육활동과 방과 후 학교활동으로 이루어진다. '정규 교육활동'은 교과활동(미술, 무용, 음악, 체육 등), 특별활동, 재량활동으로 이루어져 있으며 '방과 후 학교활동'은 수요자 중심의 교육활동으로 2007년에 본격적으로 시행되었다. 이는 과거의 보충학습과 특기적성 교육을 통합하면서 초등학교에서는 방과 후 보육 프로그램과 특기적성 프로그램, 중학교에서는 보충·심화 학습과 특기적성 프로그램, 고등학교에서는 수준별 입시 교육 및 진로지도 등의 프로그램으로 운영되고 있다.

학교문화예술교육을 통해 학생들은 자신의 재능과 잠재력을 개발하고 건강하고 건전한 여가시간 활용에 도움을 주며 무엇보다도 문화예술교육에 대한 균등한 기회를 제공 받음으로써 문화예술에 대한 관심을 높이고 학업에 대한 스트레스를 환기시키며 학교생활의 질을 향상하는 데 도움을 주고 있다. 이와 같이 학교문화예술교육은 모든 학생의 기본 소양으로써 학교 내에서의 문화예술교육의 기회를 학생들에게 지속적으로 제공하고 이를 통한 경험과 성찰이 수반되어야만 훗날 개인의 삶의 질을 향상시키고 사회의 문화역량을 강화시킬 수 있다. 또한 국민의 문화예술 향유를 확대하기 위해서는 어린시절부터 문화예술교육이 이루어져야 한다. 그 이유는 아동기때부터 문화예술교육을 받은 경험은 향후 성인이 되어 문화향유 정도에 영향을 미치며 문화예술 활동의 참여가 높을수록 문화예술에 주체로 참여하는 빈도가 높아질 뿐만 아니라 문화의식 수준에도 영향을 미치기 때문이다(김송아, 2010; 박소현, 2010). 이는 문화예술의 향유 및 교육에 대한 수요가 지속적인 문화예술교육 및 체험을 통해 형성되고 증가된다는 것을 의미한다.

이러한 측면에서 우리나라의 학교교육 기간을 살펴보면 초등학교와 중학교 과정까지 의무교육으로 학생들은 학교라는 공간에서 9년이라는 시간을 보내게 되며 고등학교 교육까지는 12년이라는 시간을 보내게 되는 것으로 학교는 지속적인 교육지원이 가능한 곳이 된다. 마찬가지로 학교문화예술교육에 보육시설을 포함하고 있는 것도 어린 시절부터 문화예술교육이 실시될 필요가 있기 때문이다. 따라서 학교문화예술교육의 활성화는 문화예술에 대한 인식과 태도를 기르고 문화예술 수요자 확대는 물론 나아가 창의적 인재 육성을 위해서 그 중요성이 매우 크다고 볼 수 있다.

학교문화예술교육의 성과를 보기까지 많은 시간과 예산이 소요되지만 앞서 제시한 것처럼 학교문화예술교육의 중요성과 파급효과가 높을 것이라는 기대와 함께 국민적 공감대 형성과 문화시민 양성이라는 목표 달성에 대한 효과가 가장 클 것이라는 기대 속에서 학교문화예술교육 활성화를 위한 다양한 정책들이 추진되고 있다(한승희, 2012: 15). 이에 문화체육관광부와 교육인적자원부, 문화예술교육진흥원 등과 함께 협력하여 학교문화예술교육을 지원하고 있다. 특히 문화예술교육진흥원에서는 학교문화예술교육의 질적 개선과 양적확대를 위해 학교교육체계와 외부 문화예술자원 간의 효율적 협력을 구축하여 2005년부터 학교문화예술교육 지원사업 추진을 통해 집중적으로 지원하고 있다. 문화예술교육진흥원에서 지원하고 있는 학교문화예술교육 사업을 살펴보면, 대표적으로 예술강사 지원사업과 예술꽃씨앗학교, 꿈의 오케스트라, 유아 문화예술교육 등이 있다(한국문화예술교육진흥원, 2016).

예술강사 지원사업은 예술교육의 질적 수준을 높이고 예술 전공자 및 관련 전문가들이 교육의 기회를 제공하는데 목적을 두고 국악, 연극, 영화, 무용, 만화·애니메이션, 공예, 사진, 디자인 등 8개 분야의 전문 인력을 학교 현장에 파견하는 사업이다. 2000년 국악분야부터 시작된 이 사업은 수용자 중심의 지원정책에 따라 다양한 프로그램으로 수혜대상을 점차 확대하고 있으며 현장에 파견된 예술강사의 역량과 추진사업에 대한 평가분석을 실시하여 학교교육의 질적 수준을 유지하고자 노력하고 있다.

예술꽃씨앗학교는 초등학교부터 양질의 문화예술교육을 장기적으로 지원하여 중고등학교를 지나 성인이 되어서 까지 평생에 걸쳐 문화예술교육을 즐길 수 있는 능력을 기를 수 있도록 문화소외지역의 소규모 학교 학생 모두가 문화예술교육에 참여할 수 있도록 다양한 활동을 장기 지원하고 있는 사업이다. 예술꽃씨앗학교는 지역의 문화적 자원과 인적 인프라를 적극적으로 활용하여 교육기반을 다지고 학생들에게는 문화적 감수성과 표현력 증진의 기회를 제공하며 더불어 학교는 문화예술교육의 꿈과 희망을 지역사회와 나누며 함께 성장해 나가는데 도움을 주고 있다. 이 사업의 주요 성과로는 수용자의 높은 만족도(학생 및 학부모, 교사의 만족도 신뢰도가 높아짐), 일자리 창출효과(오케스트라, 국악·관현악, 영화, 뮤지컬, 미술교실 등 전교생 1인 예능활동 지원을 위해 전문 예술강사를 학교에 배치함으로써 청년일자리 창출) 그리고 경제적 효과(농어촌 등 소외지역 초등학교를 대상으로 예술꽃씨앗학교 운영이 성공적으로 이루어짐으로써 폐교위기를 극복하고 학교가 다시 살아나는 등 지역사회에 활력을 제공) 등을 들 수 있다(문화체육관광부, 2012: 597).

꿈의 오케스트라는 지역사회의 아동·청소년이 상호학습과 협력을 통해 자존감과 공동체적 인성을 갖춘 건강한 시민으로 성장할 수 있도록 오케스트라 교육을 지원하는 것으로 기존의 도제식, 악기 중심의 음악 교육에서 벗어나 오케스트라 합주 교육과 음악 감수성 교육을 중심으로 아동·청소년의 다면적 성장을 도모하고 있다. 유아문화예술교육은 유아기 때 주변 환경을 탐색하고 경험하면서 생애

학습의 기초능력이 집중되는 시기를 고려하여 다양한 매체를 통해 표현 방식을 구체화할 수 있는 환경을 제공함으로써 유아기의 전인적 성장과 발달을 돕고자 양질의 문화예술교육을 제공하고 있다.

이상에서와 같이 학교문화예술교육은 학교 내에서 미래의 문화적 삶을 준비하게하고 글로벌 시대를 살아가는데 있어 문화적 능력을 배양시킴으로써 궁극적으로 개인의 삶을 보다 창조적으로 살아갈 수 있는 힘을 길러줌과 동시에 문화예술 향유자로서 풍요로운 삶을 영위할 수 있도록 도움을 주고 있다.

2) 사회문화예술교육

문화예술교육 지원법에서는 사회문화예술교육을 '제2조 제3호 및 제4호에서 규정하는 문화예술교육시설 및 문화예술교육단체와 제24조의 각종 시설 및 단체 등에서 행하는 학교문화예술교육 외의 모든 형태의 문화예술교육'으로 정의하고 있다. 문화예술교육 시설이란 「문화예술교육 지원법」 제2조 1항 3호의 규정에 따른 문화시설, 「청소년활동진흥법」의 제10조의 규정에 따른 청소년활동시설, 「평생교육법」 제2조 제3호의 규정에 따른 평생교육시설 중 문화예술교육을 실시하는 시설, 「사회문화복지법」 제2조 제3호에 따른 사회복지시설을 의미하며 그 밖에 문화체육관광부, 교육부, 보건복지부가 정책대상으로 삼고 있는 시설을 포함하고 있다.

문화예술교육 단체는 문화예술교육을 주된 기능의 하나로 실시하는 법인 또는 단체와 이에 준하는 법인 또는 단체로서 최근 2년 이상 문화예술교육 실시 실적이 있는 법인 또는 단체 또는 교원 또는 문화예술교육 전문 인력이 1년 이상 상근하여 문화예술교육을 실시하는 법인 또는 단체를 말한다. 각종 시설 및 단체란 노인 및 장애인 등 특별한 배려가 필요한 문화적 취약계층을 보호·지원하는 각종 시설 및 단체 등에서 행하는 학교문화예술교육 이외의 모든 형태의 문화예술교육을 말한다(한국문화예술교육진흥원, 2016).

사회문화예술교육은 모든 국민이 나이, 성별, 장애, 사회적 신분, 경제적 여건, 신체적 조건, 거주지역 등에 관계없이 자신의 관심과 적성에 따라 평생에 걸쳐 문화예술교육을 체계적으로 학습하고 교육받을 수 있는 기회를 균등하게 보장받는다(문화예술교육지원법 제3조 2항)는 문화예술교육의 기본 원칙을 실현하기 위한 노력으로 간주된다. 따라서 사회문화예술교육 대상은 국민 전체를 포괄하고 있다. 그 대상은 다시 생애주기에 따라 국가적 지원 체제에 의한 문화예술교육 활동 기획 확대와 소외계층의 문화기본권 보장을 위한 문화예술교육으로 구분하고 있다. 이와 같이 사회문화예술교육은 학교문화예술교육과는 다르게 그 대상의 폭이 매우 넓고 다양하며 교육과정과 운영방식, 교육체계, 운영주체에 따라 상당한 자율성을 가지고 운영된다는 특징을 지닌다.

한편, 한국문화예술교육진흥원에서는 사회문화예술교육의 활성화를 위하여 우리 사회의 여러 구성원들이 문화기본권을 향유할 수 있도록 생활권 내에서 문화예술교육을 쉽게 접할 수 있는 여건을 조성하는 것을 목적으로 문화예술교육 활성화 지원사업을 추진하고 있다. 이는 사회문화적으로 소외된 계층에게 문화예술교육을 받을 수 있는 기회를 제공하고 체험·학습·창작활동을 능동적으로 수행할 수 있도록 도와줌으로써 그들의 삶의 질을 향상하고자 운영되고 있다(김신애, 2015: 27).

문화예술교육진흥원에서 지원하고 있는 사회문화예술교육 사업에는 예술강사 지원사업과 부처 간 협력 문화예술교육, 시민 문화예술교육과 예술치안센터, 문화예술치유, 가족문화예술교육으로 살펴볼 수 있으며 이와 더불어 지역 활성화를 위한 지역문화예술교육 기반 조성 등이 있다(한국문화예술교육진흥원, 2016).

예술강사 지원사업은 예술분야별 전문 예술강사들이 아동 및 청소년, 노인, 장애인 등 교육 대상자의 특성에 맞는 문화예술교육 프로그램을 기획하고 이를 현장에 효율적으로 적용할 수 있도록 체계적인 지원 시스템을 구축하는데 그 목적을 두고 2004년 아동복지시설 중심으로 추진되어 문화예술교육 대상이 점차 확대됨에 따라 강사 또한 점차 확대 지원되고 있다.

부처 간 협력 문화예술교육은 다양한 정부 부처 관계기관과의 협력을 통해 참여자들의 특성과 환경을 고려한 문화예술교육 프로그램을 실행하는 것으로 매년 공모를 통해 문화예술교육의 확산에 기여할 운영단체를 선정하여 교육 참여자들에게 유익한 문화예술 체험·학습·이해의 기회를 제공하고 있다. 부처 간 협력 문화예술교육은 <표 1-1>과 같다.

〈표 1-1〉 부처 간 협력 문화예술교육(한국문화예술교육진흥원, 2016)

협력기관	문화예술교육 프로그램 및 내용
보건보건복지부, 지역아동센터중앙지원단	• 지역아동센터 문화예술교육: 문화예술교육 참여 기회가 부족한 지역아동센터 아동·청소년들에게 자존감과 감수성을 높일 수 있는 통합형 문화예술교육 프로그램이다.
여성가족부	• 방과 후 청소년 문화예술교육: 청소년수련관·청소년문화의 집을 이용하는 청소년들이 전문 문화예술단체와 함께 작품 기획에서부터 제작, 실제 공연까지 무대에 올리는 모든 창작 과정을 스스로 주체가 되어 실행해 볼 수 있도록 지원하는 프로그램이다.
산업통상자원부	• 근로자 문화예술교육: 산업단지공단 및 테크노파크 입주 기업 근로자들을 대상으로 문화예술 커뮤니티 활동을 지원하는 프로그램이다.
법무부	• 교정시설·소년원학교 문화예술교육: 교정시설의 수형자와 소년원학교 학생들에게 스트레스 해소 및 심신 안정 등 개인의 치유를 넘어 참여자들이 사회적 관계성을 회복하고 사회 복귀에 순조롭게 적응할 수 있도록 다양한 문화예술교육 프로그램을 지원하고 있다. • 청소년비행예방 센터·치료감호소·보호관찰소 문화예술교육: 법무부와 협력하여 비행 초기 단계의 청소년, 정신질환 재소자들에게 자기 감정을 돌보고 사회 공동체와 융합할 수 있도록 문화예술교육을 지원하는 프로그램이다.
여성가족부, 한국청소년쉼터협의회, 한국청소년상담복지개발원 등 관련 기관	• 학교 밖 청소년들을 위한 문화예술교육: 학교 울타리 밖에 있는 탈학교, 가출, 자립 청소년들을 위한 문화예술교육을 지원하는 프로그램이다.
국방부, 경찰청	• 군부대·의경부대 문화예술교육: 군 장병 및 의경들이 단체생활에서 오는 스트레스를 해소하고 적극적인 자기계발 기회를 가질 수 있도록 밴드, 합창, 뮤지컬, 기타 등 연간 프로그램을 통해 문화예술에 대한 욕구를 충족시키며 긍정적인 병영문화를 만들어 가기위한 프로그램이다.
통일부와 남북하나재단 (북한이탈주민지원재단)	• 북한이탈주민 문화예술교육: 북한이탈주민들의 자존감 회복과 사회적 관계성을 확대할 수 있도록 문화예술 체험과 창작형 프로그램을 지원하고 있다.
국가보훈처	• 국가유공 어르신들을 대상으로 한 상이군경 문화예술교육: 국가유공어르신들이 삶을 위로 받고 활력을 되찾아 노년기에 영예로운 삶을 살아갈 수 있도록 맞춤형 문화예술교육 프로그램을 16개 시·도 보훈복지문화대학에 지원하는 프로그램이다.

시민문화예술교육은 학교, 복지기관, 특수기관에서 이루어지는 문화예술교육 지원을 넘어 시민들이 언제 어디서나 참여할 수 있는 문화예술교육 환경을 만들어 나가는 과정을 지원하는 것이다. 따라서 전문 문화예술교육 단체가 아니더라도 지역주민과 예술가, 지역청년 등 사회 및 개인 삶의 문제에 자발적으로 대응하고 협업하는 시민들로 구성된 다양한 시민조직들이 공유·소통·상호작용적 학습 과정으로서의 문화예술 활동을 지속할 수 있도록 프로그램 운영과 함께 홍보 및 마케팅, 조직 역량 강화 및 공간 개선 등 조직과 운영의 지속성 확보를 위한

활동을 지원 하는 프로그램이다.

예술치안센터는 2016년 신설된 프로그램으로 각 지역 파출소가 문화예술교육을 위한 공간으로 탈바꿈하여 지역 내 파출소의 유휴 공간을 지역 주민들을 위한 문화예술교육 프로그램 및 범죄 피해자의 심리 회복을 위한 예술치유 프로그램 등을 운영해 나갈 수 있도록 지원하는 프로그램이다.

문화예술치유는 국방부·법무부·여성가족부·교육부·경찰청 등과 협력하여 경미·재활 단계 대상의 마음의 상처를 치유하는 것으로 상담·심리학적 이해를 바탕으로 내담자의 마음 속 갈등을 읽고 미술, 음악, 무용 등 예술 활동을 통해 표현하게 함으로써 마음의 응어리를 치유하는 소규모 그룹 프로그램이다. 전문성을 갖춘 문화예술치료 기관·단체와 협조해 대상별로 특화된 문화예술치유 프로그램을 개발하고 여러 사례 발굴과 효과성 검증 등을 통해 문화예술치유 기법을 축적·발전시켜 나가고 있다.

가족문화예술교육은 가족·또래와 열린 마음으로 소통의 기회를 확대하고 건강한 여가 문화 및 가족문화를 만들기 위한 학교 밖 문화예술교육 지원사업이다. 2012년 주5일 수업제가 전면적으로 시행됨에 따라 문화예술기관·단체와 함께 매주 토요일에 아동·청소년 및 가족들이 참여할 수 있는 문화예술교육 프로그램으로 '꿈다락 토요문화학교'를 진행하고 있다. 꿈다락 토요문화학교는 국·공립기관, 도서관, 미술관, 박물관 등과 연계한 가족 오케스트라 프로그램, 주말 문화여행 프로그램, 청소년 문화예술 진로탐색 프로그램, 건축 문화프로그램 등 다양한 프로그램으로 구성되어 있다.

지역주민들을 위한 문화예술교육지원으로는 지역 특성화 문화예술교육 지원사업과 자율연계 협력기획 지원사업이 있다. 지역 특성화 문화예술교육은 지역의 문화적 환경과 자원을 고려하여 문화향유의 사각지대에 놓인 지역주민을 위한 문화예술교육을 기획·운영할 수 있도록 지원하는 것이며 자율연계 협력기획 지원사업은 16개 지역문화예술교육지원센터 및 기초단체가 주체적으로 네트워크를 구축하고, 자율적인 협력을 이끌어낼 수 있도록 지원하는 프로그램이다.

이상에서 제시된 사회문화예술교육 지원사업이 지니는 특징을 종합하면 첫째, 저소득계층 아동·청소년, 노인, 장애인, 소년원생 및 교도소 수감자, 군인, 산업단지 근로자 등으로 수혜대상을 세분화하여 각 집단에 맞는 프로그램을 제공하고 있으며 둘째, 사회문화예술교육 사업을 기반으로 문화예술교육이 단순한 문화예술 기능 전수 혹은 일회적인 체험활동이 되지 않도록 통합적 차원으로 확대되고 있다. 셋째, 예술강사와 문화예술교육 매개인력을 현장에 배치함으로써 일자리 창출에도 기여하고 있다. 넷째, 예술강사 및 교육수행단체의 평가·컨설팅 등을 통해 다양한 교육내용 및 교육방법 개발 기반을 제공하고 있다. 다섯째, 문화예술교육 정책 거버넌스(governance)를 구축하여 문화예술교육 정책과 교육정책, 평생교육정책, 사회복지정책, 다문화정책, 교정행정, 노인정책, 여성정책, 여가정책 등과 협력체계를 이루고 있다(문화체육관광부, 2012: 601-602).

이상에서와 같이 사회문화예술교육은 모든 국민의 문화적 기본권을 보장하고 삶의 질 향상을 위해 문화예술교육진흥원의 폭넓은 지원사업 추진체계를 통해 현장과 교육대상자의 요구에 적합한 지원시스템을 지속적으로 모색하고 구축해 나가고 있다.

4 문화예술교육의 특성

문화예술교육의 특성에 대해 용호성(2015: 416-420)은 중장기 지속성, 저렴한 운영비용, 교육대상별로 세분화된 프로그램, 다양한 참여방식, 타 프로그램과의 연계로 제시하였다. 여기에서는 이에 덧붙여 요구에 기초, 학습자 중심, 적극적인 홍보를 포함하여 제시하고자 한다.

1) 중장기 지속성

문화예술교육은 공연이나 전시가 일회적으로 이루어지는 감상활동적인 것과는 달리 중장기적으로 지속되는 체험과 학습 활동으로 기획되는 것이 일반적이다. 장기간 지속되는 공연이도 있지만 이는 프로그램을 제공하는 공급자의 관점이고 수요자의 입장에서는 일회적인 감상활동으로 마무리 되는 것이 보통이다. 문화예술교육 프로그램은 이와 달리 반복적이고 특정 주제와 강좌 프로그램을 마련하면 대체로 이를 1회로 끝나는 특강의 형식으로 이루어지기 보다는 보통 주 1회, 3개월 혹은 6개월 정도의 강좌시리즈로 엮는 것이 일반적이고 보다 효과적이다. 이와 같이 학습자는 정해진 시간에 교육 프로그램에 꾸준히 참석함으로써 문화예술에 대한 체험의 깊이를 더해 간다.

2) 저렴한 비용

문화예술교육 프로그램은 공연이나 전시에 비하면 그 기획 및 운영에 소요되는 비용이 상대적으로 저렴한 편이다. 무대나 전시 장치, 출연료, 연출료, 대관료 등이 크게 소요되는 일반적인 예술 프로그램과 달리 교육 프로그램은 제작 그 자체에 소요되는 예산이 상대적으로 크지 않기 때문이다. 흔히 교육기관에서는 교육에 투자할 수 있는 예산이 한정되어 있지만 대부분 교육비를 받아 실비 충당이 가능하다. 그리고 공간적인 측면에서도 전문화된 공연이나 전시와 달리 교육 프로그램은 굳이 전용 교육공간을 필요로 하지 않을 수 있으며 어느 장소에서나 문화예술교육은 가능하다. 예컨대 공연장이나 전시장의 빈 시간대를 활용하거나 회의실, 로비 등 다양한 공간을 활용할 수 있다. 또한 기존의 시설이나 설비를 임대하여 사용할 수 있으며 기부를 받을 수도 있다. 뿐만 아니라 인건비 부분에서도 재능기부를 받아 교육 프로그램을 진행할 수도 있으며 많은 자원봉사자들을 활용함으로써 보다 효율적으로 운영할 수 있다.

3) 교육 대상별로 세분화된 프로그램

문화예술교육 프로그램 운영에는 교육학적 접근방식에 기초하여 교육 대상별로 그 여건과 수요에 맞는 프로그램을 개별적이고 구체적으로 기획하기 때문에 하나의 프로그램이 다양한 대상별로 세분화하여 마련된다. 즉, 교육에 참여하는 교육 대상의 특성에 대한 조사와 분석을 전제로 하여 각각의 교육 대상별로 세분화된 프로그램이 기획된다. 그리고 그것은 선택사항이 아니라 반드시 고려해야할 요소이다. 예컨대 특정 대상을 위한 문화예술교육 프로그램을 기획·개발할 경우 교육대상에게 주어진 여건과 제약조건들, 기존학습의 경험, 희망 교육내용 등에 대한 구체적인 분석과 교육 효과 등에 대한 철저한 검증과 연구가 선행되어야 한다. 그렇지 않으면 자칫 교육 제공기관의 만족에만 그치는 교육으로 전락할 수 있다.

4) 다양한 참여 방식

공연이나 전시는 그 예술작품을 체험하는 방식이 어느 정도 정형화된 형태로 고정되어 있는 것이 일반적이다. 물론 공연이나 전시도 최근에는 다양한 형태로 관객의 참여를 유도하고 있다. 그러나 공연이나 전시는 관객들이 대부분이 수동적인 감상을 전제로 접근하게 되며 이들이 창작과정 혹은 발표나 전달과정에 참여하더라도 그 역할은 극히 제한적일 수밖에 없다. 관객의 역할은 결과물을 만드는 것이 아니라 무대 혹은 전시장에 마련된 예술가들의 작품을 감상하고 즐기는 것이기 때문이다. 그러나 교육 프로그램은 이와 달리 참여의 수준이나 방법을 극히 다양하게 만들 수 있다. 과거의 교육이 수동적인 단순한 강좌 형태로 이루어진 반면, 최근 교육 프로그램은 대부분 교육 참가자들의 적극적인 참여를 전제로 기획되고 있다. 교육 참가자들의 능동적인 참여를 통해 더욱 직접적으로 예술을 체험할 수 있도록 해주는 것이다.

5) 타 프로그램과의 연계

교육 프로그램은 단독으로 기획되는 경우도 있지만 공연이나 전시 등 다른 예술 프로그램과 연계하여 기획되면 더욱 효과적일 수 있다. 일례로 모차르트 탄생 250주년을 맞은 2006년에는 많은 공연장에서 모차르트의 음악을 연주하는 공연 프로그램을 운영했는데 이럴 때 단순히 공연만 진행하기보다는 모차르트의 삶이나 음악세계 그리고 명연주를 소개하는 교육 프로그램을 함께 운영할 수 있다.

뿐만 아니라 박물관과 미술관의 경우에도 전시를 마련할 경우 전시에 대한 이해를 돕기 위한 다양한 교육 프로그램을 준비하면 전시 감상 자체가 훨씬 폭넓게 이루어질 수 있다. 이러한 연계성은 교육 프로그램 자체에 대한 참여 동기를 불러일으키는 측면도 있다. 단순히 무엇을 배우는 과정의 교육 프로그램이 아니라 그러한 교육에 참가해 얻은 깊은 통찰력과 관점으로 공연이나 전시를 이전과는 다른 방향에서 감상하고 체험할 수 있기 때문이다. 이러한 측면으로 인해 교육 프로그램은 다른 예술 프로그램과 서로 상승효과를 주고받으며 지속적인 발전을 이뤄나갈 수 있다. 공연이나 전시 프로그램을 기획할 때는 반드시 사전에 교육 프로그램을 함께 고려하는 것이 필요하며 반대로 교육 프로그램의 기획단계에서는 다른 예술 프로그램과의 연계성을 고려하는 것이 바람직하다.

6) 요구에 기초

문화예술교육은 학교교육에서와 같이 획일화되고 정형화된 교육이 아니라 학습자 스스로가 학습경험을 선택하고 참여한다. 학습대상 또한 아동에서부터 청소년, 성인, 노인 등에 이르기까지 폭넓은 학습자를 대상으로 이루어짐으로 학습대상에 따른 학습에 대한 요구도 매우 다양할 수밖에 없다. 또한 그러한 요구에 즉각적으로 부응해야만 교육의 목표를 성공적으로 달성할 수 있다. 따라서 문화예술교육은 학습자의 변화하는 요구와 수요를 충족시키고 교육의 효과적·효율적 달성을 위해 학습자의 요구에 기초해야 한다. 이는 과거 교육 제공자 요구가 지배적이었던 형태에서 벗어나 학습자 요구에 중점을 두고 있는 것이다. 교수자의 입장에서 정형화하여 가르치는 것은 문화예술교육에 대한 학습자의 다양한 수요와 관심을 반영하기 어려울뿐더러 교육 대상이 실제로 필요로 하는 교육을 제공할 수 없다. 따라서 문화예술교육의 참여 동기를 높이고 학습자가 스스로 자신의 흥미와 관심, 적성에 따라 자유롭게 선택하고 경험할 수 있도록 학습자 요구에 기초한 교육을 제공해야 한다.

7) 학습자 중심

학습자 중심이란 수업의 중심이 교수자가 아니라 학습자가 되는 것을 말한다. 문화예술교육을 통해 학습자는 문화예술을 직접 경험하고 이러한 과정 속에서 문화예술 현상을 자연스럽게 받아들이고 수용하며 자신의 문화를 재구성하고 새롭게 창조하여 문화의 주체자로서 또한 사회공동체의 주역으로서 안목과 역량을 갖추어 간다. 이와 같이 학습자 개인의 경험에 근거해서 의미를 개발해 나가도록 하는 것이 학습자 중심이다. 학습자 중심에서의 학습자는 학습과정에 참여함에 있어 학습에 대한 주인의식을 가지고 인식의 주체로서 보다 능동적이며 적극적인 태도를 필요로 한다(박숙희·염명숙, 2008: 63).

이러한 학습자 중심 학습 환경에서의 교수자의 역할은 지식이나 재능을 전수하고 가르치기 보다는 학습자가 문화예술교육 활동을 의미 있게 경험할 수 있도록 풍부한 학습 환경을 제공해야 한다. 또한 학습자가 학습환경에 최대한 적극적으로 참여하여 스스로 자신의 의미를 만들어 나갈 수 있도록 격려하고 지지하는 지지자의 역할, 학습자를 보조하는 보조자 또는 촉진자, 코치의 역할을 하며 한편으로는 배움을 같이 하는 동료학습자가 되기도 한다.

8) 적극적 홍보

문화예술교육 프로그램은 적극적인 홍보를 필요로 한다. 앞서 얘기한 바와 같이 문화예술교육은 기존의 공교육과는 달리 학습의 선택이 전적으로 학습자에게 주어져 있다. 즉, 학습자가 자발적으로 학습경험을 선택하고 등록한다. 때문에 학습자들은 우선적으로 어느 기관에서 어떤 교육 프로그램이 제공되는지에 대해 알고 있어야 교육에 참여할 수 있다. 또한 프로그램이 제공되는 기관 및 조직에서는 아무리 좋은 교육 프로그램을 제공하더라도 학습자의 참여가 이루어지지 않으면 프로그램이 개설되기도 전에 종료될 것이며 그렇게 되는 경우 교육 프로그램을 제공한 기관의 손실은 매우 크다. 이러한 결과는 향후 기관의 존립에 관한 문제로 이어질 수 있다. 또한 문화예술교육의 궁극적인 목적이 개인의 삶에 있어서 문화예술을 향유하고 문화적 공동체를 형성하며 문화예술을 통한 삶의 질을 향상하는데 있음을 볼 때, 문화예술교육의 기회를 폭넓게 제공함으로써 모든 학습자들에게 문화예술교육의 기회가 공평하게 주어질 수 있도록 해야 할 것이다. 따라서 문화예술교육을 제공하는 기관은 학습대상을 확보하고 학습자들에게 널리 알릴 수 있도록 적극적으로 홍보에 주력해야 한다.

CHAPTER 02

문화예술교육 프로그램 개발의 기초적 이해

개 요

이 장에서는 문화예술교육 프로그램 개발자가 기본적으로 인식하고 있어야 할 기초 개념들에 해당되는 내용들로 프로그램 개발의 개념과 프로그램 개발의 필요성 및 목적, 프로그램 개발의 성격, 프로그램 개발 시 고려해야 할 사항을 비롯하여 성공적인 프로그램 개발의 조건, 프로그램 개발의 분류와 프로그램 개발 전문가의 철학 및 역할에 대해 소개한다.

학습목표

이 장을 학습한 후, 다음과 같은 학습목표가 성취되기를 기대한다.

- 프로그램 개발의 개념, 필요성, 목적에 대해 설명할 수 있다.
- 프로그램 개발의 성격을 설명할 수 있다.
- 프로그램 개발 시 고려사항을 설명할 수 있다.
- 프로그램을 성공적으로 개발하기 위한 조건을 설명할 수 있다.
- 프로그램 개발 분류에 대해 설명할 수 있다.
- 프로그램 개발자가 지녀야 할 철학에 대해 설명할 수 있다.
- 프로그램 개발자의 역할에 대해 설명할 수 있다.

1 프로그램 개발의 개념

1) 프로그램의 개념

프로그램이란 용어는 학자들 마다 다양하게 정의된다. 여기서는 일상적 의미로 흔히 사용되는 사전적 의미의 프로그램과 문화예술교육 차원에서의 프로그램의 의미와 개념을 살펴보고자 한다. 그리고 문화예술교육적 차원에서 프로그램의 개념을 명확하게 이해하기 위해 프로그램과 커리큘럼의 개념을 비교하여 살펴보고자 한다.

(1) 프로그램의 사전적 개념

프로그램(program)란 용어는 라틴어의 'pro'와 'graphein'의 합성어로 미리(before)와 써놓은 것(to write)의 의미가 결합된 것이다. 흔히 컴퓨터 프로그램, 텔레비전 프로그램, 방송 프로그램, 연주회나 같은 공연 프로그램 등과 같이 광범위한 영역에서 사용되고 있다. 이러한 프로그램의 사전적 의미는 앞으로 진행할 활동을 순서대로 나열해 놓은 계획서 같은 의미로서 앞으로 진행될 순서, 절차, 사건, 활동만을 강조한 개념이다. 또한 어떤 활동을 시간과 장소에 따라 내용과 방법까지 밝혀 한눈에 볼 수 있도록 체계화 시켜 놓은 것도 프로그램이라고 한다. 따라서 프로그램이란 앞으로 진행될 일에 대한 예정이나 계획을 체계적으로 정리한 목록이며 진행 순서와 실천이 포함된 개념이라 볼 수 있다. 여기서 계획이란 추상적인 상태로 존재하는 일을 의미 있게 실행하기 위하여 절차와 방법, 규모 등을 미리 구체적으로 설계하는 것을 의미한다. 목록은 이를 위하여 필요한 인력, 예산, 활동 내용, 방법 등을 실체화할 수 있는 지침으로 구체화한 것으로 볼 수 있다. 순서는 목록에 포함된 활동 내용들이 어떤 순서대로 전개되고 운영되어야 하는지를 나타낸 것이다(김용현 외, 2010: 38).

(2) 교육 프로그램의 의미와 개념

교육 프로그램이란 용어는 앞서 살펴본 프로그램의 사전적 개념에 덧붙여 다음과 같은 함축적인 의미를 내포하고 있다(김한별 외, 2010; 김용현 외, 2013; 이성호, 2009).

첫째, 교육 프로그램은 프로그램 목표를 중심으로 교육의 내용, 방법의 측면에서 복합적인 요소들이 함께 어우러져 있다. 실제로 프로그램은 프로그램의 목표를 중심으로 개별 하위 활동목표(학습목표)와 그에 따른 활동 내용(학습내용)과 운영관리, 전략 등과 같은 여러 구성요소들이 포함되어 있다. 이것은 프로그램이 단일한 내용이나 형식으로 이루어져 있지 않으며 복수의 내용과 형식의 조합을 통해서 하나의 실체로서 프로그램을 구성하고 있다는 것이다. 그러므로 좋은 교육 프로그램은 하위의 구성요소가 상호간의 유기적 조직이 잘 이루어져 있어야 하며 이로부터 적절한 구성요소의 선정, 조직, 그리고 실행 계획의 수립 등이 체계적으로 다루어져야 한다.

둘째, 교육 프로그램은 조직화된 지식의 모음이다. 교육 프로그램을 교수자의 입장에서 교육 내용적 측면으로 접근하면 학습자들이 배워야 할 내용으로 조직화된 지식을 모아놓은 교재, 교과 개요, 교수자 지침서를 의미하는 것으로 규정할 수 있다. 이러한 입장은 교육 프로그램에 대한 가장 고전적이고 보수적인 교육철학을 갖고 있는 사람들에게 보편적으로 받아들여져 온 것으로 학습자보다는 전문가와 교수자의 입장을 지나치게 강조하여 규범적이고 패쇄적인 특성이 부각된 것으로 볼 수 있다.

셋째, 교육 프로그램은 학습경험을 의미한다. 이는 학습자 입장에서 학습경험이 교육 프로그램의 실체적 내용이 되어야 한다는 것이다. 이는 교육내용적 측면으로 접근하는 학자들이 교수자의 입장에서만 교육 프로그램을 바라보려는 전통적인 사고를 비판한 것이다. 따라서 교육 프로그램이란 교수자와 전문가에 의해 사전에 학습내용이 학습자에게 일방적으로 주어지는 것이 아니라 학습자의 요구에 부합하도록 구성되어야 하며 학습 활동 속에서 학습자 개인이 갖는 교육적 경험과 체험의 의미를 지닌다고 보고 있다.

넷째, 교육 프로그램은 의도적 계획이다. 교육 프로그램은 단순히 내용적인 측면에서만 생각할 것이 아니라 그것을 실제로 어떻게 운용하느냐에 관심을 두고 접근하는 것이다. 이는 학습자가 배워야 할 학습내용이나 학습자의 체험에 초점을 두는 것이 아니라 교수자 입장에서 교육 프로그램의 사전 계획성을 강조한 것이다. 교육 프로그램을 학습을 위한 교수자들의 하나의 의도적 활동계획으로 접근하면 이것은 개발자와 학습자 간의 공공적 활동계획서로서 또한 공식적 문서로서의 의미를 지니게 된다.

다섯째, 교육 프로그램은 학습결과를 의미한다. 교육 프로그램을 학습자의 입장에서 교육 운용적 측면으로 접근하면 학습자의 행동변화나 학습결과를 의미한다. 대체로 교육 프로그램에 참여하는 주체의 단위가 학습자 개인인 경우가 많기 때문에 주로 개인적 차원에서 기대되는 지식, 기술, 태도 등의 변화 수준으로 목표가 설정되지만 교육 프로그램을 개발하고 운영할 때에는 개인적 수준에서의 변화뿐만 아니라 프로그램 운영을 바탕으로 기대할 수 있고 지향해야 할 조직과 사회적 수준의 변화까지 함께 고려한 개발이 필요하다. 특히 비판적 입장의 성인교육 이론가들은 교육 프로그램의 기능이 현재 사회체제를 개혁할 수 있는 주체로서 의식화된 개인의 양성에 있어야 한다고 강조한 것을 볼 때, 학습결과란 일정한 기간 동안 학습 활동을 전개한 결과로서 학습자 개인의 변화나 조직과 사회적 변화 등을 기대하는 결과를 의미한다.

이상의 내용을 종합해 볼 때, 문화예술교육에서의 프로그램이란 '문화예술교육을 통해 특정한 교육목적을 달성하기 위하여 계획되어 이루어지는 모든 활동과 기대하는 결과'로 정의할 수 있다.

(3) 프로그램과 커리큘럼

문화예술교육에서의 프로그램은 교육 프로그램을 의미한다. 교육 프로그램의 사전적 의미는 '정형화된 일련의 교육 과정'으로 정의하고 있지만 이는 학교교육에서의 커리큘럼과 구별되는 특징을 가지고 있다. 따라서 프로그램의 의미와 개념을 보다 명확하게 이해하기 위해 '프로그램(program)'과 '교육과정(curriculum)'의 개념을 비교·구분할 필요가 있다. 왜냐하면 프로그램과 교육과정은 그 형식적 요소와 기능적 역할이란 측면에서 매우 유사한 모습을 보이고 있으므로 두 개념은 교육의 장면에서 자주 혼용되고 있기 때문이다(김한별 외, 2010).

교육과정(curriculum)이란 어원은 라틴어인 'currere'에서 비롯된 개념으로 그 뜻은 경주(race course)의 의미를 갖고 있다. 이는 말이 정해진 코스(course)를 따라 달리며 경주한다는 뜻에서 유래된 것으로 학생이 입학해서 졸업할 때까지 정해진 코스를 달려가는 것을 의미한다. 따라서 교육과정이란 주로 학교교육 체제에서 사용하는 용어로 단순히 시간순서에 따라 진행될 사건이나 활동만을 의미하지 않고 사전에 미리 설정해 놓은 목표를 향해 학습자가 일정한 변화를 유발할 수 있도록 교수자와 전문가가 제공하는 지식, 정보, 기술 등의 관련 내용을 체계화시켜 놓은 것을 의미한다. 즉, 교육과정은 대체로 교사, 교육과정 개발 담당자 등과 같은 교육 전문가들의 관섬에서 규정되고 학교교육을 통해서 추구해야 할 목표 달성을 위해서 필요한 내용들로 조직되며 모든 학교에 동일하게 적용되는 특징이 있다. 따라서 학교는 획일적이고 정형화된 교육과정에 의해 수업이 진행된다(이화정 외, 2010). 이러한 측면에서 볼 때, 교육과정이란 용어는 전통적으로 지식과 교재를 강조하는 내용 중심적 성격과 학습자 보다는 외부의 전문가나 교수자의 역할을 지나치게 강조하며 학습자의 참여와 자발적인 선택을 제한하는 규범적이고 패쇄적인 성격이 강하다고 볼 수 있다(김진화, 2010: 64).

이에 비해 교육 프로그램은 규범적이고 필수적인 성격을 띠고 있는 학교교육의 교육과정인 커리큘럼보다 그 형식과 내용 측면에서 선택적이고 융통성이 강한 성격을 띠고 있다. 프로그램은 대상별로 유연성이 있는 프로그램을 학습자에게 제공하며 학습자들의 요구를 중심으로 이루어지는 교육경험의 계획으로서 특히 학교 외의 장면에서 펼쳐지며 만들어 진다. 그러므로 교육 참여자인 학습자의 요구와 기대에 보다 많은 중점을 두며 학습자들의 참여를 바탕으로 설계되는 특징을 가진다.

따라서 프로그램은 학습자 요구를 강조하는 일종의 활동이며 위계화 되고 순서화된 활동 내용과 계속적인 절차를 말한다. 또한 프로그램은 한 개 이상의 학습 활동이나 내용을 하위에 포함하고 있다. 그리고 이들 학습관련 활동 요소들은 자체로 일정한 목표를 가지고 있는 동시에 프로그램이 지향하는 상위의 목표에 수렴하는 특징을 지닌다(김한별 외, 2010: 19).

이상의 내용을 토대로 커리큘럼과 프로그램의 특징을 세 가지 측면으로 나누어 살펴보면 다음과 같다(김용현 외, 2013: 40-41).

첫째, 커리큘럼은 융통성 측면에서 변화가 쉽지 않다. 그러나 프로그램은 커리큘럼에 비하여 순간적으로 상황에 맞추어 변화가 가능하다.

둘째, 커리큘럼은 대상자 측면에서 교육과정 수준에 따라 대상자들이 한정되는 경향이 있지만 프로그램은 어떠한 제한이 없으며 아동에서부터 성인, 노인 등 모든 대상을 포함한다. 커리큘럼은 확정된 교육목적이 있고 다음의 커리큘럼과 연계되어 교육목적이 설정되지만 프로그램인 경우에는 실제로 학습자들의 필요와 문제해결에 대한 다양한 목적들이 존재한다.

셋째, 프로그램은 교육 환경적인 측면에서 프로그램에 참여한 자들의 다양한 욕구에 부응하기 위한 형태로 존재한다. 그리고 교육방법에 있어서도 커리큘럼에 비하여 좀 더 행동적 학습의 형태로 전개되는 특성이 있다.

이상에서와 같은 점에서 문화예술교육적 측면에서의 커리큘럼이란 용어는 문화예술교육 프로그램 계획의 하위과정 중 하나로 단지 학습경험의 선정과 관련된 부분을 지칭하는 것이다. 따라서 문화예술교육 프로그램은 그 형식과 내용이 매우 다양하므로 교육내용과 학습자의 체험에 초점을 맞추고 있는 교육과정의 개념과 순서와 활동만을 강조하는 활동계획의 개념을 유기적으로 재형성한 것으로 보다 거시적 접근의 개념이다. 그러므로 문화예술교육 프로그램에서는 프로그램의 수행을 위한 예산, 홍보, 평가 등의 관리까지 포함한다. 따라서 본 책에서의 프로그램은 문화예술교육 측면에서의 프로그램을 의미하는 것으로 프로그램과 교육 프로그램의 두 용어를 편의상 혼용하여 사용하기도 한다.

2) 프로그램 개발의 개념

프로그램 개발이란 교수·학습경험을 선정하고 순서를 정해서 조직하며 여러 가지 관련요인과 교육환경을 구조화 하여 학습자에게 제공하고 그 효과를 평가하여 프로그램을 개정하는 일련의 과정을 의미한다. 흔히 프로그램 개발의 미시적 관점에서는 교수·학습경험을 선정하고 순서를 정하고 조직하는 프로그램 설계의 의미로 사용되지만 거시적 관점의 프로그램 개발은 프로그램을 종합적인 개념으로서 프로그램의 기획 및 분석-프로그램 설계-프로그램 개발-프로그램 홍보 및 마케팅-프로그램 실행-프로그램 평가-프로그램 개정 등과 같은 모든 활동을 포함하는 용어이다(김용현 외, 2010: 42).

프로그램 개발의 개념을 보다 구체적으로 이해하기 위해선 다음의 네 가지 측면으로 나누어 살펴볼 수 있다(김용현 외, 2010; 김진화, 2010).

먼저, 구조적 측면에서 프로그램 개발의 개념은 프로그램 개발을 어디까지로 규정할 것인가와 관계된다. 즉, 프로그램 개발을 협의적 개념으로 보면 프로그램 목적, 내용 또는 경험, 조직 및 평가를 다루는 기술만을 강조하는 설계를 의미하지만 광의의 개념으로는 프로그램의 기획, 설계, 개발, 홍보 및 마케팅, 실행, 평가, 개정을 포함하는 과정을 의미한다.

절차적 측면에서의 프로그램 개발이란 체계적이고 과학적으로 개발하기 위해 프로그램 개발 전문가가 행하는 모든 활동의 절차 및 단계로 규정되는 일련의 과정을 뜻한다. 즉, 프로그램 개발자가 프로그램을 효과적으로 개발하기 위해 프로그램을 기획, 시행, 평가를 수행하는 모든 활동의 순서나 차례로 규정되는 일련의 과정이라 할 수 있다. 따라서 프로그램 개발자는 각 절차와 단계들을 체계적으로 이해하고 실천할 수 있는 능력이 요청된다.

행위적 측면에서 프로그램 개발의 개념은 프로그램 개발자의 실제적인 행동을 중심으로 규정한 것으로 개발자의 역할과 그들이 당면한 문제를 해결해 나가는 일련의 과정과 행위를 말한다. 따라서 개발 과정에서 프로그램과 관련된 권력관계나 주체들 간의 협상, 개발자의 책임성 등이 고려될 수 있다. 그러므로 프로그램 개발자가 행하는 사회적 실천행위가 바로 프로그램 개발이며 이것은 프로그램 개발자가 새로운 세상을 만들어 가는 교육적 노력이라 할 수 있다.

현상학적 측면에서의 프로그램 개발이란 학습자와 교수자가 상호작용을 통해서 학습자의 성장 및 발전과 더불어 그들의 문제해결에 필요한 유용한 지식과 정보를 창출하고 그것을 토대로 학습내용을 선정하고 조직하며 이를 매체화된 자료로 개발하는 행위를 말한다.

2 프로그램 개발의 필요성 및 목적

문화예술교육 프로그램은 개인의 삶의 질을 향상시키고 문화향유를 증대시키며 나아가 국가와 사회가 요구하는 창의적인 인적자원 개발이라는 요구에 부응하기 위한 교육적 대안이다. 따라서 문화예술교육 프로그램은 단순히 학습자 개인만을 대상으로 프로그램을 제공하는 것이 아니라 개인학습자는 물론 조직, 집단, 그리고 지역사회 등 보다 광의의 고객 및 학습체제를 대상으로 프로그램이 제공된다.

그러므로 문화예술교육 프로그램에 참여하는 학습대상은 매우 다양하며 그 목적 또한 다양할 수밖에 없다. 더욱이 급속한 속도로 변화하는 사회에의 적응을 위해 학습자의 욕구는 더욱 다양해지며 계속적인 변화를 요구 한다. 이러한 요구는 문화예술교육 프로그램을 조직하고 개발하고 관리하는 프로그램 개발의 필요성을 증가시켰으며 동시에 프로그램 개발의 지속적인 활동을 요구하게 되었다.

따라서 문화예술교육 프로그램 개발은 개인 및 조직과 지역사회의 성장과 발전을 충족하는 매개체로서, 문화예술교육기관의 생존과 발전을 위해 취하는 적극적인 조치로서, 변화하는 사회에 대한 적응 기제인 동시에 변화창출의 전략으로서 그 필요성을 두고 있다. 이와 같은 프로그램 개발의 필요성을 토대로 프로그램 개발의 목적은 다양하지만 여기서는 크게 학습자 개인의 차원과 학습자가 속해 있는 조직이나 기관적 차원 그리고 지역 사회적 차원으로 정리하여 살펴보고자 한다.

1) 개인적 차원

개인적 차원의 프로그램 개발 목적은 문화예술교육을 통하여 개인 학습자의 성장과 발달을 통한 변화를 촉진시키는 것이다. 그리고 학습자의 실제적인 문제나 당면과제를 해결하도록 보조하며 현재와 미래의 직업기회를 준비하도록 도와주는 데 있다. 또한 문화예술교육 활동을 통해 개인의 삶의 질을 향상시키고 문화향유를 증대시키며 자기 만족감을 높이는 데 있다. 이러한 변화는 새로운 지식과 정보의 습득, 기술 및 기능(skills)의 숙달, 그리고 가치관과 태도의 변화라는 학습결과를 통해 얻어진다. 예컨대, 학교 방과 후 문화예술교육 프로그램과 사회문화예술교육원, 평생교육원 등에서 이루어지는 문화예술 교양·취미 프로그램, 문화예술 관련 취업 프로그램 등이 여기에 해당된다.

2) 조직 및 기관적 차원

조직 및 기관적 차원에서의 프로그램 개발의 목적은 조직 및 기관의 목표 및 과업 성취, 조직체의 문제해결 지원, 조직체의 변화에 대한 적응 등에 관련된 내용에 초점이 맞춰진다. 조직이나 기관에 있어서 프로그램 개발은 변화하는 사회에 대한 적극적인 적응기제인 동시에 변화창출의 전략으로서 중요한 의미를 갖는다. 예컨대, 조직 관리자를 위한 창조적 리더십을 위한 문화예술교육 프로그램을 비롯하여 각종 조직차원에서 조직 구성원들의 창의적 사고를 비롯하여 의사소통 및 팀워크 향상을 위한 문화예술교육 프로그램 등이 해당된다. 즉, 조직과 기관 및 사회에서 경쟁력이 있는 조직구성원의 양성으로 인적자원 개발의 매체로서 문화예술이 활용되는 프로그램 등이 여기에 해당된다.

3) 지역 사회적 차원

지역 사회적 차원에서의 프로그램 개발의 목적은 지역사회 공동체의 함양 및 형성, 지역사회의 다양한 문제해결, 지역 개발이나 지역주민의 삶의 질 향상 등에 관련된 내용에 초점이 맞추어 진다. 이러한 변화는 지역사회 주민의 개별적인 태도 변화를 강조하는 프로그램보다는 집합적인 태도의 변화를 강조함으로써 가능하며 또한 지역사회의 문제를 해결할 수 있는 다양한 프로젝트의 추진을 통해 가능하다. 예컨대, 지역 문화공동체 형성을 위한 문화예술교육 지도자 양성 프로그램, 지역사회 문화예술자원봉사자 교육 프로그램 등이 여기에 속한다.

3 프로그램 개발의 기본적 성격

프로그램 개발자가 프로그램 개발의 기본 성격을 잘 이해하고 있으면 프로그램을 개발하는 과정 중에 취해야 할 다양한 조치들에 도움이 될 수 있다. 이에 문화예술교육 프로그램 개발의 기본적 성격을 살펴보면 다음과 같다(김용현, 외, 2010; 김진화, 2010; 이화정 외, 2010).

첫째, 문화예술교육 프로그램 개발이란 문화예술교육기관의 적응기제이며 변화창출 전략이다. 문화예술교육 프로그램 개발은 변화하는 사회에 대한 교육적 대안인 동시에 새로운 변화창출을 위한 교육적 대안 제시라는 의미를 갖는다. 그러므로 문화예술교육기관은 사회변화와 교육적 요구에 수동적으로 대응하기 보다는 적극적으로 새로운 변화를 창출하는 노력이 필요하다. 따라서 프로그램 개발은 교육을 둘러싸고 있는 그 시대와 사회변화를 이끌고 반영하며 또 그 시대와 사회변화의 산물이라고 볼 수 있다. 프로그램 개발자는 항상 당대는 물론이고 과거나 미래의 사회변화를 검토하고 예측하며 교육에 작용하는 많은 요소들을 끊임없이 규명해 나가는 노력을 기울여야 한다.

둘째, 문화예술교육 프로그램 개발은 개인 학습자의 변화뿐만 아니라 학습자 집단, 조직이나 기관, 지역사회의 변화를 지향한다. 문화예술교육의 대상은 개인뿐만 아니라 조직이나 기관 및 지역사회를 포함하고 있기 때문이다. 따라서 프로그램 개발은 미시적으로는 개인 학습자의 지식과 기술, 태도를 변화시키며 나아가 거시적으로는 집단과 지역사회의 변화를 가져오는 데 초점을 두어야 한다. 따라서 프로그램 개발자는 개인 학습자뿐만 아니라 학습자 집단, 지역사회의 체제까지 변화시킬 수 있도록 노력을 기울일 필요가 있다.

셋째, 문화예술교육 프로그램 개발은 계속적인 집단적 의사결정 과정이다. 프로그램 개발의 과정에서 프로그램의 개발의 범위를 결정하고 개발에 참여시킬 잠재적 학습자의 대표는 누구를 할 것이지 또는 몇 명을 참여시킬 것인지, 요구분석을 통해 파악된 내용들의 우선순위를 어떻게 결정 할 것인지를 비롯하여 프로그램 내용을 선정하고 프로그램 운영을 위한 활동 전략을 세우고 평가 준거를 선정하는 등 프로그램 개발의 제반 사항들에 대한 연속적 의사결정 과정을 필요로 한다. 따라서 프로그램 개발자는 각 단계에서 바람직한 결정을 내리기 위해 의사결정 원리를 잘 알고 있어야 할 것이다.

넷째, 문화예술교육 프로그램 개발은 협동적인 과정이다. 프로그램 개발은 몇몇 사람들의 아이디어와 탁상에서의 결정으로 만들어 지는 것이 아니라 프로그램 개발 과정에 참여하는 많은 사람들 간의 협동적인 노력과 참여로 이루어진다. 문화예술교육 프로그램 개발은 지역사회의 요구와 기관의 요구, 잠재적 학습자의 요구를 반영하고 그에 부합한 프로그램을 만드는 것이므로 이들 공동의 참여와 노력으로 이루어진다.

다섯째, 문화예술교육 프로그램 개발은 필요한 자원을 총체적으로 활용하여 계획하고 실시하며 평가하는 종합적인 과정이다. 프로그램 개발은 단편적이고 부분적인 과정으로 이루어지는 것이 아니라 학습에 필요한 모든 인적·물적 자원을 총체적으로 투입하여 개발되어야 한다. 투입된 자원은 통합적인 절차와 단계에 따라서 유기적으로 연계되어 최적의 효과를 기대할 수 있도록 개발되어야 한다.

여섯째, 문화예술교육 프로그램 개발은 일시적인 과정으로 완성되는 것이 아니라 끊임없이 계속되는 점진적 개혁과정이다. 따라서 계속적인 평가와 개선, 피드백이 요구된다. 이를 통해 계속적이며 지속적인 발전으로 나아가는 것이다.

4 프로그램 개발의 고려사항

문화예술교육 프로그램 개발 과정에는 예측하지 못했던 많은 제한 요인들이 나타날 수 있으며 이들 중에는 통제가 가능한 것도 있지만 통제가 불가능한 요인들도 많다. 따라서 프로그램 개발 과정에서 나타날 수 있는 다양한 제한요인들을 미리 확인하고 준비하는 세심한 배려가 필요하다. 이를 위해 프로그램 개발 시 고려해야 할 사항들을 환경적 요인, 기관 및 조직체의 요인, 개발 과정상의 요인으로 나누어 살펴보면 <표 2-1>과 같다(이화정 외, 2010; Kowalski, 1998).

〈표 2-1〉 프로그램 개발의 고려사항

제한 요인	내용	
환경적 제한 요인	• 잠재적 학습자의 낮은 인식 수준 • 문화예술교육기관들 간의 심한 경쟁	• 문화예술교육 제공자들 간의 네트워크 부족 • 문화예술교육에 대한 학습자들의 부정적인 시각
문화예술교육기관의 제한 요인	• 교육기관의 속성(기관의 사명, 이념, 조직의 전통과 역사·문화적 요소 등) • 문화예술교육에 대한 기관 내부의 인식부족 • 문화예술교육 수행을 위한 부적절한 시설 • 프로그램 제공의 이기적인 동기	• 재정자원의 부족 • 문화예술교육의 가치에 대한 좁은 시각
개발 과정상의 제한 요인	• 예산부족 • 프로그램을 개발하기 위한 시간상의 제약	• 프로그래머의 전문성 부족 • 개발 과정에 참여한 사람들 간의 갈등

5 성공적인 프로그램 개발의 조건

문화예술교육 프로그램은 학습자들의 잠재된 문제를 해결하고 그들의 흥미와 욕구에 대한 교육적 기회를 제공할 수 있는 실천적인 움직임으로 이는 프로그래밍을 통한 접근에 의해 이루어질 수 있다. 그러므로 프로그램을 개발하는 데 있어서 가장 관심을 두어야 하는 것은 좋은 프로그램을 개발하는 데 필요한 요소가 무엇인지 또는 가장 성공적인 프로그램을 개발하기 위해서 어떻게 해야 하는가에 대한 문제이다. 따라서 성공적인 프로그램 개발이 되기 위한 조건들은 일반적으로 <표 2-2>와 같이 살펴볼 수 있다.

〈표 2-2〉 성공적인 프로그램의 조건(양병찬, 2003: 361)

구분	내용	
좋은 프로그램의 조건	• 프로그램에 대한 높은 호응도 • 참여자들의 만족도 • 참여자들의 부수적인 이익증대 • 재정적 목표의 달성 • 후원자들을 위한 부수적인 이익증대	• 지역사회에서의 가시성, 신뢰성, 신용도 • 참여자의 높은 관심과 참여 • 참여학습의 중요성 • 경제적 후원자들의 만족도 • 계획자 또는 교수자의 만족
성공적인 프로그램을 위한 요소들	• 시간상 적절하고 혁신적인 주제 • 훌륭한 프로그램 개발 및 효과적인 개발자 • 효과적인 교수자: 전문성, 인성 • 우호적이고 편안한 학습 분위기 • 적극적인 교수지원	• 효과적인 교수 기술 • 훌륭한 교수설계: 과정 및 내용 • 삶에 초점을 둔 실제적인 학습 내용 • 학습자의 요구 및 욕구충족

6 프로그램 개발의 유형

문화예술교육 프로그램의 유형은 매우 다양하다. 문화예술교육 프로그램이 다양한 만큼 학자들 마다 이를 분류하는 방법 또한 다양하게 제시하고 있다. 일반적으로 프로그램이 어떤 체제를 위해 누구에게 혜택이 주어지느냐를 준거로 기관중심 프로그램, 고객(학습자)중심 프로그램, 절충식 프로그램으로 분류할 수 있으며, 프로그램 성격 즉, 기관이 지향하는 성격에 따라 시장지향 프로그램과 서비스지향 프로그램으로 분류할 수 있으며, 프로그램 내용에 따라 기술중심 프로그램과 이해중심 프로그램, 태도중심 프로그램으로 분류할 수 있다.

여기서는 프로그램 개발 주체에 따른 분류와 프로그램 개발 목적에 따른 분류, 프로그램 개발용도(교육내용)에 따른 분류, 프로그램 구성범위에 따른 분류, 프로그램의 교육방법에 따른 분류로 살펴보고자 한다.

1) 개발 주체에 따른 분류

프로그램 개발의 주체가 누구인가에 따라서 학습목표나 내용, 대상 등 프로그램의 성격이 달라진다. 프로그램의 주체는 크게 국가와 기관 그리고 학습자 개인으로 나누어 볼 수 있다(윤옥한, 2014: 84).

국가나 정부 주도 프로그램은 공민성 개발이나 사회와 문화·역사에 대한 올바른 이해를 비롯하여 사회통합 등 국민들의 삶의 질 향상과 공동체 의식함양 등 문화예술교육활성화를 위한 프로그램 중점으로 개발된다.

기관이나 조직 프로그램은 문화예술교육기관이나 문화예술교육 관련 조직 및 기타 민간단체, 기업체 등의 조직이 주체가 되어 기관의 이념이나 목적을 달성하기 위하여 실행되는 것으로 기관의 특성에 따라 다양한 프로그램이 개발되는 것을 말한다. 여기에는 내용 중심으로 구성되는 것을 비롯하여 공연이나 전시 등 다른 예술 프로그램과 연계하여 개발되기도 한다. 예컨대, 미술관의 사회교육기관으로서 역할 강화와 현대미술 문화 향유기회 확대를 목적으로 운영하는 근·현대미술사 아카데미, 미술사 강좌와 상설전시 연계강좌 프로그램, 미술과 타문화 통합교육 프로그램 등이 해당된다.

학습자 개인이나 개인과 기관에 의해 공동으로 개발된 프로그램은 학습자 위주의 문제를 해결하기 위한 프로그램을 말한다. 예컨대, 아동 및 청소년들의 정서 함양을 위한 문화예술교육 프로그램, 퇴직 후 노후 문제를 해결하기 위한 자기개발, 여가활용을 위한 자기개발 등 개인의 특정한 문제를 해결하기 위한 프로그램이 해당된다.

2) 개발 목적에 따른 분류

개발 목적에 따른 분류는 Boyle의 분류가 대표적이다. 그는 프로그램이 의도하는 바에 초점을 맞추고 프로그램이 지향하는 목적에 따라 개발형 프로그램, 기관형 프로그램, 정보형 프로그램으로 분류하고 있다(기영화, 2010; Boyle, 1982).

개발형 프로그램(developmental program)은 개인이나 집단, 혹은 지역사회의 중요한 문제가 무엇인지를 파악하고 그것을 해결하는데 도움을 주기 위하여 개발된 프로그램을 말한다. 즉, 정보가 없는 상황에서 요구조사부터 시작하여 개발된다. 개발형 프로그램은 그 목적이 개인이나 집단 및 지역사회의 현안 문제를 해결하기 위한 것이기 때문에 특정 문제가 프로그램의 목표로 전환되고 프로그램 개발 전 과정에 학습자 참여가 중요시 된다. 개발형 프로그램에는 문화예술 관련 지역사회 봉사자 교육 프로그램, 역사의식 함양을 위한 교육 또는 문화예술교육을 통한 개인이나 집단, 지역사회의 성장과 발전을 위한 각종 프로그램들뿐만 아니라 사회적, 경제적 여건을 해결하거나 변화시킬 목적으로 만들어진 프로그램들이 이에 해당된다.

기관형 프로그램(institutional program)은 문화예술교육기관에 의해서 제도적으로 만들어진 프로그램을 말한다. 학습자들의 교육 참여를 제도화하는 데 목적이 있으며 대부분 전일제로 운영되는 전문교육 프로그램으로 구성된다. 기관형 프로그램은 지식과 기술습득을 목적으로 전문가나 기관에 의해서 제도적으로 만들어지기 때문에 학습자들의 역할은 수동적이고 그 내용도 지식전달에 초점을 두고 있다. 기관형 프로그램에는 문화예술경영자, 문화예술교육기획자 등 문화예술 및 문화예술교육과 관련한 전문인력 양성 및 기존의 전문 인력에 대한 재교육을 위해 개발된 프로그램이 이에 해당 된다.

정보형 프로그램(informational program)은 특정 대상에게 필요한 새로운 정보를 제공할 목적으로 개발된 프로그램을 말한다. 정보형 프로그램은 문화예술교육과 관련한 새로운 연구결과나 법령 등에 대한 정보를 널리 파급시키기 위해서 개발된 프로그램으로 개발된 내용은 즉시 사용되는 것이 특징이며 단순한 정보전달이 목적이기 때문에 평가나 피드백 없이 운영된다. 예컨대 문화예술교육 정책 개정이나 법안을 제공하기 위해 개발된 프로그램들이 이에 해당된다.

이상의 내용을 토대로 Boyle의 개발 목적에 따른 분류를 간략히 정리하면 <표 2-3>과 같다.

〈표 2-3〉 Boyle의 프로그램 유형과 특징(김진화 2010: 73)

구분	개발형 프로그램	기관형 프로그램	정보형 프로그램
프로그램 목적	• 개인, 집단, 지역사회 문제를 확인하고 해결	• 개인 기초능력, 기술, 지식향상 및 역량 개발	• 유용하고 혁신적인 정보를 교환하고 전달
목표설정 근거	• 개인, 집단, 지역사회의 요구와 문제	• 지식분야 전문가와 교수자	• 새로운 연구성과, 새로운 법과 제도, 혁신적 정보
프로그램 유용성	• 개인 요구충족 및 지역사회의 문제해결에 대한 수단이 됨	• 개인의 기초능력, 지식 및 기술 획득을 통한 자기개발에 유용	• 고객이 즉시 활용할 수 있는 정보 전달
학습자 참여	• 요구 및 문제표출로 프로그램 결정에 참여	• 교육내용의 학습과정에 참여	• 정보수용자로서 참여
프로그램 개발자의 역할	• 요구 및 문제확인, 프로그램 운영 및 촉진, 평가, 결과 보고	• 교수-학습과정을 통한 지식 전달	• 정보제공
평가기준	• 문제해결의 질 • 문제해결의 정도	• 지식이해와 획득 정도	• 정달된 정보의 양, 정도 수용자의 수

3) 개발용도에 따른 분류

개발용도는 개발된 프로그램의 쓰임새와 교육내용을 중심으로 분류하는 것으로 문화예술에서 인적자원개발 측면에서 다루어지는 직업교육 관련 프로그램과 여가·취미 프로그램, 지역사회개발 프로그램 등으로 분류할 수 있다(김용현 외, 2013: 49).

직업교육 프로그램은 프로그램을 이수한 후 직업전환이나 재취업을 목적으로 운영되는 것으로 실용적이고 실무중심 교육내용으로 개발되며 자격증 과정으로 운영되는 경우가 많다. 여기에는 재직자를 대상으로 한 직업전환교육이나 실직자를 대상으로 한 재취업교육 프로그램 등이 해당된다. 이러한 프로그램들은 고용보험이나, 공공기관에서 지원을 받아서 운영되는 경우도 있다. 직업교육 프로그램에는 문화예술경영자 양성 프로그램이나 큐레이트 양성 프로그램, 도슨트 양성 프로그램 등 각종 자격과정이 포함된다.

여가·취미 프로그램은 자격증 취득이나 취업을 목적으로 개발된 프로그램과는 달리 여가를 의미 있게 보내기 위해서 문화예술교육을 받는 자체에 목적을 두고 개발된 프로그램을 말한다. 주로 시간적, 경제적인 여유가 있는 학습자를 대상으로 한다. 여기에는 여가나 취미를 중심으로 한 각종 사회문화예술교육원이나 평생교육원에서 실시되는 문화예술교육 프로그램 등이 해당된다.

지역사회개발 프로그램은 농어촌지역이나 도시 저소득 지역의 소외계층을 대상으로 지역주민들의 삶의 질을 제고하기 위하여 개발된 프로그램으로 지방자치단체나 민간단체가 협력하여 공동으로 개발하고 운영하는 경우가 많다. 여기에는 장애인, 다문화 가정, 문화예술 소외계층을 대상으로 문화 나눔을 실천하고 문화예술을 매개로 문화의 다양성의 가치 인식 및 확산을 목적으로 하는 문화나눔 프로그램, 전국다문화센터 및 관련기관과 협력을 통해 이루어지는 교육으로 문화다양성 미술관 교육과 찾아가는 미술과 교육, 희망 계층 프로그램 등이 해당된다. 이밖에 문화예술교육을 통한 지역주민들의 복지 및 보육 프로그램 등이 해당된다.

4) 구성범위에 따른 분류

문화예술교육 프로그램을 개발 구성범위에 따라 분류하면 단일 프로그램, 연속 프로그램, 통합 프로그램, 종합 프로그램 등으로 나눌 수 있다.

단일 프로그램일 경우, 비교적 짧은 기간에 하나의 학습목표를 달성하기 위하여 개발한 것으로 1회적 용도로 운영되는 단순한 교육활동으로 구성된다. 예를 들면 박물관 및 미술관 견학, 봉사활동, 다양한 체험활동, 예술평론가나 컬럼리스트나 관련 장르 학계인사들의 특강 등이 이에 해당된다.

연속 프로그램은 큰 주제 하나를 여러 개의 내용으로 나누어서 여러 번 연속으로 운영하도록 개발하는 프로그램이다. 비교적 장기간에 걸쳐 운영되는 프로그램으로 앞뒤 프로그램이 연관되어 심화되는 형태로 개발되는 것으로 전문적인 내용일 경우가 적합하다. 예를 들어 문화예술을 통한 창조적 리더섭 전문가과정 프로그램을 개발할 경우, module 1. 창조적 리더십의 이해/ module 2. 창조적 리더의 자질/ module 3. 문화예술과 창조적 리더십 등으로 개발하는 형태가 해당된다.

통합 프로그램의 경우는 한 주제에서 세분화된 비슷한 성격의 여러 활동을 하나로 묶어서 개발한 프로그램을 말한다. 각 활동의 기본적 성격은 그대로 유지하면서 관련된 내용만 통합하는 형태로 개발된다. 예를 들면 문화예술기획자 양성 프로그램을 개발할 경우 공연기획, 전시기획, 교육 프로그램 기획 등 서로 비슷한 성격의 학습 활동을 하나로 묶어서 프로그램을 개발하는 형태가 해당된다.

종합 프로그램은 성격이 다른 여러 학습영역을 묶은 종합적으로 전개되는 프로그램을 말한다. 이는 다양한 문화예술 활동을 통해서 전인적인 인격형성이나 종합적인 기능발달을 목표로 한 프로그램을 개발할 때 적절하다.

5) 교육방법에 따른 분류

문화예술교육 프로그램을 교육방법에 따라 분류하면 강좌중심 프로그램, 기능중심 프로그램, 체험중심 프로그램, 관람 및 해설중심 프로그램, 견학중심 프로그램, 축제중심 프로그램 등으로 구분할 수 있다. 각 프로그램의 특성은 다음과 같다(김우경, 2014; 박주혜, 2010; 용호성, 2015; 이희진, 2016).

첫째, 강좌중심 프로그램은 문화예술교육 프로그램의 가장 전형적이고 일반적인 교육 프로그램의 유형이다. 강좌중심 프로그램은 강사가 일방적으로 지식을 전달하는 방식으로 강의식 강좌, 렉쳐(lecture)형 강좌라고도 한다. 강좌중심 프로그램은 프로그램의 특성상 대규모 인원들을 동시에 수용할 수 있는 특징이 있으며 문화예술교육을 통해 간접적으로 경험하는 방식이므로 체험형 강좌와 가장 대조되는 교육방식이다. 강좌형 프로그램의 목적은 전문예술가 육성이 아닌 일반인들이 문화예술을 좀 더 쉽고 편안하게 접근하고 향유할 수 있도록 돕는 데 있다. 이에 문화예술 입문 프로그램과 애호가들의 심층적인 감상과 이해를 도울 수 있는 다양한 수준의 단계별 교육들이 기획되고 있다.

둘째, 기능중심 프로그램은 예술장르별로 고유의 방법론과 기술을 배울 수 있도록 하는 것을 말한다. 여기엔 악기 강습 등 다소 정형화되고 체계화된 실기교육의 방법론이 많이 활용된다. 기능중심 프로그램은 발표회 등과 같은 일부 창작행위로 까지 이루어지도록 기획되기도 한다. 최근에는 이러한 기능적 관점의 실기교육보다 체험적 교육이 더 부각되고 있기는 하지만 기능적 교육은 수백 년 넘는 오랜 세월을 거쳐 발전한 만큼 나름의 가치를 갖고 있다.

셋째, 체험중심 프로그램은 교육 수요자들이 문화예술을 보다 친숙하게 느끼고 생동감 있게 이해할 수 있도록 음악, 미술, 무용 연극 등 다양한 장르의 문화예술을 직접 경험해 보는 능동적 교육 프로그램 유형이다. 이는 객석에서의 수동적인 관람을 벗어나 문화예술을 직접 경험해보고자 하는 적극적인 수요자 증가 현상으로 인해 점차 확대되고 있는 추세로 다양한 무용, 음악 등 다양한 장르의 체험교육 프로그램이 특화되고 있다. 체험적 교육은 단편적이고 기술적인 내용을 익히는 것을 넘어서 학습자가 더욱 주체적인 입장에서 창의적이고 유연한 내용을 자발적으로 경험하는 데 중점을 두고 있다. 따라서 특정한 예술 분야에 치우치기 보다는 여러 예술을 두루 경험하며 그 속에서 창의적인 사고와 경험을 하도록 강조한다. 이러한 체험형은 대규모보다는 소규모의 인원이 적합하며 다양한 연령과 수준에 따른 교육 수요자들을 소규모의 여러 개 분반을 구성하여 유치할 수 있는 환경적 여건을 갖춘 각 종 문화예술기반 시설에서 활발하게 운영되고 있다.

체험중심 프로그램은 특성상 단기가 아닌 장기적인 프로그램으로 운영하는 경우가 많다. 이런 종류의 예술강좌는 보통 '문화학교' 또는 '아카데미'라는 이름으로 전국의 문화예술기관에 30여개가 개설 운영되고 있다.

넷째, 관람 및 해설중심 프로그램은 공연을 직접 관람하여 전문가나 실연가의 부연 설명·해설을 듣는 프로그램을 의미한다. 여기에서 설명과 해설은 작품자체나 작품과 관련된 내용에 관한 것이다. 해설중심 프로그램은 문화예술이 실제로 이루어지는 공간에서 관람을 통해 간접경험 해 본다는데 의미가 있다. 해설형 프로그램에서 학습자들은 전문가가 아니면 알기 어려운 작품의 개요와 역사, 기술에 대해 알 수 있다. 대표적인 프로그램으로는 '금난새와 함께하는 해설 음악회'가 있는데 지휘자 금난새가 직접 지휘하며 연주곡에 대해 설명해 주는 프로그램이다.

다섯째, 견학중심 프로그램은 보통 초·중·고등학교의 특별활동 프로그램으로 공연장 방문을 신청하여 진행되고 있다. 이러한 견학 프로그램은 공연장의 숨은 뒷모습을 보면서 공연장에 대한 친근감을 느끼게 하고 예술세계에 대한 이해를 돕는 등 다양한 현장체험을 통해 실내 수업이 주지 못하는 폭넓은 인생관과 세계관을 심어 줄 수 있다. 대표적으로 정동극장이 1997년 '문화특활'이라는 이름으로 초·중·고등학생들의 특활시간을 문화체험의 장으로 개발한 프로그램이 있다. 문화특활은 공연장의 입장에서 볼 때, 죽은 시간이나 다름없는 오전 시간대를 활용 정동극장의 공연과 주변 문화시설인 서울시립미술관, 덕수궁현대미술관, 농업박물관 중 하나를 선택하여 관람 하도록 맞춤식의 프로그램을 구성하여 초·중·고등학교로부터 큰 호응을 받았다. 또한 유니버셜발레단의 '발레 엿보기'는 유치원 및 초등학생들과 부모를 대상으로 한 발레단 견학 프로그램으로 개인 또는 단체로 유니버셜발레단 단원들의 실제 연습 모습과 신기하고 다양한 발레 의상과 소품에 대한 소개와 발레 역사까지 곁들이는 교육 프로그램이다.

여섯째, 축제중심 프로그램은 공연장의 입장에서는 그야말로 창의성을 최고로 발휘해 내용을 구성할 수 있고 관객의 입장에서는 깊이 있는 사전 지식이나 진지한 경험 없이도 부담 없이 참여할 수 있는 프로그램이 바로 축제다. 축제는 일반 공연과는 달리 단시간 동안 수십, 수백 배의 관람객을 동원할 수 있다. 또한 많은 사람들이 모이는 이벤트이기 때문에 공연, 전시, 체험행사 등 다양한 프로그램들이 결합되는 경우가 많다. 이에 극장의 평판이나 다른 프로그램 운영에도 긍정적인 영향을 미치게 된다(용호성, 2012).

7 프로그램 개발자의 철학 및 역할

프로그램 개발 과정은 프로그램 개발자의 가치관이나 판단에 따라 같은 분야의 프로그램이라 할지라도 다른 형태를 취하게 된다. 프로그램 개발자는 프로그램을 제공할 자원을 가지고 있는 교육기관과 교육 요구를 가진 학습자를 연결·중재하는 역할을 하고 있다. 프로그램 개발자의 조직이나 교육에 대한 신념과 가치 판단은 프로그램 개발 과정에 무의식적으로 영향을 미치게 된다. 따라서 프로그램 개발 전문가의 프로그램에 대한 신념은 중대한 영향을 미친다(기영화, 2010: 66). 이에 프로그램 개발 전문가가 가져야 될 철학과 역할에 대해 알아보고자 한다.

1) 프로그램 개발자 철학

프로그램 개발자가 어떤 철학을 가져야 하는가의 당위성에 대해서는 많은 학자들 간에 논의가 있어 왔다. 대표적으로 Boone(1985)은 프로그램 개발자가 가져야 할 프로그램에 관한 철학을 다음과 같이 제시하고 있다(기영화, 2010: 67-68).

첫째, 프로그램 개발자는 교육에 대한 기본 신념을 갖고 있어야 한다. 프로그램 개발자는 변화의 대행자로서 프로그램을 계획하고 관리하는 과정에서 지침을 제공할 수 있도록 교육에 대한 신념이 필요하다. 프로그램 개발자의 관심은 교육을 통해서 학습자들이 환경변화에 적응하고 대응해 나갈 수 있도록 행동유형을 변화시키는데 있다. 문화예술교육기관은 사회 속에서 학습자들의 요구와 사회의 요구를 조화시킬 수 있는 교육 프로그램을 공동 계획하고 촉진시키는 분위기를 형성하는 기능을 가진다. 따라서 프로그램 개발자는 학습자들이 실제적인 정보를 항상 적절하게 이용할 수 있도록 하는 책임을 갖고 있으며 이는 미래에 대한 이해와 계획 없이는 불가능하므로 세분화된 목표를 달성하기 위해서 프로그램 계획에 대한 신념이 요구된다.

둘째, 프로그램 개발자는 프로그램을 계획할 때 이상적인 상황을 가정하고 있어야 한다. 사회 속에서 리더십 역할을 수행하도록 사회 상황에 대한 정보를 보완하고 위기상황에 즉각 대처하는 능력을 갖추어야 한다.

셋째, 프로그램 개발자는 프로그램의 계획자, 실행자로서 그 역할을 효과적으로 수행하기 위해 스스로를 계획자로서 간주하고 프로그램 전 과정에 대한 사상(寫象)을 항상 갖고 있어야 한다. 프로그램 개발자는 프로그램의 시작부터 종료시점에서의 평가결과까지 미리 예측하고 있어야 한다.

넷째, 프로그램 개발자는 프로그램 참여자와 문화적인 배경에 관한 이해가 필요하다. 인간은 환경의 영향을 받는 존재로 프로그램을 둘러싼 사회문화적 배경의 이해는 프로그램 대상의 관심과 요구분석에 유용한 자료가 된다. 그것은 프로그램 참여자들과 비공식적인 의사소통을 가능하게 하는 통로이다. 이해의 범주는 다른 환경특성을 지닌 지역사회와 협력 체제를 구축함으로 넓힐 수 있다.

다섯째, 프로그램 개발자는 의사결정 시 프로그램 제공자와 학습자 간의 상호협력 관계를 유지할 수 있도록 해당 분야에 정통해야 한다. 프로그램 계획단계에 프로그램 사용자와 제공자가 함께 참여하여 결합하는 것은 프로그램의 성공적인 실행을 위한 필수요소이다.

여섯째, 프로그램 개발자는 참여자들의 요구를 프로그램 계획에 반영하고 효과적인 프로그램 실행전략을 수립하는데 방해가 되는 장애요인을 제거해야 한다. 이를 위해서는 프로그램 개발자와 학습자 집단의 지도자와 개인이 함께 합의한, 실행 가능하고 명료한 목표가 있어야 한다. 프로그램의 목표는 다양한 측면에서 고려되어야 한다. 충분한 학습시간이 주어졌는가, 목표는 학습자의 정신적, 정서적 능력을 고려한 것인가, 그리고 비용책정 등은 실현 가능한가 등의 질문을 제기해야 한다.

일곱째, 프로그램 개발자는 프로그램을 평가하고 그 결과를 참여자들에게 보고해야 한다. 프로그램 결과는 프로그램 투입요소와 관련해 평가받아야 하며 프로그램 실시 전에 그 실현가능성과 타당성을 검사받아야 한다.

2) 프로그램 개발자의 역할

프로그램 개발은 많은 사람들의 아이디어와 정보가 합리적이고 논리적인 과정을 거쳐 선정되고 체계화 된다. 이 때문에 프로그램 개발의 과정에 참여한 사람이라면 프로그램을 개발하는 절차상의 문제뿐만 아니라 현실적으로 다양한 문제에 직면하게 된다. 프로그램 개발의 매 단계마다 '의사결정은 어떻게 내릴 것인가?, 프로그램 개발자 사이의 상이한 요구와 관심사를 어떻게 합리적으로 조정할 것인가?, 프로그램 내용은 어느 정도 깊이 있게 다룰 것인가?' 등의 문제는 프로그램 개발자가 실질적으로 부딪치는 중요한 사항들이다. 그러므로 프로그램 개발자는 단순히 정형화된 프로그램 개발 모델을 적용하는 역할뿐만 아니라 프로그램 개발의 다양한 측면에서 적절한 역할을 발휘할 수 있어야 한다. 따라서 프로그램 개발자는 개발 전문가로서 다음과 같은 역할을 할 수 있어야 한다(김진화, 2011: 99-101).

첫째, 과정전문가로서의 역할이다. 이는 프로그램 개발에서 전통적으로 강조되어 온 것으로 프로그램 개발자의 절차적 측면이다. 프로그램 개발은 다양한 절차와 단계를 통해 이루어진다. 이러한 과정에서 프로그램 개발자가 가장 먼저 직면하게 되는 문제는 어떠한 절차와 단계를 밟아 프로그램을 개발해 나아갈 것인가이다. 따라서 과정전문가는 프로그램 개발의 절차, 단계, 기법, 운영과 관련된 자질을 말하는 것으로 프로그램 개발자의 절차적인 측면과 프로그램 개발 팀의 운용을 강조하여 과정전문가의 역할을 요구한다.

둘째, 학습설계전문가로서의 역할이다. 이는 학습자의 요구 및 특성을 고려하고 그들의 능력에 맞게 교육내용을 계열성, 난이도, 통합성, 현실성들을 고려하여 조직하고 학습자의 학습 활동을 조력하기 위해 교육매체를 개발하고 학습자의 참여를 촉진시키기 위한 다양한 교육방법을 창출하여 하나의 통합된 프로그램으로 적절히 설계할 수 있는 능력을 말한다.

셋째, 내용전문가로서의 역할이다. 프로그램의 구성요소 중 내용은 가장 중요한 요소이다. 프로그램 개발의 많은 노력은 학습자의 요구와 필요에 부응할 수 있는 적절한 내용을 찾아내는 과정에 초점이 맞추어 진다. 이 과정에서 프로그램 개발에 참여한 자는 개발하고자 하는 프로그램의 내용에 대한 풍부한 경험과 깊이 있는 식견을 필요로 한다. 그러므로 내용전문가를 '현장전문가'라고도 한다.

넷째, 협상전문가로서의 역할이다. 프로그램 개발은 여러 사람이 함께 하는 집단적 협력과정이다. 팀이나 혹은 위원회를 구성하여 프로그램을 개발하는 것이 일반적이다. 그런데 프로그램 개발에 참여한 사람들은 동일한 요구나 흥미를 가지고 있지 않을뿐더러 각자가 위치하고 있는 역할에 따라 권력(power)에도 차이가 있다. 이 때문에 각자의 이해와 관심사가 충돌하지 않고 적절한 통합과 조정과정을 거쳐야 하는 상황에 직면하게 된다. 이러한 과정에서 프로그램 개발자에게 협상과 조정자의 능력이 요구되므로 협상전문가를 '조정자'라고도 한다.

다섯째, 의사결정전문가로서의 역할이다. 프로그램 개발의 전 과정에서 많은 의시결정 상황이 존재한다. 프로그램 개발에 참여할 전문가 집단은 몇 명으로 구성할 것인가, 우선순위를 선정하기 위해 어떤 합당한 준거를 가지고 추진할 것인가?, 확인된 많은 요구들 중에서 가용자원과 여건을 고려하여 어떤 것을 우선적으로 프로그램에 선정하고 프로그램 내용에 포함시킬 것인가? 등 다양한 의사결정 상황에 직면하게 된다. 이러한 상황에서 프로그램 개발자는 합리적이고 효율적으로 의사결정을 내릴 수 있는 역할을 담당해야 한다.

CHAPTER 03

문화예술교육 프로그램 개발의 이론과 접근방법

개 요

이 장에서는 문화예술교육 프로그램 개발의 이론적 토대가 되는 전통적 합리성 이론, 순환적 개발 이론, 맥락적 상호작용 이론, 비판적 실천 이론을 소개한다. 또한 프로그램을 개발할 때, 어떤 방법으로 접근해야 하는지 개발 과정의 단계나 절차를 설명해 주는 선형적 접근방법, 비선형적 접근방법, 통합적 접근방법, 체제 분석적 접근방법에 대해 소개한다. 마지막으로 프로그램 개발에서 가장 많이 활용되고 있는 ADDIE 모형에 근간을 둔 프로그램 개발의 통합적 절차인 PADDIE 모형에 대해 소개한다.

이 장에서 제시하는 내용은 문화예술교육 프로그램을 개발하는 데 있어 논리적인 체계를 보여주는 것이므로 각 이론과 다양한 접근방법들의 특성 및 장·단점을 이해하고 PADDIE 모형의 각 과정과 세부 활동을 개괄적으로 살펴봄으로써 실제 프로그램을 개발할 때, 프로그램 개발자가 당면한 상황들에 보다 효과적·효율적으로 대처할 수 있도록 그에 접합한 프로그램 개발의 접근방법을 모색하는 데 도움이 될 수 있을 것이다.

학습목표

이 장을 학습한 후, 다음과 같은 학습목표가 성취되기를 기대한다.

- 프로그램 개발의 각 이론(전통적 합리성 이론, 순환적 개발 이론, 맥락적 상호작용 이론, 비판적 실천 이론)에 대한 특성 및 장·단점을 비교·설명할 수 있다.
- 프로그램 개발의 각 접근방법(선형적 접근방법, 비선형적 접근방법, 통합적 접근방법, 체제 분석적 접근방법)에 대한 특성 및 장·단점을 비교·설명할 수 있다.
- 프로그램 개발의 통합적 절차인 PADDIE 모형의 각 단계별 세부 활동을 설명할 수 있다.

1 프로그램 개발의 이론

프로그램 개발 이론은 교육 프로그램을 개발하는 과정에 대해서 일관된 방법으로 기술하고 설명해 주는 논리체계이다. 즉, 프로그램 개발의 과정은 무엇과 관련이 있어야 하는 가에 대한 일관된 견해라고 볼 수 있다. 문화예술교육 프로그램 개발에 대한 이론적 견해는 양극단의 전통적 합리성 이론과 역동적 상호작용 이론이 있으며 두 이론을 절충한 순환적 개발 이론과 정치적 권력관계를 중요시 하는 비판적 실천 이론이 있다.

1) 전통적 합리성 이론

전통적 합리성 이론은 교육 프로그램 개발 이론 중 가장 오래되고 지배적인 이론 중의 하나로 Tyler의 이론에 토대를 두고 있다. 이 이론은 교육의 효능성과 교육의 효율성, 합리성을 증진시키기 위해서 프로그램 개발의 절차에 관한 기술과 공학적 지식을 제공하는데 중점을 두면서 프로그램 개발 과정을 크게 4단계로 구분하고 있다. 첫째, 교육목적 및 목표 선정 둘째, 학습경험 선정 및 조직 셋째, 교육활동(학습경험) 넷째, 교육평가로 이어지는 선형적인 통제과정을 따른다. 즉, 바라는 결과인 목표와 결과에 도달하기 위한 학습경험이 목표를 성취했는지를 결정하는 평가에 대해 주로 기술하고 있다. 이와 같은 전통적 합리성 이론은 '수단-목표'접근방법으로서 논리적이고 처방적인 성격을 띠고 있다. 그러므로 '수단-결과(목표)모델'이라고도 한다(김진화, 2010: 123).

Tyler의 프로그램 개발이론에 토대를 둔 전통적 합리성 이론의 개념도를 그림으로 제시하면 다음과 같다.

[그림 3-1] 전통적 합리성 이론의 개념도

[그림 3-1]에서 보는 바와 같이 전통적 합리성 이론은 선형적인 프로그램 개발 절차의 합리성과 실천성을 강조하고 있으며 또한 프로그램 개발의 과정에서 교육목표 설정을 가장 중요한 단계로 제시하고 있으며 교육내용은 교육목표 달성의 수단에 불과하다는 관점에서 프로그램 개발의 과정을 밟아가는 것이 특징이다. 이 이론은 프로그램 개발의 합리적인 틀을 세워주고 있다는데 그 의미가 크다. 그러나 프로그램 개발 과정을 지나치게 단순화시켜서 유연성이 부족하며 또한 교수자와 학습과정은 예측이 불가능한 역동적인 상호작용 과정인데 이를 고려하지 않고 있으며 교수자들은 프로그램을 개발할 때 논리적인 단계를 따르기보다는 이미 알고 있는 내용으로부터 시작한다는 점에서 적용에 한계가 있다는 비판을 받고 있다(김용현 외, 2013: 60).

2) 순환적 개발 이론

순환적 개발 이론은 전통적 합리성 이론과 맥락적 상호작용 이론을 절충한 형태를 띠고 있다. 이 이론은 본질적으로 논리적이고 계열적인 특성을 지니고 있지만 교육 프로그램 개발을 새로운 정보나 실제에 따라 항상 변화하는 지속적인 활동으로 보고 있다는 점에서 차이가 있다. 즉, 상황이 변화됨에 따라 프로그램 개발에 필요한 요소들이 바뀌게 되며 필요에 따라 반응하고 이 필요는 계속 생겨나며 그에 따라 교육과정이 끊임없이 수정되어 간다는 점에서 매우 융통성을 지니고 있다(김용현 외, 2013: 61).

따라서 교육 프로그램을 개발 할 때, 상황분석이 먼저 이루어지고 다음으로 목표설정-내용 선정과 조직-방법선정과 조직-평가의 단계로 이루어진다. 이들 각 단계를 거치면서 맥락적 상호작용 이론에서 제시하는 것처럼 의사결정이 이루어지는 맥락과 상황분석이 신중이 고려되어야 하며 이해관계 당사자들과의 숙의와 합의가 필요하다는 것이다. 이와 같이 순환적 개발 이론은 전통적 합리성 이론을 연장하여 발전시킨 것으로 전통적 합리성 이론의 정점인 합리성, 논리성과 맥락적 상호작용 이론의 장점인 유연성과 융통성 및 순환성을 받아들여 프로그램 개발에 반영하였다(윤옥한, 2014). 순환적 개발 이론의 대표적 학자는 Nicholls 부부로 이들이 제시한 순환적 개발 이론의 개념도는 [그림 3-2]와 같다.

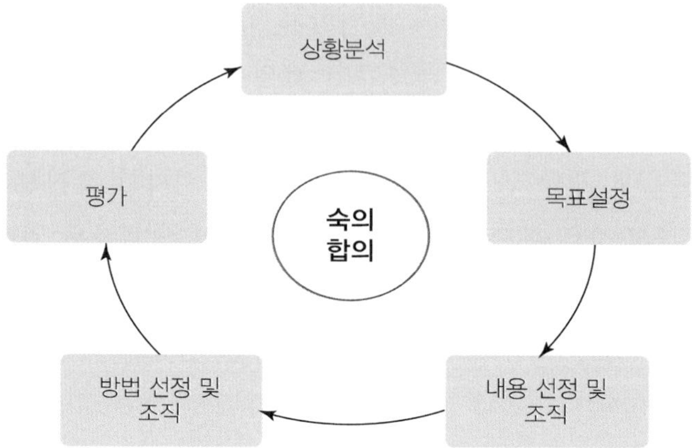

[그림 3–2] Nicholls 부부의 순환적 개발 이론의 개념도(윤옥한, 2014: 96)

[그림 3-2]에서 보는 바와 같이 교육 프로그램 개발에 있어 상황분석을 포함시킴으로써 교수자들이 주위의 환경과 학습자들의 요구에 보다 잘 대처할 수 있게 하였으며 상황분석으로 도출된 지식과 통찰을 활용하여 프로그램 개발에 전체적인 상황을 구성하는 모든 요인들을 진단하고 분석할 수 있게 하였다.

이와 같이 순환적 개발 이론은 프로그램 개발의 각 요소들이 하나의 연속선상에 나타나며 새로운 상황에 대처하고 변화하는 환경에 끊임없이 반응하는 특징을 갖고 있다. 또한 적용방법이 까다롭지 않아서 모든 상황에 적용하기에 유리하고 교수자들이 직접 프로그램을 개발할 때 매우 적절하다는 장점을 갖고 있다. 그러나 이 이론은 일단 순환 모형 내에서 개정의 필요성이 생기면 각 요소들에 영향을 미칠 때까지 순환되어야 한다는 단점이 있다. 또한 효과적인 상황분석을 위해서는 많은 시간이 소요될 뿐만 아니라 대부분의 교수자들은 자신의 경험에서 생긴 직관에 의존하여 프로그램을 개발하는 경향이 있다는 점에서 한계가 있다(김용현 외, 2013: 62).

3) 맥락적 상호작용 이론

맥락적 상호작용 이론은 전통적 합리성이론과 양극단을 이루는 이론으로 교육 프로그램 개발자와 학습 고객 간의 상호작용과 프로그램이 개발되는 맥락을 중요시 한다. 이 이론의 대표적 학자로는 Walker와 Skilbeck을 들 수 있는데, 이들은 교육 프로그램 개발이 실제로는 표준화된 절차나 단계에 따라 선형적 절차로 수행해 나가는 것이 아니라 교육 프로그램 개발은 구체적인 현실 상황에서 역동적인 상호작용을 통해 개발되어야 함을 강조하고 있다. 그러므로 프로그램 개발 시 상황에 따라 어느 요소에서나 시작할 수 있으며 어떠한 순서로도 진행이 가능하다는 전제에서 출발한다. 따라서 교육 프로그램 개발 시 개발의 여러 가지 상황과 관련된 요소들을 고려하여 순환적인 원리를 따른다. 이처럼 맥락적 상호작용 이론에서는 프로그램 개발이 이루어지는 '상황(situation)'과 '맥락(context)'을 중요시하기 때문에 이 이론에서는 상황분석을 강조하므로 이를 '상황이론'이라고도 한다.

맥락적 상호작용 이론에 의하면 프로그램 개발의 첫 단계는 전통적 합리성 이론과 같이 교육목표 진술로부터 출발하는 것이 아니라 오히려 교육목표를 진술하지 않은 채 프로그램 개발자와 학습자들이 공유하는 내용과 학습자 및 교육자 그리고 사회에 대한 일련의 신념과 이미지를 프로그램 개발의 출발점으로 삼는다. 이 때문에 프로그램 개발자의 과업은 프로그램 개발에서 그들이 취해야 할 일련의 행동 진로(방향)의 제시와 각 제안에 대한 찬·반 토론으로 구성되어 있으며 토론은 자연히 프로그램 개발자가 갖고 있는 믿음과 가치체계인 강령(platform)에 깊이 의존한다(김진화, 2010: 125).

Walker에 의하면 프로그램 개발자들은 프로그램을 개발할 때 '관념의 진공상태'에서 출발하지 않고 이미 품고 있던 아이디어, 가치, 개념 등의 신념과 가치체계에서 출발하는데 이것을 플랫폼(platform)이라고 하였다. 이 이론의 접근방법은 [그림 3-3]과 같이 플랫폼(강령), 숙의(deliberation), 설계(design)단계로 구성되어 있다. 숙의는 설계를 결정하기 위해 신념과 정보가 사용되는 과정이다. 실제 프로그램의 설계되기 전에 상당한 정도의 기초 작업을 거치는 복잡하고 비규칙적인 상호작용과정이다. 설계는 프로그램 개발 과정의 여러 가지 구성요소에 관하여 의사결정을 내리는 과정으로 숙의의 과정을 거쳐 얻게 된 개발 과정의 산출물을 의미한다(김용현, 외, 2013: 63).

Skilbeck은 프로그램 과정을 상황분석-목적설정-프로그램 구성-해석과 실행-조정, 피드백, 평가, 재구성의 5단계로 설명하고 있다. 이 단계는 순서가 정해져 있는 것이 아니라 프로그램 개발 시, 어느 단계에서나 계획을 시작할 수 있으며 서로 다른 단계를 동시에 고려할 수 있다. 맥락적 상호작용 이론의 개념도를 그림으로 나타내면 다음과 같다.

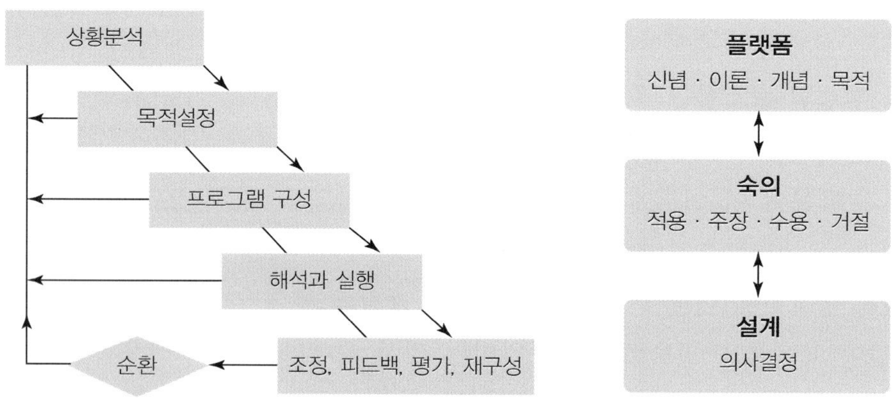

[그림 3-3] 맥락적 상호작용 이론의 개념도(김진화, 2010: 125)

맥락적 상호작용 이론은 Tyler의 원리에 기초한 전통적 합리성 이론의 접근방법에 비해 순환적이며 보다 융통성이 있다. 전통적 합리성 이론에 의하면 교육프로그램 개발자는 행동(수단)이 목표에 의해 조정되어야 한다고 주장하는 반면, 맥락적 상호작용 이론에서는 수단과 목표가 상호 결정하는 것을 간주하므로 목표에 대한 구체적인 탐색으로 시작되는 프로그램 개발과는 대조적으로 현실과 실제에 기초한 문제 탐색이 프로그램 개발의 출발점이 된다.

그러므로 맥락적 상호작용 이론에서는 프로그램 개발이 교육목표에서 교육내용이 도출되는 것이 아니라 내용에서 목표가 결정되는 과정이 강조되며, 교육목표를 설정하는 일보다 실제 학습을 안내할 수 있는 프로그램 내용 혹은 교육내용에 더 관심을 보이며 교육목표에 규정되는 학습자의 행동 결과보다는 프로그램 및 교육내용을 통해 나타나는 학습자의 행동 자체에 관심을 기울이는 것이 큰 특징이다(김진화, 2010: 126). 그러나 이 이론은 프로그램 개발의 추진방향을 정확하게 제시하고 있지 않아서 개발자들이 해야 할 일을 명확하게 인식하지 못하고 다소 혼란스럽게 느낄 수 있다는 단점이 있다(김용현 외, 2013; 윤옥한, 2014).

4) 비판적 실천 이론

비판적 실천 이론은 앞서 제시한 전통적 합리성 이론과 맥락적 상호작용 이론, 순환적 개발 이론을 가치중립적인 행위로 보고 프로그램 개발 과정에 나타나는 권력관계나 정치적인 요소를 간과했다는 비판에서 출발한 이론이다. 비판적 실천 이론에서 프로그램 개발 과정은 전형적인 절차나 단계가 있는 것이 아니라 교육자와 학습자 간의 대화를 통하여 상호작용하는 과정 자체를 프로그램 개발 과정으로 규정하고 있다(김용현, 외, 2013: 65). 그러므로 이 이론은 프로그램 개발과 교수-학습과정이 별개로 구분되는 것이 아니라 학습과정이 곧 '대화과정'인 동시에 프로그램 개발 과정이다. 따라서 학습자의 적극적인 참여와 교육자와 상호작용을 통한 비판적 실천이 매우 중요하다.

비판적 실천이론의 대표적 학자로는 Freire가 있다. 그에 의하면 모든 인간은 자유를 실천하는 존재론적 소명을 갖고 있으며 이러한 존재론적 소명을 왜곡하는 억압된 질서는 한 개인의 교육적 성장을 방해함으로 억압의 원인들을 밝혀내고 극복하기 위해 교육의 필요함을 강조하였다.

비판적 입장의 이론가들은 교육 프로그램의 기능이 현재 사회체제를 개혁할 수 있는 주체로서 의식화된 개인의 양성에 있어야 함을 강조하고 있다. 이들은 교육 프로그램의 실천이 개인적 만족에 머무르면서 현재 사회체계에 내재되어 있는 불합리하고 불평등한 모순에 순응하는 구성원 양산에 기여하기보다 개인의 억압된 삶을 개선하고 사회 전체의 진보에 긍정적인 기여를 할 수 있는 구성원을 길러낼 수 있음을 강조하고 있다. 그러므로 교육의 목적은 개인의 진정한 해방에 있으며 이는 대화를 통한 비판의식으로 극복할 수 있다고 주장하였다. 따라서 비판적 실천이론에서의 교육은 의식화의 과정으로 간주하며 문화예술교육 프로그램은 소외계층이나 억압과 착취를 받고 있는 지역사회 주민들을 대상으로 그들의 실상을 깨우치고 계몽하기 위한 의식화교육과 문해교육에 초점을 맞추고 있다. 비판적 실천이론의 프로그램 개발 개념도를 그림으로 나타내면 [그림 3-4]와 같다.

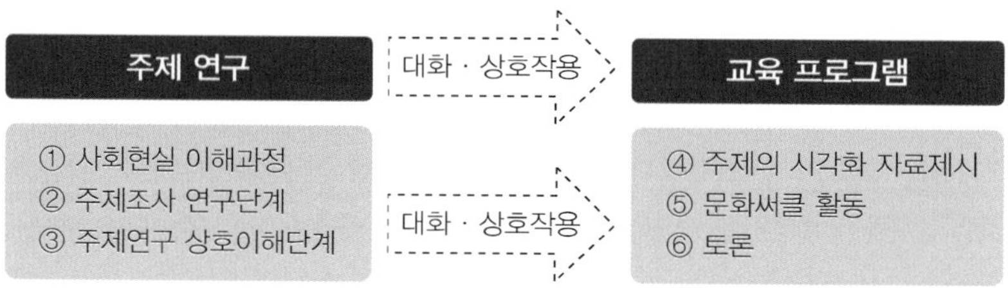

[그림 3-4] 비판적 실천 이론의 프로그램 개발 개념도(윤옥한, 2014: 99)

[그림 3-4]에서 본 바와 같이 비판적 실천 이론에서 프로그램 개발은 주제 연구와 교육 프로그램으로 구성된다. 프로그램 개발 과정에서 교육자와 학습자가 공동으로 참여한다. 대화모형은 교육자와 학습자 사이의 '대화과정'에 기초함으로 다른 이론에 비해 상대적으로 학습자의 참여가 절대적이다. 대화과정은 행위(action)와 반성(reflection)의 상호작용으로 이루어진다. 즉, 학습자들은 교육자와의 상호작용에서 동등한 권리와 존재가치를 지닌 교육의 주체로서 스스로 지식의 구성과정에 참여하고(행위) 이것의 갈등적 의미를 비판적으로 검토한다(반성). 또한 프로그램의 평가는 외부평가가 아닌 교육자와 학습자가 주체적인 평가의 권한을 갖는다(김진화, 2010: 128).

비판적 실천 이론에서 프로그램 개발의 핵심적인 요소는 교육자와 학습자의 협동적인 현장실천 연구이다. 이 이론의 큰 특징은 교육 프로그램 개발을 통한 변화의 대상을 개인 학습자뿐만 아니라 사회적 구조까지 포함시켰다는 점이다. 그러나 교육을 통한 사회변화를 너무 낙관하고 있다는 지적을 받고 있다(김용현 외, 2013: 65).

2 프로그램 개발의 접근방법

프로그램 개발의 접근방법이란 프로그램 개발자가 프로그램 개발을 실시할 때, 어떤 절차에 의해서 실시해야 하는지를 설명해 주는 형식과 전략을 말한다. 이러한 접근방법에는 선형적 접근방법, 비선형적 접근방법, 통합적 접근방법, 비통합적 접근방법, 체제분석적 접근방법이 있다. 이들 내용을 살펴보면 다음과 같다(기영화, 2010; 김용현 외, 2013; 김진화, 2010).

1) 선형적 접근 방법

선형적 접근(linear approach)은 프로그램 개발 과정을 단계별로 세분화하여 그 절차를 도식화 한 것으로 Tyler의 전통적 합리성 이론에 토대를 두고 있다. 선형적 접근방법은 프로그램의 개발 단계와 방향성을 분명하게 제시하고 있으며 단순하고 합리적이라는 점에서 프로그램 개발에서 가장 많이 활용되고 있다. 선형적 접근방법의 일반적인 절차는 [그림 3-5]와 같다.

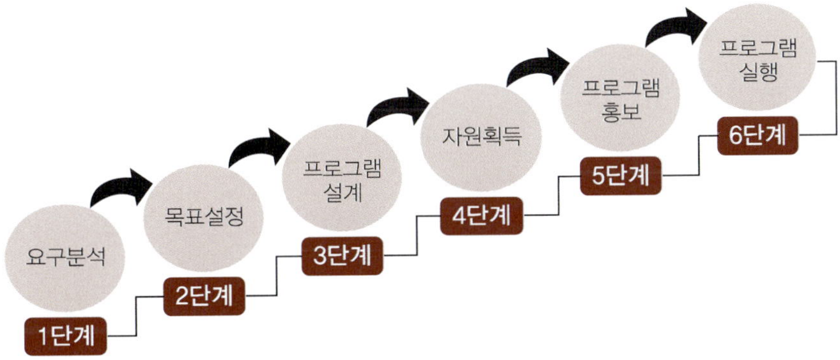

[그림 3-5] 프로그램 개발의 선형적 접근방법

[그림 3-5]는 프로그램 개발자가 선형모델이 제시하는 과정을 순서대로 실행하기만 하면 하나의 프로그램이 완성될 수 있도록 개발 과정을 차례로 묘사하고 있다. 선형적 접근방법으로 프로그램을 개발하기 위해서는 먼저 학습자와 기관,

지역사회의 교육적 요구를 분석하고 분석된 요구를 토대로 프로그램의 목표와 학습목표를 설정한다. 그리고 설정된 목표를 달성하기 위해 필요한 학습내용의 선정 및 조직과 학습방법을 선정하는 설계과정을 따른다. 그 후 프로그램을 실행하는데 필요한 자원과 예산을 확보하며 프로그램을 홍보하고 실행하는 일련의 과정으로 이루어진다.

이와 같이 선형적 접근방법은 프로그램 개발의 논리적 경로를 제공함으로써 프로그램 개발에 경험이 없는 초심자들에게 매우 유용하게 사용할 수 있는 장점이 있다. 반면에 선형적 접근방법은 획일적인 프로그램의 설계로 인해 환경변화에 능동적으로 대처할 수 없으므로 융통성과 유연성이 부족하다는 한계점을 지닌다.

2) 비선형적 접근방법

비선형적 접근(non-linear approach)은 선형적 접근방법에서처럼 프로그램 개발 과정이 각 단계에 따라 하나의 절차만이 수행되는 것이 아니라 개발자에 의하여 상황에 따라 융통성 있게 추진된다. 이 접근법은 맥락적 상호작용 이론에 기초한 것으로 프로그램 개발자의 판단에 따라서 어떤 단계의 활동은 생략되기도 하며 시간상의 제약을 받지 않고 몇 개의 절차가 동시에 이루어지게 함으로써 각 단계가 계속적으로 순환되는 특징이 있다. 비선형적 접근방법의 일반적인 절차는 [그림 3-6]과 같다.

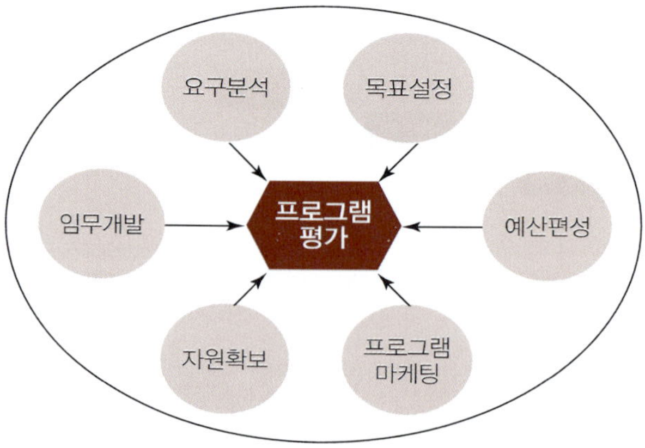

[그림 3-6] 프로그램 개발의 비선형적 접근방법

[그림 3-6]의 비선형적 접근방법은 평가를 가장 핵심요소로 간주하여 모든 과정에 각각의 평가를 포함하고 있다. 따라서 프로그램 개발자가 각 단계마다 적절한 평가를 되풀이 되며 피드백 되는 특징이 있다.

비선형적 접근방법은 개발자의 자율성을 최대한 발휘할 수 있는 방법으로 다른 접근법에 비해 시간과 자원할당 등이 개발자의 재량에 의해 조정될 수 있는 장점이 있다. 반면에 선형적 접근에 비해 활용이 어렵고 프로그램 개발자의 상당한 능력과 전문성을 필요로 함으로 숙련된 프로그램 개발자에게 보다 적합한 방법으로 볼 수 있다.

3) 통합적 접근방법

통합적 접근(integrated approach)은 프로그램에 영향을 미치는 다양한 요인들을 종합적으로 고려하는 방식이다. 이 접근방식은 프로그램을 개발하는 데 있어 학습자를 중심으로 하여 학습자의 요구, 물리적 환경, 학습자의 동기 등 그들과 관련된 다양한 요인을 고려함과 동시에 프로그램을 사용하는 기관 및 조직의 목표와 자원, 정책 등도 함께 반영하고 있다.

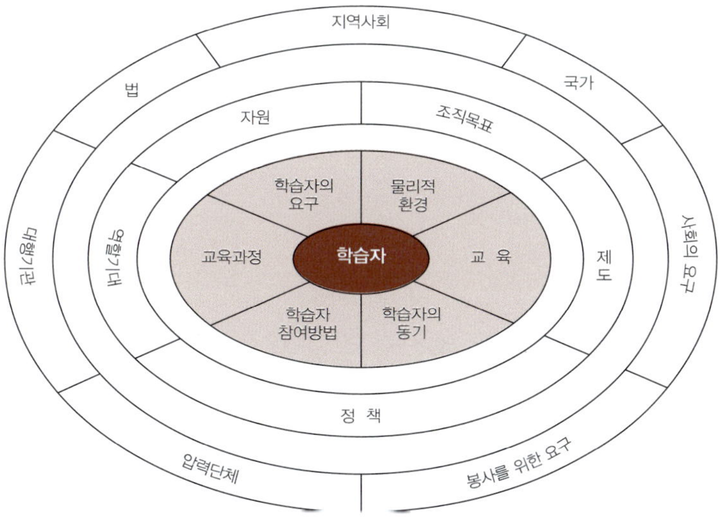

[그림 3-7] 통합적 접근방법(김용현 외, 2013: 68)

[그림 3-7]에서 보는 바와 같이 프로그램 개발의 접근방식이 총체적이고 분석적이기 때문에 개발 과정이 복잡하고 개발자의 전문적인 능력을 필요로 하지만 다른 방법에 비해 개발 오차를 최소화시킬 수 있다는 장점이 있다. 또한 학습체제와 사회적 맥락을 철저히 분석해야 함으로 광범위하고 많은 시간을 필요로 하지만 이상적인 프로그램 개발의 전개방법이라 할 수 있다(김진화, 2010: 93).

4) 비통합적 접근방법

비통합적 접근(non-integrated approach)은 프로그램을 새롭게 개발하기보다는 유사기관에서 이미 운영되고 있는 프로그램을 차용하여 모방하는 개발 방식이다. 따라서 이 방법은 프로그램 개발자가 특별한 능력이 없어도 가능하다. 그리고 이 접근법은 프로그램 개발 과정에 학습자를 참여시키지 않는 형태이다. 즉, 잠재적 학습자의 관심이나 교육적 요구나 의견을 수렴하지 않고 문화예술교육기관에서 일방적으로 학습내용과 방법을 결정하여 프로그램을 개발한다.

비통합적 접근방법은 비전문가도 쉽게 프로그램을 개발할 수 있으며 프로그램 개발에 따른 시간과 비용을 절감할 수 있다는 장점이 있다. 또한 지역사회 여건과 학습자들의 특성이 유사한 경우에는 모방한 프로그램과 비슷한 효과를 기대할 수 있다. 그러나 프로그램 개발 시, 학습 고객 체제와 단절됨으로 인해 프로그램의 효과와 성공 여부를 장담할 수 없으며 장기간 운영되는 프로그램이나 전문성을 요구하는 경우에는 적용에 한계가 있다(김용현 외, 2013: 69).

5) 체제분석적 접근방법

체제분석적 접근(system analysis approach)은 교육기관을 하나의 사회체제로 간주하고 프로그램 개발자가 학습자와 교육기관, 환경 등과 상호작용을 통해서 개발하는 것을 중요시 한다. 체제란 '공동의 목표를 달성하기 위하여 여러 구성요소들이 각기 독립성을 지니고 상호의존, 상호작용성을 가지면서 외부 환경과 영향을 주고받는 집합체'를 의미한다. 그러므로 이 이론에서는 전체 목표를 달성하려면 여러 구성요소들이 각기 독립성을 지니고 상호의존, 상호작용을 가지면서 외부 환경과 영향을 주고받아야 한다. 이러한 체제는 투입(input)-과정(process)-산출(output)이 있으며 각각의 하위체제가 있다. 따라서 이 이론을 토대로 프로그램을 개발할 경우 기본적으로 투입-과정-산출이라는 기본적인 체제로 구성된다. 그러므로 프로그램 개발 시 먼저, 투입의 세 가지 요인인 개인적, 조직적, 환경적 가치와 욕구를 동시에 고려하여 이를 반드시 프로그램에 반영해야 한다는 것이다.

체제이론의 경우 투입요인을 통하여 어떤 과정을 거쳐 어떤 결과물을 만들어 낼 것인가에 대한 아이디어를 제공해 줄 수 있다. 또한 이 이론은 프로그램 개발 시 거시적 관점에서 교육기관을 둘러싼 사회문화적 맥락을 고려하여 다양한 요소들이 체계적으로 분석되고 효율적인 대안들이 신중하게 결정되어야 한다는 것을 보여준다(김용현 외, 2013; 윤옥한, 2014). 체제적분석 접근방법은 [그림 3-8]과 같다.

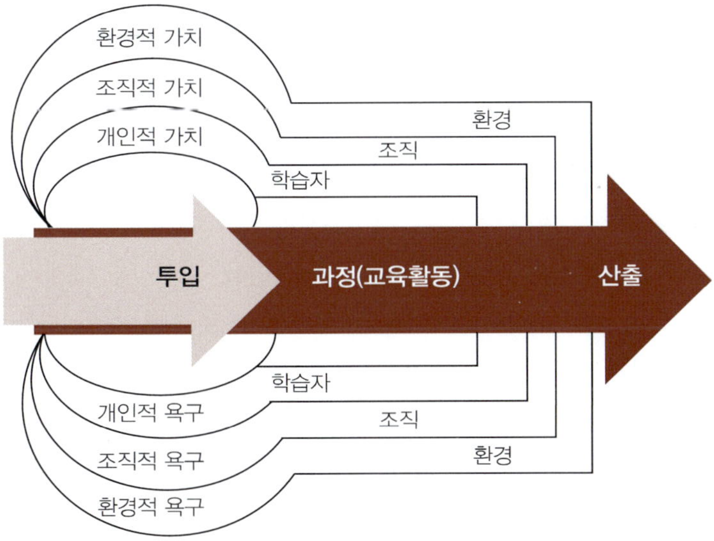

[그림 3-8] 체제분석적 접근방법

3 프로그램 개발의 통합적 절차

프로그램 개발 방법은 그 준비과정에서부터 최종적인 평가 단계에 이르기까지 매우 광범위한 영역과 절차들을 포함하고 있다. 이러한 개발의 절차는 프로그램 개발이 고정된 것이 아니라 상황과 조건에 따라서 다양하게 접근되고 선택될 수 있으며 또한 개발자나 기관의 선호에 따라서 다양한 방식으로 여러 차원에서 채택되기도 하고 배제되기도 한다(김용현 외, 2010: 70). 이와 같이 프로그램 개발의 절차는 다차원적이며 복합적인 성격을 띠고 있어 개발자의 전문적인 기술을 필요로 한다. 따라서 개발자는 프로그램 개발 시 개발하고자하는 프로그램에 적합한 개발 모형을 선택하여 적용할 필요가 있다.

프로그램 개발모형은 프로그램 개발자가 프로그램을 개발하는 과정 중에 단계적으로 진행해야 할 절차들을 일목요연하게 제시해 주는 개념적 틀을 말한다. 즉, 프로그램 개발 모형은 프로그램을 개발하는 데 있어 효율적이고 효과적인 개발을 위해 이에 관련된 주요 요소들과 그 요소들 간의 관계를 중심으로 개발 과정 및 절차를 도식화하여 나타낸 것이다(주용국·홍은실, 2014).

프로그램 개발모형은 학자들 마다 매우 다양 하다. Long(1983)의 PIE(Planning implementation evaluation) 모형은 프로그램 개발의 과정을 기획 및 설계-실행-평가의 4단계를 제시하고 있으며 박인우(1996)의 체계적인 프로그램 개발 모형에서는 조사-분석-설계-개발-실시-총괄평가의 6단계를 제시하고 있다. 또한 김진화(2011)의 통합적 모형은 기획-설계-마케팅-실행-평가의 5단계를 제시하고 있으며 김용현 등(2011)의 통합적 모형은 분석-설계-개발-실행-평가의 5단계를 제시하고 있다. 그리고 이들 각 모형의 단계에 따른 세부 활동 또한 매우 다양하다.

기획의 활동 범위에 따라 분석이 함께 이루어지는 경우가 있는가 하면 분석단계에서 기획이 함께 이루어지는 경우도 있다. 또한 설계 단계에서 개발이 함께 수행되거나 실행에서 마케팅이 함께 수행되는 경우도 있다. 이는 개발의 각 단계별 과정이 서로 밀접하게 관련되어 있기 때문이며 개발 과정에서 어떤 단계를 좀 더 강조하는가에 따른 차이일 뿐, 프로그램 개발 모형과 모형에 따른 각 절차는 대부분이 유사하다. 따라서 현재는 어떤 모형이 다른 모형보다 더 뛰어나다는 증거는 없다(박성익 외, 2009). 예를 들면 어떤 모형은 사회복지에 관련한 특정 상황에 더 유용하다면 군대나, 기업체, 학교 등의 그 밖의 다른 상황에서는 부적절하거나 비효율적일 수도 있다는 것이다. 따라서 가장 이상적인 개발 모형을 제시하기는 어렵다. 그러므로 프로그램 개발자는 다양한 모형들을 알고 있어야 한다. 그래야 비로소 개발될 프로그램의 목적, 주제 등과 프로그램 개발의 상황 등을 총체적으로 고려하여 그에 적합한 모형을 선택하고 적용함으로써 보다 과학적이고 논리적으로 개발하는 데 도움이 될 수 있기 때문이다.

여기서는 교육 프로그램 개발 시 가장 보편적으로 인정되는 대표적 모형들 중 문화예술교육 프로그램 개발에 가장 적합한 모형으로 볼 수 있는 프로그램 개발의 통합적 절차인 PADDIE 모형에 따른 절차를 제시하고자 한다.

PADDIE 모형은 ADDIE(Analysis, Design, Development, Implementation, Evaluation) 모형을 근간으로 이름 하여 체계적·체제적 프로그램 개발의 통합적 절차를 제시하고 있다. ADDIE 모형은 교육 프로그램 개발의 가장 기초가 되는 기본 모형이다. 또한 가장 널리 알려진 모형으로 분석(Analysis), 설계(Design), 개발(Development), 실행(Implementation), 평가(Evaluation)의 각 과정의 영어 알파벳 첫 자를 따서 이름을 붙인 것이다. 이 모형은 어느 한 사람이나 소수의 학자에 의해 개발되고 정교화된 것이 아니라 오랜 시간에 걸쳐 이루어졌으며(한정선, 2004) Seels와 Richey(1994)에 의해 보다 정교화 되었다고 볼 수 있다.

일반적으로 교육 프로그램 개발 모형이라 함에는 ADDIE 모형의 일부 또는 거의 모든 요소들을 포함할 정도로 핵심적인 활동들로 구성되어 있는 것으로 교육 프로그램을 개발하는 데 있어 교수설계자가 누구든 간에 동일한 설계결과를 가져올 수 있도록 과학적이고 표준화된 과정을 따른다(장원섭, 2011). 그리고 ADDIE 모형은 다섯 단계 중 어느 단계에 보다 강조를 두느냐에 따라 변종이 가능하므로 프로그램의 목적과 취지에 따라 ADDIE 모형의 절차를 유동성 있게 적용하여 프로그램을 개발함으로써 효과적이면서도 효율적인 프로그램을 설계할 수 있다는 점에서 그 활용도가 높다(이기성, 2014; 주용국·홍은실, 2014).

PADDIE 모형은 이러한 ADDIE 모형에 기획(Planning) 단계가 추가된 모형으로

이 모형의 각 단계는 기획 및 분석[2]-설계-개발-실행-평가로 이어진다. 이러한 여러 과정들은 체계적이며 체제적인 접근 하에 순환적인 과정을 거치게 된다. 프로그램 개발을 수행할 각 단계들은 순차적으로 진행되는 것 같지만 실제로는 동시에 복합적으로 이루어질 수도 있으며 각 단계별 활동들이 여러 번 반복될 수 있으므로 순환적이다. 또한 각 단계는 유기적으로 연관되어 있으며 상호의존적이며 평가결과는 다시 기획, 분석, 설계 등으로 환류되는 통합적 시스템으로 이루어진다.

PADDIE 모형의 각 단계 및 절차와 그에 따른 세부적 활동은 [그림 3-9]와 같다.

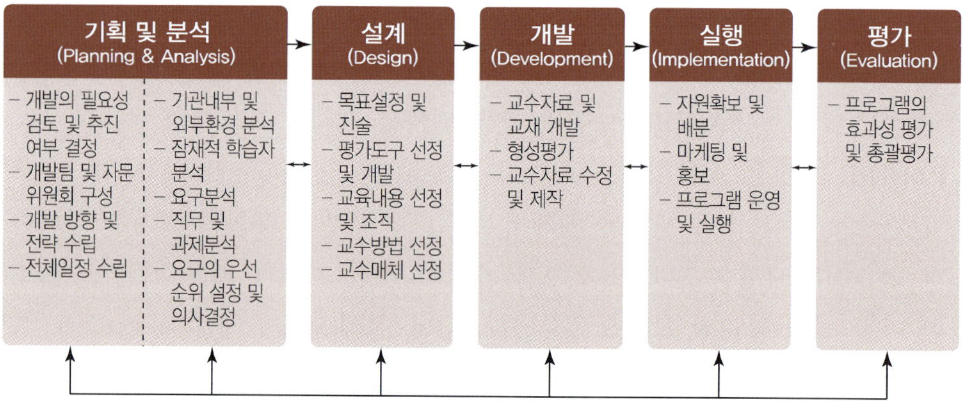

[그림 3–9] PADDIE 모형(윤옥한 2013: 116 수정·보완)

① 기획(Planning) 및 분석(Analysis) 단계

이 단계는 프로그램 개발을 추진하기 위하여 필요한 다양한 요소들을 확인하고 도출하는 단계이다. 따라서 이 단계에서는 프로그램 개발의 필요성 검토 및 추진여부를 결정하고 프로그램 개발의 추진이 결정되면 개발팀 및 자문위원회를 구성하고 프로그램 개발의 방향 및 전략과 전체일정을 수립한다.

그리고 프로그램 개발이 이루어지는 환경 및 상황분석 즉, 기관의 내부 및 외부 환경 분석과 잠재적 학습자의 일반적 특성과 개인적 특성을 분석하고 학습자

2) 기획 및 분석의 단계는 곧 기획으로 보아도 무관하다. 이는 기획이 목표설정의 역할과 기능을 하는 것으로 분석의 세부 활동을 포함하여 이루어지기 때문이다. 그러나 PADDIE 모형은 ADDIE 모형에 그 뿌리를 두고 있고 각 단계의 세부 활동 또한 ADDIE 모형에서 제시한 거의 모든 활동을 포함하고 있으므로 모형의 용어상 PADDIE 모형으로 제시하기로 한다.

및 외부전문가 등 개발될 프로그램과 관련한 대상을 토대로 요구분석이 이루어진다. 또한 직무분석을 통해 교육적 요구분석을 시행한다. 그리고 요구분석의 결과를 토대로 요구의 우선순위를 설정하고 의사결정이 이루어진다. 이러한 과정은 순차적으로 진행되는 것 같이 서술되었지만 실제로는 동시에 복합적으로 이루어질 수도 있다.

② 설계(Design) 단계

설계 단계에서는 분석의 결과로 밝혀진 정보를 토대로 나온 산출결과물을 창조적으로 종합하는 과정이다. 따라서 설계과정에서는 분석 단계에서 수행한 요구분석의 최종 산물인 프로그램의 목표를 설정하고 이를 진술한다. 그리고 목표에 비추어 평가도구를 선정하거나 개발하고, 프로그램 내용 및 학습 활동을 어떻게 조직할 것인지, 학습자에게 어떤 순서로 제시할 것인지를 결정하는 등의 프로그램을 조직하고 계열화한다. 또한 교수·학습 방법을 결정하고 학습을 촉진하기 위한 교수매체를 선정 하는 등의 교수전략을 수립하고 이를 통해 설계명세서를 작성한다.

③ 개발(Development) 단계

개발 단계에서는 분석과 설계 단계에서 만들어진 설계명세서에 따라 교수·학습에 사용될 다양한 교수자료나 교수 프로그램을 개발하고 제작하는 단계이다. 설계 단계에서 나온 산출물을 토대로 개발된 교수자료나 교수 프로그램의 초안은 프로그램 내용과 관련한 각 분야의 전문가(현장전문가, 교수·학습설계전문가 등)와 학습자를 대상으로 형성평가를 실시한다. 형성평가를 통해 수집된 정보를 바탕으로 통합적으로 검토하고 이를 수정·보완하여 프로그램의 질을 개선하여 최종적인 산출물을 개발한다.

④ 실행(Implementation) 단계

실행 단계에서는 프로그램을 운영하기 위한 운영계획과 교육을 실시하는 단계로 인적·물적 자원의 확보 및 배분, 마케팅 및 홍보를 포함하여 프로그램의 실행이 이루어진다. 이때, 의도한 목적을 달성하기 위해서 프로그램이나 교수자료의 실행에 필요한 지원 체제를 갖추기 위한 사전검토를 충분히 하는 것이 중요하다.

⑤ 평가(Evaluation) 단계

평가 단계에서는 개발된 프로그램의 효과성 및 총괄평가를 실시하고 그 결과를 해석하고 평가된 프로그램의 계속 사용여부와 문제점을 파악하고 수정사항 등을 결정한다. 평가 결과를 바탕으로 교육 프로그램을 수정하는 절차가 순환된다.

이상에서 제시한 각 단계별 과정은 앞서 제시한 바와 같이 개발자가 어느 단계의 어떤 활동을 보다 강조하느냐에 따라 유동적일 수 있다. 예를 들면 평가도구의 선정 및 개발은 목표 달성의 정도를 평가를 위해서는 목표설정 다음에 평가도구 선정과 개발이 이루어지는 것이 바람직하지만 평가의 목적과 영역 등에 비추어 모형의 마지막 단계인 평가 단계에서 이루어지기도 한다. 따라서 프로그램 개발자는 다양한 상황에 보다 융통성 있게 접근할 필요가 있다.

PART Ⅱ

문화예술교육 프로그램 개발의 실제

CHAPTER 04

기획 및 분석

개 요

이 장에서는 프로그램 개발 모형인 PADDIE 모형의 첫 단계인 기획 및 분석 단계를 소개한다. 기획 및 분석은 프로그램 개발의 타당성을 확보하고 프로그램 개발의 전 과정에 대한 구체적인 계획을 수립하는 단계이다. 따리서 기획에서는 프로그램 개발의 필요성 검토 및 추진여부 결정, 프로그램 개발팀 구성 및 자문위원회 구성, 프로그램 개발의 방향 및 전략 수립, 전체일정 수립에 대해 구체적으로 소개한다. 또한 분석에서는 개발 환경 및 상황분석, 잠재적 학습자 분석, 요구분석, 직무 및 과제분석에 대해 소개하고 마지막으로 요구의 우선순위 설정 및 의사결정에 대해 소개한다.

학습목표

이 장을 학습한 후, 다음과 같은 학습목표가 성취되기를 기대한다.

- 프로그램 개발의 필요성을 설명할 수 있다.
- 프로그램 개발 팀 및 자문위원회 구성의 필요성을 설명할 수 있다.
- SWOT 분석을 실시할 수 있다.
- 요구분석의 개념, 필요성 및 목적에 대해 설명할 수 있다.
- 교육적 의미의 요구를 설명할 수 있다.
- 요구분석 도구를 목적에 따라 선택하여 작성할 수 있다.
- 직무분석과 과제분석의 의미를 설명할 수 있다.
- 우선순위 설정과 의사결정의 의미를 설명할 수 있다.
- 의사결정의 각 모형(합리적 모형, 점증 모형, 혼합모형, 쓰레기통 모형)의 특성과 장·단점을 설명할 수 있다.

1 프로그램 기획의 이해

1) 프로그램 기획의 의미와 필요성

(1) 프로그램 기획의 의미

프로그램 기획(program planning)은 프로그램과 기획이란 용어의 합성어이다. 기획(企劃)의 사전적 의미는 '어떤 일을 꾸미어 계획함'을 의미한다. 또는 '기발한 계획 정도'를 말한다. 한편, 기획과 유사하게 사용되는 용어인 계획(計劃)은 '장차 벌일 일에 대해 구체적인 절차나 방법'을 의미한다. 이러한 의미에서 보듯이 계획은 방법론적 측면이 강조된 반면, 기획은 목표설정의 역할을 한다. 그러므로 프로그램 기획의 의미에는 프로그램 개발에서 무엇을 할 것인가, 프로그램을 왜 개발해야 하는가, 프로그램 개발을 통해서 내놓을 구체적인 결과물은 무엇인가, 프로그램 개발을 어떻게 할 것인가 등에 대하여 체계적이고 논리적으로 추진하는 것을 의미한다(김진화, 2011: 177). 따라서 기획이란 프로그램 개발 과정의 첫 번째 과정으로 미래의 교육활동 즉, 프로그램 목표를 달성하기 위한 전반적인 준비활동으로 프로그램 개발의 기본 방향을 설정하는 체계화된 계획과정으로 정의할 수 있다(김용현 외, 2013: 76). 이러한 측면으로 볼 때, 앞서 제시한 프로그램 개발의 통합적 모형인 PADDIE 모형의 기획 및 분석 단계는 곧 기획단계로 볼 수 있다.

한편, 프로그램 기획 시 도입되어야 할 준거에 대해 김진화(2010)는 '창조성'과 '현실성', '논리성'이라는 세 가지의 준거를 제시하면서 프로그램 기획은 이들 모두를 겸비해야 함을 강조하였다. 이에 덧붙여 윤옥한(2014)은 성과 지향적이어야 함을 제시하였다. 본 책에서는 프로그램 개발자가 프로그램의 충실한 기획을 위해서 도입해야 할 준거로 이들 학자의 준거를 제시하고자 한다(윤옥한, 2014: 114). 그리고 이러한 준거는 프로그램 개발의 기본 원리이기도 하다.

첫째, 창조성이다. 창조성은 새롭고 혁신적인 사상을 창출해 내는 것을 의미하는 것으로 프로그램 개발 시, 프로그램의 내용과 방법이 기존의 것과 비교해 볼 때 독창적인 차별성이 있어야 한다는 것이다. 따라서 프로그램 개발 전문가는 좀 더 혁신적이고 참신한 프로그램을 개발하기 위해 노력해야 한다.

둘째, 현실성이다. 이는 실현 가능한 프로그램을 개발해야 한다는 것이다. 즉, 아무리 좋은 프로그램이라도 운영기관에서 적용이 가능하지 않으면 이용할 가치가 없게 된다. 따라서 프로그램 기간이나 비용 등 현실적으로 쉽게 도입이 가능한 프로그램이어야 한다. 실제 프로그램을 기획하는 과정에서 현장전문가를 참여시키는 것도 프로그램의 현실성에 충실하고자하는 노력으로 간주된다.

셋째, 논리성이다. 이는 프로그램 개발의 전 과정이 과학적·합리적·체계적·논리적·타당성에 근거하여 개발되어야 함을 의미한다. 즉, 문화예술교육 프로그램의 개발은 다양한 절차와 단계를 체계적이고 합리적으로 진행시켜야 전문성을 인정받을 수 있고 프로그램의 구조가 짜임새를 갖출 수 있다.

넷째, 성과지향이다. 프로그램 개발 목적은 프로그램 개발 자체에 있는 것은 아니다. 프로그램 개발을 통하여 그 프로그램에 참여하는 참여자에게 목적하는 바를 달성하는 것이 중요하다. 따라서 프로그램은 목적하는 바를 달성할 수 있도록 성과 지향적이어야 한다.

(2) 프로그램 기획의 필요성

프로그램 기획은 프로그램 개발의 반석으로 이 과정을 어느 정도 충실하게 수행하느냐에 따라 완성될 프로그램의 타당성이 확보되고 프로그램 개발의 전 과정이 체계적으로 전개될 수 있다. 이에 프로그램 기획의 필요성을 구체적으로 살펴보면 다음과 같다(김영종, 2004: 271-272).

첫째, 프로그램 기획은 합리성을 증진시킨다. 기획은 문제해결과 의사결정을 위한 활동들에 합리적인 기술을 도입함으로써 결과 성취를 위한 최적의 가용 수단들이 무엇인지에 대한 결정들을 보다 체계적, 경험적인 것으로 만든다.

둘째, 프로그램 기획은 책임성을 증진시킨다. 공식적인 기획활동을 통해 프로그램과 관련한 제반 정보들을 드러냄으로써 프로그램이 기관의 설립 취지와 목적 및 사회에서 제기된 목적들과 일치하고 있는지를 확인하도록 한다. 이를 통해 제반 이해집단들로 하여금 프로그램 개발의 타당성을 적절히 파악하게 함으로써 프로그램의 정당화에도 도움이 될 수 있다.

셋째, 프로그램 기획은 효율성과 효과성을 증진시킨다. 기획은 특정 목적달성을 위해서 투입되는 비용과 인력을 사전에 고려하여 자원낭비를 줄일 수 있게 함으로써 효율성 증진에 기여하고 최종 목적달성을 위한 가장 적합한 수단과 방법을 적용하는 의사결정에 도움을 주기 때문에 효과성 증진에도 기여한다. 그리고 학습자들의 문제를 해결하기 위해서 가장 효과적인 개입방법과 절차를 모색하는 활동 또한 프로그램 기획의 효과성을 향상시키기 위한 노력으로 간주된다.

넷째, 프로그램 기획은 동기부여와 조직구성원들의 사기진작과 팀워크를 향상시킨다. 문화예술교육 프로그램을 기획할 때, 학습자들의 참여는 학습자로 하여금 교육 프로그램에 대한 관심과 학습의 동기 및 의욕을 높일 수 있다. 또한 기관 및 조직구성원들이 프로그램 기획의 참여를 통해 자신의 의견이 받아들여지고 중대한 의사결정이 이루어졌다면 스스로 성취감과 인정을 얻을 수 있기에 사기진작에 중요한 역할을 하며 나아가 프로그램 기획의 여러 활동들은 조직구성원들의 팀워크 향상에 도움을 준다.

2) 프로그램 기획의 성격

프로그램 개발자와 문화예술교육기관에서 행하는 프로그램 기획이 가지고 있는 기본적인 성격에는 미래지향적인 활동, 적극적이고 능동적인 행위, 교육기관의 효율성 증대 기능, 연속적이며 단계적인 과정, 협동적 노력 등으로 살펴볼 수 있다(김용현 외, 2013; 김진화, 2010; Boone, 1985).

첫째, 프로그램 기획은 미래지향적인 활동이다. 프로그램의 기획은 기관의 목적이나 이념을 실천해 나가기 위한 교육 프로그램을 사전에 미리 준비하는 것으로 현재 계획하여 추진하는 프로그램 개발이 바로 미래를 위해 준비하는 과정이라는 것이다. 교육기관이 실행하고 운영하는 모든 조치들은 기획을 통해서 가능하며 사전에 준비하는 과정을 통해 미래의 불확실성을 줄일 수 있기 때문이다.

둘째, 프로그램 기획은 적극적이고 능동적인 행위이다. 교육기관의 생존과 발전을 위해 변화하는 사회의 변화에 적극적인 조치가 바로 프로그램 개발을 위한 기획이다. 이러한 기획은 수동적 조치가 아니라 능동적 성격을 띠고 있다는 것이다.

셋째, 프로그램 기획은 교육 기관의 효율성 증대 기능을 수행한다. 기획을 통해 사전에 철저한 준비과정을 거침으로써 자원의 배분과 운영의 합리화를 통해 교육 기관의 운영과 관리 측면에서 효율성을 증대시킬 수 있다.

넷째, 프로그램 기획은 관련 정보를 수집·분석하고 요구를 확인·사정·분석하는 연속적이며 단계적인 과정이다. 즉, 학습자에게 제공될 교육 프로그램이 단순히 몇몇 사람의 생각 속에서 고안된 것이 아니라 많은 관련 정보와 학습자의 요구가 단계적으로 반영되는 과정을 반드시 거쳐야 질 좋은 프로그램을 개발할 수 있다.

다섯째, 프로그램 기획은 협동적 활동이다. 이는 프로그램 기획에 영향을 끼치는 제반요소들을 반영하되 특별히 프로그램 개발 과정에 영향을 끼치는 많은 사람들의 참여가 이루어져야 바람직하다는 것을 의미한다.

3) 프로그램의 기획 방향

문화예술교육 프로그램을 어떤 방향으로 기획해야 할지에 대한 설정은 문화예술교육기관에서 개발하고자하는 프로그램의 특성, 기관 및 조직의 설립 취지, 기관이 처한 여건과 주변 환경, 지역사회 내에서의 입지와 역할 등에 따라 달라질 수 있다. 그러므로 프로그램은 다양한 방향으로 기획될 수 있다. 그러나 여기서 중요한 것은 문화예술교육 프로그램을 기획할 때, 가급적 창의성과 체험성의 두 가지 요소가 반드시 포함하도록 기획되는 것이 좋다. 이것은 문화예술교육 프로그램이 지니고 있는 가장 큰 특성으로 이를 구체적으로 살펴보면 다음과 같다.

첫째, 창의성은 문화예술교육 프로그램이 다른 교육 프로그램과 가장 차별성을 갖는 부분으로 특히 음악가나 무용가, 또는 미술가 등 예술가들이 교수자로 직접 참여하는 프로그램의 경우 이러한 창의성 측면은 프로그램의 가장 큰 요소로 부각될 수 있다. 창의성은 정보화, 세계화, 다양화의 방향으로 변화하는 현대사회에서 예측할 수 없는 미래사회에 적응할 고도의 정신능력이다. 이러한 능력을 높이기 위한 노력은 문화예술교육에서 더욱 증진된다. 이는 문화예술교육이 인간이 조화로운 성장을 촉진하는 매개체로서 창의성을 발현시키는 직접적 수단이 되기 때문이다. 따라서 프로그램 기획 시, 학습자들의 창의성을 배양할 수 있도록 하는 것은 문화예술교육의 특성을 가장 잘 발휘할 수 있도록 하는 것이다.

둘째, 체험성은 학습자들이 문화예술교육 프로그램과정에서 예술작품의 제작과정에 직접 참여하여 예술과정 그 자체를 체험하며 느끼는 방식을 의미한다. 이러한 방식은 과거의 수동적인 입장에서 강사 혹은 교수자들의 말을 듣거나 관찰 수준에 머무는 교육에서 벗어나 교육 프로그램에 참여한 학습자가 더욱 주체적인 입장에서 예술과정을 경험하는 데 중점을 두는 방식이다(용호성, 2015: 424). 최근에는 특히 체험성에 바탕을 둔 교육 프로그램이 활성화되고 있는 것으로 이는 학습자들의 감수성과 창의적 사고를 높이는 직접적인 방법이 되기도 한다. 따라서 교육 참가자들의 적극적인 참여를 전제한 프로그램 기획이 되어야 한다.

아울러 프로그램 기획 시, 외부관련기관 및 조직과의 파트너십을 구축할 필요가 있다. 문화예술교육 프로그램의 경우 기관 자체의 역량만으로 진행할 수 있지만 외부관련 기관이나 단체와 연계하여 추진하는 경우가 많다. 이는 정부에서 문화 향유자를 위한 문화예술교육 지원사업을 지속적으로 확대하면서 공연장이나 박물관 등 문화공간이나 예술단체에서 학교나 사회복지시설 등과 파트너십을 이루어 교육 프로그램을 함께 운영할 수 있도록 한 것이다. 따라서 16개 시도별로 광역 단위 예술교육 지원센터가 지정되어 활동하고 있기 때문에 이런 센터들과 협력해서 지역 문화예술교육 프로그램을 기획할 필요가 있다. 이런 경우, 프로그램의 질적 측면과 효과성 및 효율성이 더욱 높아진다. 예컨대 교육 프로그램을 기획할 때 학교 및 교사와의 사전 협의와 연계를 통해 재량활동, 특별활동, 현장학습 등 교과과정과 연계한 문화예술교육 프로그램을 기획하는 경우가 여기에 해당된다(용호성, 2015: 430).

2 프로그램 개발 필요성 검토 및 추진 여부 결정

프로그램을 개발하기 위해서는 프로그램이 개발되어야 할 필요가 있는 것인가에 대한 확인이 먼저 이루어져야 한다. 이는 어떠한 이유에서 프로그램을 개발하게 되었는가에 대한 타당성이 확인되어야 하는 것으로 프로그램 개발자가 절감한 개인적 동기이든지, 외부의 요구에 의해서든지 간에 프로그램 개발이 효과적으로 이루어지기 위해서는 프로그램 개발이 이루어져야 하는 필요성이나 그 요구에 대한 명확한 확인 과정이 반드시 필요하다. 따라서 프로그램 개발의 필요성을 검토하기 위해서는 먼저 프로그램을 왜 개발해야 하는가에 대한 사회적 요구와 기관 및 조직의 요구, 개발자의 요구 차원에서 그 필요성이 확인 되어야 하며 프로그램을 통해 얻고자 하는 궁극적인 목적은 무엇인지, 개발하고자 하는 프로그램이 이미 타 기관에서 운영되고 있는지, 또는 유사한 프로그램이 운영되고 있는지, 운영되고 있다면 어떤 형태로 운영되고 있는지에 대한 특성을 분석함으로써 개발하고자 하는 프로그램의 필요성을 확인할 수 있다.

또한 타 기관에서 이루어지고 있는 유사 프로그램과의 차별성을 분석함으로써 프로그램 개발이나 개선의 필요성에 대한 타당성을 고려할 수 있다. 그러나 만약 이제까지 개발된 적인 없는 완전히 새로운 형식의 프로그램을 개발할 경우에는 기존 프로그램에 대한 분석이 어려울 것이다. 이러한 경우에는 지금까지 왜 이러한 형식의 프로그램이 개발되지 못했는지에 대한 원인 분석과 아울러 개발하고자 하는 프로그램 개발의 필요성을 입증해 줄 수 있는 사전조사 작업이 보다 구체적으로 이루어져야 한다(이화정 외, 2010: 71).

기존 유사 프로그램의 분석 항목으로는 실시대상, 교육내용 구성과 홍보방법, 시간, 교육비, 강사의 특성, 프로그램 실시상의 문제점과 보완점, 기존 프로그램의 효과 등을 가급적 구체적으로 분석하고 이를 토대로 계획 중인 프로그램 개발에 반영하도록 한다. 그리고 개발될 프로그램의 예상효과 및 장애요인도 함께 고려한다. 만약, 프로그램의 장애요인의 경우는 가급적 그 장애요인을 제거 또는 최소화 할 수 있는 대안을 제시하고 마련해야 한다.

<표 4-1>에서와 같이 프로그램 개발의 필요성을 검토하고 그 결과를 토대로 프로그램 개발의 추진여부를 결정한다(김용현 외, 2013: 78-80).

〈표 4-1〉 프로그램 개발의 필요성 검토

개발의 필요성 검토 및 추진여부 결정	세부 항목	
1. 프로그램을 왜 개발해야 하는가?	• 사회적 요구 • 개발자의 요구	• 기관(조직)의 요구
2. 프로그램을 통해 얻고자 하는 목적은?	• 궁극적인 목적	
3. 기존 유사 프로그램 존재 여부와 차이점은?	• 유사 프로그램 존재 여부 • 유사 프로그램에 대한 수정·보완	• 유사 프로그램과의 차이점 • 새로운 프로그램 개발
4. 프로그램 예상효과 및 장애요인은?	• 프로그램의 예상효과	• 예상되는 장애요인

유사 프로그램 분석의 일반적인 예는 다음과 같다(이화정 외, 2010: 232).

유사 프로그램 분석의 예

프로그램명	환경운동	환경교육
기관	○○환경운동연합	○○○환경운동연합
대상	• 환경문제 및 교육에 관심이 있는 대상	• 지역주민
홍보	• 지역신문, 홈페이지, 생활정보지	• 시청 홈페이지, 전단지(아파트, 성당), 회원
시간	• 8주(매주 2회 2시간씩)	• 2주(주 1회, 하루 2~4시간씩)
교육비	• 30,000원	• 30,000원
강사	• 환경관련 내용전문가	• 환경관련 내용전문가
내용	• 환경 일반교육, 수리산 생태학습, 생태공원 견학, 안양천 체험, 수생물 생태학습, 갯벌 생태답사, 숲 해설 체험	• 환경교육(환경과 사회, 시민의 역할), 갯벌생태탐사, 숲생태 체험교육, 오산천 생태학습, 물과 우리 생활 물 절약운동
효과	• 수료 이후 환경교육 자원봉사자로 활동함 • 1차 수료생이 다시 환경교사양성의 강사로 활동 가능 • 지역사회의 환경을 알 수 있고 개선해나갈 수 있는 기회제공	• 교육이수자들이 지역생태 안내에 대한 교육, 안내활동을 담당하므로 • 삶의 질을 향상시킴 • 지역에 대한 애착을 가짐 • 지역사회 생태계에 대한 저변인구 확대 • 일상생활에서 활용 가능
문제점	• 교육생 모집의 어려움 • 지역문제인데도 주민의 참여도가 낮음 • 강사 섭외의 어려움	• 저변인구가 없음 • 많은 인원을 한꺼번에 교육할 수 없음 • 기본내용 이해 미숙 • 심화교육이 지속적으로 이루어지지 않음
보완점	• 자발적인 참여 유도를 위한 이미지 메이킹 필요	• 교육 효과를 높이기 위해 타깃집단을 선택해서 교육 • 교육대상을 다양화 시켜야 함 • 기본적인 내용을 알고 참여할 수 있도록 사전교재나 교육 필요

3 프로그램 개발팀 및 자문위원회 구성

1) 프로그램 개발팀 구성

프로그램 개발의 필요성으로 개발의 추진 여부가 결정되면 가장 먼저 프로그램 개발팀을 구성해야 한다. 프로그램 개발은 한 개인의 노력으로 완성되기 보다는 협동적이며 집단적인 노력에 의해 완성된다. 따라서 프로그램 개발팀을 구성할 때는 다음의 몇 가지 사항을 참고할 필요가 있다(김진화, 2010; 윤옥한, 2014).

첫째, 관련분야 전문가로 구성하는 것이 기본 원칙이다. 즉, 내부전문가 뿐만 아니라 외부전문가도 고려하는 것이 바람직하다. 또한 프로그램 개발 기관의 전문가도 반드시 포함시키는 것이 좋다. 관련전문가로는 일반적으로 프로그램 개발의 절차와 단계, 기법, 운영과 관련된 능력과 자질을 갖춘 과정전문가와 프로그램의 내용과 관련하여 경험과 식견이 풍부한 내용전문가와 현장전문가, 교육내용, 교육방법, 교육매체 등을 하나로 통합하여 완성된 실체로 만들어 낼 수 있는 학습설계전문가, 다양한 문제에 적절한 협상과 조정 능력을 발휘할 수 있는 협상전문가, 다양한 우선순위 설정과 의사결정 상황에 합리적이고 체계적으로 대처해 나갈 수 있는 의사결정전문가가 포함된다.

둘째, 관련전문가를 선정할 때는 협조성과 관계성을 고려하는 것이 도움이 된다. 특히 전문가 집단의 경우 협조성과 관계성이 떨어질 경우 많은 회의와 협의의 과정에 어려움을 줄 수 있다.

셋째, 전문가 인원은 전체 프로그램 개발의 기간 및 개발될 프로그램의 주제에 따라 다소 차이가 있지만 대체로 4~5명 정도가 적당하다.

넷째, 팀이 구성되면 각각의 팀 구성원의 역할분담을 명확히 해야 한다. 역할분담 내용은 구체적으로 명시화 하는 것이 좋다.

2) 자문위원회 구성

프로그램 개발은 협동적 의사결정 과정이다. 프로그램 개발팀 이외에도 프로그램 개발에 관심을 갖는 사람들의 도움이 절실히 요구된다. 따라서 좋은 프로그램을 개발하기 위해서는 다양한 영역의 전문가와 프로그램 개발 과정에 도움을 줄 수 있는 위원회를 구성하여 프로그램 개발팀이 접하지 못한 다양한 영역에서의 자문들을 필요로 하며 프로그램을 개발할 때 이러한 자문위원회의 역할은 매우 유용하다.

자문위원회를 통해 프로그램 개발에 주는 이점은 다음과 같다(기영화, 2010: 96).

첫째, 자문위원회는 지역의 다양한 집단의 이익과 의견을 대표하고 프로그램을 조언하며 때로는 프로그램의 내포된 갈등을 예측한다.

둘째, 자문위원회는 프로그램 계획에 참신하고 창의적인 아이디어를 제공한다.

셋째, 자문위원회는 프로그램에 필요한 편의시설 정보 및 인적자원의 목록도 제공한다.

넷째, 프로그램 제공기관이 지역사회와 호혜적인 관계를 갖는데 중요한 역할을 하기도 한다.

다섯째, 자문위원회가 프로그램 개발에 참여함으로써 주민들은 자문위원회를 통해 자신들의 의사가 프로그램에 반영되었다는 생각을 갖게 하기도 하는 등의 프로그램에 대한 긍정적 이미지를 갖게 한다.

여섯째, 자문위원회는 프로그램을 정기적으로 평가하고 일반인에게 프로그램을 홍보한다.

(1) 자문위원회 구성방법

자문위원회는 다양한 배경을 가진 사람들로 구성되는 것이 바람직하다. 자문위원회를 구성할 때 고려해야 할 요소로는 자문위원회의 대표성뿐만 아니라 영향력을 행사할 수 있는 자질, 프로그램에 대한 관심, 봉사정신, 위원회에 할당하는 시간, 거주지, 다른 위원들과 함께 일할 수 있는 가능성 등을 고려하는 것이 필요하다. 만약, 프로그램 개발팀의 구성에서 특정 영역의 전문가가 구성되지 않았다면 자문위원회를 구성 할 때 그 영역에서의 자질과 능력을 갖춘 전문가로 구성하도록 한다. 자문위원회 구성방법으로는 다음과 같다(김용현 외, 2013; 이화정 외, 2010).

첫째, 자문위원회 선별작업에 참여할 사람을 누구로 할 것인지를 결정한다.

둘째, 결정을 위한 평가준거를 개발하고 결정한다.

셋째, 차트에 평가준거에 따라 아이디어를 기록한다.

넷째, 각각의 아이디어에 대한 점수를 합산하여 그중에서 가장 높은 점수대의 사람을 선택한다.

자문위원회 준거와 구성의 예

중요한 준거	준거의 의미
1. 프로그램에 대한 개인적 흥미	• 프로그램에 대해 어느 정도의 흥미와 적극성을 가지고 있는가?
2. 지식 보유 및 특성 정도	• 프로그램의 아이디어 개발을 위해 어떤 종류의 지식을 어느 정도 가지고 있는가?
3. 영향력	• 프로그램 개발에 미치는 긍정적 영향력에 대한 정도
4. 참여 가능성	• 프로그램 개발을 위한 참여 가능성의 정도(시간할애)

자문위원 후보명단	프로그램에 대한 개인적 흥미	지식보유 및 특성의 정도	영향력	참여 가능성	합계
안○○	3	4	4	4	15
김○○	3	2	3	3	11
이○○	1	2	2	1	6
주○○	4	2	1	2	9

4 프로그램 개발 방향 및 전략 설정

프로그램을 개발하기 위해서는 프로그램 개발의 결과물, 즉 완성될 프로그램의 형태가 결정되어야 하며 이러한 결과를 산출하기 위한 프로그램 개발의 기본 방향과 지침이 결정되어야 한다. 일반적으로 프로그램 개발의 결과물들은 교육체계도나 프로그램 편성표, 교육내용(교재 개발), 교육 운영(교육매뉴얼 및 교수 학습과정안),

교육매체(인쇄 자료, 영상자료, PPT)로 만들어 진다. 이러한 결과물에 따라 프로그램의 개발 범위와 모델을 설정한다. 이와 같이 완성될 프로그램의 구체적인 형태가 결정되면 실제로 프로그램의 범위와 프로그램의 개발을 어떻게 추진할 것인가를 결정해야 한다. 프로그램 개발범위는 프로그램의 기획, 프로그램 설계 및 개발, 프로그램 마케팅, 프로그램 운영 및 실행, 프로그램 평가 중에서 어느 영역에 초점을 두고 개발할 것인가를 결정하고 이에 따른 절차를 결정해야 한다. 이러한 결정은 프로그램 개발모형을 설정하는 것과 관련이 깊다. 따라서 개발범위에 따른 적합한 모형을 결정한다. 여기서 프로그램의 개발 모형 설정이 중요한 이유를 살펴보면 다음과 같다(김진화, 2011: 195).

첫째, 프로그램 개발자가 프로그램을 개발하기 위해 사전에 개념적 틀을 설정하고 있는 것은 효과적이면서 합리적으로 프로그램을 전개할 수 있다는 차원에서 매우 중요하다.

둘째, 프로그램을 효율적으로 개발하기 위해서는 사전에 어떠한 절차를 거쳐서 프로그램 개발을 진행할 것인지를 결정해야 프로그램 개발에 참여하는 사람들의 역할이 배분되고 예상되는 제반 자원들을 예측할 수 있기 때문이다.

셋째, 프로그램 개발의 매 단계마다 의사결정이 내려져야 함으로 프로그램 개발에 참여하는 사람들이 그 개발 절차를 공유하고 있어야 하는 것은 당연하기 때문이다.

한편, Caffarella(1994)는 프로그램 개발 모형을 사용하지 않는 이유에 대해 ① 시간상의 제약, ② 조직체의 분위기, ③ 활용 가능한 프로그램 개발 모형에 대한 지식 부족, ④ 프로그램 개발 모형의 유용성에 대한 불확신 때문이라 하였다.

이처럼 프로그램 개발자는 프로그램을 개발하기 위해서는 프로그램 모형을 선택할 때 개발될 프로그램의 성격을 파악하고 그에 적합한 보다 타당한 모형을 선택할 수 있어야 한다. 일반적으로는 기존에 알려진 모형을 그대로 적용하는 것도 하나의 방법일 수 있지만 프로그램이 지극히 상황 중심적이라는 사실을 인식해 볼 때, 전문가가 기존의 이론적 모형을 토대로 상황에 따라 변형하여 사용할 수도 있다.

5 전체일정 수립

개발팀과 자문위원회가 구성되고 프로그램 개발 방향 및 전략이 설정되면 전체일정 계획을 잘 수립하여 일정대로 시행해 나간다. 일정계획을 수립할 때 다음의 양식을 참고로 하여 수립해 나가는 것이 좋다.

전체일정 수립표의 예

주요활동	기간											
	1월	2월	3월	4월	5월	6월	7월	8월	9월	10월	11월	12월
1. 프로그램 개발팀 및 자문위원회구성												
2. 상황분석												
3. 잠재적 학습 고객집단 매핑												
4. 요구분석 및 의사결정												
5. 설계												
·												
·												

6 환경 및 상황분석

환경 및 상황분석은 프로그램 개발 과정의 기초 작업으로 프로그램이 요구되는 모든 주변 상황을 분석하는 것이다. 이를 통해 이용 가능한 자원과 제약조건들을 미리 분석함으로써 교육 프로그램 개발물이 실행 가능하도록 하는데 의의가 있다.

프로그램은 결코 독립적으로 개발될 수 없다. 프로그램은 상황의 지배를 받으므로 환경과 밀접하게 관련되어 있다. 즉, 프로그램 개발은 프로그램에 참여자뿐만 아니라 프로그램에 영향을 미치는 환경인 지역사회와 조직의 문화적, 정치적, 사회적, 경제적 여건에 영향을 받는다. 그러므로 프로그램 개발 상황을 어떻게 인지하느냐에 따라 개발하게 될 프로그램의 유형은 달라지기 때문에 가급적 개발될 프로그램과 관련된 모든 환경 및 상황을 분석할 필요가 있다.

환경 및 상황분석에는 개발환경 분석으로 기관 및 조직의 내부 실태와 기관을 둘러싸고 있는 외부 환경(지역사회 분석)을 포함하여 살펴볼 수 있다.

1) 개발환경 분석

(1) 기관내부 및 외부환경 분석

① 기관 및 조직 분석

환경분석은 프로그램을 요구하는 조직에 대한 분석으로부터 시작된다. 이는 프로그램 개발자가 프로그램을 개발하는 상황이 바로 조직체의 상황 속에서 이루어지기 때문이다. 조직은 조직의 목적을 실행하기 위해 다양한 활동을 전개하고 그 가운데 프로그램을 통한 교육활동이 있다. 물론 소수의 성인교육센터와 교육방송, 문화센터, 평생교육센터 등, 전적으로 교육만을 목적으로 설립된 조직도 있지만 대부분의 교육 프로그램은 교육 자체보다는 다른 목적을 실행하기 위해 프로그램을 다루는 경우가 많다. 특히 성인교육 사업의 경우는 교육 그 자체를 목적으로 하기 보다는 조직이나 기관의 일차적 목적을 달성하기 위한 수단의 일부에 해당된다.

따라서 조직 내의 교육부서는 비록 자율적인 지위를 가지고 있지만 조직의 교육에 관한 확고한 정책 없이는 활동 프로그램이 제대로 실행될 수 없기 때문에 프로그램을 실행하는데 관련된 조직의 모든 변인을 분석해 보는 것은 성공적인 프로그램을 만드는데 필수요건이다(기영화, 2010: 92). 그러므로 프로그램이 실시되는 기관의 조직 분석은 기관 및 조직의 설립 및 운영 목적, 기관의 주요사업, 시설 현황 등으로 분석할 수 있다.

② 지역사회 분석

프로그램 개발은 지역사회의 상황과 여건을 고려해야 한다. 프로그램에 참여가 예상되는 학습 고객(아동, 성인, 노인 등)이 곧 그 지역사회의 주민이고 프로그램을 운영하는 교육기관 역시 지역사회에 소속되어 있기 때문이다. 그러므로 지역사회 분석은 일반적으로 문화적, 사회적, 심리적, 정치적, 물리적 요소에 대한 분석이 포함된다(기영화, 2010; 김진화, 2010).

첫째, 문화적 요소는 개인이 주변의 세계에서 배우는 환경으로 학습자의 행동, 사고, 성격 등에 영향을 주고 학습한다.

둘째, 사회적 요소는 인구의 구성, 사회적인 계급 등을 포함하며 집단행동의 역동성을 드러내므로 지역사회의 문제와 요구를 파악하는데 중요하다.

셋째, 심리적 요소는 동기, 요구, 자아개념 등 개인의 행동에 영향을 미치는 요인으로 프로그램 참여와 관련된다.

넷째, 경제적 요인은 생산과 서비스를 포함한 것으로 지역사회의 현실적인 변화와 지역사회의 전체적인 조건에 영향을 미친다.

다섯째, 정치적 요인은 의사결정, 경영, 법적체계에 의해 프로그램 개발이 직접적으로 영향을 받기 때문이다.

여섯째, 물리적 환경은 토지, 기계설비, 시설, 기술적인 요인들을 말하며 이들에 의해 프로그램의 전개 상황이 달라지기 때문이다.

2) SWOT 분석

환경 및 상황 분석은 SWOT 기법을 활용하여 분석할 수 있다. SWOT 분석이란 상황분석을 전략적으로 접근하기 위해서 개발된 도구로 기관내부의 강점(Strength: S)과 약점(Weakness: W)을 파악하고 기관 외부환경의 기회요인(Opportunity: O)과 위협요인(Threat: T)을 분석한 후 전략적 대안을 도출하는 분석 방법이다.

기관내부의 강점(S)은 해당 기관이 경쟁기관과 비교하여 학습 고객들로부터 경쟁우위에 있는 요소를 말하며, 약점(W)이란 해당기관이 경쟁기관과 비교하여 학습 고객들로부터 경쟁력이 떨어지는 요소를 말한다. 기회요인(O)이란 해당기관

외부의 환경에서 유리한 기회요인이며, 위협요인(T)은 해당기관의 환경에서 불리한 위협요인을 말한다. 이와 같이 SWOT 분석은 기관의 내부환경과 외부환경 중 중요한 요인들을 바탕으로 전략수립을 가능케 하는 분석도구로써 특별히 복잡한 작업이나 계량화 없이도 기존에 수행한 상황분석만으로 전략을 수립할 수 있다는 실용성 때문에 널리 사용된다(한상만 외, 2004).

기관내부 및 외부환경 분석을 위한 SWOT 분석의 예는 다음과 같다(김용현 외, 2013: 85-86).

기관 내부환경 분석의 예

영역	강점(S: Strength)	약점(W: Weakness)	해결 방안
행정	• 소수인원으로 의사결정이 용이하여 신속한 업무처리 가능	• 한 사람에게 과도한 업무 편중됨 • 개개인에 높은 전문적 능력이 요구 됨	• 자원봉사자 활용 • 실습생 활용
조직	• 조직 구성원의 전문성이 약함(전문적인 문화예술교육사 자격 소지자 없음) • 회원제로 체계적이고 소속감 있는 관리	• 건강상의 이유 등 개인적인 사정으로 중도에 포기하는 경우가 생김	• 교육생 선발시 신중하게 검토 • 가족적인 분위기 조성을 위해 모임 지원
재정	• 정부의 지원금 보조	• 관련기관의 증가로 지원금의 수해 폭 감소 우려 • 지원금만으로 운영 예산 충당 부족	• 기업체 및 개인의 후원금을 유치하여 극복 • 중산층의 교육생에게는 회비를 받아 예산 확보
프로그램	• 전문지식을 갖춘 조직원이 많으므로 맞춤 프로그램 개발이 용이 • 전문적인 교수자 보유 • 취업 전 실습으로 인한 자신감 고취	• 노인들이 새로운 교육에 대한 두려움으로 원활한 프로그램 운영이 어려움 • 실력 있는 교수자는 높은 인건비를 지급해야함	• 노인들의 자신감 고취 • 지속적인 상담관리 • 차량 운행 • 복지마인드가 있는 전문적인 교수자 섭외

기관 외부환경 분석의 예

환경변화 요인	기회(O: Opportunity)	위협(T: Threat)	대응방안
지역적 요인	• 아파트 밀집지역 • 교통이 편리 • 인근지역과의 접근성이 용이 • 정부대전청사, 특허법원, 시청 등 행정의 중심지	• 교통이 편리하여 프로그램 수강을 위해 인근 인지도 높은 기관으로 유출 우려	• 질 높은 프로그램 개발 • 홍보 강화 • 주말 프로그램 개발

환경변화 요인	기회(O: Opportunity)	위협(T: Threat)	대응방안
환경적 요인	• 중산층이 많음 • 유아교육기관이 많음	• 문화센터 등 우사기관 많음 • 다른 기관의 노인 참여 프로그램이 많음	• 취업 위주의 프로그램임을 강조한 홍보
사회·문화적 요인	• 노인의 경제적 자립욕구 증가 • 개인의 자아실현 욕구가 강함 • 종합복지관, 노인복지회관 든 노인시설, 경로당 등 206개소 (다양한 교수 자 섭외 가능)	• 관련기관이 많아서 큰 기관에 대한 재정의 편중이 있을 수 있음	• 취업 유아교육기관에 자신의 손자도 같이 돌볼 수 있도록 배려
재정적 요인	• 정부의 정책적 지원으로 재정 확보 용이 • 대전시의 다른 구에 비해 재정이 풍부	• 관련기관이 많아서 큰 기관에 대한 재정의 편중이 있을 수 있음	• 지역 기업의 후원 유도 • 관련기관과의 긴밀한연계를 위한 적극적 노력 • 타 지역의 성공사례를 들러 교육의 효과성 피력
타기관과의 연계	• 취업이 연계될 유아교육기관과의 맞춤 교육 용이 • 노인기관 간 교류가 활발하므로 정보 공유 용이	• 아직 노인취업에 대한 인식부족으로 취업할 곳 부족 • 각 기관의 운영에도 바쁘기 때문에 타 기관 프로그램에 무관심	• 상호 도움을 줄 수 있도록 각 기관과의 활발한 교육 노력

7 잠재적 학습자 분석

잠재적 학습자 분석은 잠재적 학습 고객 분석으로 교육 프로그램을 학습하고자 하는 대상을 명확하게 파악하는 것을 의미한다. 이는 잠재적 학습 고객의 매핑(mapping) 작업으로부터 시작된다. 매핑이란 사전적 의미로 경계를 잘라 정하는 것으로 일정한 기준에 의해 경계를 정하여 구획하는 것을 의미한다. 즉, 앞으로 개발될 프로그램의 참여가 예상되는 대상이 누구이며, 거주지는 어느 곳이고, 교육수준, 연령, 성별, 종교, 과거 유사 교육경험 여부, 사회경제적 상태, 문화 등을 고려하여 목표 집단의 특성을 파악하여 프로그램에 참여가 예상되는 사람들을 대략적으로 파악하는 확인과정이다.

대상학습 집단이 동일한 집단이라 할지라도 학습자 간의 서로 다른 환경과 능력 및 특성을 가지고 있으며 학습자 내에서도 다양한 능력 간의 차이가 있다. 따라서 학습자의 경제적 수준, 교육수준을 비롯하여 개인적 경험, 지적, 정의적 특성이 각기 다르므로 대상 학습자가 누구냐에 따라서 교육 요구도 달라질 수 있다. 그러므로 학습자의 개인차를 구체적으로 분석하여 이를 근거로 학습자의 특성을 이해하고 이에 부합하는 프로그램을 개발하고 이를 제공할 때 학습의 효과성 및 효율성을 높이는 등의 최대의 교육 효과를 얻을 수 있다.

프로그램 참여가 예상되는 잠재적 학습자 분석의 예는 다음과 같다(이화정 외, 2010: 235).

잠재적 학습자 분석의 예

환경교육 지도자 양성과정의 학습자 분석

학습자 특성	분석 내용
연령	• 30~50대
성별	• 남/여
교육수준	• 고졸 이상
사회경제적 수준	• 중, 상위
주거형태	• 일반 주택, 아파트
학습자들 간의 유사점	• 모두 종교를 가지고 있음 • 자녀들이 장성해서 시간에 얽매이지 않음 • 고등교육을 받은 사람으로 이루어짐 • 어느 정도 안정된 경제여건으로 가정생활 안정 • 환경문제에 대해 관심이 많음
학습자들 간의 차이점	• 종교를 가지고 있으나 같은 종교가 아니라서 동질성을 이루지 못함 • 직업에 차이가 있어서 보는 시각이 차이가 있음 • 나이가 30~50대로 구성되어 있어 세대차이가 약간 있음
과거 유사한 교육 경험 여부	없음

8 요구분석

1) 요구분석의 개념

(1) 요구의 개념

요구분석의 개념을 이해하기에 앞서 요구의 의미를 명확하게 이해할 필요가 있다. 요구의 용어를 살펴보면 요구는 영어로 'need'로 욕구라는 용어와 동일한 단어를 사용한다. 그러나 욕구란 전통적으로 심리학적인 용어로써 한 개인의 내적인 바람이나 동기를 강조한다면 사회학적인 용어에서의 요구는 한 개인의 내적인 바람과 동기는 물론이고 집단적 사회적 필요의 의미를 포함한다.

이와 같이 문화예술교육 프로그램 개발 영역에서의 요구는 사회학적 용어에 초점을 둔 개념으로 '요구'란 개인, 집단, 조직, 사회 등에 의해 발현되는 다양한 요구와 필요를 교육적 행위를 통해 충족 가능한 것을 요구라 한다(김진화, 2010: 204). 이러한 요구(need)는 바라는 것과 실제사이의 거리라고 할 수 있다. 즉, 요구란 현재 상태(what it is)와 바람직한 상태(what should be)간의 차이 또는 격차(gap)를 의미하는 것으로 어떠한 의미에서는 문제와 동일한 의미로 해석된다(주용국·홍은실, 2015).

여기서 요구의 개념에 대한 이해를 돕기 위해 Maslow(1954)와 Bradshaw(1972)가 제시하는 요구의 의미와 교육적 의미의 요구에 대해 구체적으로 살펴보고자 한다.

① Maslow(1954)의 요구단계 이론

심리학자인 Maslow(1954)는 인간의 기본요구를 생리적 요구, 안전의 요구, 소속 및 사랑과 애정의 요구, 존경의 요구, 자아실현의 요구로 제시하였다. 이들 각 계층의 요구에서 이미 충족된 요구는 행위의 동기가 될 수 없으며 행위는 오직 충족되지 않는 요구에 의해서 일어난다는 가정 하에 인간의 요구는 그 중요도에 따른 일련의 계층을 구성한다고 하는 계층이론을 형성하고 있다. Maslow의 이러한 요구위계를 그림으로 나타내면 [그림 4-1]과 같다.

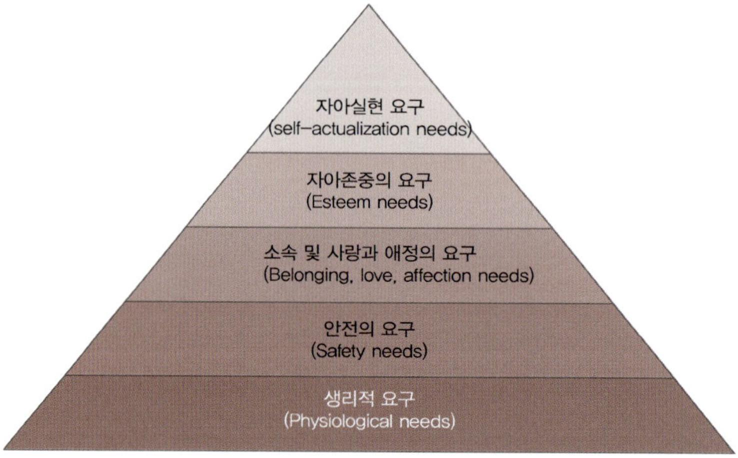

[그림 4-1] Maslow의 요구위계

[그림 4-1]에서 본 바와 같이 Maslow의 요구위계에 따른 각 내용들을 간략히 살펴보면 다음과 같다(신응섭 외, 2008; 이병진, 2010).

첫째, 생리적 요구는 유기체의 생물학적 유지에 직접적으로 관련된다. 즉 인간의 생존에 가장 필수적인 음식, 물, 수면, 배설, 성에 대한 요구 등이 이에 속하는 것으로 모든 요구들 중 가장 강력한 힘을 가진다. 그러므로 첫 번째의 생리적 요구가 충족되지 않으면 두 번째 계층인 안전에 대한 요구가 동기화 될 수 없다는 것이다.

둘째, 안전의 요구는 생리적 요구가 충족되고 나면 나타나는 것으로 위협, 협박, 결핍에 대한 보호와 불안으로부터의 도피, 물리적 공격이나 범죄, 재정적 압박으로 부터 안전하고자하는 요구 등으로 위험으로부터 자신을 안전하게 보호하고자 하는 요구가 포함된다.

셋째, 소속 및 사랑과 애정의 요구는 생리적 요구와 안전에 대한 요구가 보장되면 나타나는 것으로 가족, 사회집단, 친구들에게 수용받고 사랑받고자 하는 소속 및 사랑과 애정의 요구를 충족시키고자 하는 것이다. 여기엔 친화, 소속감, 우정, 교제, 사회적 활동 등이 포함된다. 그리고 이 단계의 요구가 좌절되면 부적응을 초래하게 된다.

넷째, 자아존중의 요구는 소속과 애정에 대한 요구가 충족되면 자아존중의 요구를 갖게 되는 것으로 자기 자신과 다른 사람으로부터 인정받고 존중받고 싶은 요구를 말한다. 여기서 존중의 요구를 세 가지 형태로 살펴 볼 수 있다. 먼저 자신감 성취감, 지식, 독립심과 같은 자기존중의 대한 요구이며 다음으로는 남의 인정, 위신, 자기업적에 대한 인정 등 명성에 대한 요구, 마지막으로 권력에 대한 요구로 이는 타인에 대한 지배력, 영향력을 의미한다(남정걸, 2008). 그러므로 자기존중은 확신, 독립성과 자유로움, 성취를 추구하는 것과 관련된다면 타인으로 부터의 존중이란 평판, 위신, 특권과 지위, 인정, 수복, 감사함 등과 관련된다. 이 단계의 요구가 좌절되면 열등감과 무력감 등을 낳는다.

다섯째, 자아실현의 요구이다. 이는 가장 높은 수준의 요구로 개인이 지닌 모든 잠재력을 개발하고 실현하고자하는 요구이다. 그러므로 끊임없는 자기성장과 자기발전을 자극하고 추구하게 만드는 요구이다. 따라서 자아실현의 요구는 다른 요구와는 달리 완전한 만족이 있을 수 없는 것으로 충족되면 될 수록 더욱 증대된다.

요구위계에 대해 Maslow는 낮은 수준의 요구일수록 동물적 본능으로 수동적이고 환경에 대한 반응적 행동이 강하게 나타나는 반면, 높은 수준의 요구일수록 인간적 본능으로 능동적이며 자발적인 행동을 나타낸다고 하였다. 인간은 내적 욕구를 갖고 태어나고 이 욕구를 만족시키기 위해 노력을 하며 이러한 노력의 궁극적인 방향은 단순히 생물학적 만족이 아니라 자아실현의 추구라는 것이다. 이와 같이 인간의 긍정적이고 지적이며 상황지향적인 측면을 강조하고 있다(조성일 외, 2006).

그리고 대부분의 사람들은 이와 같은 요구위계 계층의 순서에 따른 기본적 요구를 가지고 있지만 이러한 위계가 필수적으로 고정된 순서를 갖는 것이 아니라 근본적으로 자신의 잠재력을 실현시키고 지속적으로 자기성장을 도모하는 존재로써 설명하고 있다. 그러므로 일부 사람들의 경우 위계의 역전이 있을 수 있으며 또한 이러한 요구는 서로 상호작용적으로 존재할 수도 있다(신응섭 외, 2009).

② Bradshaw의 요구분류 체계

영국의 사회학자인 Bradshaw(1972)의 요구분류 체계는 요구를 규범적 요구, 인지된 요구, 표현된 요구, 비교 요구의 네 가지 유형으로 분류하여 제시하고 있다(김미자 외, 2014; 김진화, 2010; 김한별 외, 2010).

첫째, 규범적 요구(normative needs)는 잠재적 학습자 개인이 주관적으로 인지한 요구가 아니라 객관적인 차원에서 진단된 요구로 전문가나 여타 인증 및 자격 기준에 의해서 결정된 요구를 의미한다. 즉, 학습자가 도달해야 할 수준이 외부 전문가나 여타 인증 및 자격 기준에 의해서 결정되는 경우를 말하는 것으로 학습자의 현재 상태와 미래에 취해야 할 기준과 현재 상태 사이에 존재하는 격차와 결핍(deficiency)이 학습을 통해 반드시 도달되어야 할 규범적인 상태를 요구로 규정하고 있다. 따라서 주로 전문가에 의해서 파악된 일반적 수준이나 표준에 따른 요구를 의미한다.

둘째, 인지된 요구(perceived need·felt need)는 잠재적 학습자가 무엇을 원하는지를 느끼고 인식한 요구를 의미한다. 앞서 제시한 규범적 요구는 단일한 기준이 존재하여 전체적인 의미에서의 요구에 관한 논의가 가능하지만 인지된 요구의 경우는 학습자들 마다 그 기준이 변화고 서로 다르며 학습자 개개인의 개인적 성향이나 선호도를 나타내게 된다. 따라서 프로그램 개발 시 인지된 요구는 데이터의 질 자체가 상당히 주관적이라는 점을 고려하여 활용해야 한다.

셋째, 표현 요구(expressed needs)는 특정한 요구를 지닌 사람이 그 요구를 충족하기 위해 실제적으로 어떤 행동을 취하였는가에 초점을 둔다. 즉 학습자의 요구가 실제로 구체적인 행동 즉, 언어, 문자, 혹은 행동 등을 통하여 학습자에 의해 표출된 요구를 의미한다. 따라서 이렇게 행동화된 요구는 학습자들이 단순히 감지하고 느껴진 요구보다는 요구의 강도가 좀 더 높을 수 있다고 보는 견해이다. 예컨데, 학습자로부터 설문조사를 통해 요구를 수렴하고 분석하여 산출된 것이 바로 표현 요구의 대표적 사례이다. 따라서 프로그램 개발자는 프로그램 개발 시 표출된 요구에 근거하여 개발하면 실제 수요에 근접하여 개발이 이루어지게 되므로 인지된 요구에 근거하여 개발하는 경우보다는 프로그램 개발의 실패 가능성이 상대적으로 낮다고 볼 수 있다. 따라서 프로그램 개발자는 학습자와 외부 전문가의 인식요구를 표현 요구로 전환할 수 있도록 함이 필요하다(기영화, 2010).

넷째, 비교 요구(comparative needs)는 선별된 특성에 따라서 두 집단이나 개인을 비교함으로써 생성된 요구이다. 예컨대 한 개인이 타인과 비교하여 상대적으로 서비스를 받지 못함으로써 갖게 되는 요구이다. 따라서 비교 요구에서 미래의 바라는 상태는 비교 대상의 조건이 된다. 그러므로 비교 요구는 타인과의 비교에서 상대적으로 나타나는 요구로 그 자체가 현실요구로 측정하는 적절한 수단으로 간주되지는 않는다(기영화, 2010).

이상에서 제시한 요구분류 체계 외, 잠재요구와 미래에 예견된 요구, 창출요구가 있다. 잠재요구(unfelt needs)는 학습자나 외부의 전문가에 의해 그 필요성이 인식되지 않은 상태의 결핍요소 및 성장요소를 의미한다. 그러므로 프로그램 개발자는 학습자가 자신에게 잠재되어 있는 요구를 발견할 수 있도록 상황과 조건을 창출하는데 관여해야 할 것이다. 미래 예견된 요구는 조만간 미래에 일어날 가능성이 있거나 확인될 것으로 예견되어지는 요구들을 의미한다.

창출요구(created needs)는 한 개인이 어떠한 경험을 통해 발생되는 막연한 느낌의 요구가 의식적인 요구로 전환되는 것을 말한다. 즉, 새로운 경험을 통해 보다 높은 수준의 새로운 요구를 창출하는 것을 의미한다. 실제 교육을 통해 낮은 의식 수준에 존재하던 요구가 다른 수준의 요구와 갈등적인 관계를 형성할 수 있으며 이러한 갈등 관계에서 보다 높은 수준의 교육적 요구가 창출될 수 있다(김진화, 2010).

③ 교육적 의미의 요구

교육적 의미의 요구란 개인(조직 또는 사회)의 현재 상태와 개인(조직 또는 사회)스스로가 바라는 상태간의 불일치를 의미하는 것으로 학습자가 미래에 바라는 바람직한 상태와 학습자의 현재상태 간의 격차를 충족시킬 수 있는 교육적 요소를 의미한다(김한별 외, 2010). 즉, 학습자가 보유하고 있는 현재의 능력(지식, 기술, 태도)과 바라는 능력(지식, 기술, 태도)사이의 격차로 인해 발현되는 것을 교육적 행위로 해결할 수 있는 상태를 교육적 요구라고 한다(주용국·홍은실, 2014). 교육적 의미의 요구를 그림으로 살펴보면 [그림 4-2]와 같다.

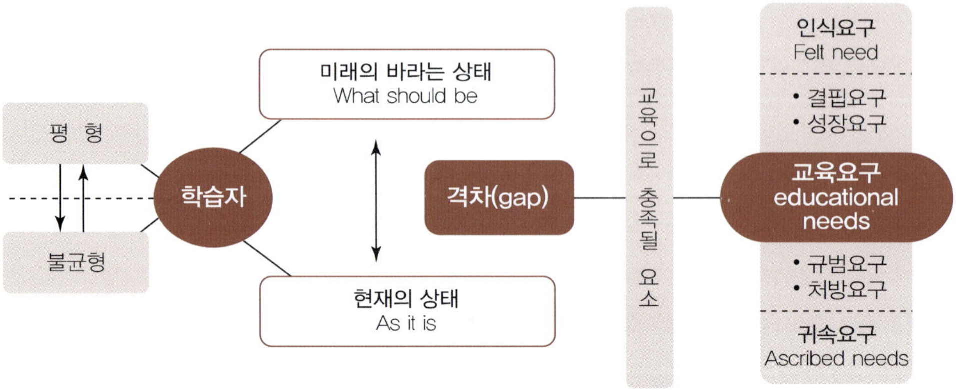

[그림 4-2] 요구의 교육적 의미(김진화, 2010: 201)

[그림 4-2]에서 본 바와 같이 교육 요구는 요구의 발현 주체가 누구냐에 따라 인식요구와 귀속요구로 대별되는 것으로 이들 요구의 세부적 내용을 살펴보면 다음과 같다(김진화, 2010: 201-202).

첫째, 인식요구(felt need)는 요구의 발현 주체가 학습자 자신으로 학습자 자신이 필요로 하는 것이 무엇인지를 인식함으로써 발현되는 요구를 의미한다. 여기에는 학습자 자신에게 아직 충족되지 않은 결핍요소가 무엇인지를 인식함으로써 발현되는 결핍요구(deficiency)와 일정한 발달 단계에 처해있는 학습자가 요청되는 발달과업이 무엇인지를 인식함으로써 발현되는 성장요구(growth need)가 포함된다.

둘째, 귀속요구(ascribed needs)는 요구의 발현 주체가 학습자 외부의 전문체제로 전문가나 외부의 권위적 집단이 학습자가 충족되어야 할 교육 요구를 제시함으로써 발현되는 요구를 의미한다. 여기에는 외부전문가나 인정 및 자격 기준에 의해 학습자가 도달해야 할 수준이 결정되는 규범적 요구(normative needs)와 학습자가 직면하고 있는 과제나 문제점을 외부전문가가 진단한 후 그러한 문제점과 과제를 해결하기 위해 필요로 하는 처방적 요구(prescriptive needs)가 포함된다.

이상에서와 같이 교육적 요구에서의 인식요구와 귀속요구는 교육을 통해 충족될 수 있으며 이러한 교육 요구의 과정은 끊임없이 일치와 불일치 또는 균형과 불균형의 상태를 순환적으로 경험된다. 따라서 요구의 변화가 계속적으로 고려되어야 한다.

지금까지의 논의를 통해 요구의 다양한 의미를 살펴보았다. 문화예술교육 프로그램 개발에 있어서의 요구는 어느 한 개념이 절대적으로 사용되어지기 보다는 요구분석의 대상(개인, 집단, 조직, 사회 등)의 특성과 상황에 따라 그 개념의 초점이 달라질 수 있다.

(2) 요구분석의 개념

요구분석(need analysis)은 요구사정(needs assessment), 차이분석(gap analysis), 격차분석(discrepancy analysis) 등으로 다양하게 사용되기도 하는데 일반적으로 요구분석은 '문제'를 인지하는 것으로부터 시작된다. 이러한 문제는 피상적으로 감지된 문제일 수도 있고 실제로 발생되어 곤란을 야기할 수도 있으며 장차 일어날 조짐을 보일 수도 있다. 그러나 문제가 무엇이든지 간에 요구분석에서 관심을 가지는 것은 문제의 본질이 정확히 드러나지 않는 '불확실성'에 있다. 때문에 이러한 문제를 규명하고 해결하는데 가장 적절한 방안을 모색하고 제안하려는 활동이 바로 요구분석이다(박성익 외, 2009). 즉, 불확실한 문제의 본질을 규명함으로써 그 문제에 대한 최선의 해결 방안을 찾아내기 위한 것이 요구분석이다.

정리하자면, 요구분석이란 앞서 제시한 것처럼 현재 상태와 바람직한 상태 간의 격차(요구)를 결정하고, 그것의 본질과 원인을 점검하며 미래 활동을 위한 우선순위를 찾는 체계적인 과정과 절차적 행위를 의미한다.

2) 요구분석의 필요성 및 목적

요구분석을 필요로 하는 요인들은 매우 많고 그 과정도 다양하다. 일반적으로 교육 요구분석은 현재 발생한 곤란 점, 어떤 문제가 있거나 장차 문제의 조짐이 야기될 수 있는 경우를 비롯하여 새로운 교육 프로그램을 개발해야 하는 경우 등 교육적인 요구가 있는 어느 곳에서나 발생할 수 있다. 특히 문화예술교육 프로그램의 경우 교육 대상과 교육기관이 매우 다양하며 교육과정 또한 고정되어 있지 않다는 점에서 볼 때, 요구분석은 교육 프로그램을 개발하기 위한 중요한 수단이 된다.

문화예술교육 프로그램 개발은 체계적이며 조직적인 계획을 요구하는 과정이다. 체계적이고 조직적으로 잘 설계된 교육과정과 교육 프로그램을 통해서만 원하는 교육의 목적을 달성할 수 있기 때문에 요구분석은 바로 이러한 효과적인 교육과정을 개발하기 위한 첫 출발점이 된다. 따라서 요구분석을 수행함으로써 요구분석의 실시자와 대상자 사이의 의사소통을 할 수 있으며 프로그램 개발의 타당성을 검증하고 프로그램의 방향 설정, 목표수립, 교육내용 선정, 교수전략 수립 및 자원 배분 등의 의사결정을 하는 데에 반드시 필요한 활동이다.

이와 같이 교육 요구분석은 교육 프로그램 개발의 전 과정에 걸쳐 매우 중요한 정보를 제시해 주는 것으로 요구분석의 결과는 후속되는 혹은 관련 있는 교육적 의사결정에 의미 있게 영향을 미치게 된다. 이러한 맥락에서 요구분석의 필요성을 제시하면 다음과 같이 정리할 수 있다(김용현 외, 2013; 김한별 외, 2010).

- 요구분석을 통해서 교육의 필요한 부분을 밝힘으로써 불필요한 부분에 대한 투자 낭비를 줄일 수 있다.
- 교육적 필요가 명확하게 밝혀짐으로써 교육받은 학습자와 교육 프로그램 자체의 평가준거를 세울 수 있다.
- 명확하게 밝혀진 수행요구들은 규명된 수행상의 차이를 줄일 수 있는 교육해 결점들을 정확하게 규명하는데 도움을 줄 수 있다.
- 요구분석을 통해 밝혀진 결과들은 설계나 개발 단계에 드는 시간을 줄일 수 있다.
- 교육 대상자를 명확히 함으로써 대상자가 실제로 필요로 하는 교육을 제공할 수 있다.
- 요구분석을 근거로 개발된 교육 프로그램은 조직의 목표를 달성하게 하는데 기여한다.
- 요구분석 과정은 집단 구성원 개인과 조직이 일체감을 가질 수 있게 하고 문제에 대해 공유할 수 있는 부분을 만들어 준다.
- 요구분석을 통해 조직 및 개인에게 있어 가치 있는 유용한 정보를 제공해 주기도 한다.

이상과 같이 요구분석은 프로그램 개발 과정에서 자원을 보다 효과적·효율적으로 관리 하는데 도움을 준다. 그러므로 요구분석을 통해 조직의 요구뿐만 아니라 개인적 요구도 반영시킴으로써 교육의 질을 높일 수 있으며 개인과 조직이 안고 있는 문제를 해결하는데 직접적인 처방이 될 수 있다.

3) 요구분석 도구

요구분석을 위한 도구들은 상황이나 목적에 따라 다양한 도구들이 사용된다. 일반적으로 가장 많이 사용되는 도구로는 설문지법, 면담법, 관찰법, 델파이 기법, 초점집단 면담법, 테스트, 각종 기록 및 문서 분석, 비형식적 대화 등이 있다.

(1) 설문지법

① 설문지법의 의미와 특징

설문지법(survey)은 어떤 문제에 대해 미리 만들어진 질문에 대하여 응답자가 대답을 기술하도록 하는 방법이다. 즉, 구체적인 목적을 가지고 정보를 얻기 위해 질문지를 출처들에게 배포한 후 작성이 끝난 질문지를 수거하여 그 자료를 분석하는 방법이다. 이 방법은 교육뿐만 아니라 마케팅과 여론조사 분야에서도 매우 광범위하게 사용되고 있는 가장 보편적인 방법으로 다수의 사람들이 문제나 상황에 대해 어떻게 생각하고 받아들여지고 있는지를 알아내고자 할 때 자주 쓰이는 요구분석 도구이다(김용현 외, 2013: 95). 설문지의 내용은 응답자의 인적 사항 및 생활 배경을 파악하기 위한 내용과 응답자의 의견, 판단, 태도, 가치관, 만족도 등과 같은 심층적인 심리 상태나 심리적 작용과 관련된 내용 등으로 구성된다.

설문지법에는 응답 형식에 따라 크게 패쇄형인 구조적 질문지와 개방형인 비구조적 질문지로 분류된다. 패쇄형은 미리 반응이 나올 만한 여러 개의 선택지를 제시하고 그중에서 선택을 하게 하거나 서열을 매기도록 하는 방법이다. 즉, 조사자가 제시하는 일련의 응답들 가운데에서 하나를 선택하게 하는 것이다. 이러한 유형의 질문은 응답의 통일성을 가져올 수 있고 응답의 수량화를 쉽게 할 수 있기 때문에 널리 이용되고 있다. 그러나 패쇄형 질문은 중요한 응답 항목을 누락시킬 수 있는 한계가 있다. 패쇄형 질문의 종류에는 선택형, 체크리스트형, 평정척도형, 유목분류형, 순위형 등이 있다(이종승, 2011).

개방형질문은 자유반응형으로 응답자가 주어진 질문에 대하여 비교적 자유롭게 반응할 수 있도록 만든 문항 형식으로 폐쇄형 질문 형태보다 비교적 자유롭게 자신의 의견을 개진할 수 있다는 장점이 있다. 그러나 정보의 처리과정이 까다로우며 표준화된 객관적인 방법으로 분석하기에는 한계점이 있다(김한별 외, 2010).

다음은 설문지법의 장·단점으로 <표 4-2>와 같다.

〈표 4-2〉 설문지법의 장·단점

설문지법의 장점	설문지법의 단점
• 많은 사람을 대상으로 조사할 수 있음 • 시간과 비용이 적게 들고 간편함 • 조사가가 응답자에게 미치는 영향을 줄 일 수 있음 • 익명성이 보장되어 솔직한 응답이 가능함	• 무응답율과 회수율이 낮을 수 있음 • 응답자의 문장이해력에 따른 제약이 있음 • 실제로 응답자가 응답했는지를 알 수 없음 • 일방적인 의사소통

② 설문지 작성방법

설문지는 편리한 도구이지만 설문지가 잘못 만들어진 경우에는 큰 실패의 원인이 될 수 있다. 일단 설문지가 인쇄되고 복사되어 배부되면 질문을 고칠 수 없다. 따라서 설문지를 만들 때 정확한 질문을 하고 정확한 용어를 사용하며 인쇄상의 오류가 없도록 주의를 기울여야 한다. 설문조사의 효과는 설문지의 질에 의해 결정된다고 할 수 있다. 따라서 좋은 설문지를 작성하기 위해서는 설문지 작성의 요령을 알고 설문지 작성을 위해 많은 시간과 노력을 기울여야 한다. 효과적인 설문지를 작성하기 위한 단계는 다음과 같다(최정임, 2009: 169).

가. 1단계: 누구로부터 무슨 정보를 필요로 하는지를 결정한다.

이 단계에서는 우선, 왜 조사를 하는가에 대한 설문지의 목적을 확인해야 한다. 무슨 정보를 얻고자 하는가?, 이미 발견한 것에서부터 지금 더 알고자 하는 것이 어떤 것인가?에 대한 질문을 해 보아야 한다. 구체적으로 알고자 하는 내용을 최적, 실제, 느낌, 원인, 해결 방안의 목적에 따라 다시 점검해 볼 필요가 있다.

다음으로 설문지의 목적이 결정되면 누구에게 설문지를 돌릴 것인지에 대해 결정해야 한다. 즉, 대상 집단이 고객인지, 학생인지, 교수자인지 등을 결정해야 한다. 또한 대상 집단의 크기도 결정해야 한다. 통계적으로 유의미한 결과를 얻기 위해서는 적절한 수준의 샘플 크기를 고려해야 한다. 대체로 대상 집단의 크기가 클수록 샘플의 비율은 작아진다. 설문지 회수율이 100%라는 전제에서 집단의 크기와 샘플의 크기를 살펴보면 <표 4-3>과 같다(최정임, 2009: 170-171).

〈표 4-3〉 설문지 대상 집단의 크기

대상 집단의 크기	100명	200명	500명	1,000명	3,000명	8,000명	15,000명
샘플의 크기	79명	132명	217명	278명	341명	367명	375명

나. 2단계: 효과적인 문항을 작성한다.

설문지 작성의 두 번째 단계는 질문의 내용을 결정하고 질문의 수와 순서, 질문의 형태 등을 결정한다. 이들 내용을 구체적으로 살펴보면 다음과 같다.

㉠ 질문지 내용 결정

질문지의 내용을 결정하기 위해서는 질문 내용의 종류를 미리 이해하고 있는 것이 필요하다. 질문지 내용에는 특정 문제에 대한 내용, 문제의 원인에 대한 파악, 구체적 상황을 파악하는 내용, 느낌과 동기, 응답자의 대한 기본 정보에 대한 내용 등이 해당된다. 그리고 질문지 내용을 결정할 때는 가급적 꼭 필요한 내용만을 질문으로 결정해야 하며 응답자가 제공해 줄 수 있는 정보를 질문해야 함을 고려해야 한다.

㉡ 질문의 수와 순서 결정

질문의 수는 조사의 성격에 따라 달라지겠지만 문항이 많은 경우에는 응답자들에게 정확하고 신속한 응답을 얻어내기 힘들다. 일반적으로 30분 이내에 응답이 끝나는 것이 좋으므로 질문의 수는 30개를 넘지 않는 것이 이상적이다. 질문의 수를 결정하는 것은 수 자체보다는 문항의 난이도에 따라 달라질 수 있다. 많은 질문이라도 쉬운 내용이면 빨리 끝날 수 있으므로 소요 시간에 따라 그 수를 결정하는 것이 현명하다(최정임, 2009: 175). 일반적으로 질문의 순서를 결정할 때 다음과 같은 사항을 고려할 수 있다(윤명희 외, 2009: 155).

- 답하기 쉽고 흥미를 유발할 수 있는 질문은 앞부분에 배치함
- 민감한 질문이나 개방형 질문은 뒷부분에 배치함
- 질문을 논리적으로 배열함
- 질문간의 관계를 고려해야 함
- 일반적인 것은 먼저 묻고 특수한 것을 뒤에 물음
- 동일한 척도의 문항들은 모아서 배열함
- 문항의 길이와 유형에 따라 변화 있게 배열함
- 응답의 신뢰도를 묻는 질문 문항들은 분리시켜야 함

㉢ 질문 형태의 결정

질문의 형태는 크게 개방형과 패쇄형으로 나눌 수 있다. 개방형은 답이 문항내에 주어진 것이 아니라 직접 기입하는 형태로서 자유응답형이 여기에 해당된다. 패쇄형은 미리 반응이 나올 만한 여러 개의 선택지를 제시하고 그중에서 선택을 하게 하거나 서열을 매기도록 하는 방법이다. 여기엔 다양한 형태가 존재하지만 양자택일형, 다지선다형, 평정척도형, 체크리스트형 등이 많이 쓰인다. 각 문항의 특성과 예를 살펴보면 다음과 같다(윤명희 외, 2009; 이종승, 2011; 최정임, 2002).

【자유응답형】

자유응답형은 응답자가 자유롭게 응답할 수 있도록 응답의 형태에 전혀 제약을 가하지 않는 문항이다.

- 본 기관에서 실시한 ○○○프로그램에 대해 개선사항이나 건의사항이 있다면 적어 주시기 바랍니다.
  (개선사항:)
  (건의사항:)

- 본 프로그램을 마치며 아쉬운 점이 있다면 무엇입니까?
  ( )

【양자택일형】

양자택일형은 진술문에 응답자가 동의하는지 아닌지 또는 옳은지 그른지를 ○, ×로 응답하는 문항 형태이다. 양자택일형은 문항 제작이 비교적 용이하고 대답하기 쉽고 주어진 시간 안에 다수의 문항으로 많은 내용을 측정할 수 있다. 그러나 문항의 답을 알지 못하거나 중립적인 입장에 있을 경우 응답하기 곤란하다는 단점도 있다.

- 문화예술교육사의 직무에 교수업무가 포함되어 있다. (   )
- 귀하는 ○○○에서 실시하는 문화예술교육 프로그램에 참여하신 적이 있습니까?

_______① 예   _______② 아니요

【다지선다형】

다지선다형은 응답자가 응답할 수 있는 응답의 내용을 몇 가지로 제시하고 그 중에서 선택하도록 하는 문항이다.

- 귀하의 최종 학력은 무엇입니까?

____① 초등학교 졸업   ____② 중학교 졸업
____③ 고등학교 졸업   ____④ 전문대학교(2년제) 졸업
____⑤ 대학교(4년제) 졸업   ____⑥ 대학원 졸업

【평정척도형】

평정척도형은 조사 대상에게 미리 정해 놓은 척도에 따라 결정하도록 요구하는 방법이다. 척도에는 3점 척도, 5점 척도, 7점 척도 등이 있으나 가장 많이 사용되고 있는 것은 5점 척도이다.

- 귀하는 ○○○를 위한 문화예술교육 프로그램이 필요하다고 생각하십니까?

  ___① 전혀 필요하지 않다　___② 필요하지 않다　___③ 보통이다
  ___④ 필요하다　___⑤ 매우 필요하다

- 본 프로그램에 대한 여러분의 만족도는 어떠합니까?

  ___① 매우 불만　___② 불만　___③ 보통　___④ 만족　___⑤ 매우 만족

【체크리스트형】

체크리스트(check list)란 어떤 행동이나 특성을 목록화한 것이다. 즉, 일련의 문항들을 체계적으로 조직하여 작성한 것으로 어떠한 다수의 선택 항목을 제시하고 응답자에게 해당하는 항목을 모두 표시하도록 하는 방법이다. 이러한 형식의 결과는 대개 표시된 항목의 빈도를 구하거나 합계를 수량화시켜 비교한다.

- 다음 중 귀하께서 참여하고 싶은 프로그램이 있다면 무엇인지 해당 사항에 모두 체크해 주십시오.

  ___① 미술　___② 노래교실　___③ 생활 댄스
  ___④ 전통 춤　___⑤ 시낭송　___⑥ 붓글씨

이상에서와 같이 설문지에는 개방형보다는 가급적 패쇄형 문항을 사용하는 것이 좋다. 패쇄형 문항은 응답자가 오랜 시간을 들이지 않고도 쉽게 응답을 할 수 있기 때문에 편리한 면이 있는 반면에 설계자가 빠뜨렸거나 생각하지 못한 정보가 있을 경우 보충할 수 없는 한계가 있다.

자유응답형은 응답자가 주어진 질문에 대하여 비교적 자유롭게 반응할 수 있도록 만든 문항 형식이므로 가능한 한 응답자의 모든 의견을 얻을 수 있어서 설계자가 미처 생각하지 못했던 정보나 문제점을 발견할 수 있다. 하지만 자유응답형의 문항이 너무 많으면 응답자 입장에서 부담을 느껴 응답하지 않을 가능성이 높다. 다양한 응답을 분류하여 코딩(coding)할 때는 몇 개의 항목으로 분류하기 어려워 분석에서 제외되는 경우도 발생한다(윤명희 외, 2009: 144). 따라서 문항에 따라

선택형의 이점을 살리면서도 응답자가 가질 수 있는 또 다른 대안을 제공할 수 있는 기회를 주도하는 절충형 문항을 사용할 수 있다.

【절충형】

• 귀하의 저희 ○○문화예술교육기관에서 실시하는 프로그램에 대한 정보를 어떤 경로를 통해 알게 되었습니까?

____① 전단지 ____② 포스트
____③ 현수막 ____④ 인터넷 배너광고
____⑤ 주위 사람들의 권유 ____⑥ 본 기관을 이용하면서
____⑦ 기타(적어 주세요:)

㉣ 척도의 형태

선택형 질문에 사용되는 자료의 척도의 형태는 명명척도, 서열척도, 동간척도가 있다. 자료의 형태는 자료 분석의 유형과 자료 분석 결과의 해석에 영향을 미친다.

명명척도는 가장 초보적인 단계의 척도로 이름을 붙이기 위한 척도로 범주간의 어떤 순서나 간격이 없는 척도를 말한다. 예를 들면 이름이나 성별, 부서명 등이 여기에 속한다. 서열척도는 범주 간에 순서를 매길 수 있는 척도를 말한다. 예를 들면 중요도에 따라 순서를 매기거나 좋아하는 정도를 표시하게 하는 것들이 해당된다. 동간척도는 범주간의 차이가 균등하며 예측이 가능한 척도를 말한다. 예를 들면 개인의 경제적 수준이나 교육 수준, 경력, 나이 등이 여기에 속한다.

㉤ 질문에 사용되는 용어

질문 문항에 사용되는 용어는 대상의 집단 수준을 고려해서 사용해야 하며 가급적 전문적인 용어는 피하고 누구든지 이해할 수 있고 오해의 여지가 없는 용어를 사용해야 한다. 또한 문자의 길이는 짧고 간결한 것이 좋다.

다. 3단계: 지시문을 작성한다.

지시문은 반복적이지 않고 알기 쉽게 간략하게 작성해야 한다. 필요한 경우 예를 들어 줄 수도 있다.

라. 4단계: 인사말을 작성한다.

인사말은 짧고 사실적으로 표현한다. 인사말의 마지막 부분에는 '가능한 한 솔직하게 빠짐없이 답해주시기 바랍니다'라는 말을 추가시킨다. 인사말을 보다 세심하게 잘 구성하면 응답률을 높일 수 있다.

마. 5단계: 질문지 작성을 위한 체크리스트를 활용한다.

지금까지 제시한 질문지 작성 요령을 체크리스트를 만들어 점검한다. 이를 통해 질문지를 제작하는 과정에서 필요한 요소를 빠뜨리지 않고 정확하게 작성할 수 있도록 도와준다. 질문지 작성을 위한 체크리스트의 예는 다음과 같다.

질문지 작성을 위한 체크리스트의 예

1. 표지 인사말
    - ____목적
    - ____대상에 적절한 용어
    - ____응답해야 할 이유
    - ____감사의 표현
    - ____보낼 주소
    - ____실문 대상자로 뽑힌 이유
    - ____언제 어떻게 보내는 방법
    - ____담당자 이름, 연락처

2. 지시사항
    - ____간단
    - ____대상에의 적합성
    - ____필요시 예를 제시
    - ____명료
    - ____필요시 정의를 내림

3. 문항
    - ____한 문항에 한 개의 목적
    - ____주로 선택형 질문
    - ____강조법, 밑줄, 여백의 적절한 사용
    - ____직무나 과제의 의미에 따라 문항 구조화
    - ____응답자의 교육수준과 흥미에 적절한 용어와 문장 사용
    - ____가능하면 자료처리 전문가와 상의
    - ____각 문항은 다른 문항과 연계됨
    - ____개방된 응답을 유도하기 위한 절충형 질문
    - ____척도와 질문 유형의 일관성
    - ____문항과 페이지 번호 붙이기
    - ____문항의 충분한 검토와 테스트

바. 6단계: 질문지의 타당성을 검증한다.

질문지의 초안이 완성되면 타당성을 검증해야 한다. 설문지는 한 번 배포된 다음에는 문제가 있어도 수정할 수 없기 때문에 사전에 꼼꼼히 확인하는 작업이 필요하다. 타당성 검증은 관련 교육전문가나 교육담당자를 대상으로 실시하여 질문지가 의도한 목적대로 작성이 되었는지, 질문지 내용에 문제가 없는지 등에 대해 검증하도록 한다. 그리고 실제 응답자를 대상으로 설문지를 배포하기 전에 사전 검사를 실시하여 응답자가 질문의 내용을 제대로 이해하고 있는지 등을 파악한다. 이를 통해 예상치 못한 문제점들을 찾을 수 있으며 이를 수정할 기회를 가질 수 있다. 특히 사전 검사에서 응답내용이 '모름', '무응답', 혹은 기타에 대한 답변이 많은 경우에는 질문의 내용을 다시 한 번 확인하고 수정해야 할 필요가 있다. 이와 같이 타당성 검증은 두 번 정도로 실시하여 질문지의 오류나 문제점을 수정·보완하여 최종적으로 작성된 실제 설문지를 응답자들에게 배포한다.

설문지의 예: 학습자 요구조사

안녕하십니까? ○○문화예술교육센터입니다.
본 설문의 목적은 ○○동 지역주민(중년층: 40세~60세)의 유대감 향상을 위한 문화예술교육 프로그램을 개발하기 위해 주민 여러분들의 요구를 조사하고 이를 프로그램에 반영하기 위함입니다. 지역 주민에게 보다 도움이 될 수 있는 프로그램이 되기 위해선 여러분들의 소중한 의견이 절실히 필요합니다.

설문 내용은 프로그램 개발 목적으로만 사용될 것이며 모든 자료는 익명처리 되어 비밀이 보장됨을 약속드립니다! 각각의 문항에 빠짐없이 솔직하게 답변해 주시면 고맙겠습니다.

2016년 ○월 ○일

○○문화예술교육센터

----------------바쁘신 와중에도 소중한 시간을 내어주셔서 대단히 감사합니다-----------------
※본 설문과 관련하여 문의할 사항은 아래의 연락처로 문의해 주시기 바랍니다.

담당자: 홍길동
연락처: 051-123-4568
010-123-4568

Ⅰ. 다음은 프로그램 개발과 관련한 질문입니다. 각 문항을 읽고 해당 사항에 √**표** 하거나 **적어 주시기** 바랍니다.

1. 귀하는 '지역주민의 유대감 향상을 위한 문화예술교육 프로그램'과 관련한 유사 프로그램에 참여한 경험이 있습니까?
_____① 있다 _____② 없다(→2번으로 가세요)

1-1. '① 있다'를 선택하신 분께 드리는 질문입니다. 어디서 실시하는 교육이었습니까?
( )

1-2. 그 프로그램명은 무엇입니까?
( )

1-3. 그 프로그램의 장점이 있다면 무엇입니까?
( )

1-4. 그 프로그램의 단점이나 아쉬운 점이 있다면 무엇이었습니까?
( )

2. 귀하는 과거에 저희 ○○문화예술교육센터에서 실시한 프로그램에 참여한 경험이 있습니까?
_____① 있다 _____② 없다(→3번으로 가세요)

2-1. '① 있다'를 선택하신 분께 드리는 질문입니다. 어떤 프로그램에 참여하셨습니까?
(적어주세요:)

2-2. 참여했던 프로그램의 만족도는 어느 정도 입니까??
_____① 매우 불만 _____② 불만 _____③ 보통
_____④ 만족 _____⑤ 매우 만족

2-2-1-. 프로그램이 보통, 불만, 매우 불만을 느끼셨다면, 그 이유는 무엇입니까?
( )

3. 지역주민의 유대감 향상을 위한 문화예술교육 프로그램에 포함되어야 할 교육내용을 원하는 순서대로 번호를 써 주시기 바랍니다(예: 가장 원하는 내용을 1, 두 번째로 원하면 내용을 2, 그 다음은 3~ 등으로 번호를 써 주시기 바랍니다).
_____노래 _____미술 _____무용 _____댄스
_____영화 _____문학(시, 소설 등) _____기타(적어주세요:)

〈계속〉

4. 프로그램 참여 인원은 몇 명이 적당하다고 생각되십니까?
______① 20명 미만 ______② 21~30명 정도 ______③ 31~40명 정도
______④ 40명 이상 ______⑤ 기타( )

5. 프로그램 총 회기는 몇 회기가 적당하시다고 생각되십니까?
______① 5회기(1회기, 120분) ______② 7회기(1회기, 120분)
______③ 9회기(1회기, 120분) ______④ 12회기(1회기, 120분)
______⑤ 기타(적어주세요:)

6. 프로그램 실시 요일과 시간은 언제가 좋다고 생각되십니까?
(요일, 시)

7. '지역주민의 유대감 향상을 위한 문화예술교육 프로그램 개발'과 관련하여 기타 의견이 있다면 자유롭게 적어주시기 바랍니다.
( )

8. 귀하는 '지역주민의 유대감 향상을 위한 문화예술교육 프로그램'이 개설되면 참여할 의향이 있으십니까?
______① 전혀 없다 ______② 없다 ______③ 보통임
______④ 있다 ______⑤ 매우 있다

8-1. '① 전혀 없다'와 '② 없다', '③ 보통임'을 선택하신 분께 드리는 질문입니다. 그 이유는 무엇입니까?
______① 시간이 나지 않아서 ______② 자신이 없어서
______③ 필요성을 느끼지 않아서 ______④ 기타(적어주세요:)

Ⅱ. 다음은 **귀하의 일반적인 사항에 대한 질문**입니다. 각 문항을 읽고 해당 사항에 √**표** 하거나 **적어**주시기 바랍니다.

1. 귀하의 성별은?
______① 남 ______② 여

2. 귀하의 연령은 ( ) 세

3. 귀하의 종교는? (적어주세요: 교)① ___ ② 무교 ___

〈계속〉

04

기획 및 분석

4. 귀하의 최종 학력은?
_____① 중학교 졸업 ② 고등학교 졸업 _____③ 대학 및 대학교 졸업
_____④ 대학원 졸업 _____⑤ 기타(적어주세요:)

5. 귀하의 직업은?
_____① 회사원 _____② 공무원 _____③ 자영업
_____④ 일용직 _____⑤ 전문직 _____⑥ 서비스직
_____⑦ 무직 _____⑦ 학생 _____⑦ 기타(적어주세요:)

6. 귀하의 월수입은?
_____① 150만원 미만 _____② 150만원~200만원 미만
_____③ 200만원~250만원 미만 _____④ 250만원~300만원 미만
_____⑤ 350만원~400만원 미만 _____⑦ 400만원 이상

♣ 설문에 응해 주셔서 대단히 감사합니다.^^.

(2) 면담법

① 면담법의 의미와 특징

면담(interview)법은 필요한 자료를 수집하기 위해 언어를 매개로 면담자와 피면담자 간에 이루어지는 상호작용으로 응답자와의 직접대면이나 전화를 통해 요구를 수집하는 방법이다. 면담을 통해 얻을 수 있는 자료는 피면접자의 경험담이나 생활사, 조사항목에 대한 응답 등 언어적 진술내용 뿐만 아니라 자세한 서술적인 정보가 필요하거나 정보가 복잡하고 높은 응답 비율이 필수적일 경우에 활용한다. 또한 문제의 원인에 대한 자료를 수집할 때나 피면담자의 감정, 태도, 표정, 어투 등 비언어적 자료의 수집도 포함된다(이종승, 2011). 최근에는 전화면담이 널리 사용되고 있는데 이는 대면면담에 비해 자료수집의 비용이나 노력이 적게 들고 신속하게 이루어질 수 있기 때문이다.

면담의 유형은 면담의 계획이나 문항에 따라 구조화된 정도에 따른 구분이 있고 면담에 참여하는 면담자와 피면담자의 수에 따라 개인면담과 집단면담으로 나눌 수 있다. 또는 면담 방식에 따라 직접면담과 간접면담, 상황에 따라 비밀면담과 공개면담 등으로 구분될 수 있다. 그리고 면담의 과정이 표준화되고 사전

계획이 짜여진 정도에 따라 구분되는 구조화된 면담과 비구조화된 면담, 반구조화된 면담으로 구분될 수 있다(강현석·주동범, 2004; 권순달, 2011; 이종승, 2011).

개별면담은 면담자와 면담대상자가 1:1 형식으로 이루어지는 면담을 의미한다. 이는 단독면담 또는 단독·개별면담이라고도 한다. 집단면담이란 면담자와 면담대상자 중 어느 한쪽이 2명 이상이거나 양쪽이 모두 2명 이상으로 구성되어 한 자리에서 동시에 이루어지는 면담을 의미한다.

직접면담은 면담자과 면담 대상자가 직접 서로 얼굴을 맞대고 대화를 나누면서 필요한 정보를 수집하는 면대면의 형태를 취하는 면담을 말한다. 간접면담은 면담자와 면담 대상자가 직접 얼굴을 맞대지 않고 이루어지는 면담을 말한다. 전화면담, 컴퓨터 이용 면담, 화상면담 등이 여기에 속한다.

구조화된 면담은 질문의 내용, 방식, 순서 등을 미리 정해 놓고, 모든 대상에게 사전에 준비한 질문을 중심으로 면담하는 방식이다. 비구조화된 면담은 질문이나 내용에 있어서 제작이 없이 면담자의 상황 판단에 따라 유연하게 진행하는 면담방식을 비구조화 면담이라고 한다. 그리고 구조화 면담과 비구조화 면담의 장점을 살리기 위한 절충식의 면담법이 있는데 이는 사전에 면담에 관한 치밀한 계획을 세우되, 실제 면담 상황에서 융통성 있게 진행 시키는 방법이다. 일반적으로 면담에서 중요한 질문은 사전에 구조화를 시키고 그밖에 질문은 비구조화 되는 것이 보통이다. 따라서 반구조화된 면담은 비구조화된 면담보다는 융통성이 좀 떨어지는 편이며 구조화 면담에 비해서는 고도로 훈련받은 면담자를 필요로 한다.

면담법의 장점과 단점을 간략히 제시하면 다음의 <표 4-4>와 같다.

〈표 4-4〉 면담법의 장·단점

면담법의 장점	면담법의 단점
• 면담자가 응답자를 직접 만나므로 응답의 회수율을 높일 수 있음 • 응답자 상황에 따라 조절이 가능하므로 계속적인 자료수집이 가능함 • 개인의 성격과 인성을 파악하기에 좋은 방법이 됨. • 예상치 못한 정보를 얻을 수 있으며 질적으로 깊이 있는 자료를 수집할 수 있음	• 시간과 비용이 많이 듬 • 정보를 양적으로 측정하는데 어려움이 있음 • 조사자의 편견이 삽입될 수 있음 • 피면담자 상호간에 영향을 줄 수 있음 • 즉각적인 응답의 부담감 때문에 숙고하지 않고 응답할 가능성이 있음

② 면담법의 진행 절차

면담법은 일반적으로 다음과 같은 절차를 따른다(기영화, 2010; 이화정 외, 2010; 주용국·홍은실, 2014).

가. 면담내용 및 문항 개발

성공적인 면담을 위해서는 질문을 잘해야 한다. 예컨대 자유반응형 질문은 다양한 대답을 통해 심층적인 분석을 할 수 있다. 또한 면담문항을 미리 세세히 작성해 둠으로써 면담에 보다 주의를 기울이고 충실할 수 있도록 하며 면담의 시간을 효율적으로 활용할 수 있도록 한다.

나. 면담 대상자 선정

면담 대상은 조사 목적에 적합한 대상이어야 한다. 그리고 면담자가 선정한 피면담자에 대해 사전에 동의를 구해야 한다.

다. 면담 형식 결정

면담의 형식에는 전화면담, 집단면담, 일대일 면담 등이 있다. 면담의 목적과 내용에 따라 적합한 형식을 선택하도록 한다. 전화면담은 여러 지역에 흩어져 있는 많은 대상자들로부터 자료를 편리하게 얻는 데 가장 효과적인 방법이다. 이 방법은 매우 편리한 것 같지만 비언어적 요소와 같은 미묘한 부분의 정보를 잃어버리는 가능성이 있다. 전화면담은 오랜 시간 통화하는 것이 불편하고 힘이 들어 짧게 끝내게 된다. 따라서 전화면담은 신뢰감이 형성되어야 한다.

집단면담은 2명 이상의 피면담자를 한꺼번에 면담하는 방법으로 면담시간을 줄일 수 있지만 면담자 개개인에 대한 상세한 질문이 곤란하다는 점이 있으며 평소 다른 사람 앞에서 자신의 의견을 조리 있게 발표할 수 있는 능력을 갖춘 사람이 유리한다. 일대일 면담은 시간이 많이 드는 반면 응답의 질을 높이는 좋은 방법이될 수 있다. 일대일 면담은 집단적 사고를 배제시키고 특히 면담에 참여한 의의를 가질 수 있다. 이 방법은 상세하고 깊이 있는 정보를 얻기 위하여 실시된다(권순달, 2011: 214).

라. 면담자 지침서 준비

지침서의 구체적 내용은 면담의 종류에 따라 달라진다. 면담 지침서에는 면담을 어떻게 할 것인가, 자료를 어떻게 기록할 것인가, 질문을 어떻게 할 것인가에서 부터 어떤 옷을 입을 것인가 등에 관한 정보까지도 담고 있어야 한다.

마. 면담자 선정

면담은 면담자의 주관적 판단에 의해 결정되는 사항이 많으므로 타당성과 신뢰성이 높은 면담을 위해서는 무엇보다도 면담자의 자질이 중요하다. 따라서 청취기술과 피면담자의 언어적, 비언어적 표현을 정확하고 신속하게 파악할 수 있는 능력이 필요하며 편안하게 대화를 나눌 수 있고 예리한 관찰력과 판단력을 갖춘 사람이 적합하다. 그리고 정확하고 객관적으로 평가하는 면담자의 자세가 중요하다.

바. 면담자 훈련

면담자가 선정 되면 면담이 실시되기 전에 면담에 대한 훈련이 필요하다. 면담에 대한 기초 지식과 면담을 통하여 알아내고자 하는 사항, 대상자에게 접근하는 방법, 행정적 세부 사항에 대한 설명(면담시간, 길이, 면접원의 급여 등)과 추가 질문을 하는 방법 등을 교육해야 한다.

사. 면담 실시 및 자료수집

면담과 관련한 사전 안내문을 보냈더라도 실행하는 과정에서 피면담자의 협조를 구하는 기술이 필요하다. 먼저, 면담자 자신을 소개하고 면담의 목적 및 내용을 간단히 설명한다. 그리고 피면담자가 응답한 내용은 면담목적 외에는 사용되지 않을 것임을 다시 인식시키고 개인의 신상에 관한 사항이 공개되지 않는다는 것도 알린다. 또한 피면담자에게 어떻게 면담자로 선정되었는지도 알려주고 관련된 서류를 보여 줌으로써 면담에 대한 신뢰를 갖도록 한다. 예컨대 공문형식으로 발송한 관계기관의 협조 의뢰서가 있다면 그 사본을 제시하는 것도 좋다. 면담은 상세한 질문을 하며 온전한 응답을 위해 시간의 여유를 충분히 두어야 한다. 질문을 위해 시각적인 제시 물, 목록, 사진, 카드 등을 이용할 수 있다.

자료 수집은 피면담자의 대답을 구체적으로 기술하거나 녹취, 혹은 녹화하여 완성된다. 따라서 면담 시 면담의 내용을 기술하거나 녹취할 수 있음을 알려줘야 하며 녹취자료 사용·처분도 함께 알려주어야 한다. 그리고 면담 자료는 어떤 방법이든지 정확하게 다시 적고 편집할 수 있도록 하는 것이 필요하다.

아. 재면담

필요할 경우 재면담을 할 수 있으며 재면담을 할 때는 처음 표본으로 선정되었던 대상을 다시 찾아야 한다. 이를 위해 향후 재면담의 가능성도 미리 알려두는 것이 좋다.

자. 수집된 자료 정리

코딩 지침서를 마련하고 정리한다.

(3) 관찰법

① 관찰법의 의미와 특징

관찰법(observation)은 관찰자가 요구조사의 대상인 학습자, 집단, 조직 또는 지역사회 등을 직접 관찰하여 요구조사에 필요한 정보나 상황을 수집하는 방법이다. 관찰법은 다른 자료수집 방법에 비해 현장에서 일어나는 학습자의 행동과 현상을 이해하는데 도움이 되며 질문지법이나 면담법에서 얻지 못하는 질적으로 풍부한 데이터를 얻을 수 있다(김한별 외, 2010).

관찰법은 사람이 행동하고 말하는 것을 관찰하는 방법과 사람들에게 자신과 타인의 행동에 대하여 질문하게 하는 방법이 있다. 즉, 사람을 관찰하느냐, 그 사람에게 직접 묻느냐는 것이다. 그런데 조사 대상에게 답을 하게 하거나 물어보는 방법은 그 반응의 타당성과 신뢰성이 문제가 된다(권순달, 2011). 따라서 관찰자가 직접 조사 대상의 개인이나 집단의 행동 등을 현장에서 직접조사를 통해 필요한 정보나 상황을 정확히 알아내는 방법이 널리 활용되고 있다. 이는 특별한 도구를 사용하지 않고 관찰대상에게 영향을 주지 않는 장점을 지니는 것으로 관찰자가 도구의 역할을 하게 된다.

관찰법은 크게 자연적 관찰법과 체계적 관찰법으로 분류되는데, 이 두 가지 방법의 본질적인 차는 관찰을 하는데 있어서 '조건통제'가 있는가, 없는가에 있다(손충기, 2006: 149). 자연적 관찰법(naturalistic observation)은 비조직적 관찰법(unconstructed observation)이라고도 한다. 관찰법 중 가장 일반적이고 기초적인 방법이다. 어떤 행동이나 현상이 자연적으로 발생된 그대로의 모습인 자연스러운 행동을 관찰하고 기록하는 방법이다. 즉, 일상적인 상황에서 산발적으로 일어난 행동을 조직적인 조작의 의도 없이 행동의 일부 또는 전부를 그대로 관찰해서 보고 기억하고 기록하면서 정리·비교함으로써 의미 있는 자료로 활용하는 것이다. 이 방법은 특별한 계획이나 장치 없이 언제 어디서나 수시로 일상 상황의 자연 그대로 생생한 행동을 관찰할 수 있다는 장점이 있는 반면, 관찰하려는 행동을 골고루 표집할 수 없기 때문에 관찰이 체계적이지 못하고 한쪽에 치우칠 우려가 있다.

체계적 관찰법(systematic observation)은 통제적 관찰이라고도 한다. 체계적 관찰법은 사전에 계획된 한계성 내에서 관찰이 이루어지는 것으로 관찰하려는 장면이나 조건을 목적에 따라 조직적으로 설정하여 관찰하는 방법이다. 즉, 관찰자가 관찰할 내용, 방법, 시간 등을 미리 결정하여 관찰하고 기록하는 경우로 관찰내용을 정해진 틀에 따라 체계적으로 관찰하고 기록하는 것이다. 여기엔 시간표집법, 사건표집법, 행동요약법, 전기적 관찰법, 참여 관찰법, 실험적 관찰법 등이 있다(윤명희 외, 2009). 관찰법의 장·단점은 <표 4-5>와 같다.

〈표 4-5〉 관찰법의 장·단점

관찰법의 장점	관찰법의 단점
• 실제 상황을 볼 수 있음 • 반응자의 심리 상태에 의해 조사결과가 좌우되지 않음 • 조사대상자가 말이나 글로 표현할 능력이 부족하거나 서면으로 응답하기 복잡한 문제 등에 대한 자료수집이 가능함 • 응답자가 사전에 인식하지 못하는 문제도 측정할 수 있음	• 겉으로 드러나지 않는 특성은 관찰이 불가능함(현재상태만 관찰할 수 있고, 내면적인 특성이나 과거 사실에 대한 자료를 수집할 수 없음) • 관찰자의 주관적인 개입의 여지가 있을 수 있음 • 반응자가 관찰당할 때 행동을 바꿀 수 있음 • 시간적, 공간적 제약이 따름

② 관찰 기록 방법

관찰의 유형에 따라 기록하는 방법도 다를 수 있다. 일반적으로 관찰 기록 방법으로 널리 사용되는 방법에는 일화기록법, 체크리스트법, 평정척도법, 목록검색법 등위표시법이 있다. 이들 내용과 기록지 양식의 예는 다음과 같다(강현석·주동범, 2004: 351-353).

가. 일화기록법

일화기록법은 자연스러운 장면에서 우연히 관찰된 행동 및 사건 중에 의미 있고 중요하다고 생각되는 것을 구체적으로 기록하는 도구이다. 일화기록은 일상생활에서 일어나는 전형적인 행동을 관찰하지 못하고 단편적이고 피상적인 행동의 기록에 치우칠 가능성이 크고 관찰 및 기록의 객관성을 유지하기가 어려우며 자료의 처리 및 분석이 복잡한 단점이 있다.

일화기록지 양식의 예

관찰자		날짜/요일		장소	
관찰대상 명		나이		성별	

• 관찰내용:

• 참고사항:

나. 체크리스트법

체크리스트(check list)란 어떤 행동이나 특성을 목록화한 것이다. 예를 들어 관찰하려는 행동 특성이 나타났을 때 관찰자가 이를 표시할 수 있도록 행동단위를 자세히 분류하여 열거해 놓은 것이 체크리스트의 하나이다. 대개는 시간표집방법에서 특정 행동을 관찰하기 위하여 체크리스트를 사용한다. 이 방법은 어떤 행동 특성이나 사건의 발생 여부에만 관심이 있을 때에 한하여 사용하는 것이 바람직하다. 왜냐하면 체크리스트는 행동의 질, 지속 시간, 강도 등에 관한 정보를 얻기가 어렵고 다만 사건이나 행동의 발생 여부에 관한 사실만이 표시되기 때문이다(이종승, 2011: 240).

체크리스트법의 예

관찰자		날짜/요일		장소	
관찰대상 명		나이		성별	

항목	① 예	② 아니요
1. 친구에게 먼저 말을 건다.	√ ①	②
2. 교사의 지시를 따른다.	①	√ ②
3. 비품을 제자리에 정리한다.	√ ①	②

• 참고사항:

다. 평정척도법

평정척도(rating scale) 문항으로 구성된 관찰기록 용지를 가지고 관찰하고자 하는 대상의 빈도나 강도를 질적 또는 양적으로 평정·기록하는 도구이다. 체크리스트와 비슷하지만 이는 사실의 기록을 알 수 있으며 평정척도는 정도를 표시하기 때문에 관찰자의 주관이 개입될 여지가 있다.

평정척도법의 예

관찰자		날짜/요일		장소	
관찰대상 명		나이		성별	

① 전혀 그렇지 않다 ② 그렇지 않다 ③ 보통이다 ④ 그렇다 ⑤ 매우 그렇다

항목					
1. 전체적으로 구도가 안정되게 잡혀있다.	__①	__②	__③	√④	__⑤
2. 혼색이나 중색이 잘 되어 있다.	__①	__②	√③	__④	__⑤
3. 전체의 화면에서 주제를 강조하여 그렸다.	__①	__②	__③	__④	√⑤

• 참고사항:

라. 등위표시

등위표시는 관찰자가 관찰·평가하고자 하는 일련의 사물, 행동, 조건, 상황, 실태의 양 또는 질을 차례로 배열한 다음 등수를 매기는 도구이다. 이것은 평정하려는 사람이나 대상의 수가 적을 때는 쉽게 적용할 수 있으나 많을 때는 부적절하다.

등위표시의 예

관찰자		날짜/요일		장소	
관찰대상 명		나이		성별	

1. 체육활동에서 나타난 순위

(4) 달리기　　(3) 턱걸이

(1) 높이뛰기　　(2) 윗몸일으키기

• 참고사항:

(4) 델파이 기법

델파이(delphi) 기법은 1950년경 미국의 랜드연구소(RAND Corporation)의 Dalkey와 그의 동요들에 의해 개발된 기법이다. 델파이 기법을 통한 요구분석은 프로그램 개발과 관련된 문제나 주제, 관점, 사항 등을 전문가들이나 조사 응답자들에게 우편으로 의견이나 정보를 수집하고 분석한 결과를 다시 응답자들에게 보내 의견을 묻는 식으로 흔히 3~4차에 걸쳐 만족스러운 결과를 얻을 때까지 계속하는 방법이다.

이 기법은 프로그램 개발과 관련된 다양한 집단의 많은 사람들의 의견을 수렴할 수 있다는 장점으로 인해 교육 요구 분석에 많이 활용되고 있다. 그러나 대상자를 잘못 선정했을 때 생기는 편파된 의견수렴, 반복되는 통계처리, 우편 송부와 회송 등에 소요되는 번거로운 절차와 시간이 많이 소요된다는 단점이 지적된다. 델파이 기법의 기본 절차는 다음과 같다(이화정 외, 2010: 116).

① 해당분야의 전문가집단을 선정하여 조사 대상을 구성한다.

② 주요 교육과정과 목적이나 문제구명과 열거를 위한 1차 질문지를 송부한다.

③ 1차 조사를 통하여 구명되고 열거된 교육과정 목적과 문제를 정리하고 재작성하여 다시 2차 송부한다. 이때, 그 목적과 문제의 중요성, 필요도 또는 성취가능성 등의 기준에 따라 등위를 매겨 평가하도록 요구한다.

④ 2차 조사결과를 평균치, 4분 편차 등을 활용하여 통계처리하고 그 요약된 결과를 3차 설문지로 작성하여 다시 송부한다. 이때, 조사 대상자는 각각 자신의 지난번 평점을 수정할 수 있으며 수정할 때는 그 이유를 밝히도록 요청한다.

⑤ 3차 조사 결과를 통계적으로 다시 분석하고 다수의 평정결과와 더불어 소수의 의견을 정리하여 4차 설문지로 송부하여 평정의견 수정의 최후 기회를 준다.

(5) 초점집단 면담법

초점집단 면담(focus group interview)은 특정주제나 사안에 대한 집단 의견을 심층적으로 탐색하기 위한 10명 내외의 참석자와 진행자로 이루어진 토론 집단이다. 이 방법은 문제의 원인에 대한 집단적 통찰을 통해 문화예술교육의 이슈에 대한 유효한 해결책을 도출할 수 있다. 참여자는 다양한 배경을 가진 사람들로 구성되도록 하고 면담은 1시간 내지 1시간 30분 정도로 제한하는 것이 좋다. 응답은 집단원들의 동의하에 일반적으로 녹음된다.

(6) 테스트

다양한 테스트는 필요한 교육 요구를 결정하는 데 사용된다. 테스트는 지식, 기술, 태도에서 부족한 부분이 무엇인지, 즉 무엇을 어떠한 내용으로 가르쳐야 하는지를 결정하거나 문제의 원인을 결정하는데 도움이 된다. 수행능력과 성취도 테스트는 현재 학습자가 무엇을 알고 있고 무엇을 할 수 있는지 밝히는 수단이 된다. 따라서 보다 많은 정보나 기술·훈련이 요구되는 부분이 어디인지를 결정하는데 도움을 준다. 요구진단 도구로서 테스트를 사용할 때 주의할 점은 실체 측정할 수 있는 것이 무엇인지 또는 측정도구가 적절한지를 확인해야 한다.

(7) 각종 기록 및 문서 분석

각종 문서나 기록은 요구를 수집하는 중요한 수단이 된다. 개인 학습자나 집단, 혹은 기관 및 조직이 보유하고 있는 각종 기록이나 문서를 검토하고 분석함으로써 교육 프로그램 개발에 관련된 다양한 요구를 수집할 수 있다. 문서 분석을 통해 면담이나 설문지 등의 조사로는 수집될 수 없지만 요구분석에 고려할 만한 타당한 자료를 제시한다(김한별 외, 2010). 예컨대, 출생기록은 신설어린이집, 유치원, 학교 등 새로운 교육시설 확보를 위한 계획의 필요성에 대한 요구를 나타낸 것으로 볼 수 있다.

이밖에 각종 연구 보고서와 문헌들을 통해서도 교육 요구를 수집할 수 있다.

또한 사회지표를 반영하는 인구조사연감이나 각종 통계자료, 학업성취에 관한 자료, 직원의 업무성과지료, 조직 성과지표 등과 각종 기록물들도 프로그램 개발을 위한 요구분석에 있어 귀중한 자료를 제공한다.

(8) 비형식적 대화

비형식적 대화는 현장 실무자가 가장 쉽고 흔하게 접하는 방법 중의 하나로 일상행활 속에서 학습 고객뿐만 아니라 동료들과 빈번한 접촉을 통해 그들의 요구와 관련된 많은 정보를 획득하는 것을 말한다. 예를 들어 강의 전 학습자와의 대화를 통해, 강의 후 학습자들과의 대화를 통해, 전화 상담 등을 통해서 요구분석자는 잠재적 학습자나 여러 이해당사자들로부터 다양한 요구를 얻을 수 있으며 이러한 평상시의 정보 수집 활동을 통해 실제로 실문지법이나 인터뷰와 같은 공식적인 자료 수집방법에서 얻을 수 없는 귀중한 정보를 얻을 수 있다. 이밖에도 친구, 가족, 학회회원, 동호회원, 직장 동료 등과의 비형식적인 대화를 통해서도 요구를 수집할 수 있다. 따라서 요구분석자는 프로그램 개발과 관련하여 항상 귀를 열어 놓아 평상시 정보 수집 활동에 적극적으로 임해야 한다(김한별 외, 2010).

4) 요구분석의 과정 및 절차

요구분석의 절차는 요구분석이 수행되는 조직과 상황, 요구분석 수행자에 따라 다양한 형태로 나타날 수 있다. 여기서는 요구분석의 기본적 절차를 요구분석의 상황분석-목적 결정-정보의 출처 확인-요구분석 도구 선정 및 제작-요구분석 실행 계획서 작성-요구분석 실행-결과분석 및 보고의 단계로 살펴보고자 한다(김용현 외, 2010; 노혜란 외, 2013; 오인경·최정임, 2005; 최정임, 2002).

(1) 요구분석의 상황분석

요구분석의 첫 번째 단계는 요구분석이 필요한 상황을 이해하고 요구분석에서 필요한 정보를 분석하는 일이다. 즉, 왜, 어떤 점 때문에 요구분석이 필요한지에 대한 배경적 정보와 요구분석을 통해서 궁극적으로 무엇을 달성하려고 하는지 개괄적인 정보를 파악하는 것이다. 또한 이 단계에서는 누가 문제해결에 관심이 있는지, 누구로부터 정보를 얻을 수 있는지, 시간이나 자원의 제약은 어떤 것이 있는지에 대한 정보도 파악되어야 한다. 이러한 정보들은 이후에 요구분석을 실시하는 데 중요한 자료가 되기 때문이다. 따라서 요구분석이 쉽게 이루어지기 위해서는 요구분석을 요구하는 상황의 문제점을 정확히 파악하는 것이 중요하다.

일반적으로 교육전문가들이 요구분석을 수행하게 되는 상황은 크게 세 가지로 구분 한다. 첫째, 업무 수행상의 문제이다. 둘째, 새로운 체제나 테크놀로지의 도입 즉, 이전에 없었던 새로운 정보와 관련된 교육 필요성이 강조되는 상황이다. 셋째, 자동적 습관적인 교육 관행이다. 이는 항상 교육을 해 왔기 때문에 또는 규정 때문에 지속적인 교육을 실시하는 경우를 말한다. 이와 같이 요구분석이 수행되는 상황에 따라 요구분석을 통해 추구해야 하는 정보의 종류와 목적이 달라질 수 있으므로 요구분석이 필요한 상황에 대한 정확한 이해가 있어야 한다.

(2) 2단계: 요구분석의 목적 결정

요구분석을 필요로 하는 상황에 대한 분석이 이루어지면 요구분석을 통해 어떤 정보를 파악할 것인지 요구분석의 목적을 결정해야 한다. 요구분석의 목적은 불확실한 문제의 본질을 규명하면서 그 문제를 해결하는 가장 적절한 방안을 제안하는 것이다. 요구분석의 목적을 설정하기 위해서는 첫째, 학습자의 직무에서 요구하는 최적의 업무 수행 또는 지식은 무엇인가? 둘째, 학습자의 실제 또는 현재 수행되고 있는 업무 또는 지식은 무엇인가? 셋째, 학습자와 교육 관련자의 문제와 관련된 느낌은 무엇인가? 넷째, 문제의 원인은 무엇인가? 다섯째, 문제에 대한 해결 방안은 무엇인가?와 같이 요구분석을 통해 추구해야 할 목적은 최적(optimals), 실제(actuals), 느낌(feelings), 원인(causes), 해결안(solutions)의 5가지의 정보들 중에서 하나 또는 두 가지 이상의 조합으로 설정할 수 있다. 이들 다섯 가지 정보의 내용을 구체적으로 살펴보면 다음과 같다(김한별 외, 2010; 노혜란 외, 2013; 오인경·최정임, 2005).

첫째, 요구분석은 학습자의 현재 상태 수준과 미래의 바람직한 상태의 수준에서 오는 차이를 찾아내는 과정이므로 바람직한 상태에 대한 정보가 바로 최적에 해당된다. 따라서 요구분석 목적의 설정은 잠재적 학습자의 바람직한 상태가 무엇인지에 대한 사항을 기술하는 것이다. 그리고 이러한 최적에 대한 정보가 정확해야 '문제'를 진단할 수 있다.

둘째, 실제는 학습자의 현재 상태를 파악하는 것으로 학습자가 알고 있는 것과 할 수 있는 것에 대한 실제 상태의 정보를 파악하는 것이다. 이는 최적과 함께 문제를 진단하는 것으로 필수적으로 탐색되어야 한다. 따라서 현재의 상태와 최적의 상태의 격차를 요구분석의 목적 설정에 반영한다.

셋째, 느낌은 잠재적 학습자와 교육·훈련 프로그램 개발과 관련된 이해당사자들의 느낌이나 의견을 탐색하여 이를 요구분석의 목적 설정에 반영하는 것이다.

넷째, 원인은 무엇이 문제를 야기 하는가? 혹은 무엇이 새로운 교육 프로그램 개발을 야기 하는가?에 대한 원인에 대한 사항을 요구분석의 목적에 포함시키는 것이다. 여기서 문제는 최적과 실제를 통해 진단된 것이며 이는 문제를 발생 시키는 원인이 된다.

다섯째, 이러한 문제 원인이 평가되었으면 이 문제를 해결하기 위한 방안이 제시되어야 한다. 해결 방안은 궁극적으로 요구분석을 통해 얻고자 하는 최종적인 정보로서 이를 요구분석의 목적에 반영하여 제시한다. 이때, 해결 대안은 교육적인 대안과 교육 외적인 대안을 중심으로 제시하는 것이 문제의 체계적인 해결을 위해 바람직하다.

(3) 3단계: 정보의 출처 확인

요구분석의 상황과 목적이 결정되면 누가 필요한 정보를 가지고 있는지에 대한 정보 출처를 확인해야 한다. 즉, 어디에 그 정보가 있는가, 그 자료를 얻는 데 장애 요인은 무엇인가 등의 요구분석의 목적을 달성하기 위해 가장 정확한 정보를 제공해 줄 수 있는 사람이나 장소 또는 대상과 원천을 확인하는 단계이다.

정보의 출처는 요구분석 상황에 따라 달라진다. 예컨대, '학습 고객에 대한 서비스 개선'과 관련된 요구를 분석할 때 면담을 실시한다고 하면 누구를 대상으로 면담을 할 것인가에 대한 계획을 세워야 한다. 물론 모든 사람을 면담하면 좋겠지만 그것은 시간 여건상 불가능한 일이므로 가장 정확한 정보를 얻을 수 있는 대상을 선정해야 한다. 또한 요구분석으로 얻은 결과를 실행하는 데 협조가 필요한 대상이 있다면 그 대상을 요구분석 과정에 포함시킴으로써 요구분석 과정을 알릴 필요가 있다.

(4) 4단계: 요구분석 도구 선정 및 제작

정보 출처 대상이 확인되면 요구분석 도구를 선정하고 제작한다. 요구분석 도구는 요구분석의 목적에 따라 다르게 선정할 수 있는데, 요구를 찾아낼 때는 면담이나 그룹회의가 적절하며 실태를 파악할 때는 현존자료 분석, 관찰, 무기명 설문이 적절하다. 문제의 원인을 파악할 때는 면담 대상자와의 밀접한 관계를 먼저 수립해야 하고 무기명 설문조사가 적절하다. 또한 느낌과 해결방법의 우선순위를 파악해야 하는 경우에는 면담이나 그룹회의, 무기명 설문조사가 적절하다. 이와 같이 요구분석의 목적 달성에 적합한 도구를 선정하고 제작한다.

(5) 5단계: 요구분석 실행 계획서 작성

요구분석 상황에 대해 파악되고 요구분석의 목적과 방법 및 요구분석 도구가 결정되었다면 본격적인 요구분석을 실행하기에 앞서 요구분석 실행 계획을 세우고 이를 작성함으로써 보다 구체화될 수 있다. 특히, 요구분석을 실제로 실행하기 위해서는 조직 및 기관에서의 승인과 도움이 필요하므로 계획서를 작성하여 결재를 받을 필요가 있다. 요구분석의 계획서는 일정한 형식이 있는 것은 아니지만 일반적으로 요구분석 계획서에 포함되어야 할 내용으로는 문제상황, 요구분석의 목적, 사용될 요구분석 도구, 요구분석 절차, 요구분석 팀 및 담당자 소개와 역할 분담, 실행 일정 등을 포함하여 작성한다.

(6) 6단계: 요구분석 실행

요구분석의 계획서가 작성되면 계획된 일정과 요구분석 단계에 따라 자료를 수집한다. 자료를 수집하는 단계는 요구분석의 진행상황과 요구분석을 통해 얻게 되는 정보의 종류에 따라 융통성을 가질 수 있다. 이때 요구분석을 통해 얻게 되는 자료는 면담, 관찰, 핵심 집단 회의 등을 통해 얻게 되는 질적 자료와 설문조사를 통해 얻게 되는 양적 자료 등이 있을 수 있다.

(7) 7단계: 결과분석 및 보고

요구분석 활동을 통한 자료수집이 끝나면 자료를 분석한 다음 최적, 실제, 느낌, 원인의 해결 방안에 대한 자료를 정리한다. 수립된 자료를 토대로 해결 방안에 대한 대안을 제시하고 우선순위를 제시함으로써 의사결정에 도움이 될 수 있는 지침을 제공한다. 또한 여러 가지 대안 중 실제 운영에 필요한 구체적인 실행 지침을 제공함으로써 요구분석 결과가 즉각 실천될 수 있도록 도와주는 것이 바람직하다. 조사된 내용 및 결과는 보고서와 같은 인쇄물로 작성하거나 프레젠테이션과 같은 언어적 의사소통을 통해 책임자 및 관련자들에게 보고를 하게 된다. 보고의 형대와 방법은 책임자의 요구와 상황에 따라 결정된다.

9 직무분석 및 과제분석

1) 직무분석의 개념

직무분석이란 특정 직책 혹은 직급에 있는 사람들이 현재 직접 수행하고 있는 일들을 규명하는 작업으로 해당직무를 수행하는데 필요한 기능(function), 임무(duty), 과제(task) 등을 밝히는 것을 말한다. 기업 및 조직에서 이루어지는 교육은 직업 및 직무수행 능력 향상을 위한 경우로 업무수행과 직접적으로 관련된 경우가 대부분이다. 그러므로 조직 내에서 직무와 관련된 교육 프로그램을 개발할 경우에는 반드시 직무분석을 필요로 하며 이를 통해 해당 업무 분야에서 요구되는 지식, 기술 등을 파악하여 교육의 필요점을 추출한다. 예컨대, 특정 기관에서 문화예술교육사의 직무 및 업무능력 향상을 위한 교육 프로그램을 개발할 경우 문화예술교육사의 직무분석이 먼저 이루어져야 한다는 것이다.

이러한 직무분석은 한 직무를 대상으로 그 직무들을 수행하는데 필요한 지식, 기술, 태도를 분석하고 그 내용에 관하여 무엇을 알아야 하는 것보다는 무엇을 할 수 있는 가에 초점을 두고 분석하여 교육 프로그램에 반영시키는 접근 방법을 말한다. 여기서 직무분석과 관련된 용어로 기능, 임무, 과제의 정의를 살펴보면 <표 4-6>과 같다.

〈표 4-6〉 직무분석과 관련한 용어 정의

용어	정의
직무(Job)	• 한 개인에 의해 수행되는 몇 개의 기능이나 임무가 모여서 특정 담당 업무를 형성한 경우를 의미한다.
기능(Function)	• 직무를 구성하는 3~5가지의 주요 업무를 말한다. 즉, 전체 직무 중 하나의 독립된 하위부문이다. 또한 관련된 임무(duty)들의 집합체이다.
책무/임무(Duty)	• 해당 직무 중 하나의 독립된 하위부문으로 기능의 성공적인 수행에 필요한 하위 업무이다.
과제/업무(Task)	• 직무 수행 시에 필요한 행위요소로 주어진 책무를 성공적으로 수행하는 데 필요한 독립적이고 구체적인 최소 업무단위이다. 과제는 구성요소인 지식, 기능, 태도로 구분된다.

2) 수행차이 및 교육필요도 분석

교육 대상자의 직무가 분석되면 그 직무 중에서 교육 프로그램에 편성할 내용과 편성할 필요가 없는 직무를 찾아내는 것이 수행차이 및 교육필요도 분석이다. 이를 통해 교육 대상자들이 수행하는 직무들 중 직무의 향상을 위해 교육이 필요한 기능, 임무, 과제를 규명한다. 수행차이 및 교육필요도 조사는 일반적으로 설문조사, 워크숍, 인터뷰 등과 같은 방법을 통해 이루어진다. 흔히 설문조사의 경우 다음과 같은 3단계의 절차를 따른다(윤옥한, 2014; 주용국·홍은실, 2014).

(1) 1단계: 설문조사 문항 설계

문항유형, 수행여부, 업무의 중요도, 업무의 난이도, 업무수행 빈도 등을 고려하여 작성한다. 각 문항의 구체적 내용과 척도는 <표 4-7>과 같다.

〈표 4-7〉 문항 의미와 척도

문항	고려 요소
중요도	• 현재 나의 역할/직무를 성공적으로 수행하는데 해당 과업이 얼마나 중요한가?
	• 가장 중요한 것: 6개월 내에 해결되어야 하는 것 • 매우 중요한 것: 내년도 안에 해결되어야만 하는 것 • 중요한 것: 2차년도 안에 해결되어야만 하는 것 • 보통 수준의 것: 다루어져야 하기는 하지만 최우선 순위의 욕구가 먼저 해결된 후 시간 자원의 여유가 있을 때 • 중요하지 않은 것: 다룰 필요가 없는 것
	중요하지 않다 ← 보통이다 → 매우 중요하다 1 ------ 2 ------ 3 ------ 4 ------- 5 ------ 6 ------- 7
빈도	• 해당 과제나 아이디어를 자주 수행하는가, 혹은 가끔 수행하는가?
	적은 시간 할애 ← 보통이다 → 매우 많이 할애 한다 1 ------ 2 ------- 3 ------- 4 ------ 5 ------- 6 ------- 7
난이도 (현재과업 수행정도)	• 현재 과제를 어느 정도 잘 수행하고 있는가? • 해당 과제를 수행하는데 어려움은 없는가?
	전혀 필요하지 않다 ← 어느 정도 필요하다 → 매우 필요하다 1 ------- 2 -------- 3 -------- 4 ------- 5 -------- 6 ------- 7
교육필요도	• 교육대상자의 역할과 직무를 수행하는데 해당 과제와 관련된 교육을 받으면 직무의 성공도가 높을 것이라 생각되는가?
	전혀 필요하지 않다 ← 어느 정도 필요하다 → 매우 필요하다 1 ------- 2 -------- 3 -------- 4 ------- 5 -------- 6 ------- 7

<표 4-7>에서 본 바와 같이 각 문항에 따른 척도는 7점 척도로 제시되어 있지만 5점 척도로 작성해도 무방하다.

수행차이 및 교육필요도 조사도구의 예

【예 1】

전혀 중요하지 않다 ←— 보통 —→ 매우 중요하다 ① ② ③ ④ ⑤	전혀 중요하지 않다 ←— 보통 —→ 매우 중요하다 ① ② ③ ④ ⑤

임무	교육체계수립	직무수행의 중요도					현재과업 수행정도				
과제(Task)	1. 내부환경분석										
1-1. 경영방침을 파악한다.		①	②	③	④	⑤	①	②	③	④	⑤
1-2. 현장교육 필요점을 조사한다.		①	②	③	④	⑤	①	②	③	④	⑤
1-3. 내부 강·약점을 분석한다.		①	②	③	④	⑤	①	②	③	④	⑤

【예 2】

전혀 필요하지 않다 ←— 보통 —→ 매우 필요함 ① ② ③ ④ ⑤	전혀 중요하지 않다 ←— 보통 —→ 매우 잘 수행함 ① ② ③ ④ ⑤

임무	교육체계수립	직무수행의 중요도					교육·훈련 필요도				
과제(Task)	1. 내부환경분석										
1-1. 경영방침을 파악한다.		①	②	③	④	⑤	①	②	③	④	⑤
1-2. 현장교육 필요점을 조사한다.		①	②	③	④	⑤	①	②	③	④	⑤
1-3. 내부 강·약점을 분석한다.		①	②	③	④	⑤	①	②	③	④	⑤

※교육 요구=직무수행의 중요도-현재 과업 수행정도(현재상태)

(2) 2단계: 설문대상자 선정 및 설문실시

전체 교육 대상자를 대표할 수 있는 표본이 되도록 설문 대상자를 선발한다. 교육 수혜 대상이 보통의 수행 능력을 보이는 직원일 경우에는 우수 수행자와 보통 수행자로 구분하여 별도의 설문을 실시하지만 교육 수혜 대상이 해당 직급자 전체일 경우에는 우수 및 보통 수행자의 구분 없이 한 대상으로 설문을 실시한다.

(3) 3단계: 설문결과 분석

일반적으로 5점 척도일 경우 교육 중요도 및 필요점이 4.0 이상인 과제를 추출하지만 척도에 따라서 또는 경우에 따라 적합한 기준점을 설정하여 추출할 수도 있다. 그러나 직무 특성상 교육·훈련의 한계가 분명히 있어 평가가 낮게 나타난 경우에는 자료를 수용하고 교육 외적인 해결 방안을 모색할 수 있다(김진화, 2011). 또한 설문응답 대상이 우수 수행자와 평균적인 학습대상자의 두 그룹에 실시한 경우, 그룹 간의 차이를 측정하는 것이 바람직하며 두 그룹 간의 수행수준의 차이가 크고 소요 시간과 중요도가 높게 나온 내용일수록 교육 필요성이 가장 높은 것으로 해석한다.

3) 과제분석

설문결과에 따라 중요도나, 교육필요도가 도출된 다음 <표 4-8>과 같이 과제를 수행하기 위해 필요한 지식, 기능, 태도의 과목을 정한 후 교육 형태를 결정한다.

교육·훈련의 유형으로는 먼저 담당자에 따라 직장 내 교육으로 선임자나 상급자로부터 직접적으로 개별 지도를 하고 교육·훈련을 시키는 방식인 OJT(on the job training)와 교육·훈련을 담당하는 전문 스테프 중심의 직장 외 모든 교육·훈련인 OffJT(off the job training), 자기개발의 SD(self development), 대상자 직급에 따라 신입사원 관리 층 대상, 교육기법에 따라 강의식, 사례연구, 토론수업 등 다양한 형태들이 있다. 이들 중 교육·훈련 내용에 가장 적합한 형태를 선정한다.

〈표 4-8〉 직무분석에 따른 지식, 기능, 태도 구성(윤옥한, 2014: 162)

소속	인력개발팀	직무명	교육계획수립	
담당자	홍길동	직급	과정	
목표	○○문화예술교육기관의 교육체계수립을 역량중심모델에 근거하여 작성할 수 있다.			
직무내용 (해야 할 일)	지식 (알고 있어야 되는 것)	기능 (할 수 있어야 되는 것)	태도 (필요한 생각, 행동, 방법)	관련자료
1. 교육계획 수립	1. 기관전반에 대한 이해 2. 문화예술교육이론 3. 교육과정개발 방법 이해 4. 인적자원개발의 흐름 이해 5. 타기관의 교육계획 동향 6. 역량중심교육 계획수립 방법	1. 교육목표기술방법 2. 교육체계수립 방법 3. 필요점 분석 방법 4. 과정개발 기법 5. 전산처리능력 6. 역량중심과정 개발기법	분석력 종합력 창의력 서비스마인드 연구자세 대인관계 책임감 적극성	기관방침 경영이념 타사관련자료

10 우선순위 설정과 의사결정

1) 우선순위 설정과 의사결정의 의미

요구분석을 통해 파악된 요구는 교육목표로 전환되기도 하고 교육내용 선정 및 교수방법, 교수매체, 교수전략 등을 수립하는 단계인 설계 단계의 기초자료로 활용된다. 그러나 요구분석을 통해 확인된 모든 문제를 적절히 해결할 수 있는 충분한 자원은 거의 없으며 확인된 모든 요구를 교육 프로그램에 반영하기에는 현실적으로 불가능하다. 따라서 요구분석에 의해 파악된 다양하고 많은 아이디어와 요구들 중 가장 시급하고 가치가 있는 요소를 선정하여 기관의 한정된 자원과 여건(시간, 역량, 예산 등)을 고려하여 우선적으로 고려되어야 할 것을 위계화 시켜 순차적으로 결정해 나가야 한다. 이를 우선순위 설정이라 한다(주용국·홍은실, 2014).

의사결정이란 프로그램에 대한 학습자들의 요구를 선택하는데 있어서 최종적으로 프로그램에 포함시킬 내용을 일정한 법칙이나 원리를 적용하여 가장 핵심적이고도 중요한 요소를 고려하여 결정하는 행위를 의미한다. 일반적으로 교육적 요구의 우선순위 설정과 이에 따른 의사결정의 준거로는 교육 요구의 차이의 크기, 목적의 중요도, 영향을 받을 학습자의 수, 목적달성에 큰 영향을 미칠 것, 그리고 유용한 자원을 가지고 그 차이를 줄일 수 있는 가능성이 높은 것, 그 요구가 교수설계와 개발에 적절한 것 등이 해당될 수 있다(이화여자대학교 교육공학과, 2006). 이와 같이 우선순위 설정에 따른 의사결정은 교육적 요구들 중 가장 가치 있는 요소들을 선정하고 여러 다양한 자원을 적절히 분배하기 위한 것으로 매우 중요한 절차이다.

2) 의사결정의 원리

프로그램 개발자가 행해야 할 의사결정 원리로는 합리적 모형, 점증 모형, 혼합 모형, 쓰레기통 모형 등이 있다. 이들 내용을 간략히 살펴보면 다음과 같다(김미자 외, 2014: 32-33).

(1) 합리적 모형

합리적 모형은 의사결정을 할 때 고도의 합리성을 강조하는 규범적·이상적 접근방법으로 계량적인 자료를 가지고 이성과 타산에 의해 결정한다. 프로그램 개발 과정은 필요한 모든 지식과 정보를 동원하여 객관적이고 논리적인 의사결정을 하는 것으로 개발자가 다양한 교육 요구도를 측정하여 평균점수가 높은 것을 선택하는 경우가 해당된다. 프로그램 개발자는 전문기술자의 역할수행이 요구된다.

합리적 모형은 인간의 능력으로 완전하고 종합적인 정보 수집과 처리가 사실상 어렵고 의사결정에서 인간의 주관인 가치 판단을 별로 고려하지 않으며 합리성과 논리적 타당성만을 강조하여 현실성이 결여되고 그 결과의 예측을 어렵게 만들고 완전한 대안을 결정하기까지 많은 시간과 비용이 소요된다는 한계점이 있다.

(2) 점증 모형

점증 모형은 조직의 의사결정은 항상 합리적 방법으로 이루어지는 것이 아니라 현실을 인정하고 약간 향상된 대안을 선택하는 것이 일반적이라는 입장이다. 프로그램 개발은 체계적인 자료수집과 분석보다는 기존의 것을 점진적으로 수정해 나아가기 위해 계속적으로 일어나는 상호조절 현상이므로 점진적으로 조금씩 변화해 나간다는 것이 대부분이라 주장한다. 프로그램 개발자는 상호입장 교환, 협상, 당사자 간의 합의 등 사회·정치적 과정이 중요시되고 기존 프로그램의 합법성, 예산, 당사자의 이익을 대변하는 옹호자의 역할을 수행하게 된다.

점증 모형은 현실을 인정하고 혁신을 배제한다는 점에서 보수적이며 의사결정에서 지나치게 현실의 여건과 정치성을 강조하기 때문에 체계성과 과학성이 결여된다는 비판을 받고 있다.

(3) 혼합 모형

혼합 모형은 합리적 모형과 점증 모형을 혼합한 모형이다. 기본적인 방향 설정은 합리적 모형에 의하여 결정하고 기본방향이 설정된 후의 특정 문제의 해결은 점증 모형에 의해서 결정한다는 입장이다. 합리 모형의 비현실적인 합리성을 감소시키는 동시에 점증 모형이 가지고 있는 보수성을 극복하여 융통성 있게 적용될 수 있다. 혼합 모형에서 프로그램 개발자는 관료의 역할을 수행한다.

혼합 모형은 합리 모형이 추구하는 이상적인 합리성을 약간 중화시키는 동시에 점증 모형이 갖는 보수성을 극복한다는 점에서 장점을 가지고 있으나 장·단기사업과 핵심 또는 주요 사업에 대한 조직구성원의 동의 또는 합의가 없는 한 이러한 의사결정도 문제가 될 수 있다는 것이 단점으로 지적된다.

(4) 쓰레기통 모형

쓰레기통 모형은 의사결정이 일정한 규칙에 따라 이루어지는 것이 아니라 문제, 해결책, 의사결정 참여자, 의사결정의 기회라는 네 가지 요소가 쓰레기통 같이 뒤죽박죽 움직이다가 서로 다른 시간에 의사결정이라는 통(can) 안으로 우연히 동시에 한 곳에 모여지게 될 때 비로소 결정이 이루어지는 것으로 보고 있다. 이 모형은 혼란스럽고 복잡한 상황조직에서 조직의 의사결정 과정을 비판적으로 설명하고 있다.

쓰레기통 모형은 현실적으로 기관의 여건과 프로그램 개발자들의 복잡 다양한 상황을 잘 설명해 주고 있지만 실제로 의사결정의 결과가 바람직스러운 프로그램의 개편보다는 의사결정이 자주 바뀌어 궁극적으로는 함량 미달의 프로그램이 지속되거나 약간은 변형된 형태로 나타난 다는 점에서 비판을 받고 있다.

3) 우선순위 설정 및 의사결정을 위한 단계

요구의 우선순위 설정 및 의사결정 단계는 다음과 같다(기영화, 2010; 김용현 외, 2013; 주용국·홍은실, 2014).

(1) 1단계: 우선순위 결정에 참여할 대상을 선정

우선순위 결정에 참여할 대상으로는 일반적으로 프로그램 실시기관의 관리자 또는 상급의 의사결정자, 프로그램 참여자의 상사, 프로그램 참여자(잠재적 학습 고객) 등, 기타 우선순위 결정에 영향을 미칠 주요 인사들을 중심으로 결정한다.

(2) 2단계: 우선순위 결정을 위한 평가준거 개발과 결정

우선순위 결정에 참여할 대상이 결정되면 이 단계에서는 우선순위 결정을 위해 적절한 평가준거를 개발하고 결정한다. 우선순위 결정을 위한 평가 준거로는 <표 4-9>에 제시된 준거들이 흔히 활용되고 있다. 이들 중 적합한 것을 선택하여 적용할 수 있다.

〈표 4-9〉 요구의 우선순위 결정을 위한 준거

주요준거	준거의 의미
목표 달성	• 특징 요구가 조직의 목표에 기여하는가?
긴급성	• 특정 요구가 어느 정도로 급하게 요구되는가?
파급효과	• 특정 요구가 다른 요구의 실현에도 영향을 미치는가?
자원지원 가능성	• 프로그램 수행을 위해 필요한 인적·물적·재정적 자원 제공의 가능성이 어느 정도 있는가?

(3) 3단계: 우선순위 차트에 평가준거에 따라 아이디어를 기록

우선순위 차트는 여러 사람이 함께 요구의 순위를 정할 때 매우 유용하게 사용되는 것으로 다음의 <표 4-10>에 제시된 대로 우선순위 차트가 각 평가자에게 배부되고 평가자는 각각의 요구에 대해 이미 언급된 요구 선정 기준에 따라 최소 1점에서부터 최고 5점까지로 해서 해당되는 값을 매긴다.

〈표 4-10〉 우선순위 선정 차트

조사된 요구 (프로그램 아이디어)	파급효과	목표 달성	긴급도	자원지원 가능성	합계
역사탐방	4	3	3	3	13
부모와 함께하는 미술활동	4	4	2	4	14
문화예술을 통한 창조적 리더십 개발	5	5	4	5	19
다양한 나라의 민속무용 체험	4	4	4	4	16

(4) 4단계: 각각의 아이디어에 대한 우선순위의 점수를 합산하여 그중에서 가장 높은 점수대의 아이디어를 채택

요구 선정 기준에 따라 값이 매겨진 우선순위 차트를 수합한 후, 각 요구별 점수의 합을 구하여 최고점부터 요구의 우선순위가 주어진다.

<표 4-10>의 합계를 보면 '문화예술을 통한 창조적 리더십 개발'에 대한 요구가 가장 우선적으로 프로그램이 개발되어야 할 것이며 다음으로 요구되는 프로그램은 '다양한 나라의 민속무용 체험'이 된다. 그러나 요구 순위에 의해서만 반드시 우선순위가 정해지는 것은 아니다. 예컨대, 문화예술을 통한 창조적 리더십 개발과 유사한 프로그램이 기관에서 이미 실시되고 있거나 이미 기획되고 있다면 이 경우, 다음으로 요구된 '다양한 나라의 민속무용 체험 프로그램'을 가장 우선적인 요구로 선정해야 할 것이다.

<표 4-10>의 요구순위 차트는 우선순위 선정 기준을 모두 동급으로 간주한 경우이다. 즉, 파급효과, 목표 달성, 긴급도 자원할당은 모두 같은 중요도의 기준으로 순위를 평가한 것이다. 그러나 각 기준들 간에 서로 다른 평가 값이 매겨지는 우선순위 차트를 활용하는 방법도 있다. 이는 각 기준들 간에 특별히 고려되어야 하는 기준에 값을 더 부여하는 방법으로 <표 4-11>과 같이 각 기준들 간의 다른 무게 값을 적용하여 우선순위를 매기는 방법이다(주용국·홍은실, 2014: 139).

〈표 4-11〉 가중치를 적용한 우선순위 설정 차트

조사된 요구 (프로그램 아이디어)	파급효과 무게값=7	목표 달성 무게값=9	긴급도 무게값=3	자원지원 가능성 무게값=5	합계
역사탐방	(4) 28	(3) 27	(3) 9	(3) 15	(13)--79
부모와 함께하는 미술활동	(4) 28	(4) 36	(2) 6	(4) 20	(14)--90
문화예술을 통한 창조적 리더십 개발	(5) 35	(5) 45	(4) 12	(5) 25	(17)--117
다양한 나라의 민속무용 체험	(4) 28	(4) 36	(4) 12	(4) 20	(12)--96

<표 4-11>과 같이 각 기준들 간에 동일한 값을 적용한 경우와 다른 무게 값을 적용한 경우 최종 요구에 대한 우선순위의 변동은 없지만 요구 값의 격차는 모두 크게 차이가 남을 알 수 있다. 각 기준에 따라 서로 다른 가중치를 부여하는 것은 조직의 특성이나 자원 혹은 프로그램의 실행 시기나 상황에 따라 달리 적용될 수 있으며 조직의 주요 인사의 신념이 반영될 경우 사용되는 경우가 많다 (기영화, 2010: 142).

CHAPTER 05

설 계

개 요

설계 단계는 교육 프로그램 개발의 가장 핵심적인 단계이기도 하며 무엇보다도 프로그램 개발자의 전문적인 능력이 요구되는 단계이다. 이는 설계가 잘못 이루어지면 다음 단계가 아무리 잘 이루어진다고 해도 좋은 교육의 효과를 기대하기 어렵기 때문이다. 따라서 이 장에서는 가장 먼저 분석 단계를 거쳐 우선순위 항목에 따른 의사결정 내용들에 근거하여 프로그램 목표를 진술하고 교수·학습목표를 명세화해야 한다. 다음으로 평가도구를 선정하거나 개발하고 프로그램 목표에 따른 내용 선정 및 조직과 학습방법 및 매체를 선정한다. 그리고 이를 종합하여 프로그램의 설계 명세서를 작성한다.

이를 위해 목표설정 및 진술 방식, 프로그램 내용 선정과 조직 원리, 프로그램 내용의 미시적 조직전략인 Gagné의 교수사태, Keller의 학습 동기 전략을 소개한다. 다음으로 교수목표 달성에 적합한 교수방법, 교수매체 선정과 활용을 위한 절차에 대해 소개하고 마지막으로 프로그램 설계명세서 작성에 대해 소개한다. 그리고 평가도구 선정 및 개발은 8장, 평가 단계에서 소개하기로 한다.

학습목표

이 장의 학습을 끝낸 후, 다음과 같은 학습목표를 성취하기를 기대한다.

- 목표의 정의와 기능에 대해 설명할 수 있다.
- 목표 설정 시 고려사항에 대해 설명할 수 있다.
- 프로그램 목적과 목표를 진술할 수 있다.
- 학습목표 영역과 유형을 설명할 수 있다.
- Tyler, Mager, Gagné, Gronlund의 목표 진술 방식을 적용하여 학습목표를 진술할 수 있다.
- 프로그램 내용 선정 및 조직의 원리를 설명할 수 있다.
- Gagné의 교수사태를 설명할 수 있다.
- Keller의 학습 동기 요소와 전략을 설명할 수 있다.
- 교수목표 및 학습목표 달성에 적합한 교수방법 및 매체 선정에 대하여 설명할 수 있다.
- 프로그램 설계 명세서를 작성할 수 있다.

1 프로그램 목표설정 및 진술

1) 목표의 정의

목표(目標, objective)의 사전적 의미는 '어떤 목적을 이루려고 지향하는 실제 대상으로 삼음, 또는 그 대상'을 말한다. 목표와 유사한 용어로 목적(目的, aim, goal, purpose, end)이 있다. 목적의 사전적 의미는 '실현하려고 하는 일이나 나아가는 방향'을 의미한다. 이와 같이 사전상의 의미로 보았을 때 목적이 목표보다는 보다 포괄적인 의미로 사용되는데 반하여 목표는 좀더 구체적이고 세부적인 목적을 지칭할 때 사용되는 것을 알 수 있다. 그러나 흔히 목적과 목표의 개념은 혼용되어 사용되고 있다. 따라서 문화예술교육 프로그램의 목표를 명확하게 이해하기 위해서 프로그램의 목적과 학습목표의 개념을 비교하여 살펴보고자 한다.

프로그램의 목적은 프로그램을 위한 목적이나 의도 등을 담고 있는 일반적 진술문으로 프로그램을 통해 무엇을 얻고자 하는가에 대한 보다 넓은 의미에서의 의도로 볼 수 있다. 따라서 프로그램의 목적은 조직 전체의 비전과 사명 그리고 사회와도 연관되어 교육 프로그램이 갖는 사회적 목적과 기관의 목적을 포함하기도 한 것으로 장기적인 조직의 교육방향과 지침을 제공한다. 예를 들어 기관 수준에서 교육 및 훈련 프로그램을 통해 지향하려는 목적은 개인의 능력과 행동의 변화뿐만 아니라 우수한 인적자원을 통해 조직의 성과를 향상시켜 동종의 분야에서 경쟁력을 확보하려는 목적이 있는 것이다(김한별 외, 2010).

프로그램의 목표는 일정한 기간 동안 전체 프로그램이 지향해 나가는 교육적 결과로 프로그램을 통해 얻어지는 구체적인 결과를 의미한다. 따라서 프로그램 목표는 학습자들의 어떤 활동을 개발할 것인가에 초점을 둔다. 프로그램 목표는 프로그램 개발을 지도 안내하고 전체 프로그램의 목적과 다양한 활동 간에 균형을 이루도록 해야 한다.

학습목표는 프로그램 목표보다 세부적인 학습자의 행동결과를 기술하는 것이다. 즉, 학습자 개인의 특별한 학습 활동을 위한 세부적인 행동결과를 의미하는 것으로 활동목표 또는 행동목표와 같은 의미로 학습자에게 초점을 맞춘 구체적인 진술이 되어야 한다.

2) 목표의 기능

목표의 기능을 살펴보는데 있어 먼저, 프로그램 목적의 기능에 대해 살펴본 다음 프로그램의 목표와 학습목표의 기능에 대해 살펴보고자 한다. 이들 내용을 함께 살펴봄으로써 목표에 대한 이해를 보다 명확하게 하는데 도움이 될 수 있다.

프로그램 목적의 기능은 프로그램이 의도하는 바를 구체적으로 명시해줌으로써 잠재적 학습자에게 선행적 기대감을 갖게 할 뿐만 아니라 프로그램의 홍보에도 기여하게 된다. 또한 프로그램 실행과정에서 운영자에게 정체성을 갖게 하는 근거를 제공하며 프로그램 운영 과정에서 다양한 자원을 가능케 하기도 한다(김진화, 2011: 276).

프로그램의 목표의 기능은 첫째, 프로그램의 목적을 달성하기 위해서 계획되어야할 교육의 범위를 명확하게 제시해 주는 것으로 프로그램 내용을 구체적으로 선정하고 이를 제시하는 기능을 제공한다. 둘째, 교육내용(학습내용), 교수-학습방법, 기간, 운영 자원의 활용에 관한 사항을 규정해 주는 역할을 한다. 프로그램에 따라 학습할 내용이 계획되고 기간이 정해지면 이에 따라 프로그램의 형태가 정해지게 된다. 이와 아울러 프로그램 개발 및 운영과 관련된 물적 자원과 인적 자원의 범위가 규정된다. 셋째, 학습자로 하여금 프로그램을 통해 인지적, 정의적 또는 행동의 변화를 얻게 된다는 동기부여 기능을 해 줌으로써 잠재적 학습자로 하여금 프로그램 참여를 촉진시키는 기능을 한다. 넷째, 프로그램에 관련된 다양한 평가의 준거를 제시해 주며 평가 방법과 평가내용 및 평가해석과 평가결과 활용 등에 관한 사항을 규정짓는 기능을 하게 한다(김한별 외, 2010: 73).

학습목표의 기능은 첫째, 구체적인 학습내용을 선정하고 교수·학습 전략과 매체를 선정하는데 중추적 기능을 한다. 둘째, 학습자가 목표에 도달하였는가를 확인하기 위한 평가의 내용, 절차, 방법에 준거를 결정할 수 있게 된다. 셋째, 학습자의 학습 활동을 촉진 또는 활성화시킴으로써 학습의 효과를 높여 줄 수 있다.

3) 목표설정 시 고려 사항

목표설정 시 프로그램 개발자는 합리적이고 의도된 결과를 얻기 위해 다음과 같은 사항을 고려하여 설정할 필요가 있다.

① 우선적으로 처리되어야 할 아이디어, 문제, 요구와 목표사이에는 명확한 관계가 있는가?

② 목표가 프로그램의 중요한 부분에 초점을 맞추고 있는가?

③ 목표가 실용적이며 실현 가능한 것인가?

④ 목표가 제안된 시간 안에 달성할 수 있는가?

⑤ 목표는 개인과 조직에 의미 있는 것인가?

4) 프로그램 목표 진술 방식

프로그램의 목표는 프로그램의 목적을 달성하기 위해 진술된다. 따라서 프로그램의 목적 진술 방식을 먼저 살펴보고 프로그램의 목표 진술에 대해 알아보고자 한다. 프로그램의 목적 진술 방식의 구성요소로는 '상황', '대상', '내용', '기대하는 결과', '기대효과' 등의 요소를 포함하여 진술한다. '상황'은 학습자가 처해있는 상황이나 학습자의 현재 상태를 명시하며 '대상'은 프로그램의 참여자를 제시하고 '내용'은 참여자가 경험하게 될 프로그램의 내용은 명시한다. 그리고 '기대하는 결과(의도)'는 프로그램에 참여한 학습자가 프로그램 종료 후 변화될 기대효과를 명시한다. 프로그램 목표는 프로그램 목적을 달성하기 위해 프로그램을 통해 얻어지는 구체적인 결과로 진술한다.

다음은 프로그램의 목적에 제시할 구체적 진술양식으로 <표 5-1>에서 제시한 바와 같다(김진화, 2010: 280).

〈표 5-1〉 프로그램 목적 진술의 구성요소

요소	의미
상황 및 상태	• 학습자가 처해있는 상황 혹은 학습자의 상태
대상	• 프로그램 참여자
내용	• 제공될 프로그램의 구체적인 내용
직접적 결과	• 프로그램의 결과로 즉시적으로 변화된 특성
기대효과	• 프로그램 결과로 나타날 기대효과

프로그램의 목적과 목표 진술의 예

본 프로그램의 목적은 2차 성징기에 있는 초등학교 고학년 아동에게 통합예술 프로그램을 제공함으로써 정서 지능을 향상시켜 신체적·심리적으로 건강한 성장과 발달을 도모하는 데 있다.

본 프로그램의 목적을 달성하기 위한 목표는 다음과 같다.
첫째, 아동의 정서인식 능력을 향상할 수 있다.
둘째, 아동은 감정이입 능력을 향상할 수 있다.
셋째, 아동은 정서사고 촉진 능력을 향상할 수 있다.
넷째, 아동은 정서활용 능력을 향상할 수 있다.
다섯째, 아동은 정서조절 능력을 향상할 수 있다.

5) 학습목표 설정 및 진술

프로그램의 목표가 정해지면 프로그램 대상자 즉, 학습자의 인지적, 정의적, 심동적 변화를 위한 구체적인 학습 또는 활동 목표를 설정한다.

(1) 학습목표의 영역

Bloom의 목표분류학에 의하면 교육 상황에서 학습자가 달성하기를 기대하는 목표영역을 크게 인지적 영역, 정의적 영역, 심동적 영역으로 구분하고 있다. 여기서는 인지적 영역의 목표는 Bloom(1956), 정의적 영역의 목표는 Krathwohl, Bloom 그리고 Masia(1964)가 개발한 분류, 신체운동적 영역의 목표는 Simpson(1966)이 제시한 목표분류학에 대해 살펴보고자 한다.

① 인지적 영역

Bloom은 인지적 영역(cognitive domain)을 지식, 이해, 적용, 분석, 종합, 평가의 6개의 하위영역으로 나누어 가장 단순한 역량인 지식에서 부터 가장 복잡한 역량인 평가까지 위계적으로 조직하였다. 인지적 영역의 세부 내용은 <표 5-2>와 같다(강이철, 2012; 손은주 외, 2014).

〈표 5-2〉 인지적 목표영역의 세부 내용

목표영역	내용	행동 동사
지식 (knowledge)	• 이미 배운 내용 즉, 사실, 개념, 원리, 방법, 유형, 구조 등을 기억하는 능력이다.	• 정의한다, 설명한다, 기술한다. • 찾아낸다, 이름짓다, 열거한다.
이해 (comprehension)	• 이미 배운 내용에 관한 의미를 파악하는 능력이다.	• 설명한다, 예시하다, 추론한다. • 의역한다, 일반화한다, 관계짓다.
적용 (application)	• 이미 배운 내용(개념, 규칙, 원리, 이론, 기술, 방법 등)을 구체적인 새로운 장면에 활용하는 능력이다.	• 계산한다, 풀어낸다, 사용한다, • 작성한다, 시연한다, 발견한다, • 수정한다, 조작한다.
분석 (analysis)	• 구성요소의 상호관계를 이해하기 위하여 주어진 자료의 구성 및 내용을 분석하는 능력이다.	• 구별한다, 식별한다, 대비한다. • 탐색한다, 유목화한다, 비교한다.
종합 (synthesis)	• 새롭고 독창적인 형태, 원리, 관계, 구조 등을 만들어내기 위하여 주어진 자료의 내용 및 요소를 정리하고 조직하는 능력이다.	• 창조한다, 구성한다, 고안한다, • 편집한다, 설계한다, 조직한다.
평가 (evaluation)	• 어떤 특정한 목적과 의도를 근거로 주어진 자료와 방법이 갖고 있는 가치를 판단하는 능력이다.	• 감정한다, 비교한다, 평정한다, • 비평한다, 서술한다, 해석한다, • 요약한다, 입증한다, 결론짓는다.

② 정의적 영역

정의적 영역의 학습목표 분류는 Krathwohl, Bloom 그리고 Masia(1964)가 내면화 원리에 따라 수용, 반응, 가치화, 조직화, 내면화의 5개의 수준으로 분류하고 있다. 여기서 '정의적(affect)'이란 개인이 특정 대상, 활동 사상 등에 대해 갖고 있는 전형적인 감정과 느낌을 말한다. '내면화'란 외부의 가치, 규범, 표준 등을 자기 자신의 것으로, 구체적인 것이 추상적인 것으로, 외부의 것이 내부의 것으로, 의식적인 것이 무의식적인 것으로 타율적인 것이 자율적인 것으로 변화됨을 의미한다(권대훈, 2008). 정의적 특성은 단순한 수준의 수용에서 복잡한 수준의 인격화까지 위계적으로 조직되어 있으며 복잡할수록 실제성이 높음을 나타낸다. 위계적으로 조직된 정의적 영역의 세부내용은 <표 5-3>과 같다(손은주 외, 2014; 이칭찬·신민희, 2006; 주용국·홍은실, 2013).

〈표 5-3〉 정의적 목표영역의 세부 내용

목표영역	내용	행동 동사
수용 (receiving)	• 어떠한 자극이나 활동을 수용하거나 자발적으로 주의를 집중하거나 관심을 보이는 것이다. • 감지, 자진감수, 선택적 주의집중 등이 있다.	• 선택한다, 대답한다, 주목한다, • 경청한다, 묻다, 주다, 갖다, • 지적한다, 바로 앉는다.
반응 (responding)	• 정보에 대한 능동적 반응으로 관심의 수준을 넘어 어떤 사건이나 현상에 대하여 어떤 형태로든 반응하는 것이다. • 묵종반응, 자진반응, 반응에 대한 만족감 등이 있다.	• 연습한다, 칭찬한다, 성원한다, • 토론한다, 환호한다, 조력하다, • 실행한다, 보고하다, 질문한다,
가치화 (valuing)	• 특정한 활동에 대하여 가치를 추구하고 행동으로 나타내는 것이다. • 가치수용, 가치선호, 가치확신 등이 있다.	• 추종한다, 참가한다, 입증한다, • 제안한다, 분담한다, 일한다, • 공부한다, 초대한다, 보고한다.
조직화 (organization)	• 서로 다른 종류의 가치를 비교하고 연관시켜 통합하는 것이다. • 가치의 개념화와 가치체계의 조직 등이 있다.	• 주장한다, 변경한다, 정리한다, • 비교한다, 완성한다, 수정한다, • 일반화한다, 결합한다.
내면화 (characterization)	• 개인의 행동 및 생활의 기준이 되며 인격의 일부로 내면화(인격과 동일시된 상태) 된 정도를 말한다.	• 실행한다, 제안한다, 봉사한다, • 해결한다, 사용한다, 활동한다, • 개선한다, 변화시킨다, 저항한다.

이상에서와 같이 정의적 영역에서의 학습은 느낌이나 가치 문제와 관계가 있으므로 정의적 영영의 목표는 학습과제에 관한 흥미를 가지도록 자극을 가하는 것에서부터 건강한 사회적 태도를 가지게 하거나, 도덕적 기준에 적응하도록 만드는 일에 이르기까지 다양하게 영향을 미친다. 따라서 정의적 행동은 분명하게 관찰되거나 예언되는 것이 아니라 하나의 경향성으로 존재하는 것이기 때문에 확실성 보다는 경향성의 정도를 추정한다는 태도로 측정·평가하는 것이 바람직하다(황정규 외, 2011).

③ 신체 운동적 영역

인간이 살아가는데 인지적 역량과 정의적 역량보다도 더욱 원초적인 역량은 감각 및 운동기능과 신체조작 능력이라 할 수 있다. 이러한 신체 운동적 능력은 우리의 생존과 생활에 필수적인 능력으로 특히 체육, 기술, 음악, 미술 등과 같은 예체능 영역에서 빈번하게 사용되고 있다(강이철, 2011; 주용국·홍은실, 2013; 홍기칠, 2012).

Simpson(1996)은 신체운동적 영역을 지각, 태세, 유도반응, 기계화, 복합외현반응의 5단계로 분류하였으며 1972년에는 적응과 독창성을 추가하여 7단계로 체계화 하여 이를 위계적으로 분류하였다. 이를 살펴보면 다음과 같다(성태제, 2005; 이병석·박완성, 2005; 황정규 외, 2011).

〈표 5-4〉 신체 운동적 목표영역의 세부 내용

목표영역	내용	행동 동사
지각 (perception)	• 감각적 단서를 사용하여 신체적 기술을 계발시켜나가는 것이다. • 감각적 자극, 단서의 선택, 번역(해석) 등이 있다.	• 지각한다, 구별한다, 주목한다. • 만진다, 느낀다.
태세 (set)	• 특정한 행동에 필요한 준비적 적응으로 준비 자세를 말한다. • 정신적, 신체적, 정서적 태세 등이 있다.	• 배열한다, 준비한다.
인도된 반응 (guided response)	• 유도된 반응으로 타인 또는 전문가의 지도를 받으며 기술을 연습하는 것이다. • 모방, 시행착오 등이 있다.	• 모방한다, 베끼다, 따라한다. • 시도한다, 흉내낸다, 시연한다.
기계화 (mechanism)	• 습관화 또는 숙달로 어떤 동작을 함에 있어서 숙련도와 자신감의 정도를 뜻하는데 습관적으로 반응하게 되는 동작을 가리킨다.	• 수행한다, 만들어간다, 완성한다.
복합외현반응 (complex overt response)	• 복잡한 동작을 최소한의 노력과 시간으로 아주 자연스럽고 효과적으로 표현하였을 때를 말한다. • 불확실성해결, 자동적수행 등이 있다.	• 조정하다, 수정하다, 시범보이다.
적응 (adaption)	• 특수한 상황에 숙달된 자세나 행위를 변형하여 행위 하는 단계이다.	• 활용한다, 조절한다, 변경한다.
창안 (origination)	• 특정 상황이나 조건에 적합한 새로운 동작이나 기능을 개발하는 것을 말한다.	• 창안한다, 개발한다, 생산한다. • 새롭게 만든다.

(2) 학습목표의 유형 및 특성

학습목표의 유형은 다양하지만 여기서는 일반적 목표와 명세적 목표, 장기 목표와 단기 목표, 행동적 목표와 비행동적 목표, 인지적 목표·정의적 목표·심동적 목표로 살펴보고자 한다.

① 일반적 목표와 명세적 목표

일반적 목표는 학습목표의 진술내용과 표현이 추상적이고 포괄적이어서 일반성의 수준이 높게 진술된 목표를 의미한다. 일반목표는 포괄적이어서 방향 제시성이 있고 대체로 '안다', '이해한다', '감상한다' 등과 같은 내현적 동사를 사용하고 수업 내용이 비교적 폭넓게 진술된다. 명세적 목표는 학습목표의 진술내용과 표현에 나타난 일반성과 포괄성의 수준이 낮지만 아주 구체적이고 명시적으로 진술된 목표를 의미한다. 명세적 목표는 '설명한다', '구별한다', '열거한다' 등과 같이 관찰, 측정이 가능한 행위 또는 동작 동사를 사용해서 진술하고 학습내용이 아주 좁게 진술된다.

② 장기 목표와 단기 목표

학습목표가 지향하고 있는 학습성과를 시간적인 차원에 따라 구분하면 장기적 목표와 단기적 목표로 나누어진다. 장기적 목표는 교육 또는 어떤 프로그램을 통해 최종적으로 달성하려고 하는 목표를 진술하는 것이다. 그러므로 장기적 목표를 흔히 궁극적 목표라고 한다. 단기적 목표는 궁극적 목표를 달성하기 위해 지금 당장 이룩해야 할 목표를 진술하는 것이다. 이는 직접적 목표로 즉시적 또는 직접적 목표라고도 한다.

③ 행동적 목표와 비행동적 목표

행동적 목표는 수업을 통해 변화 또는 획득되는 학습자의 행동을 '설명한다', '식별한다', '조립한다' 등과 같은 동작 동사를 사용하여 외현적 행동으로 진술한 것이며 학습결과의 관찰이 가능한 목표라고도 한다. 비행동적 목표는 '안다', '감상한다', '이해한다' 등과 같이 직접 관찰할 수 없는 내현적 행동으로 표현된 학습목표로 직접 관찰할 수 없는 목표를 의미한다.

④ 인지적 목표·정의적 목표·심동적 목표

학습목표에 진술되어 있는 내용이 인지적 영역의 내용이냐, 정의적 영역의 내용이냐 또는 심동적 영역(신체운동적 영역)의 내용이냐에 따라 학습목표를 인지적 목표, 정의적 목표, 심동적 목표로 분류한다. 인지적 목표는 지적 또는 사고적인 내용을 다루는 학습목표를 의미하며 정의적 목표는 흥미, 태도, 가치, 신념 등과 같은 정의적인 영역과 관련되는 내용들을 담고 있는 학습목표를 지칭한다. 그리고 심동적 목표는 근육을 움직이는 동작 또는 행동의 변화와 관계되는 내용을 취급하는 학습목표를 의미한다.

(3) 학습목표 진술 원리와 원칙

학습목표 진술은 구체성, 포괄성, 일관성, 가변성, 실현가능성 등의 원리에 따라 진술해야 하는 것으로 구체적 내용은 <표 5-5>와 같다.

〈표 5-5〉 학습목표 진술 원리

진술 원리	내용
구체성	• 구체적이고 명확한 행동적 용어를 사용하되 학습 방향을 제시하고 내용요소와 행동요소가 포함되도록 해야 한다.
포괄성	• 도착점 행동의 폭넓은 변화를 포함하도록 해야 한다.
일관성	• 진술된 목표 간 상호 모순되지 않고 일관성이 있어야 한다.
가변성	• 해당목표가 타당한가에 대한 비판을 통하여 필요에 따라 변경 가능하도록 진술해야 한다.
실현가능성	• 교육활동을 통하여 목표성취가 가능해야 한다.

위의 <표 5-5>의 학습목표 진술 원리에 따른 학습목표 진술 원칙은 다음과 같다.

① 학습자의 행동으로 진술되어야 한다.

② 내용과 행동의 이원적 진술이 되어야 한다.

③ 구체적이고 행동적인 용어로 진술해야 한다.

④ 학습결과에 따라 기대되는 학습자의 행동을 진술해야 한다.

⑤ 가능한 명시적 동사로 진술해야 한다.

⑥ 학습자에게 관찰될 수 있는 행위 동사로 진술해야 한다.

⑦ 각 목표는 한 가지 학습결과를 포함하고 있어야 한다.

(4) 학습목표 진술 방식

학습목표 진술은 학습자들이 수업과정에서 습득하는 것을 기술하는 것이 아니라 수업 이전에 할 수 없었던 것을 수업이 끝난 직후에 할 수 있게 되는 것을 기술한다. 즉, 학습자가 수업이 끝났을 때 무엇을 할 수 있는가를 기술하는 것이다. 이때 행동의 주체는 학습자가 되므로 교수자가 무엇을 할 것인가를 진술해서는 안 된다. 따라서 바람직한 목표란 수업의 내용을 말하는 것이 아니라 학습자가 수업의 결과로 획득한 새로운 능력을 나타내는 것으로 진술해야 한다.

여기서는 학습목표 진술 방식에 대해 Tyler(1950)와 Mager(1962), Gagné(1977), Gronlund(1970)의 진술 방식을 살펴보고자 한다.

① Tyler의 진술 방식

Tyler는 목표를 진술할 때 관찰 가능한 용어로 도달점 목표를 진술해야함을 강조하였다. 또한 목표 진술은 학습자의 변화된 행동을 평가할 수 있도록 관찰가능하고 측정이 가능할 수 있도록 진술해야 한다고 하였다. 따라서 교수목표는 한 진술문 속에 첫째, 구체적인 내용 둘째, 도달점 행동으로 진술한다. Tyler의 목표 진술 방식의 예는 다음과 같으며 대상을 나타내는 학습자는 생략이 가능하다.

Tyler의 목표 진술 방식의 예

학생은(학습자) 문화예술교육의 목적을(내용) 열거할 수 있다(도달점 행동).

② Mager의 진술 방식

Mager는 의미 있게 진술된 교육목표란 진술하는 사람의 의도를 가장 잘 전달하는 목표이며 가장 잘 진술된 목표는 다의적인 해석과 같은 암시적인 동사는 최대한 배제되고 일의적으로 해석 가능한 명시적인 목표를 사용해야 한다고 하였다(Mager, 1962: 13). 이러한 명시적 동사는 모두 도착점 행동을 나타내기 위해 사용되는 것이므로 관찰 가능한 수준에서 제시되어야 한다(신동로, 2007).

Mager의 학습목표 진술은 첫째, 학습이 끝났을 때 학습자가 수행하기를 기대하는 행동 둘째, 학습 행위가 일어나게 되는 상황 및 조건 셋째, 학업의 달성수준을 판정할 수 있는 준거(시간제한, 성공률, 빈도 등)가 포함된다. 이때, 학습의 내용은 조건에 포함시키고 도달점 행동이 일어났다는 것을 입증할 수 있는 외현적 행동으로 표현해야 한다. Mager의 목표 진술 방식의 예는 다음과 같다.

Mager의 목표 진술 방식의 예

기후에 영향을 주는 요인들의 목록을 제시했을 때(학습조건), 학습자는 적어도 5개 이상(준거) 지구 온난화의 원인이 되는 요인들을 선택할 수 있다(행동).

③ Gagné의 진술 방식

Gagné의 학습목표 진술은 상황(situation), 학습될 능력(learned capabilities), 성취내용(대상: objects), 관찰 가능한 행위(행위 동사: action verb), 도구, 제한점 및 조건(tools, constraints, and special conditions)의 다섯 가지 구성요소를 포함하고 있다.

첫째, 상황이란 학습 행동을 수행하게 될 환경적 조건이다. 즉, 어떤 상황에서 어떤 유형의 검사문항이 주어질 때 성취 상황이 제시되는 것이다. 둘째, 학습될 능력은 특정 유형의 학습된 행동을 제시하는 것이다. 셋째, 학습될 능력의 내용은 성취내용을 의미한다. 즉, 학습자들이 행해야 하는 학습된 능력으로는 정보, 지식, 기능을 의미한다. 넷째, 어떤 관찰 가능한 방법으로 행위 동사를 사용한다. 이때, 학습유형에 상관없이 다양한 동사를 사용할 수 있다. 그리고 학습될 능력을 나타내는 동사는 중복해서 사용하지 않는다. 다섯째, 도구, 제약 조건 및 특정 조건은 성취행동이 수행될 상황에서의 성취 정도와 범위를 명확하게 하는 것이다. Gagné의 목표 진술 방식의 예는 다음과 같다.

Gagné의 목표 진술 방식의 예

교실 필답고사에서 학습자는(상황), 참고자료를 사용하지 않고 10분 이내에(도구/제약조건) 글로 써서(행위) 권리장전에 명시된 4가지 권리보호 조항을(대상) 요약할 수 있다(학습능력).

④ Gronlund의 진술 방식

Gronlund는 일반적 목표를 먼저 제시하고 그 목표를 달성하는데 요구되는 명세적 목표로 진술한다. 이와 같은 방식은 일반적 목표에서 진술한 거시적인 관점의 내용과 행동을 보다 세부적으로 분석함으로써 거시적인 일반목표의 내용을 구체적인 맥락 속에서 이해하게 되고 명세목표들 간의 유기적인 관련성을 파악할 수 있는 장점이 있다(강이철, 2011).

Gronlund의 목표 진술 방식의 예

1. 임진왜란의 성격 이해하기(일반적 목표)
   1.1. 임진왜란을 일으킨 일본의 정치적 배경 설명하기(명세적 목표)
   1.2. 임진왜란의 3대 대첩 열거하기(명세적 목표)
   1.3. 이순신 장군의 3대 대첩을 시간 순으로 기술하기(명세적 목표)
   1.4. 임진왜란 후 사회적 변화 세 가지 열거하기(명세적 목표)

이상에서와 같이 목표 진술에 포함되어야 할 요소는 다음의 4가지의 원칙인 'ABCD 원칙'을 포함하고 있다. 이는 학습목표가 반드시 갖추어야 할 기본요건이다(이신동 외, 2014). A(Audience)는 학습대상자, B(Behavior)는 행동, C(Condition)는 조건, 제약, 제공되는 환경 및 상태, D(Degree)는 평가의 정도를 의미한다.

ABCD 목표 진술 방식의 예

두 자리 받아 올리기 덧셈이 주어졌을 때(C), 3학년 학생들은(A) 참고서나 계산기의 도움 없이 8개 이상(D) 계산할 수 있다(B).

이상과 같이 네 가지의 요건을 갖추는 것이 잘 진술된 학습목표로 볼 수 있으나, 실제로 목표 기술과정에서는 네 가지 요건이 모두 필요하지 않을 경우가 있을 수 있다. 이 요건들을 학습목표에 모두 포함시키면 오히려 학습목표의 본질적 의도를 왜곡할 수도 있으며 또한 목표 기술과정에 투자되는 시간이 많이 소요되므로 목표기술 자체에 회의적인 반응을 불러일으킬 수도 있다. 따라서 학습목표가 갖추어야 할 네 가지 구성요소를 모든 상황에 일률적으로 적용하기보다는 주어진 상황의 특성을 고려하여 적용할 필요가 있다(윤옥한, 2014: 168).

(5) 행동적 학습목표 진술의 장·단점

행동적 학습목표란 학습자가 수업을 마친 후에 수행할 수 있기를 기대하는 학습자의 외현적 행동 혹은 명시적 행동으로 행위 동사를 사용하여 진술하는 것을 말한다. 이와 같은 행동적 목표 진술이 갖는 특징은 교수자가 아닌 학습자의 행위에 초점을 두고 인지적·정신적 과정보다는 학습자의 외현적 행동에 강조를 두며, 교과 내용 지향적이라는 데에 있다. 이러한 행동적 학습목표 활용에 대한 교육적 장점과 단점을 제시하면 다음과 같다.

① 행동적 학습목표 진술의 장점

행동적 학습목표 진술의 활용은 다음과 같은 장점이 있다(박성익 외, 2009: 128).

첫째, 전개될 수업 활동에 대하여 분명하게 사고하고 파악할 수 있는 자극이나 단서의 기능을 하게 된다. 행동적으로 진술된 목표를 통해 교수자들은 수업 전개를 보다 구체화할 수 있고 수업 효과를 보다 타당하게 판단할 수 있다.

둘째, 교수설계 기초 정보를 제공하는 기능을 한다. 즉, 행동적 학습목표는 수업 내용과 방법의 계열화를 조직할 수 있는 위계적 구조를 파악하는 데 도움이 된다.

셋째, 수업 개선을 위한 교육과정 평가 및 수업효과 평가를 위한 수업체제의 기초를 구성한다. 목표-내용-평가와 같은 일련의 체제적 접근 과정에서 학습자의 도달점 행동을 행동적 용어로 진술하게 되면 교육 효과를 정확하게 측정·평가하는데 도움이 되고 그 결과를 토대로 전 단계에서 이루어진 수업의 계획, 목표의 선정, 내용의 조직, 수업 방법 등에 관한 효율성을 점검할 수 있다.

넷째, 교수자, 학습자, 전문가 등 교육 참여자들 간에 의사소통의 정확성을 기할 수 있게 된다. 행동적 용어로 진술하면 교육과정 개발이나 교수활동에 참여한 사람들 간에 공통의 수행목표를 정확하게 전달하며 맡은 영역의 활동을 성공적으로 수행할 수 있게 해 준다는 것이다.

② 행동적 학습목표 진술의 단점

행동적 학습목표 진술의 활용은 다음과 같은 단점이 있다(홍기칠, 2012: 183).

첫째, 문제해결이나 창의적 사고와 같은 고등정신 기능은 구체적이며 행동적 용어로 진술하기 어렵다. 따라서 행동용어로 측정하기 쉬운 기억과 같은 목표에 치중하여 결과적으로 수업에 중요한 목표를 간과하고 사소한 목표에 치우칠 가능성이 있다.

둘째, 목표의 구체화는 수업 중에 발생하는 예상치 못한 특정한 학습경험을 다룰 수 있는 적정 시기를 활용하지 못하게 할 수 있다.

셋째, 구체화된 목표는 결과적으로 평가를 위한 수업으로 만들게 되며 인간행동을 객관적, 기계론적으로 측정할 수 있다는 견해로 인간을 비인간적으로 다룰 가능성이 있다.

넷째, 구체적 목표의 강조는 사소하거나 단순한 행동을 나열하는 방식이 된다. 따라서 질 보다 양에 치우치며 사소한 부분에 치우치고 전체적인 통합성을 기하기 어렵다.

다섯째, 교과 영역의 특성에 따라 행동적 학습목표의 적용이 적절하지 않을 수 있다.

2 프로그램 내용 선정과 조직

목표가 설정되면 설정된 목표를 효과적으로 달성하기 위해 프로그램의 내용을 어떻게 선정할 것인지 또한 선정한 내용들을 어떤 순서로 어떻게 상호 연결하여 제시할 것인가에 대한 조직전략을 세워야 한다. 교육내용을 조직하기 위한 기본적 방법들은 거시적 수준에서는 전체 단원경험(프로그램 주제 영역)의 길이를 결정하고 교육내용을 선정하여 계열화하는 활동을 포함하며 미시적 수준에서의 세부사항 설계는 한 단위 레슨지도(차시별 또는 회기별)에 필요한 내용을 선정·조직하는 것으로 수업을 구성하고 조직하는 기본 방법을 말한다. 이를 위해 먼저, 프로그램의 내용 선정과 조직 원리에 대해 알아본 다음 구체적인 수업 설계 명세서를 작성하기 위한 Gagné의 교수사태에 대해 알아보고자 한다. 이와 더불어 교수설계와 연계하여 학습자들의 학습 동기를 유발하기 위한 전략인 Keller(1987)의 학습 동기 설계 모형을 살펴보고자 한다.

1) 프로그램 내용 선정 원리

프로그램 내용은 프로그램의 목적을 달성을 위한 수단으로써 설정된 프로그램의 목표를 달성하기 위하여 학습자에게 학습시켜야 할 내용으로 학습경험을 의미한다. 프로그램 내용 및 학습경험 선정의 원리는 다음과 같이 살펴볼 수 있다(가영희 외, 2011; 김주건 외, 2006).

(1) 교육목표와의 일관성

교육목표는 교육내용-학습지도-교육평가로 일관되게 반영되어야 한다. 따라서 교육내용은 교육목표가 지향하는 내용이어야 한다. 예컨대, 교육목표가 문제해결력이나 창의성이 강조되었으나 실제로 가르치는 내용이 단편적 지식만으로 구성되어 있다고 한다면 선정된 내용은 목표와의 일관성이 결여된 것이다.

(2) 일경험 다목표 달성

어떤 목표를 달성하기 위하여 선정된 교육내용은 본 목표를 달성함과 동시에 다른 목표 달성에도 기여하도록 해야 한다. 특수교과를 가르칠 때는 일차적으로 지식의 숙달에 목표를 두지만 이때, 학습자는 지식의 숙달뿐만 아니라 비판적 사고력, 교과에 대한 흥미, 학습태도 등 여러 가지 행동 특성을 형성하게 된다. 다목표 달성을 돕기 위해 교육내용 선정에서 고려되어야 할 요인으로는 내용의 풍부성, 독립적 사고를 촉진하는 질문이나 문제 제시, 다양한 학습 활동을 필요로 하는 여러 종류의 내용, 광범위한 자료, 학습자들의 지적 수준에 맞는 설명 방식 등이 있다.

(3) 일목표 다경험

일목표 다경험은 하나의 목표 달성에 있어서도 여러 가지 유용한 학습경험이 있을 수 있음을 의미한다. 어떤 목표 달성을 꼭 하나의 학습경험만을 고집할 것이 아니라 타당성만 있다면 신축성 있게 여러 가지 적절한 학습경험을 선정할 것을 요구하는 기준이다. 예컨대, 수영학습은 수영장에서도 강에서도 바다에서도 이루어질 수 있다.

(4) 학습자의 타당성

선정된 교육내용이 학습자의 필요, 흥미, 능력 등에 적합해야 한다. 학습자의 능력이나 흥미에 맞는 교육내용 선정은 학습자들의 흥미와 관심 범위 안에서 교육적 가치가 있는 내용을 선정하는 것과 학습자들이 학습해야 할 기본 개념이나 원리, 기능 등을 고려하여 학습자들의 수준에 맞도록 학습내용을 재구성하는 방법들이 해당된다.

(5) 지식의 참신성과 신뢰성

교육내용의 참신성과 신뢰성을 유지하기 위하여 전문가의 협조를 구해서 계속적인 보완 작업을 해야 한다. 과학의 발달에 따라 문명 발전의 속도가 빨라지면서 우리가 사용하는 지식의 팽창은 물론, 기초 지식의 퇴화 속도도 빨라지고 있다. 따라서 변화하는 지식에 대해 교사와 학습자가 능동적으로 대처하여 참신하고 신뢰성 있는 지식을 학습자들에게 제시해야 한다.

(6) 내용의 전이 가치 및 활용 범위

설정된 교육목표를 달성할 수 있는 것으로 최대한의 전이가 가능하도록 교수내용을 선정해야 한다. 따라서 일반적인 기본 개념 및 원리와 같이 전이 가치가 큰 내용을 선정해야 그 원리가 적용되는 교과 내용의 학습에 보다 효과적으로 활용될 수 있다. 예컨대, 영어 문법에서 능동형의 문장을 수동형으로 바꿀 수 있는 방법을 확실히 알고만 있으면 대부분의 문장들을 능동형에서 수동형으로 또는 수동형에서 능동형으로 바꿀 수 있다.

(7) 탐구정신 및 방법의 반영도

교육내용 선정에 있어 탐구심과 문제해결 경험을 충분히 고려해야 한다. 이를 통한 학습의 성취감과 만족감을 고취시켜 학습의 전이를 촉진시킴으로써 학습이 보다 더 효과적이다. 중요한 지식을 학습했다는 것은 곧 그 지식의 획득과 적용을 위해 가장 효과적인 지적 과정 및 태도를 습득했다는 것이다. 그러므로 학습자가 주요 개념이나 원리를 습득하는 과정이 학습자의 탐구와 발견에 의한 학습이 된다면 보다 높은 수업의 질을 보장할 수 있다.

(8) 넓이와 깊이의 균형성

기본적, 실제적 지식의 넓이와 균형을 적정수준에서 잡아 교육내용을 선정해야 한다. 기본 개념이나 원리를 깊이 이해하기 위해서는 그 개념이나 원리로 설명될 수 있는 소수의 선택된 자료를 깊이 있게 학습시켜야 하지만 특수 지식을 너무 많이 선택하게 되면 자칫 지식의 나열에 빠질 우려가 있다. 반대로 너무 폭넓은 일반적 지식에만 치우치면 교과의 깊이가 적어질 우려가 있다. 따라서 교수자는 교육내용에 따라 적절하게 균형을 잡아야 한다.

(9) 경험의 비 중복성

교육내용 선정 시 고려해야 할 것은 내용이 호기심과 모험심을 유발할 수 있도록 적절한 긴장감과 애매성, 지적 도전감을 줄 수 있어야 한다. 그러므로 학습내용으로 선정하지 않아도 가정이나 사회에서 충분히 경험할 수 있는 것이면 이를 제외하는 것이 좋다.

(10) 가능성의 검토

교육내용과 경험을 통하여 학습자들이 능히 할 수 있는 정도의 내용을 선정해야 한다. 교수자의 입장에서 볼 때, 그 경험 내용이 학습자에게 꼭 필요하다고 판단되더라도 그들의 능력이나 과거의 경험, 배경, 발달정도로 보아 상당한 노력을 해야 한다 해도 그것을 학습할 수 없는 곤란도나 차원이 높은 것은 교육내용으로 선정하기엔 무리가 따른다. 마찬가지로 선정된 교육내용은 교수자가 지도 가능한 것이어야 한다. 아무리 좋은 교육내용이 선정되었다 하더라도 지도에 어려움이 따르는 건 무리가 있다. 즉, 이성적 견지에서 선정된 교육내용이 현실적으로 지도가 가능한가 하는 문제를 생각해야 한다. 지도가능성은 여러 가지 측면에서 검토되어야 하겠지만 교육장소와 시설, 설비, 학습자의 능력 및 선수 학습의 정도 등이 밀접한 관계가 있다.

2) 프로그램 내용 조직의 원리

프로그램 내용이 선정되었다면 이들 내용을 어떻게 조직·편성해야 할 것인가가 중요하다. 따라서 선정된 교육내용에 대한 학습 활동이 학습현장에서 구체적으로 이루어질 수 있도록 교육내용을 학습자들에게 체계적으로 제시하기 위해 내용을 조직해야 한다. 교육내용의 조직은 배열 또는 계열화라고도 하는데, 배열의 결정은 선정된 교육내용을 학습자들에게 체계적으로 제시하기 위하여 순서대로 정하는 것을 말한다. 프로그램 설계에서 있어 교육내용 조직의 중요성은 학습자들이 계열화를 통해 안정된 인지구조 내 정보처리의 간섭작용을 예방함으로써 인지구조를 형성하는데 도움을 주고 수업 내용을 의미 있게 해 줄 수 있으며 궁극적으로는 교수결과 즉, 수업의 효과성, 효율성 등에 영향을 주기 때문이다(김진화, 2010; 주용국·홍은실, 2014).

조직화의 원리에는 일반적으로 어느 정도 알고 있는 것에서부터 생소한 내용의 순서로, 단순한 내용에서부터 복잡한 내용의 순서로, 구체적인 내용에서부터 추상적인 내용의 순서로, 쉬운 내용에서부터 어려운 내용의 순서로, 포괄적인 것에서 상세한 것으로, 일반성이 높은 것에서부터 특수한 내용의 순서로 계열화 하는 것이 바람직하다. 또한 위계가 있는 내용일 때는 하위단계에서 상위단계로 진행해야 하며 절차적 과제는 먼저 수행해야 하는 과제에서부터 시작하여 순서에 맞게 학습할 수 있도록 제시한다(류지헌 외, 2006; 윤옥한, 2014).

조직화의 대표적 방법으로는 Tyler의 계속성, 계열성, 통합성의 원리와 Bruner의 주제별 계열화와 나선형 계열화가 있으며 Reigeluth의 정교화 이론을 들 수 있다. 이들 내용을 간략히 살펴보면 다음과 같다(권건일, 2006; 백영균 외, 2006; 신동로, 2007).

(1) Tyler의 계열화

Tyler(1950)는 학습경험을 조직할 때 준수해야 할 준거로 수직적 측면에서의 계속성, 계열성과 수평적 측면의 통합성을 제안하였다. 이들 구체적 내용은 다음과 같다.

① 계속성의 원리

계속성의 원리는 어떤 내용을 얼마나 계속할 것인가의 문제와 관련된다. 즉, 주요 원리나 개념 또는 기술 등이 완전히 익숙해지도록 계속적으로 연습하고 반복할 수 있도록 내용이 조직되는 것을 말한다. 이때, 단순반복이 아니라 해당 학습경험의 폭과 수준이 더욱더 넓고 깊이 있게 다루어짐을 의미한다. 즉, 주요한 학습내용을 상당기간 여러 번 반복함으로써 강화의 효과를 얻고자 하는 것이다. 계속성의 원리는 교과 내용의 계속성, 교과 상호간의 계속성, 학습자 경험 속에서의 계속성을 유지함으로써 전개될 수 있다.

② 계열성의 원리

주요 학습경험이 선행경험을 기초로 하여 다음의 경험이나 내용이 전개되어 점차 깊이를 더해가는 것을 의미한다. 즉 동일한 교육내용이 단순히 반복되는 수준을 넘어 계속되는 줄기는 있되, 그에 좀 더 넓고 깊은 의미가 붙어갈 수 있게 조직하는 것을 말한다. 교육내용의 수직적 측면의 조직함을 의미하는 것으로 단순한 내용에서 복잡한 내용으로 구체적인 개념에서 추상적인 개념으로 친숙한 것에서 친숙하지 않은 것으로 부분에서 전체적인 내용으로 그리고 선수 학습에 기초하여 그 다음의 내용을 조직하는 것이다(김주건 외, 2006). 이와 같이 계열성은 교육내용의 여러 가지 요소의 '깊이'와 '넓이'가 점진적으로 증가되도록 조직하는 것이다.

③ 통합성의 원리

학습경험 간의 수평적 관계를 의미하는 것으로 한 교과 내에서 여러 내용들이나 각 교과들을 서로 수평적으로 관련짓는 것뿐만 아니라 교과에서 배운 내용을 자신의 주변에서 일어나는 일들과 관련짓도록 해야 한다. 학습자들에게 제공될 교육 내용이 서로 관련성이 없는 단편적인 지식을 나열한 것에 불과하면 학습자들은 의미 있는 경험을 갖기 어렵다. 따라서 학습자로 하여금 사물을 통합적으로 이해하도록 하고 학습내용과 행동 또는 생활을 통합시키도록 하는데 목적이 있다.

(2) Bruner 계열화

Bruner(1966)는 학습자의 지적 수준에 맞게 지식을 제공하는 것을 강조하면서 최적의 학습 계열에 있어 주제별 계열화와 나선형 계열화를 제안하였다. 이들 내용은 다음과 같다(변영계 외, 2006; 백영균 외, 2006).

① 주제 영역별 계열화

한 주제를 완전히 학습한 다음 다른 주제를 학습하는 식으로 순서화하는 방법이다. 이 방법은 주제 간에 중복이 없고 각 주제가 연관성이 없이 개별적으로 제시됨으로써 선행주제와 분리되는 특징이 있다. 따라서 학습자들은 한 주제에 대해 깊이 있게 학습할 수 있는 반면, 한 주제를 배운 후 다음 주제로 넘어 간 후에는 처음의 주제를 다시 학습할 기회가 거의 없음으로 쉽게 잊어버리는 단점이 있으므로 체계적인 복습과 배운 내용들을 전체적으로 보완할 수 있어야 한다.

② 나선형 계열화

나선형 계열화는 여러 개의 주제를 단순화된 수준에서 소개한 다음 학습이 진전됨에 따라 그 여러 개의 주제 모두를 점진적으로 심화시키면서 제시하는 방식이다. 먼저 몇 개의 주제를 간략하게 제시하고 다시 각각의 주제로 되돌아가 세부적으로 다루면서 이를 심화시켜 나가는 방식으로써 전체내용을 나선방향 또는 지그재그 방향으로 계열화하는 것이다. 나선형 계열화는 여러 가지 주제들 간의 상호관계를 이해하고 종합하며 과제 전체의 특성을 빠른 시간 내에 이해시킬 수 있으므로 다양한 주제를 반복하는 과정에서 체계적인 종합과 이전에 배운 내용의 복습이 가능하다는 장점이 있다. 반면에 한 주제에 대한 집중적인 심화에 방해 될 수 있으며 수업 전개의 흐름 전환시에 학습자료를 준비하고 활용하는데 불편을 줄 수 있다.

주제 영역별 계열화와 나선형 계열화를 그림으로 살펴보면 다음과 같다.

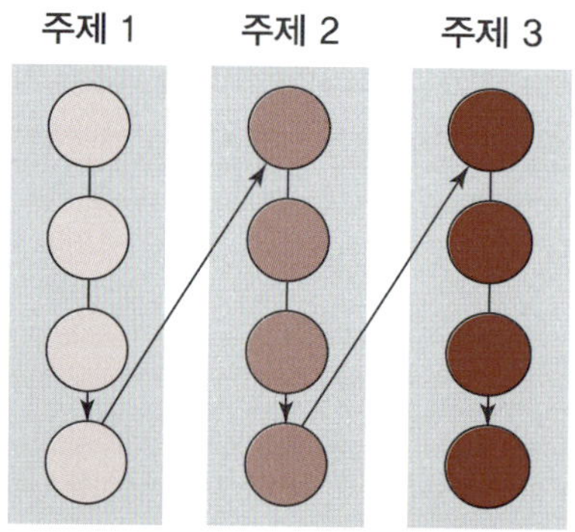

[그림 5-1] 주제 영역별 계열화

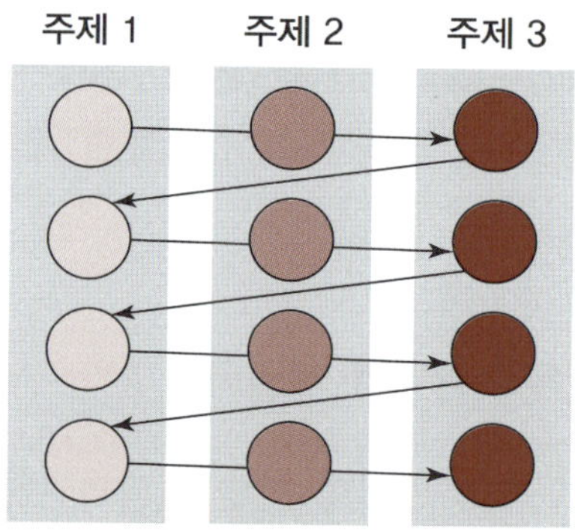

[그림 5-2] 나선형 계열화

(3) Reigeluth의 정교화 이론

Reigeluth(1987)의 정교화 이론(Elaboration Theory of Instruction: ETI)은 한 가지 주제를 가르치는데 활용할 수 있는 미시적 조건과는 달리 여러 아이디어를 어떤 순서로 가르칠 것인가에 활용할 수 있는 거시적 조직전략이다. 정교화 이론의 핵심적인 아이디어는 정수(epitome)를 확인하는 과정과 이후 정교화 과정에 있다. 정수는 가장 단순하면서도 전체 과정에 대한 대표성이 높은 과제로서 정교화 이론에서 가장 중요한 위치를 차지한다. 예컨대, 경제 현상을 설명하는 경제학을 가르칠 경우 정수로서 언급될 수 있는 것은 '수요공급의 법칙'을 들 수 있다. 단순한 형태의 수요공급의 법칙을 설명하면서 점점 복잡한 법칙의 측면 및 다른 법칙을 다루게 될 수 있다. 정수를 선택한 뒤 다음 단계로는 어떤 내용을 어떻게 가르칠 것인가를 안내하는 방법으로 단순화 조건법이 있다. 이것은 가장 단순한 내용으로 부터 시작하여 점진적으로 복잡한 내용으로 가르칠 수 있도록 순서를 정하는 것이다(류지헌 외, 2014).

3) Gagné의 교수사태

Gagné(1985)의 교수사태는 미시적 조직 즉, 단일한 아이디어에 관한 수업을 조직하는 기본적인 전략으로 수업을 구성하고 조직하는 가장 대표적인 방법이다. Gagné의 교수사태는 효과적인 학습을 유발하기 위해 학습이 이루어지는 내적인 인지과정을 촉진할 수 있는 일련의 교수사태들을 제시하고 있다. 프로그램 개발자는 프로그램 설계 단계에서 Gagné의 교수설계 이론을 적용함으로써 효과적인 학습을 유발하는 데 도움을 줄 수 있다. Gagné의 아홉 가지 교수사태를 간략히 살펴보면 다음과 같다(류지헌 외, 2014; 박성익 외, 2009; 손은주 외, 2014).

(1) 주의 획득하기

주의 획득은 학습자들이 수업을 시작하기 전 우선적으로 이루어져야 하는 것이다. 주의 획득의 방법은 다양한 사태를 활용할 수 있다. 예를 들면 "이것은 매우 중요하다", "이 부분에 특히 주의를 기울이기 바란다"와 같은 말로 주의를 획득할 수 있다. 또한 교과 내용과 관련된 시사 정보, 간단한 사건, 역사적 인물의 일화 등의 자극이 강한 자료를 활용하거나 소리나 빛, 청각, 시각적 자극을 통해 주의를 획득할 수 있다. 또한 주의력 획득은 단순한 자극의 변화를 넘어서 질문 등을 통해 학습자의 흥미를 유발함으로써 이루어질 수도 있다.

(2) 학습목표 제시하기

학습자에게 학습목표를 제시함으로써 수업이 끝난 후 학습자가 자신이 무엇을 할 수 있게 되는지를 알려준다. 이는 학습자로 하여금 자신이 학습한 것을 확인할 수 있고 기대감을 형성하는데 도움을 주며 학습자들은 학습목표 달성을 위해 더욱 노력하도록 동기화 되어 학습을 더 잘할 수 있게 되기 때문이다.

(3) 선수 학습 재생하기

학습자가 새로운 정보를 학습하는데 필요한 기능을 미리 확인하는 것이다. 교수자는 새로운 학습과 관련된 선수 학습이 무엇인지를 확인하고 그것을 지적해 주거나 다시 회상시켜야 한다. 학습자들이 선수 학습이 제대로 되어 있지 않으면 새로운 학습을 시작하기 전에 이전의 내용을 다시 가르쳐야 한다.

(4) 학습자극 제시하기

학습자에게 학습할 새로운 정보를 제시하는 것이다. 교수자는 학습할 내용의 새로운 독특한 특징을 제시해 줌으로써 학습자들이 기억하기 쉽도록 도와주어야 한다. 예컨대 개념이나 규칙을 제시할 때는 다양한 예를 사용해야 하며 그 개념과 규칙이 적용되는 상황을 구별할 수 있도록 도와줌으로써 학습자가 기억하기 쉽도록 해야 한다.

(5) 학습 안내 제공하기

학습할 과제의 모든 요소를 통합시키는데 필요한 방법을 제시하는 것이다. 이것은 학습자들이 과제를 적절히 수행할 수 있도록 모든 관련된 정보를 사용할 수 있는 규칙이나 모델을 제공하는 것이다. 예나 시연, 도표, 순차적 교수 등은 모두 학습자들이 과제를 적절히 수행할 수 있도록 정보를 통합하고 저장, 회상하는 것을 돕는 기능을 한다. 교수자는 학습자의 과제수행을 안내하기 위해 어떤 기법을 어떻게 사용해야 하는지 발견하도록 계획해야 한다. 이때, '암시'나 '단서

주기'가 요구된다.

(6) 학습 수행 유도하기

학습 수행 유도는 성취행동 유발의 단계로 통합된 학습의 요소들이 실제로 학습자에게 실행되는 단계이다. 즉, 학습자에게 배운 내용을 스스로 연습하고 실행해 볼 수 있는 기회를 제공하는 단계이다. 수행은 연습문제로 질문, 실험 완료, 배운 것 실습하기 등의 기회를 제공함으로써 유발될 수 있다. 따라서 교수자는 학습자들이 학습한 내용을 여러 가지 문제해결 상황에 반복적으로 적용해 봄으로써 내용을 보다 깊이 있게 이해할 수 있는 기회를 제공해 주어야 한다.

(7) 피드백 제공하기

학습자들이 수행이 이루어진 후, 교수자는 수행이 얼마나 성공적으로 이루어졌는지에 대해 반드시 피드백을 제공해야 한다. 따라서 이 단계는 학습자의 수준이나 결과의 정확성에 따라 정답과 오답의 확인을 위한 피드백을 비롯하여 설명적 피드백, 오류 교정 피드백 등 다양한 형태의 피드백을 제시하여 개별 처방식 수업이 이루어질 수 있도록 해야 한다. 학습자들은 이러한 피드백을 통해 학습목표 도달여부를 알 수 있으며 또한 노력이 필요한 학습자들은 얼마나 더 많은 연습이 필요한지를 알게 된다.

(8) 수행 평가하기

이전의 단계에서는 수행에 대한 연습과 강화가 주어졌으므로 이 단계에서는 학습자가 제시된 학습목표를 달성했는가의 여부를 판단하고 다음 단계의 새로운 학습이 가능한지를 결정하기 위한 평가를 실시한다. 짧은 문제나 퀴즈, 혹은 질문법이나 시험의 형태를 취하거나 배운 것을 시연할 수 있는 기회를 제공하여 유도한다.

(9) 파지와 전이 향상

이 단계에서는 새로운 학습이 잘 기억되고(파지, retention) 다른 상황으로 일반화(전이, transfer)되거나 적용할 수 있는 경험을 제공하는 단계이다. 그러므로 이 단계의 특징은 반복과 적용이다. 반복을 통해 기억을 명확히 하고 다양한 상황에 적용함으로써 전이를 돕는다. 교수자는 전이를 촉진하기 위해선 학습자들에게 새롭게 배운 기능을 언제, 어떻게 적용할 수 있는 지를 가르쳐야 하며 파지와 전이에 도움이 되기 위해선 학습한 지식 및 기능 등이 장기 기억되도록 요약·정리하고, 과제를 통해 실생활의 맥락을 연결시키도록 한다.

이상에서와 같이 아홉 가지의 수업사태는 항상 일정한 순서로 일어나는 것은 아니며 이들 사태 모두가 모든 수업에 제공되는 것 또한 아니다. 수업의 내용과 특성, 시간과 학습자의 수준, 수업 환경 등에 따라 아홉 개의 수업사상 중 전부 또는 일부가 적용되기도 하고 그 순서 역시 융통성 있게 반영되어 적용될 수 있다. 또한 수업사태 중 몇 가지가 이미 학습자에게 분명하게 되어 있어서 필요 없는 경우도 있기 때문이다(Gagné & Briggs, 1979). 따라서 교수자는 이를 염두에 두고 수업목표와 내용에 가장 적합한 교수설계를 계획할 필요가 있다.

4) Keller의 학습 동기 전략

Keller(1987)의 학습 동기 설계 모형(Attention, Relevance, Confidence, Satisfaction: ARCS)은 다른 교수설계 모형과 연계하여 학습자들의 학습 동기를 유발하기 위한 전략으로 가장 대표적인 모형이다. 학습자들의 동기를 유발하고 유지시키는데 필요한 요소들로는 주의(Attention), 관련성(Relevance), 자신감(Confidence), 만족감(Satisfaction)의 네 개의 요소가 포함된다. 이들 각 단어 첫 글자를 조합하여 이 모형을 '악스' 모형이라고 한다. ARCS 모형의 각 네 개의 요소들은 간략히 살펴보면 다음과 같다(조규락·김선연, 2006; Keller, 1979).

(1) 주의

주의(attention)는 학습 동기의 첫 번째 요소로 학습이 일어나기 위해서는 적어도 학습자가 학습 자극에 흥미를 갖고 주의를 집중해야 한다. 단순한 외적 자극에서부터 호기심, 재미와 같은 정신적인 자극까지 학습자를 학습과제나 내용에 주의를 집중시켜야 한다.

(2) 관련성

관련성(relevance)은 학습자가 학습 활동에 대한 친숙함이나 관련성을 부여함으로써 동기가 촉진될 수 있다는 것이다. 학습자가 주의집중이 일어나도 그것이 학습자 개인의 흥미와 목적과 관련되지 않는다면 주의의 지속 시간은 어려워지고 학습의 동기가 소멸되고 비협조적 태도를 취하게 된다.

(3) 자신감

자신감(confidence)은 학습자의 동기를 지속적으로 유발시키기 위해서는 학습에 대한 '자신감'을 가져야 한다는 것이다. 이를 위해 학습자에게 자연스럽게 학습의 성공기회를 제공함이 필요하다. 학습자 개인의 목적에 부합하고 흥미로운 과제라 할지라도 과제참여 도중, 어려움을 느끼고 자신감을 상실하게 되면 학습 활동에 수동적이고 소극적이 된다. 따라서 적정 수준의 도전감을 줄 수 있는 성취 가능한 학습과제나 학습목표를 제공하여 노력에 따라 성공할 수 있다는 자신감을 심어주는 것은 학습의 높은 동기유발 및 유지의 요소가 된다.

(4) 만족감

만족감(satisfaction)은 학습자의 노력의 결과가 개인의 기대에 일치하여 만족감을 느낀다면 그와 관련된 다음 학습과제에도 참여하고자 하는 등의 학습 동기는 지속적으로 유지되며 학업성취 또한 긍정적인 영향을 미친다.

이상의 내용에서와 같이 ARCS 모형의 네 가지 요소의 전략은 통합적으로 제시될 때, 학습자의 흥미를 유지하기 위한 가능성이 더욱 높아질 수 있다.

Keller의 학습 동기 요인과 세부 전략에 따른 적용 예시를 간략히 제시하면 <표 5-6>과 같다.

〈표 5-6〉 ARCS 모형의 구성요소(류지헌 외, 2013: 132)

요인	세부 전략	적용 예시
주의집중 (A)	지각적 주의 환기	• 수업할 때 시각적 보조 자료를 활용한다.
		• 중요한 내용에 밑줄을 친다.
	탐구적 주의 환기	• 문제해결을 위한 학습자의 능동적 반응을 유도한다.
		• 지적 갈등을 유발하여 호기심을 자극한다.
	다양성 주의 환기	• 수업방법을 다양하게 적용해 본다.
		• 수업 내용의 계열에 변화를 줘서 운영한다.
관련성 (R)	친밀성	• 익숙한 사건이나 친밀한 예문 및 배경 지식을 활용한다.
		• 학습자들에게 친밀한 개념과 현재 과제를 연결시킨다.
	목적 지향	• 자격증 획득과 같은 학습목표를 제시한다.
		• 수업의 내용과 학습자의 목적이 관련되어 있음을 강조한다.
	필요나 동기화의 부합성	• 학습자들이 성취 과정과 관련된 감정들을 시각화하도록 한다.
		• 학습자들끼리 혹은 스스로에 대해 경쟁하는 요소를 포함한다.
자신감 (C)	학습의 필요 조건 제시	• 평가기준 및 피드백을 제시해서 숙달 수준을 알려 준다.
		• 학습평가에 필요한 요건이 무엇인지 제공해 준다.
	성공의 기회 제시	• 단순한 과제에서 어려운 과제로 계열화한다.
		• 연습 문제에 대한 해답과 즉각적인 피드백을 제공한다.
	개인적 조절감 증대	• 다양한 난이도를 제공해서 선택할 수 있도록 한다.
		• 학습 속도에 맞게 학습할 수 있는 기회를 제공한다.
만족감 (S)	적용 기회의 제공	• 학습한 내용을 적용할 수 있도록 기회를 제공한다.
		• 과제를 숙달한 학습자가 학습이 미진한 동료를 돕도록 한다.
	긍정적 결과의 강조	• 정확한 반응에 대해 칭찬하는 말을 한다.
		• 새로운 기능을 숙달하기 위해 노력할 때 강화를 사용한다.
	공정성 전략	• 수업에서 실습한 내용과 시험 내용을 일치하게 한다.
		• 평가문항과 교재의 내용을 일치하게 된다.

3 교수방법 선정

교육내용의 선정과 조직이 이루어지면 다음으로 교수내용에 적합한 교수방법을 선정하여야 한다. 교수방법은 교수자가 교육목표를 성공적으로 달성하기 위해 학습자에게 교육내용을 효과적으로 전달하도록 적절하게 선정된 일련의 활동이다. 그러므로 효과적이고 효율적인 수업이 되기 위해서는 교수자와 학습자의 역동적 상호작용을 극대화하는 것이 좋다(노해란 외, 2013). 따라서 효과적 교수방법을 선정하기 위한 교수방법의 선정 기준과 교수방법의 유형 및 특징에 대해 살펴보면 다음과 같다.

1) 교수방법의 선정 기준

교수자 개인이 수업 방법을 개발하기 위해서는 학급의 규모나 교수방법, 교수활동 등과 나아가 교사중심으로 할 것인가 아니면 학습자 중심으로 할 것인가 등의 많은 교육방법 중에서 어떤 교육방법을 활용할 것인가는 교육목표, 대상, 내용, 학습의 물리적 환경과 학습자의 심리적 변인 등의 다양한 요인들을 고려함이 필요하다. 일반적으로 교수·학습방법을 선정하기 위해선 다음과 같은 준거를 참조할 수 있다(노해란 외, 2013: 315-316).

〈표 5-7〉 교수방법의 선정 기준

구분	내용
교육내용	• 학습내용의 성격이 지식, 기능, 태도(또는 인지적 영역, 정의적 영역, 심체적 영역)중 어느 것인지 • 학습내용이 정확한 답을 요구하는 것인지, 아니면 논쟁의 여지가 있는 지 혹은 교육목적이 기준을 명확히 잡는 것인지, 아니면 보다 나은 해결책을 찾는 것인지에 따라 • 학습내용이 일반적인 수준의 학습만 하면 되는 것인지, 아니면 자세히 학습해야 하는 것인지에 따라
학습자	• 학습자의 학습 스타일이 적극적인지, 성찰적인지, 논리적인지 실용적인지에 따라 • 학습자의 학습경험이 어느 정도인지 • 학습자의 수 • 학습자의 위치 • 교육이 계속적으로 필요한지 여부 • 학습자가 학습으로부터 얻고자 하는 기대의 정도

구분	내용
교육지원	• 교육 기술과 경험을 갖춘 사람을 요청할 수 있는지 • 얼마나 쉽게 새로운 학습지원들을 개발할 수 있는지 • 교육·훈련을 실시할 장소가 있는지
조직의 기대	• 조직이 어떤 학습방법을 선호하는지 • 조직이 원하는 구체적인 학습목표가 있는지 • 조직이 요구하는 특정한 평가나 측정의 방법은 무엇인지

2) 교수방법의 유형과 특징

교수방법은 교수목적을 달성하기 위한 것으로 그 분류 방법도 매우 다양하다. 교수방법은 교육의 주체가 누가 되느냐에 따라 교수자 주도형과 학습자 주도형으로 나눌 수 있으며 학습자 집단 크기(학습환경)에 따라 대집단 교수방법, 소집단 교수방법으로 나눌 수 있으며, 지식과 문제해결과 같은 교육내용에 따라 나눌 수도 있다. 또한 의사소통 구조에 따라 강의형, 개인교수형, 실험형, 토론형, 자율학습형 등으로 구분할 수 있다. 그렇지만 이러한 구분이 엄격하게 나눠지는 것은 아니며 어느 정도 각 유형 마다 중복되는 경우도 있다(유구종 외, 2013). 또한 한 단위의 수업일지라도 교사가 한 가지 교수방법만을 사용하는 경우는 드물며 교수·학습의 효과를 높이기 위해서 여러 교수방법을 적용하는 경우가 대부분이다. 이와 같이 하나의 교과에서도 다양한 수업목표가 있듯이 단위 시간의 수업에서도 여러 다양한 수업형태와 교수·학습방법을 도입할 수 있다(주용국·홍은실, 2014).

여기서는 다양한 교수방법들 중 어떤 특정한 기준이나 준거 없이 교수·학습 현장에서 흔히 사용되고 있는 강의법, 발문법, 토의법, 협동학습, 역할극, 시범, 사례연구, 현장견학, 인지적 도제학습, 자기주도학습 등을 중심으로 살펴보고자 한다.

(1) 강의법

강의법(lecture method)은 교육현장에서 가장 오랫동안 지속되었고 보편화된 교육방법으로 주로 교사중심의 기법이다. 교사가 중요한 정보를 조직화하고 이해하기 쉬운 말로서 학습자에게 전달하는 형태로 주로 정보를 전달하는 것이 주 목적일 경우에 적합하게 사용되는 방법이다.

강의법은 역사적으로 고대 그리스 시대의 철학자들이 웅변을 통해 서로의 지식을 나누어 갖기 위해 사용되었고 중세 때에는 대학에서 주로 사용된 교수방법이었다. 그러나 17세기에 등장한 경험주의 교육철학과 노작교육의 흐름이 강조되면서 일방적인 강의나 암기 위주의 교육에 대한 비판이 대두되었고 이에 19세기에 접어들어 Herbart가 체계적이고 과학적인 강의법의 다섯 단계 이론인 준비단계-제시단계-비교단계-종합단계-응용단계를 제시하면서 강의법에 대한 다양한 재분석이 이루어지고 있다(유구종 외, 2013).

강의법의 장점과 단점 및 지도상의 유의점을 살펴보면 다음과 같다(이신동 외, 2013; 유구종 외, 2013).

① 강의법의 장점

- 강의법은 논쟁의 여지가 없는 사실적인 정보나 개념들을 논리적이며 객관적으로 분명하게, 제한된 짧은 시간 안에 많은 학습자를 대상으로 동시에 전달하고자 할 때 효과적이다.
- 학습내용을 학습자 수준에 맞게 적절하게 조절하여 교사의 능력범위 내에서 교재의 내용을 보충, 첨가, 삭제하면서 전달하는 것이 가능하다. 이는 학습자의 동기유발 수단이 될 수 있다.
- 교수자의 설명이 뛰어날 경우 짧은 시간 안에 학습자의 학습 동기를 높이는 것이 가능하며 특별한 보조자료 없이도 생생한 설명이 가능하다.
- 교수자가 해설이나 설명을 중심으로 하는 수업이므로 학습자가 교수자의 수업에 집중할 수 있는 여건이라면 장소에 구애받지 않고 야외 등 다양한 장소로 학습 환경을 자유로이 바꿀 수 있다.
- 교수학습 내용이 복잡하고 난해할 경우 체계적으로 정리하여 효과적으로 전달해 줄 수 있다.
- 다수의 학생에게 많은 양의 정보를 짧은 시간 안에 전달할 수 있는 경제적인 전달형태이다.

- 교수자와 학습자에게 익숙한 형태의 교육방법으로 편하게 느끼는 친밀한 상황에서 학습이 가능하다.

② 강의법의 단점

- 학습자의 개성이나 능력을 무시하고 일반적으로 주입시켜 학습자의 동기유발이 힘들고 학습에 수동적 태도를 지니게 하는 결과를 초래하기 쉽다.
- 수업의 질이 교수자의 능력과 준비에 따라 절대적인 영향을 받게 된다. 따라서 교수자의 능력이 부족하거나 사전에 충분한 수업계획이 없으면 교과서의 상투적인 설명에 그치기 쉽다.
- 강의식 수업은 일방적 전달에 치우치기 쉬우므로 학습자들이 학습 활동을 할 때 개별화, 사회화를 기대하기 어렵다.
- 문제해결력이나 창의력과 같은 고등정신 능력을 개발할 기회가 적다.
- 주의가 산만한 학습자들은 강의를 분석하지 못하거나 강의 내용의 요점을 파악하기 힘든 경우가 많다.

③ 지도상의 유의점

- 오랜 시간 동안 강의가 계속될 경우 강의 개요를 미리 제시함으로써 학습자가 강의 내용을 좀 더 쉽게 이해할 수 있도록 지원해야 한다.
- 강의 시간에는 도표, 도해 및 기타 시청각 교구를 활용해야 한다.
- 학습자가 의문이나 기대감을 가질 수 있도록 진행해야 한다.
- 강의의 속도에 주의하고 학습자가 생각할 여유를 가지도록 해야 한다.
- 적절하게 토의를 삽입하고 유머를 사용해야 한다.
- 학습들이 질문할 수 있는 기회를 주고 요점을 요약해 주는 등 학습자의 이해 정도를 살피면서 진행해야 한다.

(2) 발문법

발문법(question and answer method)은 질문법 또는 문답법, 대화법이라고도 하며 교사와 학습자 사이에 서로 질문을 주고받으면서 수업을 전개하는 교수방법이다. 이 방법의 역사는 소크라테스의 문답법(dialogues: 반어법·산파술)에서 연유한다.

발문법의 특징은 학습자의 학습 동기와 참여를 고무시키고 개념이나 원리에 대한 비교, 가치 판단, 비판, 설명, 선택 등의 논리적이며 비판적 사고를 고취시키는데 있다(손은주 외, 2014). 또한 기존의 경험을 재생하거나 중요한 점을 강조하는 데 도움을 준다. 따라서 발문법은 집단지도 방법이나 강의법과 더불어 사용함으로써 학습자의 능동적 참여와 학습 동기를 이끌어 낼 수 있는 방법이 될 수 있다.

발문법의 목적은 다음과 같다(변영계 외, 2006; Clark & Starr, 1986).

- 학습자들이 알고 있는 지식과 알지 못힌 지식을 파악하기 위해시
- 학습자의 사고력을 개발하기 위해서
- 학습의 동기화를 위해
- 수업 내용을 숙달하고 연습 기회를 제공하기 위해
- 학습자들이 학습자료를 조직하고 해석하는 것을 돕기 위해
- 수업 내용의 중요한 요점을 강조하기 위해
- 사건의 원인과 결과 관계를 알게 하기 위해
- 산만한 학습자들의 주의와 관심을 돌리기 위해
- 수업 내용의 원만한 이해를 돕기 위해
- 학습내용을 복습하고 점검하기 위해
- 학습자들과 함께 하는 공감대를 형성하기 위해
- 학습한 내용을 말하고 표현하는 연습을 시키기 위해
- 진단하고 평가하기 위해

이상과 같은 발문법의 목적을 살펴볼 때, 발문은 수업의 도입 시 선수 학습 상기에서부터 수업 내용 정리단계에 이르기까지 다양하게 활용할 수 있는 수업기법 중 하나이다. 특히 강의식 수업에서는 발문을 통해 학습자의 주의를 한 곳으

로 모은다든지 강의 내용 중, 중요한 부분을 발문을 통해 강조한다든지 함으로써 강의의 효율을 높일 수 있다(주용국·홍은실, 2014).

이러한 발문의 유형에는 크게 수렴적 발문과 확산적 발문으로 나눠볼 수 있다. 수렴적 발문은 사실이나 정보의 회상을 요구하는 사실적인 발문으로 사고를 요구하지 않고 단순히 기억된 내용의 재생을 요구한다. 여기엔 "대한민국의 수도의 이름은 무엇인가?", "거북선을 만든 사람은 누구인가?"와 같은 발문이 해당된다. 확산적 발문은 높은 인지적 수준의 발문으로 학습자들의 사고과정을 통한 개인의 의견이나 아이디어를 요구하는 것으로 창의적 사고력 신장에 도움이 된다. 여기엔 "만일 여러분이 주인공이라면 어떻게 하겠습니까?", "고구려가 삼국을 통일했다면 우리나라 국경이 어떻게 되었을까요?" 등이 해당된다(조성일 외, 2006).

발문법의 장점과 단점을 간략히 살펴보면 다음과 같다(가영희 외, 2011; 임광명, 2003).

① 발문법의 장점

- 학습자의 사고력, 비판력, 표현력 및 발표력 신장에 도움이 된다.
- 학습에 자극을 주고 학습자들의 흥미와 동기유발이 가능하여 참여도를 높일 수 있다.
- 주체적인 학습이 가능하다.
- 흥미와 동기를 유발한다.
- 학습할 내용을 명백하게 하기 때문에 효과적인 학습 활동이 이루어진다.
- 교수자와 학습자들 간의 의사소통이 잘 이루어지게 한다.

② 발문법의 단점

- 학습자 수가 많은 대집단일 경우 사용에 제한이 있다.
- 학습자들이 학습해야 할 부분을 미리 예습 하지 않거나 학습에 적극적으로 참여하지 않고 높은 동기를 가지지 못하는 경우에는 교사 중심의 수업이 될 우려가 있다.

- 우수아 중심의 수업이 되기 쉬우며 학습이 부진한 학습자들에게는 학습의 흥미와 좌절감을 안겨줄 수도 있다.
- 질의와 응답과정에서 많은 시간이 요구되어 학습 속도가 지연될 수 있다.
- 사고의 영역을 한정시킬 우려가 있다.

③ 발문법 수업 시 유의사항

- 학습자 전원에게 대답할 기회를 골고루 주어야 한다.
- 발문의 요지가 명백하고 간결해야 한다.
- 단순한 기억의 재생을 요하는 단편적인 발문이 아닌 사고 능력을 향상시킬 수 있는 발문이어야 한다.
- 학습자 상호간에도 질의응답을 자유롭게 할 수 있도록 해야 한다.
- 학습자의 대답이 정답일 경우에는 칭찬을 하고 오답일 경우 격려해야 한다.
- 질문 후 즉시 대답을 요구하지 말고 충분히 생각한 후에 대답하게 한다.
- 학습자의 다양하고 예상치 못한 질문에도 당황하지 않고 대처할 수 있는 교사의 능력과 재치가 필요하다.

(3) 토의법

토의법(discussion method)은 학습자들 간에 정보나 아이디어, 의견 등을 나누기 위해 서로 이야기 하거나 함께 학습과제 및 문제를 해결해 나가는 탐구과정의 학습지도 방법으로 학습자의 정보와 경험의 상호교환이 중시되는 학습자 중심의 수업방식이다. 그러므로 효과적인 토의가 이루어지기 위해선 학습자들의 참여와 역할이 강조되며 개방적인 의사소통과 협조적인 분위기, 민주적인 태도 등이 요구된다.

토의법에서 교수자는 토의의 촉진자나 학습자의 토의를 중개하는 역할을 담당한다. 이때 교수자도 토의자의 일원으로 참여할 수 있다. 학습자는 능동적인 입장에서 의견을 개진하고 다른 학습자의 의견을 경청하고 조율하여 합의된 의견을 만들어 나간다(백영균 외, 2006).

수업전략으로서의 토의는 학습자의 참여를 유도하고 문제를 비판적으로 분석하며 창의적인 능력과 협동적인 기술을 개발시키는데 목적을 둔다. 따라서 토의가 목적을 지닌 대화과정으로 이루어지기 위해서는 목적 지향적이어야 한다. 토의법의 장점과 단점 및 토의법의 유형에 대해 살펴보면 다음과 같다(유구종 외, 2013; 이신동 외, 2013; 주용국·홍은실, 2014; 홍기칠, 2013).

① 토의법의 장점

- 토의는 개방적 의사소통과 협조적인 분위기 속에서 학습자가 적극 참여하게 되므로 학습 동기와 흥미를 유발할 수 있다.
- 토의 주제를 숙고하면서 자신의 지식을 적용할 수 있도록 학습자의 도전의식을 고취시킨다.
- 몇몇 학습자가 교수자의 질문에 답하기 보다는 모든 학습자가 참여하여 의견을 말할 수 있다.
- 토의를 통해 집단활동의 기술을 개발하고 민주적 태도를 형성시킬 수 있다.
- 토의는 학습자 자신의 생각을 일관성 있게 나타내고 의미 있게 표현할 수 있는 의사소통 기술을 연습할 기회를 제공한다.
- 집단의식과 공유능력을 향상시킨다.
- 선입견과 편견은 집단구성원의 비판적 탐색에 의해 수정될 수 있다.
- 학습자의 자율성을 향상시킬 수 있다.

② 토의법의 단점

- 집단의 크기가 크면 원활한 토의가 이루어질 수 없으므로 집단구성원의 수에 한계가 있다.
- 학습자가 이미 알고 있는 그 이상의 수준으로 토의가 이루어지지 않으면 지식 확장의 도전감이 저하될 수 있다.
- 소수의 토론자에 의해 토의가 주도될 우려가 있다.
- 토의식 수업을 하기 위해서는 토의를 위한 준비와 계획단계와 진행과정에서

많은 시간이 소요된다.

- 토의의 목적에서 벗어나서 자칫 산만하고 빈약한 대화를 하거나 토의의 초점을 잃은 채 토의를 위한 토의로 끝나는 등의 예측하지 못한 상황이 발생할 수 있다.

③ 토의법의 유형

토의법은 집단의 규모와 활동방식, 참여자의 능력에 따라 다양하게 제시될 수 있다. 일반적으로 토의는 학생들이 중심이 되고 교사는 같은 구성원으로 참여하거나 토론을 이끌어 가는 중개자의 역할을 수행하는 것이 보통이지만 토의의 목적에 따라 교사가 주도권을 가지고 학생들과 상호작용하는 형태를 취하기도 한다. 여기서 몇 가지의 대표적인 토의 유형을 살펴보면 다음과 같다(강의철, 2011; 김두범·박영희, 2006; 변영계 외, 2006; 주용국·홍은실, 2014).

가. 원탁토의

원탁토의(round table discussion)는 토의의 가장 기본 형태로 참가인원은 보통 10~15명으로 구성되어 참가자 전원이 대등한 관계 속에서 정해진 주제에 대해 자유롭게 서로의 의견을 주고받는 형태의 토의법이다. 사회자는 토의의 진행을 지도하며 구성원은 좌담형식으로 자유로이 발언할 수 있는 것으로 비형식적 집단의 성격을 띈다. 토의 방법은 전체 학습자들이 특정한 주제에 대한 정보를 서로 교환하고 그 정보를 분석·평가하여 결론에 도달하는 것으로 토의를 통해 집단의 의사를 명확하게 결정할 수 있다. 원탁토의의 궁극적인 목적은 의사결정이나 목적설정이라기 보다는 활발한 아이디어의 상호교환에 있다. 모든 학습자들이 능동적으로 참여하고 상호협력적 태도로서 충분한 의견 발표 및 청취와 자유로운 분위기가 전제될 때 이상적인 토의가 이루어질 수 있다. 원탁토의는 몇 개의 소집단으로 나누어 실시되며 일반적으로 교수자가 지도한다.

나. 배심토의

배심토의(panel discussion)는 집단구성원이 많아서 각 학습자에게 발언시키는 것이 곤란하여 토의 참가의 의욕이 약화될 때 몇 명의 대표자를 뽑아 다른 학습자들 앞에서 공개적으로 토론하도록 하는 것이다. 청중은 주로 듣기만 하는데 경우에 따라서는 질문이나 발언권을 주기도 한다. 배심원은 토의될 주제에 대해 관심을 갖고 관련된 내용을 조사해야 하며 필요한 경우에는 전문적인 연구도 해야 한다. 배심원들은 반드시 전문가일 필요는 없다. 다만, 토의 주제에 대해 약간의 지식을 갖추고 청중 앞에서 토의를 할 수 있는 능력을 지니고 있으면 된다.

배심원 토의의 목적은 논박이 아니라 각자의 지식이나 정보를 서로 교환함으로써 문제를 깊이 이해하고 앞으로의 행동 방안을 여러 각도에서 모색해 보는 것이 특징이다. 배심토의 장점으로는 청중과 발표자 사이의 자발적인 의사교환이 가능하고 잘 계획·조직된 경우 발표내용의 질이 높고 다양하여 토의 진행이 흥미로울 수 있다. 그러나 발표자가 발표할 때 소요 시간을 통제하기 어렵고 발표자가 짧은 시간 안에 의견을 다양하게 발표하므로 토의 방법이 비체계적인 인상을 줄 수 있으며 또한 토의의 승패는 배심원의 발표력과 예리한 사고력 등에 의해 좌우된다는 단점이 있다.

다. 단상토의

단상토의(symposium) 혹은 심포지움은 배심토의 보다는 좀 더 형식적이고 자유로움이 억제되는 방식으로 준비된 회의장에서 몇 명의 주제 발표자와 사회자가 미리 결정되고 일반 청중들이 참여하는 토론법이다. 동일한 문제에 대하여 2~5명이 각기 다른 의견을 공식발표 한 후, 사회자에 의해 청중과 발표자 간에 질의 및 토론을 전개하는 방식이다. 단상토의에 참가한 전문가와 사회자, 청중 모두는 특정 주제에 관한 전문적인 지식이나 정보, 경험 등을 지니고 있어야 한다는 점이 특징이다. 따라서 한 주제를 다양한 측면에서 깊이 있게 다룰 수 있다.

라. 대담토의

대담토의(colloquy discussion)는 배심토의가 발전된 것으로 패널을 둘로 나누어 대담시키는 방식이다. 토의에 참가하는 인원은 보통 6~8명 정도로 이 가운데 3~4명은 전문가이고 3~4명은 자원인사로 구성된다. 전문가가 발표하고 1~3명의 청중 대표가 자유롭게 발표내용에 대해 의견을 개진하기도 하고 각 발표에 대하여 지정 토론자 또는 논평자를 정해서 '발제-논평-전체 토의'의 과정을 거치기도 한다. 세미나와 비슷하나 권위 있는 전문가를 초빙하여 다른 사람들의 미숙한 의견을 바로 잡아주는 점이 다르다.

마. 공개토의

공개토의(forum discussion)는 1~3명 정도의 전문가나 자원인사가 10~20분간 공개적인 연설을 한 후 이를 중심으로 하여 청중과 질의 응답하는 방식으로 토의를 진행한다. 공개토의는 청중이 직접 토의에 참가하여 공식식적으로 발표한 연설자에세 질의를 허가 받을 수 있나는 점이 득징이나. 사회사는 언설 및 질의 시간, 발언 횟수 등을 조절해야 하며 활발한 토의 진행을 위해 청중에게 질의를 유발시켜야 한다.

바. 세미나

세미나(seminar)는 참가자 모두가 토의 주제에 대하여 권위 있는 전문가나 연구가들로 구성된다. 세미나는 주제에 대한 공식적인 보고와 함께 참여자들의 의견을 건개하거나 질의응답을 통한 공개 토론의 형태로 이루어지며 참가자들에게 특정 주제에 대한 전문적인 연수나 훈련의 기회를 제공해 주는 데 목적이 있다. 세미나의 경우 참여하는 모든 인원이 전문가들로 구성되어 있기 때문에 전 구성원간의 적극적이고 능동적인 참여가 있어야 한다.

사. 버즈토의

버즈토의(buzz discussion)는 Michigan대학의 Philips에 의해 창안 되었다. Buzz란

토의 과정이 마치 벌집들이 웡웡거린다는 의미에서 붙여진 것으로 분단으로 구성된 학습자들이 왁자지껄하게 의견을 교환하면서 주체적으로 학습하는 그룹학습의 한 방법이다. 버즈토의는 대게 3~6명으로 편성된 집단이 주어진 주제에 대해 6분가량 토론하는 소집단 형태이다. 소집단별로 분과토의를 하고 단계적으로 집단을 묶어 마지막에는 전체 집단이 한 곳에서 종합적으로 토의한다. 버즈토의는 소수인원으로 집단이 구성되기 때문에 참가자들이 서로 친근감을 갖게 되고 각자가 자유롭게 발언하는 기회를 가진다는 점에서 적극적인 토의를 유도하게 되고 많은 아이디어를 도출해 낼 수 있다.

아. 브레인스토밍

Osborn(1953)의 브레인스토밍(brainstorming)은 폭풍우가 내리는 날 번개가 치는 것처럼 떠오르는 기발한 멋진 생각을 잘 포착해낸다는 의미이다. 즉, 두뇌(brain)에 폭풍(storm)을 일으킨다는 뜻으로 두뇌습격법이라고도 부른다. 이는 학습상황에서 학습자의 창의력을 촉진시키고 학습참여도를 높여주는 교수·학습방법으로 사전에 어떤 것을 계획하고자 할 경우에 활용된다. 참여 인원은 12명~15명 정도가 좋으며 시간은 10~15분 정도가 적당하다. 그리고 진행과정에서 진행자와 기록자가 있어야 하며 만약 교수자가 진행자가 될 경우 반드시 시작 전에 선정된 주제를 설명해 주는 것이 필요하다. 그리고 이 토의에서는 창의적인 문제해결 과정에서 아이디어의 발상 및 전개과정이 무엇보다 중요하다.

(4) 협동학습

협동학습(cooperative learning)이란 학습능력이 각기 다른 학습자들이 동일한 학습과제나 학습목표를 소집단 내에서 함께 활동하여 공동의 학습목표에 도달하는 학습방법이다. 이 방법은 전통적인 조별학습의 특성(상호의존성과 개별 책무성이 없으며 동질적 집단 구성원과 한 사람이 리더가 되고 과제만 강조하는 특성 등)의 단점을 해결하고 학습자 간에 협력적인 상호작용을 촉진하기 위해 집단보상과 협동기술을 강조한다(손은주 외, 2014).

협동학습은 학습자가 협동학습을 통해 전체는 개인을 위하여(all for one), 개인은 전체를 위하여(one for all)라는 태도를 갖게 되고 집단구성원들의 성공적인 학습을 위하여 서로 격려하고 도움으로써 학습부진을 개선할 수 있으며 개인의 학습뿐만 아니라 서로 격려하며 협동해서 팀 형성을 강화할 수 있다(변연계 외 2007; 이신동 외, 2014). 이러한 협동학습은 실제 생활에서 협력 관계의 중요성을 기반으로 다른 사람과의 긍정적인 협력 관계를 통하여 문제를 해결하고 지식과 기술을 연마하는 것을 목적으로 한다.

협동학습을 성공적으로 이끌기 위한 기본요소로는 긍정적 상호의존, 상호작용, 개별적 책무성, 사회적 기술, 집단과정이 해당되는 것으로 이들 구체적 내용은 다음과 같다(노혜란 외, 2013; 이신동, 2014).

첫째, 긍정적 상호의존성이다. 협동학습은 그룹의 모두가 서로 관련되어서 그룹의 구성원들 중에서 한 사람이 제대로 수행하지 못하면 모든 그룹의 구성원 모두가 성공할 수 없다는 것을 인식하게 될 때 성공적으로 구축 될 수 있다. 따라서 집단 전체의 이익을 위해 구성원 자신에게 맡겨진 역할을 수행해야 한다고 느낄 수 있어야 한다.

둘째, 면대면 상호작용이다. 이는 학습을 도와주고 격려하려는 관계를 말하며 과제를 수행하고 성공적으로 집단목표를 달성하기 위해 집단구성원들 자신이 아는 것을 동료들에게 설명하고 토론하고 가르치는 상호작용을 통해 서로의 학습을 격려하고 촉진하는 것과 관련된다.

셋째, 개별적 책무성이다. 이는 모든 구성원이 자신에게 부여된 학습자료를 학습하는 동시에 다른 구성원이 학습하는 것을 도와주기 위해 지속적으로 책임감을 갖는 것을 말한다. 이러한 과정에서 학업능력이 우수한 학습자가 낮은 학습자들을 자발적으로 돕도록 하는 효과를 가져 올 수 있다.

넷째, 사회적 기술이다. 협동학습은 학습과제 및 팀워크에 학습자들이 동시에 함께 참여해야 하기 때문에 경쟁적 학습이나 개별적 학습에 비하여 더 복잡하다. 효과적인 협동적 과업을 위한 사회적 기술은 협동적인 수업이 적용, 실시되었다고 해서 절로 이어지는 것은 아니다. 따라서 협동학습은 공동의 집단목표를 달성하기 위하여 서로를 경계하면서도 신뢰하며 도움을 주고받고 정확한 의사소통을 하며 공동으로 문제를 해결할 수 있도록 격려해야 한다.

다섯째, 집단과정이다. 효과적인 집단의 작업은 학습자들이 얼마나 잘 기능하고 있는지를 과정에 반영하는지, 반영하지 않는지에 영향을 받는다. 집단과정은 집단의 구성원인 학습자들이 얼마나 목표를 성취했는지 그리고 얼마나 효과적인 일의 관계를 유지하고 있는지에 대하여 토론할 때 존재하게 된다. 따라서 집단의 학습과제를 수행하는데 있어 개별 학습자들의 역할이 도움이 되는지, 또한 학습활동이 집단과제 해결에 도움이 되는지의 여부에 따라 그 과제 수행의 계속 혹은 수정 여부를 결정한다.

협동학습의 장점 및 단점은 다음과 같다(유구종 외, 2013; 이성호, 1999; 이신동 외, 2014).

① 협동학습의 장점

- 협동학습으로 행해지는 과제가 사회에서 요청되는 과제와 성격이 흡사하여 협동학습을 많이 한 경우 사회에 적응하거나 상호작용을 통한 문제해결에 많은 도움을 받을 수 있다.
- 협동학습은 학습에서의 기본적인 지능, 문제해결력, 사고력 등 인지적 영역뿐만 아니라 인간관계 개선, 자아효능감, 교과목에 대한 선호, 학습 동기와 같은 정의적 영역에서도 효과적이다. 따라서 개별 학습 보다 더 많은 것을 학습할 수 있고 혼자서는 어려울 것 같은 일도 협동으로 해내다 보면 자신감도 생기고 주어진 과제 해결에 필요한 기질, 성향, 태도 등이 개발될 수 있다.
- 학습능력이 높은 학습자의 학습전략을 관찰·모방함으로써 학업성취가 향상될 수 있고 다른 학습자가 가지고 있는 학습방법을 관찰하고 배울 기회가 주어진다. 학습자는 동료에게서 어떻게 도움을 요청하고 정보를 얻어 낼 수 있는지를 배우며 이를 위해 필요한 어휘력, 친화력, 분석력 등 다양한 능력을 배울 수 있다.
- 무슨 일이든 서로 나누어 함께 해결하고 그 결과에 대해 보람을 갖는 협력

적 태도를 형성할 수 있다.

- 학습자들이 각기 자신의 자원(시간, 에너지, 능력, 성질) 등을 스스로 관리하고 통제하는 방법을 배우게 된다.

② 협동학습의 단점

- 학습과정이나 학습목표보다는 집단과정만을 더 소중히 하는 경향을 초래할 수 있으며 이럴 경우 놀이 집단으로 변질될 우려가 있다.
- 집단 내에서 특정 학습자나 리더가 어떤 것을 잘못 이해하고 있을 때 다른 학습자들이 그것을 그대로 따라갈 우려가 있으며 이럴 경우 잘못된 이해가 더욱 강화되는 경향이 있다.
- 학습자가 교수자에게 의존하는 경향이 감소하는 내신 또래에세 의존하는 경향이 커질 우려가 있으며 특히 모든 것을 집단으로 해결하려는 의타심이 생길 수 있다.
- 부익부 현상이 발생할 수 있다. 부익부 현상이란 학습능력이 높은 학습자가 다른 학습자 보다 도움을 많이 주며 긍정적이든 부정적이든 많은 반응을 보임으로써 학업성취가 향상될 뿐 아니라 집단을 장악하는 현상을 말한다.
- 상대적으로 학습능력이 낮은 학습자는 상호작용의 기회를 상실하게 되어 자아존중감의 손상을 입을 수 있으며 학업성취도가 떨어질 수 있다.
- 집단 활동 참여에 소외된 학습자의 경우 심리적 모멸감이나 수치심을 갖게 되며 결국 집단 활동 속에서 자신을 방어하고 보호하는 전략과 기능만을 키울 우려도 있다.
- 협동학습에서 가장 문제가 되는 것은 집단 간 편파로서 상대집단이나 다른 집단의 구성원에게 적대감을 가지는 한편 자기가 속한 집단의 구성원에게 더 호감을 느끼는 것이다.

(5) 역할극

역할극(role-playing)이란 학습자에게 구체적인 문제 상황을 실제적으로 경험해 볼 기회를 마련해 주고 학습자 스스로 자신의 가치나 의견을 좀 더 분명히 깨닫게 하고 사람들이 어떻게 타인의 행동에 영향을 미치는 가를 더 잘 이해할 수 있도록 도움을 주는 방법이다. 따라서 사전에 치밀한 준비를 갖추거나 미리 연습 하지는 않지만 학습자에게 구체적인 상황을 실제로 경험해 볼 수 있는 연극의 기회를 마련해 주어 이를 통해 그들 스스로가 주어진 상황과 관련된 가치나 의사를 결정하게 할 수 있다.

역할극을 전개하고자 할 때 일반적으로 거치는 단계로는 ① 역할극의 상황 설정, ② 역할극 참가자 선정, ③ 역할극 장면과 관찰자 준비, ④ 실연, ⑤ 토의 및 평가, ⑥ 재실연, ⑦ 토의 및 평가, ⑧ 경험교환 및 일반화이다(변영계 외, 2012: 139-140).

역할극의 장점 및 단점은 다음과 같다(노해란 외, 2013: 306).

① 역할극의 장점

- 관찰력, 의사결정 능력, 문제해결 능력, 의사소통 기술 그리고 분석력, 종합력과 같은 고등정신 능력을 기를 수 있다.
- 타인의 역할을 경험해 봄으로써 타인을 이해하는데 도움을 준다.

② 역할극의 단점

- 역할놀이에 제시된 상황이 학습자에게 흥미를 불러일으키지 못하면 수업효과는 크게 떨어진다.
- 학습자의 경험세계와 역할놀이의 학습사이에 괴리가 생기면 학습자는 무엇을 배우는 것인지 이해하지 못하는 상황이 될 수 있다.

(6) 시범

시범(demonstration)이란 기능에 관련된 학습목표의 도달을 위해 교수자가 바람직한 행동양식이나 절차를 학습자에게 보여 주면 학습자가 이를 관찰하고 모방함으로써 새로운 기능을 획득하거나 학습하도록 하는 교수 방법이다. 시범의 효과적인 수행을 위해서는 목적하는 기능과 관련된 지식, 수행, 절차 그리고 기능에 대한 태도가 함께 수반되어야 한다. 시범은 새로운 과정이나 기구 등을 소개하고 나서 그 사용법을 가르치거나 학습자가 어떤 조작을 쉽게 할 수 있다는 자신감을 주고자 할 때 많이 사용할 수 있으며 언어로 설명하는 학습보다는 실기가 필요한 학습에 적절하다. 시범의 장점 및 단점은 다음과 같다(변영계 외, 2012: 105-106).

① 시범의 장점

- 말이나 글에 비해 직접 보여주기 때문에 학습이 효과적이다.
- 기능의 수행을 위한 각 단계의 학습이 쉽게 이루어진다.
- 시범이 끝난 후 학습자가 바로 실습해 볼 수 있어서 즉각적인 피드백이 가능하다.
- 학습자가 관찰과 함께 직접 해 보고 느낌의 공유와 성찰을 할 경우 폭 넓은 체험이 가능하다.

② 시범의 단점

- 시범활동을 하기 위한 장소와 설비를 갖추어야 하는 문제가 있다.
- 추상적인 것을 가르치기가 어려워 실제 보여줄 수 있는 것만 가르칠 수 있다.
- 학습자가 혼자서 하고자 할 때는 시설이 없어서 곤란한 경우가 많다.
- 교수자가 시범을 할 수 없을 때에는 유능한 조교나 다른 전문가를 구해야 한다.

(7) 사례연구

사례연구(case study)는 학습자 스스로 주어진 문제상황의 의사결정자가 되어 사례를 다각적으로 검토하고 분석하여 문제를 해결하는 교수·학습방법이다. 사례연구는 주로 의학이나 법학, 사회과학분야 등에서 특정 문제에 대한 사례를 수집하고 집단토론을 통해 이를 비교·분석하여 해결 방안을 모색하거나 사례에 대한 공통점 및 차이점 등을 논의하는 과정에서 새로운 지식을 습득한다. 사례연구 적용 시 고려할 사항들을 살펴보면 다음과 같다(이화여자대학교 교육공학과, 2001; 조규락·김선연, 2006).

- 학습과정에서 실제 사건이나 가상된 사건을 다루는 것이 교육적인 측면에서 효과를 증진시킬 수 있다는 판단 및 확신이 있어야 한다.
- 학습자들이 사례문제를 다룰 수 있는 분석능력, 토론능력, 평가능력 및 피드백 능력을 갖추고 있는지 판단해야 한다.
- 사례에 대한 다양한 방법이 논의될 수 있도록 충분한 시간을 갖도록 해야 한다.
- 교수자는 학습자의 개인적 경험이나 특정 상황에 따라 보편타당한 합의점을 도출하기 어렵다는 것을 감지해야 한다.
- 학습자들의 응용력과 분석력을 배양할 수 있도록 사례가 구성되어야 한다.

사례연구를 올바르게 실시하기 위한 교수자의 역할은 첫째, 문제해결이나 판단 결정시에 안내자로서의 역할을 해야 한다. 둘째, 성공적인 교육경험을 위하여 건전한 학습 방향을 유지하도록 힘쓴다. 셋째, 학습자가 문제인식을 명확히 하도록 인지시킨다. 넷째, 교수자는 학습자와 더불어 연구할 문제를 탐색하도록 한다(조성일 외, 2006: 146). 사례연구의 장점 및 단점은 다음과 같다(노혜란 외, 2013: 304-305).

① 사례연구의 장점

- 원리와 원칙을 확인하고 응용하며 분석력, 판단력을 획득할 수 있다.
- 역할 수행, 대인관계, 팀 효율성, 타인의 지혜 활용, 상황적 리더십 등을 경험할 수 있다.
- 학습자의 능동적이고 적극적인 참여를 요구하는 참여 학습의 형태이므로 지속적인 흥미 유발이 가능하다.
- 그룹 토론을 통해 의사소통 능력이 향상될 수 있다.
- 현장감 있는 사례를 통해 실제적이고 실무적인 과제와의 연계성을 높일 수 있다.

- 종합적인 문제해결 능력과 의사결정 능력을 높일 수 있다.

② 사례연구의 단점

- 준비하는데 많은 시간과 전문성이 요구된다. 즉, 사례분석을 위한 기초자료와 관련 자료들을 준비하고 시나리오를 작성하는 데는 많은 시간과 노력뿐만 아니라 전문성 또한 필요하다.
- 적합한 사례를 작성하기가 어렵다. 즉, 해당 학습자들만의 독특한 사례로 연습하는 것이 효과적이지만 사례분석에 적합한 소재를 찾아내어 시나리오를 기술하는 것은 쉬운 일이 아니다.
- 능동적인 참여를 이끌어 내지 못할 경우 기대하는 성과를 달성하기 어렵다. 사례에 직접 관련된 사람의 입장이 되어 자신의 문제로 느껴야 하는데 그렇지 않은 경우 사례분석의 과정에서 기대하는 성과를 달성하기 어렵다.
- 의견을 강하게 주장하는 사람에게 끌려갈 위험이 있다. 사례에서 제시하는 내용과 동일한 경험을 갖지 못한 학습자, 자신의 생각에 자신이 없는 학습자 등은 이러한 문제를 야기할 가능성이 높다.

(8) 현장견학

현장견학(field trip)은 일반 수업에서 직접 경험할 수 없는 교육내용을 현장에서 직접 경험하게 함으로써 학습목표를 쉽고 흥미 있게 이해하도록 하는 학습 활동의 형태이다. 즉, 견학이란 직접적인 경험을 통하여 강의실에 돌아와서 배운 사실을 동료학습자들과 같이 분석·토의하여 결론까지 도달하게 하는 학습방법이다. 견학의 교육적 가치와 견학학습을 계획할 때 교수자가 고려해야 할 사항들은 다음과 같다(임창재, 1999; 조성일 외, 2006).

① 견학의 교육적 가치

- 강의실에서 학습한 내용을 직접 경험을 통하여 확인하고 강의실 수업의 내용을 종합 및 정리할 수 있다.

- 견학을 통해 사물을 관찰하고 파악하는 태도를 길러주는 데 도움이 된다.
- 각 교과 내용을 통합하는 데 도움이 된다.
- 학습자가 지역사회를 이해하는 기회를 갖게 한다.
- 강의실에서 교과수업을 통해 이해하기 어려운 내용을 쉽게 이해할 수 있게 한다.

② 견학시 고려할 점

- 교수자는 견학학습이 실내 수업보다 확실히 더 효과적이며 최선의 방법이라고 확신하는가에 대해 고려해 보아야 한다.
- 무엇을 어디서, 어떻게 그리고 왜 견학을 해야 하는지 면밀한 계획서를 작성해야 한다.
- 견학장소를 결정한 후에는 교수자는 계획한 견학내용 및 계획이 효과적으로 이루어질 수 있는지 진단해야 한다.
- 교수자는 학습자들을 위하여 견학 지침서를 작성해야 한다.
- 강의실로 돌아온 후 반드시 토의 시간을 마련하는 것이 바람직하다.

(9) 인지적 도제학습

도제학습은 한 분야의 전문가 문하(門下)에 들어가 그 전문가의 행동과 사고를 관찰하고 모방하면서 그 분야의 지식, 기술, 기능 등을 익혀 나가는 방법이다. 도제는 관찰과 모방의 과정에서 전문가의 조언과 지도를 받고 점차 어려운 일을 직접 해 봄으로써 그 분야의 전문성을 익혀 나가게 되며 나중에는 전문가로 성장하여 스스로 그 분야의 일을 수행하게 된다. 도제교육은 전문가의 도움 하에 일을 직접 실행하면서 배울 수 있으며 계속적인 지도로 새로운 기술을 익히는 데 적합하다. 도제교육 시 전문가는 해당분야에서 탁월할 능력과 지식을 갖춘 자여야 하며 도제를 독립된 전문가로 키워내기 위한 확실한 교육목적을 가져야 한다(조규락·김선연, 2006).

최근에는 이러한 고전적 도제 교육방법의 장점을 살리면서 현 사회에서 요구하는 교수방법의 형태로 적용·변화시켜 인지적 도제 교수방법을 강조하고 있다. 이는 고전적 도제모델이 물리적인 지식과 기능의 습득을 목표로 하는 반면, 인지적 도제방법은 인지적인 지식과 기능의 습득을 목표로 하는 것으로 과제 관련 지식 습득과 함께 사고력, 문제해결력과 같은 고차원적인 인지기능의 신장을 도모한다. 그리고 학습자는 숙련된 전문가의 문제해결 과정을 관찰하고 따라 하면서 점차 자신의 숙련도를 높이기 위한 절차를 제시하며 학습자는 전문가의 지식체계를 획득함으로써 독립적인 문제해결자가 되어야 한다는 점을 강조하고 있다. 인지적 도제 교육의 핵심원리는 학습자와 전문가의 사회적 상호작용을 촉진함으로써 학습자가 인지적 성장과 인지전략을 습득하도록 조력하는 것이다. 전문가는 자신의 역량을 직접 가르치기 보다는 스캐폴딩(scaffolding)의 제공에 초점을 둔다(류지헌 외, 2013: 110).

인지적 도제교육 절차를 간략히 살펴보면 다음과 같다(류지헌 외, 2006; 백영균 외, 2014; Berryman, 1997).

① 모델링

모델링(modeling)은 학습자에게 전문가의 수행을 보여주는 단계이다. 학습자는 초보자이기 때문에 전문가의 실제 수행을 관찰함으로써 어떤 결과를 도출해야 하는지 확인한다.

② 코칭

코칭(coaching)은 학습자가 과제에 대해 이전에 알지 못했던 측면을 직접 주의를 주거나 알고 있었지만 일시적으로 빠뜨린 과제의 어떤 측면을 학습자에게 회상시켜주는 것이다. 그리고 학습자 수행에 대한 지속적인 피드백을 제공하고 이 과정을 통해 학습자는 새로운 기술을 습득해서 활용하는 기회를 갖게 된다.

③ 스캐폴딩 설정

스캐폴딩(scaffolding, 비계) 설정은 학습자가 과제를 수행하도록 교수자가 공급하는 지원 체제이다. 학습자가 일정 수준에 도달하게 되면 교수자는 스캐폴딩을 제공한다. 독립적인 과제수행 능력을 만들기 위해서는 직접적인 도움이 아니라 스캐폴딩에 의한 간접적인 도움을 제공하는 것이다.

④ 명확한 표현

명확한 표현(articulation)은 학습자가 그들의 지식, 생각 또는 문제해결 과정을 정확히 표현하도록 하는 방법과 관련된 것이다. 학습자는 학습한 내용과 지식을 활용해서 과제수행 단계를 스스로 명확하게 표현하고 설명할 수 있어야 한다. 이 과정에서 학습자는 자신이 알고 있는 지식의 내용과 수준을 점검한다. 이때, 교수자는 질문 전략을 활용하면 도움이 된다.

⑤ 반성적 사고

반성적 사고는 학습자가 자신의 문제해결 과정과 전문가, 다른 학습자, 궁극적으로 전문가의 내적 인지모델을 비교할 수 있게 해 준다. 반성적 사고는 전문가와 초보자를 비교하기 위해 수행을 다시 보여주거나 재생산을 위한 다양한 기법을 사용함으로써 강화된다.

⑥ 탐색

탐색(exploration)의 단계는 학습자가 독립적인 학습을 하는 단계로 스스로 문제해결을 해 나갈 수 있는 단계이다.

(10) 자기주도학습

자기주도학습(self-directed learning: SDL)은 학습자 스스로의 뜻에 따라 행하는 학습으로 학습자의 학습에 대한 흥미, 관심 그리고 요구가 원동력이 된다. 이는 지식이란 교수자에 의해 이미 정해진 것이 아니라 학습자가 스스로 구성하는 것이며 학습은 학습자가 능동적으로 지식을 해석하고 구성하는 과정 즉 자기주도적 학습에 의해 이루어지는 것이기 때문이다(정명화 외, 2009). 그러므로 학습자가 수업의 주도권을 가지고 학습자에 의해 학습목표, 수준, 내용, 방법, 평가 등이 결정되는 것으로 학습자 자신의 능력에 따라 학습 속도를 조절하며 학습의 보상 또한 학습자의 내부에서 일어나며 학습자의 자기평가가 중시된다(백영균 외, 2006; 양명희, 2000).

이와 같이 자기주도학습은 학습자의 의사를 최대한 반영하기 때문에 학업성과에 대한 만족도가 높고 학습자의 자신감을 높일 수 있다. 또한 정해진 수업방식보다는 학습자가 달성하고자 하는 목표에 따라 다양한 지식을 습득하고 가장 효과적인 학습방법을 활용할 수 있다.

자기주도학습의 특성은 다음과 같다(박숙희·염명숙, 2008; 백영균 외, 2006).

- 학습자가 수업의 주도권을 가지고 있다.
- 자기주도학습은 학습목표, 학습수준, 학습내용, 학습방법, 학습평가 기준 등 처음부터 학습자에 의해서 결정되고 그 결정의 기초는 학습자 개인의 가치, 욕구, 선호 등에 둔다.
- 학습자의 개인차를 중시한다. 학습자는 자신의 능력에 따라 학습 속도를 조절할 수 있다.
- 학습자의 선행경험이 중요한 학습 자원이 된다.
- 학습결과에 대한 책임이 학습자에게 있다. 따라서 학습자의 자기평가가 중시된다.

자기주도학습의 장점과 단점을 살펴보면 다음과 같다(임형택 외, 2013: 213-214).

① 자기주도학습의 장점

- 자기주도학습은 학습자의 다양한 욕구와 특성을 제대로 반영할 수 있다. 즉, 학습자가 자신이 학습할 필요성을 가지고 있기 때문에 그에 따른 학습의 의지와 학습 능률이 높다고 할 수 있다.
- 자기주도학습은 개인이 자유롭게 학습 시간과 장소를 선택할 수 있다. 타인 주도적 학습이 일방적이고 정해진 시간과 장소를 통하여 이루어지는 것과

달리 자신의 필요성과 학습능력에 따라 시간과 장소를 다양하고 자유롭게 활용할 수 있다.

- 자기주도학습은 학습자의 독립성과 자유성을 가지고 학습할 수 있다. 이는 자기주도학습이 학습자가 요구하는 방향과 목표에 따라 학습이 진행되기때문에 남들과 구분되는 독립성과 자유성을 지닐 수 있게 되는 것이다.

② 자기주도학습의 단점

- 학습자에게 제공되는 정보의 양이 제한적이다. 학습을 위한 목표설정에서부터 이에 따른 인적·물적 자원을 확보하고 적절한 학습전략을 수립하고 적용하며 평가하는데 필요한 모든 정보들을 학습자 개인이 확보하기에는 어려움이 많고 제한된 정보로 학습의 모든 과정을 소화하기에도 한계가 있다.
- 자기주도학습은 학습목표가 왜곡되거나 중도에 포기하게 될 가능성이 있다. 자기주도학습은 학습자의 높은 자발성, 계획성 그리고 강한 의지와 내적 동기를 요하는데 이런 높은 내적동기가 약한 경우에는 목표 달성에 어려움이 있다.
- 체계적인 학습계획 및 관리에 어려움이 있다. 즉, 자기주도학습은 타인주도학습에 비해 시간과 노력이 더 많이 들기 때문에 다른 활동과 함께 병행 하기에는 지나치게 많은 시간과 노력을 할애하게 되는 경우가 많으므로 전체적인 학습계획에 차질이 생길 우려가 있다.
- 자기주도학습은 시행착오의 손실이 크다. 자기주도학습은 학습의 전 과정을 학습자 스스로 계획하고 구성하기 때문에 학습목표설정이 잘못될 경우 전체과정에 혼란을 초래할 수 있고 이에 따라 불필요한 학습과정을 진행하게 될 수도 있다.
- 자기주도학습은 학습에 대한 전체적인 안목의 부족으로 부분 학습에 그칠 우려가 있으며 집단적 상호작용에서 얻을 수 있는 장점을 살릴 수 없는 한계점을 지닌다.

4 교수매체 선정

교수방법이 수립되면 그에 적절한 교수매체를 선정해야 한다. 따라서 본 장에서는 매체 선정에 앞서 교수매체의 개념, 교수매체의 기능 및 기여도, 교수매체의 유형 및 특성에 대해 알아보고 교수매체의 선정과 활용을 위한 절차에 대해 살펴보고자 한다.

1) 교수매체의 개념

매체란 영어단어로 'medium'의 복수 형태인 'media'로 이 단어의 어원은 고대 라틴어의 'medius'에서 유래되었는데 그 뜻은 영어의 'between', 우리말로는 '무엇과 무엇사이'를 의미이다. 따라서 매체란 무엇과 무엇사이를 맺어주는 역할을 한다. 이런 의미로 볼 때, 매체의 역할은 커뮤니케이션으로 설명할 수 있는 것으로 송신자와 수신자 '사이'에서 메시지를 전달하는 역할을 한다(조규락·김선연, 2006). 그러므로 교수매체(instructional media)는 교수·학습과정에서 교사에게서 학습자로 학습내용을 전달하는 수단으로 학습과정에 자극을 부여할 수 있는 사물이나 구성요소를 의미한다(주용국·홍은실, 2014). 따라서 교수매체는 교육목표를 효과적 효율적, 매력적 방법으로 달성할 수 있도록 도와주는 다양한 형태의 매개수단 또는 제반 체제라고 볼 수 있다.

교수매체에 대한 개념은 협의의 개념과 광의의 개념으로 구분하여 설명할 수 있다. 먼저, 협의의 의미에서는 학습자가 학습내용을 잘 이해할 수 있도록 도와주기 위해 사용하는 모든 기계나 자료, 시청각 기자재로서의 하드웨어를 의미한다면, 광의의 의미에서는 교수·학습과정에서 교수목표를 달성하기 위해 학습자와 교수자 간에 사용되는 모든 수단 즉, 시청각 기자재와 교재뿐 아니라 교육적 커뮤니케이션을 증대시킬 수 있는 인적자원, 전달하는 내용, 학습 환경, 시설 등을 포함하는 포괄적인 개념으로 보고 있다(임형택 외, 2013).

최근에는 학습에 대한 구성주의 인식론이 강조되면서 학습자 스스로 지식을 구성하고 창출할 수 있는 환경조성이 강조되고 있다. 이러한 관점에서 교수매체는 단순이 교수자와 학습자 간의 효과적인 커뮤니케이션을 위하여 메시지를 전달하는 수단만으로 인지하는 것이 아니라 학습자가 스스로 지식을 구성해 가는 과정을 촉진하는데 활용되는 도구로서의 기능을 강조하는 것으로 광의의 의미로 보고 있다(노혜란 외, 2013).

2) 교수매체의 기능 및 기여도

(1) 교수매체의 기능

최근 구성주의 관점에서의 매체는 교수내용을 전달하는 수단으로서의 매체를 인식하는 것이 아니라 학습자의 지식구성 과정을 촉진시키는 도구로서의 매체의 기능을 강조하고 있다. 교육에 있어서 교수매체가 가지는 보편적 기능은 크게 매개적 보조 기능과 정보 전달 기능, 학습경험 구성 기능, 교수 기능의 네 가지로 제시할 수 있다(조규락·김선연, 2006: 215-216).

① 매개적 보조 기능

교사가 학습자를 가르칠 때 수업의 보조수단으로 매체를 사용하는 것을 의미한다. 매체는 교육현장에서 사용됨으로써 명료한 메시지 제시, 수업시간 단축, 주의력 집중, 동기유발, 흥미유발 등 보다 능률적인 수업을 진행할 수 있도록 작용한다. 수업매체의 매개적 보조 기능은 매체를 사용하는 사람의 기술이나 상황에 따라 크게 좌우될 수 있기 때문에 매체의 활용 방법에 따라 학습효과가 다르게 나타날 수 있다. 그리고 수업매체는 주의력을 끄는 특성이 있기 때문에 학습자가 즐겁게 학습할 수 있도록 도와준다. 또한 명료한 메시지, 생동감 있는 영상의 전개, 각 매체마다의 특수한 효과 등의 사용은 학습자의 흥미를 유발시켜 적극적인 태도를 형성시켜 준다.

② 정보전달 기능

교사가 학습자에게 필요한 내용을 전달하기 위하여 매체를 사용하는 것으로 시공간을 초월하여 정보를 전달할 수 있고, 학습자의 감각채널을 자극하여 정보를 수용할 수 있도록 하는 기능이다.

③ 학습경험의 구성 기능

학습자가 매체를 활용함으로써 다양한 학습경험을 갖게 해 주는 기능을 한다. 이는 교수매체가 단순히 기계적인 지식 전달 기능만 하는 것이 아니라 그 자체로 교육적인 경험을 제공하는 역할을 할 수 있음을 보여 준다. 즉, 매체는 학습할 내용인 동시에 경험을 재구성하는 기능을 갖고 있는 것이다.

④ 교수 기능

매체를 효과적으로 구성 활용하여 학습자의 지적 기능을 개발시키는 것이다. 매체가 정보를 어떻게 전달하느냐에 따라 학습자의 인지, 지각, 표상능력을 증진시킬 수 있기 때문에 적절하게 사용한다면 효율적인 교수 기능을 수행할 수 있게 된다. 즉, 학습자로 하여금 매체로부터 전달되는 정보를 지각하고 자신의 인지구조에 적합하게 변형시켜 인식하도록 하며 그 결과를 표현하도록 함으로써 학습자의 지적 기능을 계발시킬 수 있다.

(2) 교수매체의 기여도

교수·학습 과정에서 효율적인 의사소통의 촉진을 위한 목적을 가진 교수매체의 기여도는 비교적 높게 평가되고 있다. 이는 다음과 같은 기여를 할 수 있기 때문에 그 필요성이 증대되고 있는 것이다(박숙희·염명숙, 2008; 임형택 외, 2013; Kemp & Smellie, 1989).

① 교수활동이 보다 표준화 된다.

교수의 과정에서 교사들의 경험이나 지식의 차이에 따라 교수활동의 양과 질이 영향을 받을 수 있다. 그러나 표준화된 교수매체는 이러한 문제점을 해소시킬 수 있다. 모든 학습자가 같은 매체를 보고 듣게 되므로 동일한 메시지를 전달 받게 된다. 따라서 교수매체를 사용하게 되면 교사의 개인차에 의해서 발생되는 차이점을 줄일 수 있다.

② 교수·학습의 효과성을 높일 수 있다.

교수매체를 제작할 때, 학습내용을 의미 있게 잘 조직하고 학습자의 참여를 유도시키며 다양한 예, 피드백, 강화를 제공하여 교수매체와 학습자 간의 상호작용이 일어날 수 있도록 하면 학습의 파지와 전이를 높일 수 있다. 예컨대 학습내용의 구체적인 사례의 예를 보여줌으로써 교수·학습현장에서 반복적인 설명보다 더 효과적인 수업이 될 수 있다. 수업심리학 연구 결과를 보면, 10% 정도의 내용은 귀로 들으면서 배우지만 80% 이상은 눈으로 통해 배우며 학습자들은 귀로 들은 것 중의 20% 정도만 기억하는데 비해 눈으로 보고 들은 내용은 50% 이상을 기억하고 있다는 것이다. 따라서 많은 학습과제가 시각자료를 통하여 제시되는 경우 학습의 효과를 높일 수 있다(이칭찬·이의길, 2007).

③ 교수·학습의 효율성을 높일 수 있다.

교수매체는 교사중심의 강의나 설명에 비해 다양한 감각기관을 자극할 수 있으며 보다 구체적이고 다양한 형태의 정보를 빠른 시간에 제시할 수 있다. 따라서 수업이 진행 되는 동안 교사와 학습자 모두가 시간을 효율적으로 사용할 수 있다.

④ 학습자로 하여금 교수·학습과정에 대한 긍정적인 태도를 갖게 할 수 있다.

다양한 형태의 교수매체를 활용한 수업은 학습자의 동기를 부여하고 주의를 집중시키는데 긍정적인 효과가 있다. 명료한 메시지, 변화 있는 전개, 특수효과의 사용 등은 학습자를 즐겁게 해 주며 깊이 생각하게 만들고 동기를 유발시켜 준다.

⑤ 학습의 질을 높여 준다.

교수매체는 지식의 요인들을 분명하게 전달할 수 있기 때문에 학습자들은 적절한 학습 활동과 사후 학습을 할 수 있어 기대되는 수준까지의 학습이 가능하게 된다.

⑥ 학습자가 편리한 시간과 장소에서 학습할 수 있다.

교육내용이 비디오나 오디오 혹은 컴퓨터를 통하여 개별 사용이 가능하도록 개발할 수 있기 때문에 학습자가 편리한 시간과 장소에서 학습할 수 있다. 이전에는 주로 라디오, TV, 녹음기 등을 이용했으나 최근에는 쌍방향 TV, 멀티미디어, 이메일, 위성방송, 인터넷 등이 보편화 되고 있다. 온라인을 통한 원격교육 시스템을 통하여 언제 어디서나 학습이 가능하게 되었다.

⑦ 교수자의 역할이 긍정적인 방향으로 바뀔 수 있다.

교수매체를 활용함으로써 교수자에게 많은 이점을 가져다준다. 학습내용을 반복적으로 설명하고 전달하는 업무의 일부를 교수매체가 담당함으로써 교수자는 수준별 개인지도나 보충, 심화학습 또는 학습자들의 상담자로서의 역할의 기회가 증가 된다.

3) 교수매체의 유형 및 특성

교수매체는 매우 다양하다. 교수매체가 다양한 만큼 학자들 마다도 다양하게 구분되지만 <표 5-8>과 같이 주로 정보를 제공하는 정보의 형태에 따라 시각 매체, 청각 매체, 시청각 매체, 상호작용 매체로 나눌 수 있다(류지헌 외, 2013; 유승우 외, 2014; 홍기칠, 2012).

〈표 5-8〉 교수매체의 유형(박숙희·염명숙, 2008: 210)

분류		종류	특징
시각 매체	비투사 매체	• 실물, 모형, 사진, 그램프, 그림, 포스터, 차트, 인쇄매체 등	• 광학적, 전기적 투사방법을 사용하지 않음
	투사 매체	• 슬라이드, OHP, 실물화상기, 빔프로젝트 등	• 광학적 전기적 투사방법을 사용함
청각 매체		• 카세트 플레이어, 라디오, 레코드 음반, 오디오, 녹음기, CD, MP3	• 청각적인 정보를 전달
시청각 매체		• VTR 영화, TV, 동영상 등	• 시각과 청각적 정보를 동시에 활용함
상호작용 매체		• 컴퓨터 보조학습(CAI), 멀티미디어 시스템, 상호작용 비디오, 쌍방향 TV 등	• 컴퓨터가 기본 학습자와 상호작용이 가능

(1) 시각 매체

시각 매체는 자료의 내용을 주로 시각적인 방법에 의존해서 제시하는 매체를 말한다. 시각 매체에서 투사매체는 자료를 제시할 때 광학적 또는 전기적 투사방법을 사용하는 것으로 OHP(over-head projector), 필름, 슬라이드, 실물 화상기 등이 해당된다. 비투사 매체에는 그림, 모형, 실물, 사진, 그래프 등의 자료가 해당된다.

(2) 청각 매체

소리로만 전달할 수 있는 매체를 의미하며 카세트 플레이어, 라디오, 녹음기, CD 플레이어, MP3 CD 플레이어 등이 이 유형에 속한다. 청각 매체는 언어 학습이나 음악 감상과 같이 청각을 위주로 정보를 전달할 때 사용한다. 다른 매체에 비해 비교적 손쉽게 구할 수 있으며 반복성과 기록성, 보존성이 뛰어나며 제작 및 편집이 쉽고 사용방법도 쉽다는 특징을 가지고 있다.

(3) 시청각 매체

정보를 전달하기 위해 시각 정보와 청각 정보를 동시에 제공할 수 있는 매체를 의미 한다. 여기에는 비디오나 텔레비전 혹은 영화 등이 해당된다. 이러한 매체들은 사진이나 그림처럼 단순히 정지된 화면만이 아니라 움직이는 영상까지 함께 제시한다는 특징이 있다. 시각 매체나 청각 매체에 비해 제작이 쉽지 않다는 단점이 있지만 최근에는 휴대용 촬영기가 발달함에 따라서 시청각 매체 제작도 점차 쉬워지고 있다.

(4) 상호작용 매체

상호작용 매체는 매체와 사용자의 상호작용을 강조한 것으로 주로 컴퓨터 기반의 장치가 교수·학습을 지원하는 형태인 CAI(computer assisted-instruction: 컴퓨터보조수업), 상호작용 비디오, 멀티미디어, 하이퍼미디어, 쌍방향 TV 등으로 분류된다.

이와 같은 매체들은 단순한 정보 제시 수준을 넘어 학습자의 반응을 감지하고 그 반응에 대한 피드백이나 결과를 제공함으로써 학습자와 상호작용이 가능하다는 점이 다른 매체와 비교되는 큰 특징이다. 상호작용 매체는 사용성과 융통성이 높아서 수업효과를 높이는 데 적합하다.

4) 교수매체의 선정과 활용을 위한 절차

교수매체를 효과적이고 체계적으로 선정·활용하기 위해 교수매체 선정의 준거 및 고려사항에 대해 알아보고 매체의 효과적 활용을 위한 절차인 ASSURE 모형에 대해 알아보고자 한다.

(1) 교수매체 선정의 준거 및 고려사항

교수매체 선택은 다양한 요인에 의하여 영향을 받게 된다. 교수매체 선정에서 가장 중요시되어야 하는 것은 설정한 학습목표 달성에 얼마나 적절하냐 하는 것이다. 뿐만 아니라 학습자 특성에도 적절한 것인지를 고려하여야 한다. 그러나 교수매체의 선정은 단편적인 부분의 적절성에 의하여 이루어져서는 안 될 것이다. 여기에서는 교수매체 선정을 위한 준거와 매체 선정 시 고려해야 몇 가지의 사항들을 살펴보고자 한다(노혜란 외, 2012; 유구종 외, 2013; 조규락·김선연, 2006).

① 교수매체 선정의 준거

교수매체를 선정하는 과정에서는 목표를 기준으로 적절성, 곤란도 수준, 경비, 활용 가능성, 기술적인 측면의 다섯 가지 준거를 기본적으로 고려하여 선정할 필요가 있다(손은주 외, 2014: 229).

가. 매체의 적절성이다.

이는 교수매체가 구체화된 과제를 성취하도록 하는데 적절한가?의 문제이다. 매체의 적절성 여부는 목표와 밀접하게 관련되어 있으며 매체선정의 매우 중요한 준거가 된다. 만일 교사가 가르치고자 하는 내용과 학습자들이 학습하기를 원하는 것이 무엇인지를 명확히 알고 있다면 학습자들에게 도움을 줄 수 있는 매체를 선정하는 것은 비교적 쉽다. 예컨대, 학습자들이 잘못된 동작을 구별하고 수정하기를 원한다면 해당 동작을 매체를 통하여 보여줄 수 있으며 '화산의 분출'에 대해 공부하고자 할 때는 동적인 사진이나 동영상을 활용하는 것이 적합할 수 있다.

나. 곤란도의 수준이다.

이는 매체가 학습자들의 이해 수준에 적합한가?의 문제이다. 매체 속에서 사용되는 언어, 그림, 설명, 내용제시의 속도 등이 학습자들이 이해하는데 어려움이 없는지를 검토해야 한다.

다. 경비의 문제이다.

이는 경비가 얼마나 많이 소요 되느냐?의 문제이다. 여러 가지의 매체들 중에서 같은 효과를 주는 것이라면 경제적으로 부담이 적은 매체가 활용되는 것이 바람직하다.

라. 활용가능성의 문제이다.

어떤 매체를 필요로 할 때 그 시설은 물론이고 자료를 구할 수 있고 활용할 수 있는지의 여부를 알아볼 필요가 있다. 동영상이 가장 효과적인 매체로 판단했다 하더라도 컴퓨터나 인터넷이 설치되어 있지 않다면 사용할 수 없다.

마. 기술적인 문제이다.

각종 매체에 수반되는 시설 및 기술의 정확성이 보장되어야 매체를 적절히 효과적으로 활용할 수 있다.

② 교수매체 선정 시 고려사항

교수매체 선정 시 다음과 같은 사항을 고려해야 한다.

가. 학습자 특성을 고려해야 한다.

매체를 통해 학습할 학습자가 어떠한 특성을 가지고 있는지를 분석하는 것은 매우 중요하다. 기본적으로 나이, 성별, 학년, 지적 수준 등의 특성을 파악하는 것 이외에 학습자가 선호하는 매체는 무엇이지, 적성이나 성격, 태도 등은 어떠한지, 학습스타일은 어떠한지, 교과나 매체와 관련된 선수경험은 어떠한지 등을 파악하여 적절한 매체를 선정하여야 한다. 일반적으로 나이가 어린 학습자들에게는 직접 조작 가능하고 시각적으로 보여 지는 등 구체성이 높은 매체를 제시하여 명확한 내용 전달이 될 수 있도록 학고 성인들에게는 추상적인 매체를 통해 스스로 자기주도적으로 정보를 해석하고 고차원적인 사고를 촉진할 수 있도록 하는 것이 바람직하다.

나. 교수매체에 대한 교수자의 태도나 사용능력이다.

교수자가 매체에 대해 어떠한 태도와 사용 능력을 가지고 있는지도 매체 선정의 중요한 요인이다. 아무리 다양한 기능을 갖추고 효과가 높은 매체라 할지라도 수업 상황에서 직접 조작해야 할 교수자가 그 매체를 선호하지 않거나 조작이 미숙하다면 오히려 학습효과는 반감될 수 있다. 교수자가 특별히 선호하거나 기피하는 매체는 무엇인지, 사용하고자하는 매체에 친숙한지, 호감을 가지고 있는지, 매체의 조작이 쉬운지 등을 고려하여야 한다.

다. 수업 상황이다.

수업이 이루어지는 수업 상황을 분석하고 고려해야 한다. 수업 집단의 크기가 대집단인지 소집단인지 또는 개별 학습이 가능한지에 따라 매체 선정이 달라 질 수 있다. 예컨대 대집단이라면 대중 모두에게 효과적으로 전달할 수 있는 파워포인터와 프로젝션, 비디오나 실물화상기와 같은 프레젠테이션 매체를 쓰는 것이 효과적일 것이고 집단의 크기가 작거나 개별 학습이 가능하다면 실물 모형, 인터넷을 통한 e-러닝 등과 같은 방법을 활용할 수 있다. 집단의 크기뿐만 아니라 발견학습, 시뮬레이션, 토의학습 등 수업에서 주로 활용될 교수전략이 무엇인지에 따라서도 어떠한 교수매체를 활용할 수 있는지에 대한 고민이 이루어져야 한다.

라. 학습목표와 내용이다.

학습목표 및 내용이 무엇인지에 따라서도 효과적으로 전달할 수 있는 방법 및 매체가 다르다. 학습목표가 인지적 영역인지, 심체적 영역인지, 정의적 영역인지에 따라 효과적인 전달 매체가 달라 질 수 있다. 인지적 영역의 학습목표를 위해서 프레젠테이션이나 실제 내용을 사실적 또는 개요적으로 보여줄 수 있는 매체를 선정하여 활용하고, 비디오와 같은 영상 매체는 태도적 측면 학습을 위해 활용할 수 있다.

마. 매체의 물리적 속성과 기능이다.

매체 자체가 어떠한 속성과 기능을 가지고 있는지는 매체를 선정하는 직접적인 계기가 된다. 앞서 매체의 유형 및 특성에 대해 살펴보았듯이 매체가 시각적 매체인지 청각적 매체인지, 혹은 시청각적 매체인지 등 매체의 주요 속성에 따라 교수 학습의 효과를 극대화시킬 수 있는 매체를 선정해야 한다. 매체가 가지고 있는 속성 뿐 아니라 다양한 기능, 안전성, 견고성 등도 매체 선정 시 고려해야 한다.

바. 수업장소의 물리적 환경이다.

앞서 여러 가지 교수 요인에 근거하여 최상의 매체를 선정했다 하더라도 실제 수업이 실행될 장소의 물리적 환경을 점검하고 검토해야 실제적인 수업이 가능하다. 즉, 전기를 활용해야 하는 매체를 선택했는데 전기적 시설이 마련되어 있지 않다든지, 암막 커튼 등을 통해 빛을 적절히 차단할 수 없다든지, 장소가 너무 협소하다든지, 컴퓨터나 스크린 등의 장치 등을 확보할 수 없다면 실제 수업에 활용하기 어렵다. 수업이 진행될 장소에 대한 사전 점검과 지원 장치 등에 대한 파악이 선행되어야 한다.

사. 실질적 요인이다.

교수매체 선정에 영향을 미치는 요인들에는 매체 활용에 대한 현실적인 고려가 있어야 한다(Bates, 1995). 첫째, 주어진 학습 시간 내에 모두 활용할 수 있는 것인지 적절성을 고려해야 한다. 둘째, 비용 대비 효과가 좋은지 알아보는 활용도, 이동의 용이성 등 효율적이고 경제적인 측면을 고려해야 한다. 셋째, 교수자가 매체를 활용하기에 조작이 지나치게 복잡하거나 어렵지는 않은지 매체로 친밀성을 고려해야 한다. 넷째, 매체가 얼마나 참신한지 새로운 것인지 신빙성을 고려해야 한다. 다섯째, 여러 수업시간에 자주 활용될 수 있는지, 이동은 쉬운지 등 매체 활용 시 고려해야 할 실질적인 요인들을 고려해 보아야 한다.

(2) 매체의 효과적 활용을 위한 절차: ASSURE 모형

교수매체를 선정하고 이를 활용하기 위한 절차에는 ASSURE 모형을 들 수 있다. ASSURE 모형은 Heinich와 그의 동료들이(1996) 교수·학습과정에서 효과적인 교수매체활용을 위하여 고안해낸 모형이다. 교수매체를 활용하는 학습지도안을 쉽게 작성할 수 있는 실천적 모형으로 교수매체를 효과적으로 활용하기 위한 대표적 모형이다. 이 모형은 총 6단계로 학습자 분석(Analyze learners), 목표 진술(State objective), 교수방법, 매체, 자료의 선정(Select methods, media and materials), 매체와 자료의 활용(Utilize media and materials), 학습자 참여 유도(Require learner participation) 및 평가와 수정(Evaluate and revise)으로 되어 있으며 이들의 영어 첫 글자를 따서 ASSURE 모형이라고 한다(Heinich, et al., 1996). ASSURE 모형의 각 단계와 세부활동을 살펴보면 [그림 5-3]과 같다.

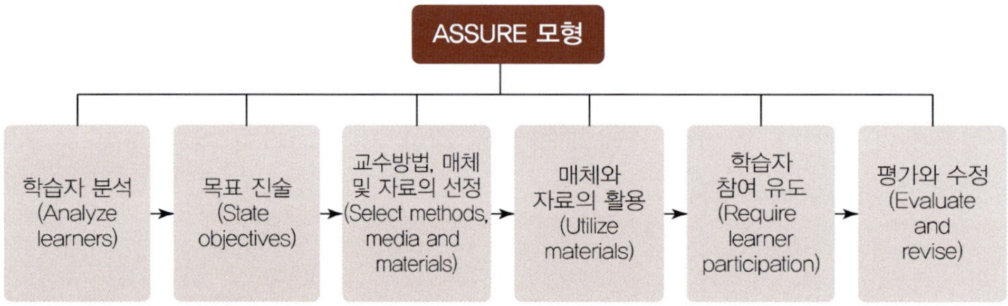

[그림 5-3] ASSURE 모형

① 학습자 분석(Analyze learners)

학습목표에 이르기 위한 가장 효과적인 교수매체를 선택하고 활용하기 위해서는 먼저, 학습자 특성을 분석을 해야 한다. 학습자 분석을 위해 고려해야 할 요인들은 학습자의 일반적 특성, 구체적 출발점 능력, 학습유형 등이 해당된다. 학습자의 일반적 특성이란 학습자의 연령, 성별, 지적특성, 사회·문화적 특성, 경제적 특성 등을 의미한다. 이러한 특성은 학습수준을 결정하거나 적절한 예를 선택하는 등의 수업전략을 수립하는 데 유용한 자료가 되는 요인이다.

출발점 능력이란 새로운 학습을 시작하기 이전에 학습자가 이미 가지고 있는 지식, 기술, 태도 등을 의미한다. 학습자의 구체적 출발점 능력은 학습내용과 직접적으로 관련되는 요인이다. 학습유형은 학습자가 학습 환경에서 어떻게 지각하고 상호작용하며 정서적으로 반응하는지에 대한 심리학적 특징을 의미한다. 주로 감각적 선호도, 정보를 처리하는 습관, 동기요인 등에 의해 영향을 받는다(유승우 외, 2014).

② 목표 진술(State objective)

수업목표는 가능한 한 구체적으로 설정하고 학습의 결과로 습득하게 될 새로운 지식과 경험을 명확하게 진술하는 것이다. 따라서 학습자가 수업이 끝난 후에 무엇을 할 수 있는지의 관점에서 목표를 진술해야 한다. 수업목표는 학습자(Audience)가 나타내 보일 행동(Behavior), 이들 행동이 수행될 조건이나 상황(Condition), 행동의 성취기준(Degree) 등을 포함하여 기술한다. 이와 같이 목표 진술시 ABCD 규칙에 근거하여 목표를 작성하게 되면 보다 명확한 학습목표가 설정이 되고 목표의 달성여부를 평가할 수 있는 준거지향 평가도 함께 계획하게 된다.

③ 교수방법, 매체 및 자료의 선정(Select methods, media & materials)

학습자의 특성을 파악하고 수업목표를 구체적으로 진술하고 나면 이 단계에서는 진술된 목표에 도달하기 위한 교수방법을 먼저 선택하고 다음으로 어떤 매체와 자료를 활용할 것인지를 결정해야 한다. 즉, 학습자 분석결과와 목표, 수업방법을 토대로 기존의 매체와 자료를 그대로 이용할 것이지, 기존의 매체와 자료를 수정 및 보완할 것인지, 아니며 새롭게 개발할 것인지를 결정하여 실행한다.

<표 5-9>를 참조하여 기존의 매체와 자료를 활용할 경우 수업상황에서 사용할 매체는 이미 만들어진 기존의 자료 중에서 적합한 것을 골라서 사용하는 것이 최선의 방법이며 기존의 매체와 자료를 수정할 경우는 시간이나 비용 관점에서 새로운 매체나 교재를 제작하는 것보다 상당히 효율적일 수도 있다. 그리고 새로운 매체와 자료를 제작할 경우는 학습목표에 달성에 적합한 새로운 것을 교사 스스로가 만들어야 한다. 이와 같은 경우에는 다음과 같은 몇 가지 사항들을 고려할 필요가 있다.

〈표 5-9〉 교수방법과 교수매체의 관계(노혜란 외, 2013: 279)

구분	컴퓨터 소프트웨어	비디오	그래픽			오디오	인쇄 자료	실물/모형
			시각자료	슬라이드/OHP	게시판			
내용제시		○	○	○	○	○	○	
시범	○	○	○		○			○
토론					○			
협동학습	○		○					○
발견학습	○		○				○	○
문제해결	○	○	○		○		○	
교수게임	○		○				○	
모의	○		○				○	○
반복연습	○						○	
개인교수	○						○	

가. 새로운 자료 설계 시 고려할 점

새로운 매체나 자료를 설계할 때 고려해야 할 기본적 요소는 다음과 같다(변영계 외, 2012).

첫째, 학습목표를 고려하여 학습자에게 가르치려고 하는 내용이 무엇인지를 파악하고 있는가?

둘째, 학습자의 특성은 충분히 파악하고 있는가?

셋째, 자료를 만들기 위해 필요한 시간과 비용을 가지고 있는가?

넷째, 자료를 만들기 위한 충분한 장비와 기술을 가지고 있는가?

다섯째, 자료를 활용할 환경에 대해 충분히 파악하고 있는가?

여섯째, 자료를 활용할 사람들에 대해 충분히 파악하고 있는가?

일곱째, 개발 과정에서 생길 수 있는 문제에 대해 도움을 받을 수 있는 사람은 있는가?

(3) 매체와 자료의 활용(Utilize media and materials)

사용할 매체와 자료가 선정되었거나 제작이 완료되었다면 이를 활용할 단계이다. 따라서 어떤 방식으로 매체를 활용할 것인지에 대한 교수전략을 수립해야 한다. 교수매체의 효과적 활용을 위해서는 수업 전에 자료를 사전점검하고 내용과 제시 순서 등을 정하여 미리 시연해 보는 것이 필요하다. 뿐만 아니라 자료를 사용하기 위한 기자재나 시설, 환경 등을 미리 점검하고 정비해야 한다.

(4) 학습자 참여 유도(Require learner participation)

효과적인 수업을 위해서 학습자들의 적극적인 참여와 사고활동을 유도함이 필요하다. 학습자가 목표 달성을 위해 능동적으로 참여할 수 있도록 학습자의 실제 행동이 요구된다. 따라서 학습자로부터 반응을 유도할 수 있는 자료를 제시한 후에 연습기회를 제공해 주고, 학습자 반응에 대한 적절한 피드백을 제공하는 방법 등을 통해 수업 참여의 기회를 높이도록 한다.

(5) 평가와 수정(Evaluate and revise)

평가와 수정단계는 교수활동이 끝나고 효과를 평가하는 단계이다. 이 단계는 ASSURE의 모형의 마지막 단계이기도 하지만 지속적인 매체활용을 위한 시발점이 되기도 한다. 평가의 형태로는 먼저, 학습자의 학습목표 달성 정도를 파악하기 위한 성취도를 평가한다. 이외에도 교수방법과 교수매체의 영향력, 자료의 적절성 등을 평가 한다. 또한 전체적인 관점에서 수업전략이나 전달체제 등의 적절성 여부 등을 평가하는 교수·학습과정에 대해 평가한다. 이와 같은 평가를 통해 교수자의 의도와 실제 평가에 차이가 있다면 다음 수업을 위해 수정 계획을 수립한다.

5 프로그램 설계 명세서 작성

설계 명세서는 교수·학습 활동에서 단원지도와 차시별 본시 지도안을 구성하는 것과 같이 여기서는 설계과정을 통해 산출된 결과물들을 종합하여 단원별, 레슨별, 세부 활동별로 명세서로 작성하게 된다. 이러한 설계 명세서는 프로그램 개발의 지침을 제공하고 교육활동을 보다 구체화·가시화할 수 있도록 해준다. 여기서는 먼저, 단원 명세서 작성 시 공통적으로 포함되는 내용들을 중심으로 살펴보고자 한다 (김진화, 2011: 315). 그리고 단시수업계획인 레슨명세서와 세부 활동 명세서는 교안 에 포함되어야 할 내용들로 구성되어 있으므로 다음의 6장의 교안 개발에서 구체적으로 살펴보고자 한다.

1) 단원 명세서

단원 명세서는 단원지도 계획, 또는 전체 프로그램 지도 계획서를 의미한다. 여기에는 프로그램 명, 프로그램 목표 하에 단원 명, 단원 목표, 단원 내용(내용분석), 단원 전개 계획, 교육방법 및 매체, 평가계획, 지도상 유의점 등이 포함된다.

- 단원 명: 단원 명은 어떤 주제나 내용을 중심으로 묶은 학습단위로 학습자들이 학습해야 할 내용에 따라 제목, 단원 등의 용어로도 쓰인다. 단원은 대단원, 중 단원, 소 단원으로 나눠질 수 있다. 단원 명을 기재할 때는 일반적이고 대표적인 주요한 제목, 중요한 원리나 개념 또는 사실을 대표하는 문구, 학습자의 중요한 문제를 표시하는 의문문으로 나타낼 수 있다.
- 단원 목표: 단원 목표는 단원 지도 후에 학습자가 성취해야 할 행동이어야 하는데, 단원의 주요 내용과 그 내용에 대하여 학습자들이 어떤 행동으로 성취되기를 바라는가를 분명하게 진술되어야 한다. 단원 목표는 주요한 내용의 영역과 그 내용을 다룸으로써 달성될 것으로 기대하는 행동을 포함하여 진술한다. 일반적으로 지식, 기능, 태도가 골고루 포함될 수 있도록 하여

야 하므로 차시별 수업목표에 비하여 포괄적이고 종합적으로 진술한다.

- 단원 내용: 단원 목표를 토대로 학습자에게 가르칠 학습내용을 객관적이고 타당하게 제시해야 한다. 이는 학습의 평가와도 밀접하게 관련되어 타당한 평가를 위해 제일 먼저 학습과제를 명확히 분석해야 한다. 어떤 내용을 가르쳐야 하는 가에 대한 학습내용이 구체적으로 분석되어야 그것을 기초로 학습목표가 상세화되고 가르칠 학습요소, 학습요소 간의 관련성, 학습 순서 등을 밝혀 낼 수 있다.
- 단원 전개 계획: 단원 목표에 따라 학습과제를 분석하고 그 요소를 추출한 후에는 이를 토대로 단원의 목표를 달성하기 위해 몇 시간이 필요한지, 어떤 순서로 단원을 전개할 것인지를 결정해야 한다. 이를 위해 공통요소는 가능하면 초기에 가르치고, 한 수업목표가 다른 수업목표의 선수 학습 능력이 될 때 선수 학습 능력이 되는 것을 먼저 가르친다. 또한 교과의 특성이나 자료의 특성에 따라 순서를 정하여 계열을 정한다. 그런 다음 수업 전략과 방법을 수립한다. 수업계열의 결정에 따라 한 단원을 몇 시간 동안 가르칠 것인지를 판단해야 한다.
- 지도상의 유의점: 단원의 학습내용 분석과 각 학습과제별 특성이나 학습자들의 특성 등을 고려하여 교수자 자신이 해당 단원 학습을 지도하기 위해 각별히 유의해야 할 점들을 찾아 작성한다.

2) 레슨 명세서

레슨 명세서는 단원 명세서 보다 좀 더 작은 단위의 명세서로 단시지도 계획서를 의미한다. 여기에는 레슨명 또는 프로그램 명, 레슨목표, 학습단계, 레슨내용, 교육활동, 보조자료 및 매체, 시간, 유의사항, 형성평가 등이 포함된다.

3) 세부활동 명세서

세부활동 명세서는 단시수업의 세부활동 계획서로 교수·학습 활동의 상호작용 계획서를 의미한다. 레슨 명세서보다 좀 더 구체적인 내용을 담고 있는 것으로 여기에는 교수·학습 활동 학습내용, 교수방법, 보조자료 및 매체, 동기전략, 평가 항목, 시간 등이 포함된다.

CHAPTER 06

개 발

개 요

이 장은 앞서 제작된 설계 명세서를 토대로 실제 교육에서 사용할 다양한 교수·학습자료를 개발하고 개발된 교수자료의 초안을 관련 전문가와 학습자를 대상으로 자료의 효과성, 효율성, 매력성 등을 종합적으로 점검하고 평가하여 이를 수성·보완함으로써 수업현장에서 활용될 최종의 결과물을 개발하는 단계이다. 이를 위해 교수자료 개발 및 제작에서는 학습자용 자료 개발과 교수자용 자료 개발을 소개한다. 그리고 프로그램의 질을 높이기 위해 형성평가 실시 및 교수자료의 수정과 제작에 대해 소개한다.

학습목표

이 장의 학습을 끝낸 후, 다음과 같은 학습목표를 성취하기를 기대한다.

- 교수자용 매뉴얼을 작성할 수 있다.
- 시각자료 개발의 원리, 특성, 목적에 대해 설명할 수 있다.
- 시각자료의 설계 원리를 설명할 수 있다.
- 시각자료에 영향을 주는 요인을 설명할 수 있다.
- 파워포인트 자료의 개발 원리를 설명할 수 있다.
- 형성평가의 단계를 설명할 수 있다.

1 교수자료 개발 및 제작

교수자료 개발 단계에서는 프로그램 설계과정에서 결정한 사항에 따라 설계된 프로그램과 관련된 자료를 개발하는 단계이다. 실제로 프로그램 개발 활동에 있어 설계 단계와 개발 단계는 서로 밀접한 상호작용을 유지하면서 운영되며 설계 단계에서 하는 업무와 개발 단계에서 하는 업무를 구분하지 않고 설계와 개발 단계를 하나의 단계로 취급하여 프로그램을 개발하기도 한다. 즉, 교육내용과 교수기법에 대한 설계활동을 하면서 이와 관련된 교재나 학습자료 등을 만드는 과정을 병행하게 된다.

개발 단계의 대표적 활동으로는 교재 개발, 매뉴얼 개발 그리고 각종 교육자료 개발 등이 포함된다(권대봉, 2003; 김한별 외, 2010). 여기서는 학습자용 자료 개발과 교수자용 자료 개발로 나누어 살펴보자 한다.

1) 학습자용 자료 개발

학습자용 자료 중 대표적 자료로는 교재(textbook)를 들 수 있다. 교재는 학습자들이 학습하는 데 필요한 정보를 담고 있는 교육 자료이다. 일반적으로 교재는 교수자 중심으로 정리된 텍스트북을 의미하는 것으로 인쇄된 책으로 볼 수 있다. 텍스트 형태의 인쇄 교재는 교육내용을 일목요연하게 정리하여 방대한 지식을 전달할 수 있고 또한 저렴한 비용으로 개발이 용이하므로 가장 널리 활용되고 있다. 학습자용 교재의 구성은 개요, 수업목표, 기본적 내용, 표와 그림, 연습문제, 참고 자료 등과 같이 학습자에게 꼭 필요하고 중요한 정보를 담고 있다.

수업의 개요는 중요한 정보를 구조화하여 제시한다. 개요가 제시되어 있기 때문에 학습자는 수업 중에 자료를 정리하지 않아도 된다. 또한 개요는 교수자가 지엽적인 문제가 아니라 중요한 아이디어, 사실, 개념과 과제에 초점을 맞출 수 있게 한다. 수업목표는 수업이 기본적으로 수업목표에 기초하여 이루어지기 때문에 교수자는 학습자에게 수업목표를 알 수 있도록 하여 수업이 기대되고 학습자가 어떻게 평가될지를 분명히 밝혀주어야 한다. 연습문제는 학습자에게 필요한 기술과 지식을 심화하는데 활용된다. 참고자료는 학습자들로 하여금 앞으로 더 공부할 수 있게 하고 또한 자기주도적 학습과 개별 연구의 기회를 제공한다. 마지막으로 표와 그림은 많은 정보를 간결하게 표현할 수 있거나 시각화해서 발표할 때 사용할 수 있다. 시각적 학습을 선호하는 학습자들은 이런 방식의 발표를 통해서 정보와 개념을 더 잘 이해할 수 있다(장원섭, 2011: 121).

최근에는 학습자 교재가 워크북(work book) 형태로 많이 제작되고 있다. 워크북은 본래, 지식을 전달하기 위한 목적이라기보다는 학습자가 학습 활동을 통해 획득한 지식을 스스로 구성해 보고 체계화하는 공간으로서의 의미가 더 크다고 볼 수 있다(김용현 외, 2010). 이와 같이 워크북은 학습자 중심으로 체계화 한다는 점에서 교재와 차이가 있다.

2) 교수자용 자료 개발

교수자용 자료 개발에서는 실제로 활용도가 높은 교수자용 매뉴얼과 교수자용 보조물인 파워포인트 자료 개발에 대해 살펴보고자 한다.

(1) 교수자용 매뉴얼

매뉴얼은 교수자뿐만 아니라 교육 진행자를 위해 개발한다. 매뉴얼에는 교육 프로그램 전체 설계에 대한 정보가 담겨있는 것으로 진행자와 교수자가 교육을 효과적이고 효율적으로 시행하는 데 필요한 정보들을 매우 구체적으로 제시한다. 여기에는 교육목표, 내용, 방법 평가 등에 대한 내용이 포함된다. 교수자용 매뉴얼의 목적은 교수자 개인의 자질로 인해 교육 효과가 좌우되는 것이 아니라 표준화된 매뉴얼을 통해 교수자로서의 질을 일정하게 맞추고 학습자에게 동일한 정보가 전달되도록 하는 것이다. 즉, 순차적으로 프로그램 진행의 흐름을 제시하여 매뉴얼만 따라하면 누구나 성공적인 교육을 할 수 있도록 하는 데 있다(장원섭, 2011: 122).

교수자용 매뉴얼의 구성요소를 구체적으로 살펴보면 교과목명, 또는 과정명, 교육과정 체계도, 교과주제의 흐름도, 교육 운영 일정, 교과의 목적 및 목표, 주제명, 개요, 소요 시간, 각 단원별(단시수업) 교안이 포함된다. 각 단원별 교안에는 단원 명, 교육목표, 소요 시간, 교육방법, 교보재, 내용 흐름도와 사전 준비물, 교수·학습 활동안 등이 포함된다.

① 교안 개발

교안은 교수자용 자료 개발에서 가장 중요한 작업 중 하나이다. 교안은 교수자와 학습자 간 학습 활동의 기반이 되는 학습지도안으로 주로 교수자가 조직된 수업 내용에 따라 단위 시간 안에 효율적으로 지식을 전달할 수 있도록 주어진 교육 시간 내에 다루어져야 할 교육내용을 교수·학습 진행단계에 따라 교수·학습내용을 명시하고 이에 따른 교수·학습 활동을 구체적으로 설계하는 사전 준비물을 말한다.

따라서 교안은 교수·학습을 효과적으로 이끌기 위한 실제 수업의 시안이며 수업의 가설로 수업이 나아갈 방향을 분명히 제시해 주는 나침반과 같은 역할을 한다. 이와 같이 교수자는 교안을 작성함으로써 자신 있게 지도할 수 있고 수업 시간의 낭비를 최소한으로 줄이고 효율적으로 시간을 활용할 수 있으며 수업 내용의 누락과 중복을 피할 수 있게 되며 학습 활동의 일관성을 유지할 수 있게 된다(가영희 외, 2011; 조성일 외, 2006).

가. 교안의 의의와 필요성

- 그때그때의 지도목표와 그 달성을 위한 구체적인 절차나 방법, 수단 등을 제시해 준다.
- 학습내용을 명료하게 조직하여 제시해 준다.
- 수업이 전체적인 흐름을 제시해 준다.
- 교사의 수업활동과 학습자의 학습 활동을 예측하고 안내해 준다.
- 학습지도의 효율성을 높여주고 교육의 성과를 극대화시켜 준다.

- 계획적이고 체계적인 학습지도뿐만 아니라 지도를 용이하게 해준다.
- 잘 짜인 교안은 학습의 내용을 풍부하게 해주고 학습자의 학습을 용이하게 해준다.

나. 교안의 구비 조건

- 학습목표 달성의 결과에 대한 설명이 있어야 한다.
- 이미 학습한 것과 관련이 있어야 한다.
- 학습과정, 교재, 활동의 선택이 조직되어 있어야 한다.
- 학습지도의 진행 형태에 맞는 지도기술이 제시되어야 한다.
- 목표 달성의 성취수준에 대한 적절한 평가 방법이 제시되어야 한다.

다. 교안 작성의 원칙

교수·학습과정안 작성의 원칙에는 구체성, 명확성, 실용성, 평이성, 논리성을 들 수 있다. 구체적 내용은 다음과 같다(김용현 외, 2014: 151).

- 구체성: 교안은 구체적으로 작성하여야 한다. 아무리 암기력이 뛰어난 사람이라 할지라도 교수할 내용이라면 교안 속에 다 기록하여야 한다. 사소한 내용이라든지 몇 번씩이나 사용한 적이 있어 충분히 기억하고 있는 교수한 내용이라하여 교안에 구태여 적어놓을 필요가 있을까? 하고 생각한다면 그것은 충분한 강의계획을 하지 못하고 있는 것이다. 머릿속에 암기되어 있거나 다 알고 있는 것이라고 해도 모든 강의내용을 교안 속에 기입해 둠으로써 충실하고 여유 있는 강의를 할 수 있다.
- 명확성: 교안은 명확하게 볼 수 있도록 깨끗하게 적성되어야 하며 수업을 진행시킬 때, 교수자 자신이 그 교안을 쉽게 알아보고 참고할 수 있도록 글씨를 정자로 크게 기록하여야 한다.
- 실용성: 교안은 교수활동에 실질적으로 사용할 수 있도록 강의를 전제로 하여 작성하여야 한다. 학습내용의 배열이 교수활동을 효과적으로 수행하도록 이루어져야 하며 포함되어 있는 내용은 교수활동에서 모두 전달되는 것을 전제로 하기 때문에 교수활동 실시 순서대로 작성하여야 한다.

- 평이성: 교안은 쉽게 작성되어야 한다. 학습자들의 수준을 고려하여 모호한 언어의 사용을 피해야 하며 이해하기 어려운 용어나 내용을 기록함으로써 교수자 자신이 학습 진행 중 당황하는 모습을 보인다면 학습자들로부터 신뢰성을 상실할 수 있다.
- 논리성: 교안의 내용기술은 곧 강의와 마찬가지이다. 그렇기 때문에 객관적이고 보편타당성이 있어야 하며 체계적이고 규칙적이어야 한다. 그리고 모든 문제가 기술되어야 한다. 예상되는 질문이 있다면 그런 질문까지도 적어두는 것이 좋다.

라. 교안 작성의 실제

교안작성에는 일정한 양식은 없다. 즉, 교안은 수업목표, 학습내용, 학습영역에 따라 다르게 작성될 수 있기 때문에 동일한 하나의 틀만으로 생각할 수 없다. 또한 학습자의 특성에 따라서도 다양한 상호작용이 나타날 수 있기 때문에 그 형식이 다소 다를 수 있으므로 융통성 있게 작성할 수 있다. 여기서는 교안의 구비조건과 작성 원칙에 근거하여 교안작성 시 한 시간 수업(단시수업)에서 공통적으로 다루어야 할 항목들에 대해 살펴보고자 한다.

- 레슨명: 레슨명 또는 프로그램명은 본 차시의 일반적이고 대표적인 주요한 제목을 기재한다.
- 학습주제: 본시 교수·학습에서 다루어야 할 대표적인 주요한 학습내용을 문제답게 진술한다. 이것은 학습경험의 최소 단위로 본시 학습 제재의 중심 가치가 되기도 한다.
- 학습목표: 본시 학습의 지도목표는 행동의 최소 단위로서 본 차시 안에 달성 가능한 목표이어야 한다.
- 대상, 일시, 장소: 실제대로 기재한다.
- 차시: 총 8차시 중의 제2차시라면 2/8라고 기재한다.
- 지도교사: 본시 수업을 전개하는 교수자명을 기재한다.
- 학습단계: 도입, 전개, 정리의 세 단계로 나누어 기재하되 교과별, 유형별로 특성에 맞는 수업의 단계를 기재한다. 여기서 교수·학습 활동의 상호작용

과정을 교수자의 활동과 학습자의 활동으로 구체적으로 작성한다.

- 시간배분: 학습단계별 중요성에 따라 소요 시간을 적절하게 배분하여 분 단위로 기재한다.
- 학습방법: 수업목표와 내용을 고려하여 적용되는 학습방법을 기재한다.
- 학습자료: 교수자 자료와 학습자 자료를 구분해서 적는다. 학습자료에는 교재, 참고도서명, 시청각 자료의 명과 활용 방법 등 교수·학습 활동에서 사용하는 모든 자료가 포함된다.
- 지도상의 유의점: 해당 차시별 학습을 지도하기 위해서 학습자의 특성, 수업목표, 내용, 방법, 수업운영, 교수매체 등과 관련하여 교수자가 본시 수업을 통해 특별히 유의해야 할 점들을 기재한다.
- 평가계획: 학습자가 학습목표를 어느 정도 달성했는가를 알아보는 것으로 학습목표를 중심으로 다양한 방법의 평가계획을 수립하여 작성한다. 그 결과는 학습지도 방법의 개선 자료로 활용한다.

교안 예시 1: 본시 교수-학습 과정안(홍은실, 2011: 117-120)

레슨명	정서 지능 향상을 위한 전뇌학습기반 색채수업			일 시	2010. 10. 6	장소	미술실
대상	5학년	대상 수	15명	차 시	1/3(80분)	진행자	○○○
학습 주제	색의 변화-자아상			교수·학습형태	전체 → 개별 → 전체		
학습 목표	1. 명도와 채도의 개념과 진출색과 후퇴색에 대해 설명할 수 있다. 2. 한 가지 색으로 다양한 색의 변화를 표현할 수 있다. 3. 좌뇌와 우뇌 기능(전뇌)을 활용할 수 있다. 4. 정서 지능을 향상할 수 있다(정서인식과 표현, 감정이입, 정서사고촉진, 정서활용, 정서조절).						
지도상 유의점	1. 학습 내용을 잘 이해할 수 있도록 사전 지도를 충분히 한다. 2. 각종 자료를 활용하여 수업의 내용을 충분히 이해시킨다. 3. 학습자가 자신감을 가지고 표현할 수 있도록 충분히 격려한다. 4. 여러 가지 색의 배합을 통해 다양한 색의 변화를 느껴볼 수 있도록 충분한 시간을 준다.						
준비물	교 사			학 생		기자재	
	학습지도안, PPT 자료, 학습지, 컬러점토			필기도구		빔프로젝트	

단계(시간)	교수·학습 내용	교사	학생	학습자료 및 유의점
도입 (15분)		◆ 수업준비 • 수업을 시작하기 전에 이동에 따른 산만함을 줄이기 위해 간단한 손 유희 동작 또는 신체이완동작으로 집중시키도록 한다. • 본시와 관련이 있는 색채 활동과 관련된 자료와 매체를 볼 수 있도록 한다. ◆ 인사 및 출결 확인	◇ 간단한 손 유희 동작 또는 신체이완 동작 • 간단한 손 유희 동작 또는 신체이완 동작을 통해 주의를 집중하도록 한다. ◇ 색채 활동과 관련된 자료제시/ 색채 활동과 관련된 자료와 컬러점토를 보며 학습내용에 관심을 가진다. 	• 본시 활동과 관련된 색채도안 자료 제시 • 출결을 확인한다.
		1. 주의 획득, 동기유발		
	주의 획득	◆ 주의집중 • 진행자의 경험을 통해 자신안의 긍정적 정서와 부정적 정서에 대한 얘기를 들려주면서 본시 학습 주제에 관심을 가지도록 유도한다. • 본시 활동의 매체의 특성에 대한 설명을 통해 본시 활동에 흥미와 관심을 가지도록 유도한다.	◇ 동기화 ◇ 주의 집중 • 자신안의 긍정적, 부정적 정서에 관심을 가진다. • 본시 활동의 매체의 특성에 대한 설명을 통해 활동에 흥미와 관심을 가진다.	• PPT 자료 제시
		2. 본시 학습목표 제시-전체		
	학습 목표	◆ 학습목표 1. 명도와 채도의 개념과 진출색과 후퇴색에 대해 설명할 수 있다. 2. 한 가지 색으로 다양한 색의 변화를 표현할 수 있다. 3. 좌뇌와 우뇌 기능(전뇌)을 활용할 수 있다. 4. 정서 지능을 향상할 수 있다(정서인식과 표현, 감정이입, 정서사고촉진, 정서활용, 정서조절).	◇ 본 시 학습목표를 확인한다. • 학습의 동기와 기대를 가진다. 	
전개 (50분)		**3. 선수 학습 회상자극-전체**		
	생각 열기	◆ 선수 학습 확인 • 10색상환과 색의 삼원색을 보여주며 색 이름과 색의 혼합에 따른 변화를 확인시킨다. • 밝은색과 어두운색을 찾아보게 한다. • 따뜻한 느낌의 색과 차가운 느낌의 색을 찾아보게 한다. • 진출색과 후퇴색의 느낌을 찾아보게 한다.	◇ 10색상환과 색의 삼원색을 확인한다. 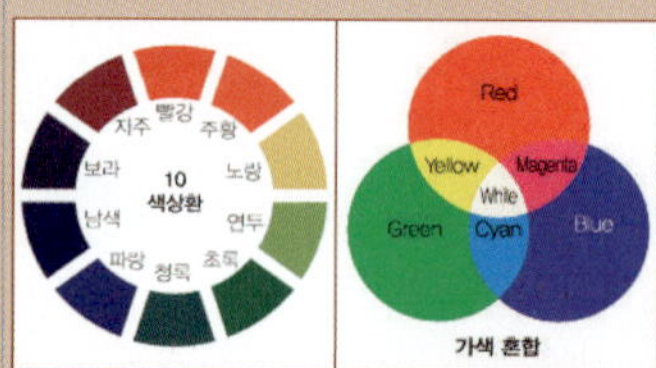 • 밝은색과 어두운색의 이름을 말해 본다. • 따뜻한 색과 차가운 색의 이름을 말해 본다. • 진출색과 후퇴색의 이름을 말해 본다.	• PPT 자료 제시 • 준비한 컬러점토 활용 다양한 매체함께 활용 • 색의 변화를 알기 위해 필요할 경우선택한 색을 배합해서 사용하도록 한다.

단계(시간)	교수·학습 내용	교수·학습 활동: 교사	교수·학습 활동: 학생	학습자료 및 유의점
전개(50분)		**4. 본시 학습 자극제시-전체**		
	단원제시	◆ 본시 학습 단원 제시 • 색의 다양한 변화(색상, 명도, 채도, 진출, 후퇴)에 대해 설명한다. ◆ 본시 학습 주제 제시: 자아상 만들기 • 본시 활동의 최대한 잘 이해시키기 위해 예시 작품을 보여 주며 본시 색채활동을 이해 시키도록 한다. • 예시 작품을 감상하며 다양한 색의 변화(명도, 채도, 진출, 후퇴)를 이해시킨다. • 자신의 모습을 작품 구상에 도움이 되도록 지도한다.	◇ 본시 학습 단원과 주제를 확인한다. ◇ 예시 작품을 감상하며 작품활동을 이해한다.  • 명도와 채도, 색의 진출과 후퇴의 개념을 알 수 있다. • 예시 작품을 감상하며 작품구상을 한다.	• 작품활동에 들어 가기 전 재료탐색시간을 준다. • 창의력과 사고력 및 정서 지능이 함양될 수 있도록 개인의 독특한 표현을 존중하도록 한다(시각형과 비시각형의 표현 방식을 이해시킴)
		5. 본시 학습 안내제시 및 수행 유도①-개별		
	학습안내	◆ 본시 학습내용의 흐름 • 색의 변화에 대해 설명한다. • 자아상을 표현할 때 긍정적 부정적 정서를 잘 나타낼 수 있도록 지도한다.	• 색의 다양한 변화에 대하 말한다. ◇ 자아상 만들기	
	표현하기	◆ 본시 학습 실행 • 눈을 감고 자신안의 긍정적 부정적 모습을 마음속으로 떠올려 보도록 한다. • 준비된 컬러점토의 색들 중 긍정적 정서와 부정적 정서에 해당되는 색을 각각 한 가지씩 선택하도록 제시한다. • 선택된 각각의 색으로 자아상을 만들어 보도록 제시한다. • 완성된 자신의 작품을 보며 선택한 색의 이름과 색의 의미를 글로 쓰도록 한다. • 긍정적·부정적 정서에 대한 경험을 글로 써보도록 제시한다. • 부정적 정서를 긍정적으로 이해하기 위한 자신만의 방법을 생각해 보고 글로 써 보도록 제시한다. • 자신이 선택한 색 중 한 가지를 선택하여 다른색과 혼합하여 다양한 색의 변화를 알 수 있도록 지도한다.	• 눈을 감고 자신안의 긍정적·부정적 모습을 마음속으로 띠올려 본다. • 준비된 컬러점토의 색들 중 긍정적 정서와 부정적 정서에 가깝다고 생각되는 색을 각각 한 가지씩 선택 한다. • 선택된 각각의 색으로 자아상을 만들어 본다. • 작품표현에 사용한 색의 이름을 쓰고 선택한 색이 어떤 의미 인지를 글로 쓴다. • 긍정적 정서와 부정적 정서에 대한 경험을 글로 쓴다. • 부정적 정서를 긍정적으로 이해하기 위한 방법을 글로 쓴다. • 자신이 선택한 색 중 한 가지를 선택하여 다른 색과 혼합하여 다양한 색의 변화를 경험한다.	• 자신감 있게 표현할 수 있도록 허용직, 자유로운 분위기로 이끌어 가도록한다.

단계(시간)	교수·학습 내용	교수·학습 활동: 교 사	교수·학습 활동: 학 생	학습자료 및 유의점
전개 (50분)		**6. 본시 학습 피드백 제공①-소집단**		
	감상하기	◆ 작품발표 및 감상 • 작품의 주제에 따른 내용을 구체적, 체계적으로 정리할 수 있도록 지도한다. • 소집단으로 나누어 완성된 작품을 보고 서로 토론할 수 있도록 지도한다. • 자신의 작품 내용과 느낌을 친구들과 나누며 표현된 색의 변화에 대해 토론 하도록 지도한다. • 작품 발표를 통해 자신과 타인이 작품의 내용과 표현방법과 느낌을 서로 감상할 수 있도록 지도한다.	◇ 작품의 주제에 따른 내용을 정리하도록 한다. • 자신의 작품 내용과 느낌을 서로 이야기 나눈다. • 자신안의 부정적 정서의 모습을 긍정적으로 변화시키기 위한 방법에 대해 의논하고 내용을 정리한다. • 소집단으로 나누어 완성된 작품을 보며 색의 변화에 대해 토론 한다. ◇ 작품감상 및 표현방법에 대한 얘기를 나눈다. • 자신의 경험과 관련된 색 감정과 의미에 대해 발표한다. • 타인의 작품설명을 듣는다. • 느낌을 서로 나눈다.	• 작품 발표 시 사회적 강화를 통해 자발적, 적극적 참여를 유도 한다.
		7. 본시 학습 수행 유도 및 피드백제공②-전체		
	학습정리	◆ 학습 정리 및 수행 유도 • 학습지 작성 • 본시 학습목표를 상기하면서 본시 학습과 관련된 내용을 정리하도록 한다. • 학습지를 통해 새로운 학습을 했는지를 확인한다. ◆ 보충 과정 학습 지도 • 보충 과정은 진행자가 직접 지도한다. • 기본 학습 내용(작품활동)을 다시 설명 한다.	◇ 학습목표 도달 여부를 확인한다. • 본시 학습목표를 상기하면서 본시 학습과 관련된 내용을 정리하도록 한다. • 학습지를 통해 새로운 학습이 되었는지를 알기 위해 학습지를 작성한다.	• 도입에서 가졌던 문제를 해결함으로 학습정리가 될 수 있도록 한다.
정리 (15분)		**8. 본시 학습 수행평가-전체**		
	생각다듬기	◆ 수행평가 • 다음 단계의 학습이 가능한지의 여부를 결정하기 위해 수행평가를 통해 학습목표에 어느 정도 도달되었는지를 파악한다. • 수행평가지 작성지도	◇ 수행평가를 통해 학습목표에 어느 정도 도달되었는지를 수행평가지를 작성한다.	• 부진 학생은 진행자가 직접 지도 한다. • 수행평가지 제시
		9. 파지와 전이 증진하기-전체		
	차시예고	◆ '빨간색, 노란색, 파란색을 배합해서 5가지의 색을 만들고 만들어진 색에 대해 각 색의 느낌을 써오기' 과제 지도 ◆ 차시예고 • 다음 시간의 학습주제에 대해 안내한다. • 활동을 위한 자료와 준비물을 안내한다. ◆ 인사 및 정리	◇ '빨간색, 노란색, 파란색을 배합해서 5가지 색을 만들고 색에 대해 각 색의 느낌을 써오기' 과제를 통해 새로운 학습을 적용할 수 있는 경험을 한다. ◇ 차시예고 • 다음 시간의 학습 내용과 학습 활동에 흥미와 관심을 갖는다. ◇ 인사 및 정리를 한다.	

〈평가 1: 자기평가 보고서〉

◈ 다음의 내용을 읽고 자신이 생각하는 정도에 ✓해 주세요.

평가요소	평가문항	매우 그렇지 않다	그렇지 않다	보통	그렇다	매우 그렇다
색의변화	1. 명도의 개념을 설명할 수 있다.	①	②	③	④	⑤
	2. 채도의 개념을 설명할 수 있다.	①	②	③	④	⑤
	3. 진출색과 후퇴색을 비교·설명할 수 있다.	①	②	③	④	⑤
	4. 한 가지 색을 다른 색과 혼합하여 다양한 색의 변화를 나타낼 수 있다.	①	②	③	④	⑤
	5. 나는 이번 색채수업에 흥미를 갖고 적극적으로 참여했다	①	②	③	④	⑤
정서지능	1. 나의 긍정적·부정적 경험에 대한 감정을 다양한 색으로 표현할 수 있다.	①	②	③	④	⑤
	2. 내가 표현한 색의 의미를 이해할 수 있다.	①	②	③	④	⑤
	3. 나는 친구들의 표현한 색과 관련된 감정을 이해할 수 있다.	①	②	③	④	⑤
	4. 나는 생활 속에서 부정적 감정을 긍정적으로 다스릴 수 있다	①	②	③	④	⑤
선뇌학습	1. 나의 긍정적·부정적 모습을 마음속으로 떠 올리는 데 어렵지 않다.	①	②	③	④	⑤
	2. 나는 작품의 내용을 말이나 글로 써서 구체적으로 설명할 수 있다.	①	②	③	④	⑤
	3. 나는 작품의 느낌을 말이나 글로 써서 구체적으로 설명할 수 있다.	①	②	③	④	⑤

〈평가 2: 수행평가〉

1. 다음의 질문에 알맞은 색을 찾아보세요.

(1) 10색상환 중 명도가 가장 높은 색은 [　　　　] 색이다.

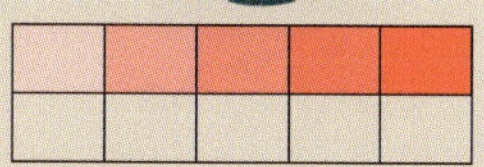

(2) 채도가 가장 높은 색을 찾아 빈칸에 동그라미 해 봅시다.

2. 자신이 표현한 색에 대한 물음입니다. 알맞은 내용을 쓰시오.

(1) 나를 표현한(자아상) 점토 색의 이름을 2가지만 써 봅시다.

①________________색　　②________________색

(2) 위의 ①과 ②의 색은 어떤 느낌이 듭니까?

①________________느낌　　②________________느낌

(3) 위의 ①과 ②의 색 중 진출색에 가까운 색은 어떤 색입니까? ____________색

(4) 위의 ②의 색을 채도를 높여 빈칸에 칠해 봅시다. [　　　　　　　　]

교안 예시 2: 본시 교수-학습 과정안(김태윤, 2019: 168)

<table>
<tr><td rowspan="2">대상</td><td rowspan="2">H초등학교 5·6학년</td><td>일 시</td><td>2019. 7. 29</td><td>주진행</td><td>ㅇㅇㅇ</td></tr>
<tr><td>회 기</td><td>1/8(120분)</td><td>보조자</td><td>2인</td></tr>
<tr><td rowspan="2">프로그램명</td><td rowspan="2">• 프로그램 소개
• 아기염소</td><td>교수·학습형태</td><td colspan="3">전체 → 개별 → 전체</td></tr>
<tr><td>교수·학습방법</td><td colspan="3">강의, 실기, 발표, 토의</td></tr>
<tr><td>주요어</td><td colspan="5">• 노래중심 음악활동 프로그램, 자신과 타인이해 및 존중, 친밀감, 정서지능</td></tr>
<tr><td>학습목표</td><td colspan="5">1. 노래중심 음악교육프로그램의 목표 및 활동내용을 이해할 수 있다.
2. 자신과 타인의 다름을 이해하고 존중할 수 있다.
3. 타인에 관심을 가지고 친밀감을 형성할 수 있다.
4. 자신감을 향상할 수 있다.
5. 정서지능을 향상할 수 있다(정서인식 및 표현, 감정이입, 정서사고촉진, 정서활용, 정서조절)</td></tr>
<tr><td>학습촉진 전략요소</td><td colspan="5">자신감 향상, 동기부여, 심상촉진, 사회적 지지, 긍정적 강화</td></tr>
<tr><td>준비물</td><td colspan="5">• PPT자료, 동영상, 워크북, 악보, 크레파스, 색연필, 사인펜, 연필, 지우개 등/간식: 빵 우유</td></tr>
</table>

<table>
<tr><th>단계</th><th>교수-학습과정</th><th>유의점, 참고사항</th></tr>
<tr><td>도입
(20분)</td><td>【1. 주의집중 및 동기부여-간단한 손유희 활동】
• 전체 인사를 나누고 학습 분위기를 조성한다.
• 프로그램의 전반적 소개와 프로그램의 목표를 제시하고 본 프로그램의 참여가 끝난 뒤 학습자들이 성취하게 될 학습 성과에 대해 설명하는 등의 프로그램에 대한 관심과 흥미를 갖도록 한다.
• 1회기 학습목표와 활동내용에 대해 설명하고 목표성취에 기대감을 형성하도록 한다.</td><td rowspan="2">※자유롭게 활동할 수 있도록 허용적이고 수용적인 학습 분위기를 조성한다.

※개인의 자유로운 표현을 존중할 수 있도록 각별히 주의시킨다.

※활동이 끝날 때 마다 긍정적 사회적 강화 제공

※자신의 경험과 관련시켜 심상을 촉진하도록 지도한다.</td></tr>
<tr><td>전개1
(40분)</td><td>【별칭짓기/ 서로서로 인사하기】
• 본 프로그램을 통해 불려지고 싶은 이름을 자유롭게 짓도록 한다(사물이나 캐릭터, 과일, 동물, 식물, 인물 등에서 아이디어를 찾는다)
• 자신에 대한 간략한 소개와 함께, 본 프로그램에 참여를 통해 기대하는 것, 등에 대해 발표하고 자유롭게 함께 나누는 시간을 간략히 가진다.

【집단규칙 및 서약서 작성하기】
• 집단규칙을 정하고 서약서를 작성한다.
• 정해진 집단규칙의 서약서를 다 함께 낭독하며 집단규칙을 지킬 수 있도록 촉진한다.
• 집단구성원 모두 자신의 별칭을 소개하고 자신을 소개하는 시간을 통해 자신과 타인의 이해와 더불어 친밀감을 형성하도록 한다.

【자신과 타인이해 및 존중】 : 서로 다름을 이해시키고 이를 존중하고 타인의 의사를 수용하고 개인의 표현을 존중할 수 있도록 숙지시킨다.

【1. 노래중심 음악활동】 : 주제곡-아기염소
• 노래감상하기: 아기염소 노래를 들어 본다(동영상을 보고 듣는다/성악가가 선창한다/</td></tr>
</table>

	심상촉진(노래 주인공이 되어 노래의 전체 느낌을 느껴본다) • 주제곡의 노래 가사를 다 같이 읽어본다. 노래의 가사내용과 비슷한 자신의 개인적 경험과 연결하여 노래 느낌을 느껴본다. • 노래 부르기: 노래의 느낌을 살려서 다 같이 불러본다. • 노래토의하기: 주제곡을 토대로 노래 감상활동과 노래 부르기 활동을 통해 자신의 느낌이나 개인적 생각에 대해 발표하며 함께 나누고 토의한다.	
전개2 (40분)	• 노래 그림그리기: 노래를 감상하고 불러보면서 노래가사의 특정 장면이나 비슷했던 자신의 경험을 떠 올려보고 그 때의 장면이나 느낌 등을 그림으로 표현해 본다. • 개별로 발표 한다. • 노래 만들기: 자신만의 새로운 노래로 만들어 본다(특정 가사의 한부분이나 한 소절을 새롭게 개사해도 한다) • 새로 만들 노래를 개별로 불러본다. • 노래 토의하기: 원곡과 비교하면서 개인의 생각과 느낌을 함께 나거나 아이디어를 공유한다. 【2. 칭찬릴레이】 • 오늘활동에 대해 자신과 타인을 칭찬하도록 한다.	
정리 (20분)	【3. 총정리】 • 1회기에 대한 내용을 종합적으로 간략히 정리한다. 【4. 소감 나누기: 경험보고서 작성 및 발표】 • 1회기 활동을 통해 배운 전, 새롭게 알게 된 전, 느낀 전 등에 대해 기술하고 서로 서로 소감을 나누며 발표하도록 한다. 【5. 회기 수행평가서 작성】 • 본 회기활동에 대한학습목표 달성 여부와 만족도 등에 대해 확인한다. 【6. 다음 회기 예고】 • 다음 회기의 학습주제인 섬집아이 주제곡에 대해 간략히 설명한다. • 다음 회기 활동에 흥미와 관심을 갖도록 한다. 【7. 인사 및 정리】 ◉ 보충학습: 보충학습을 요구하는 학습자는 개별지도.	※평가서 작성시 심리적 부담을 갖지 않도록 평가서의 목적을 충분히 설명한다. ※보충학습을 요구하는 학습자는 개별지도를 하도록 한다.

〈평가: 자기평가 보고서〉

◈ 다음의 내용을 읽고 자신이 생각하는 정도에 ✓해 주세요.

구분	평가문항	전혀 그렇지 않다	그렇지 않다	보통	그렇다	매우 그렇다
정서인식 및 표현	① 나의 기분이나 감정을 알아차릴 수 있다	①	②	③	④	⑤
	② 타인의 기분이나 감정을 알아차릴 수 있다	①	②	③	④	⑤
	③ 나의 기분이나 감정 등을 표현할 수 있다	①	②	③	④	⑤
	④ 타인의 기분이나 감정을 이해할 수 있다	①	②	③	④	⑤
	⑤ 나의 기분이나 감정을 이해할 수 있다	①	②	③	④	⑤
	⑥ 음악이나 그림 속에 포함되어 있는 감정을 이해할 수 있다	①	②	③	④	⑤
감정이입	① 노래에 나타난 주인공의 감정을 이해할 수 있다	①	②	③	④	⑤
	② 다른 사람의 감정이나 기분을 나의 감정과 기분처럼 느낄 수 있다	①	②	③	④	⑤
정서사고 촉진	① 나는 어떤 일이나 행동을 선택할 때 이후에 일어나는 상황과 느낄 감정을 생각해 본다	①	②	③	④	⑤
정서 활용	① 좋아하는 것과 사랑하는 것의 감정 차이를 잘 알고 있다	①	②	③	④	⑤
정서 조절	① 나는 내가 느낀 감정이나 기분을 잘 조절한다	①	②	③	④	⑤
프로그램 이해, 성실성, 타인 이해 존중	① 프로그램의 목적 및 목표를 설명할 수 있다	①	②	③	④	⑤
	② 집단의 규칙을 지키고 이를 실천했다	①	②	③	④	⑤
	③ 나와 친구들의 다름을 이해하고 이를 존중 했다	①	②	③	④	⑤
	④ 친구들과 친밀감이 생겼다	①	②	③	④	⑤
	⑤ 나는 오늘 활동에 적극적으로 참여했다	①	②	③	④	⑤
	⑥ 오늘 프로그램에 전반적으로 만족한다	①	②	③	④	⑤

(2) 파워포인트 자료 개발

파워포인트(powerpoint: ppt)는 교수자료 개발에서 중요한 작업 중의 하나이다. 파워포인트는 교육 정보화 사업으로 인해 수업 시 가장 효과적으로 활용되고 있는 매체로 뛰어난 그래픽 처리기능을 가지고 있으며 사용법 또한 간단하기 때문에 널리 사용되고 있다. 파워포인트는 사용방법이 용이하고 강의 내용을 쉽게 제작할 수 있다는 장점이 있다. 또한 표나, 차트, 도형, 그래픽 등을 자유롭게 사용할 수 있으므로 입체적이며 효과적인 강의 자료를 제작할 수 있다. 그리고 한번 제작된 프로그램은 반복적으로 사용할 수 있으며 수정이 쉽기 때문에 제작 비용이 저렴하다는 특징을 가지고 있다(오인경·최정임, 2005).

파워포인트는 텍스트보다 특히 시각적인 자료를 제시하는데 유용한 자료이므로 파워포인트를 개발하기 위해서는 시각자료 개발의 원리를 고려할 필요가 있다. 따라서 본장에서는 시각자료 개발 원리에 대해 먼저 살펴보고 파워포인트 자료 개발 원리에 대해 알아보고자 한다.

① 시각자료 개발의 원리

학습이나 교수를 위한 매체를 사용할 때 가장 일반적으로 이용되는 또 하나의 자료는 시각자료이다. 시각자료는 단순한 사진, 슬라이드, e-learning자료 등에 이르기까지 매우 광범위하게 적용된다. 시각자료는 말이나 텍스트의 내용을 더욱 쉽게 이해할 수 있도록 돕는다(주용국·홍은실, 2014). 적절하게 시각화된 정보나 자료는 학습자의 주의를 집중시킬 수 있으며 기억을 쉽게 하는 등의 다양한 장점이 있어서 시각 디자인은 교수·학습에 관련된 중요한 영역 중의 하나이다. 따라서 효과적인 시각자료 개발을 위한 원리들을 살펴보고자 한다.

가. 시각자료의 특성

시각자료가 여러 매체의 중요한 수단이 되는 이유는 다양한 방법으로 학습을 돕기 때문이다. 이러한 시각자료의 특성은 다음과 같이 정리될 수 있다(조성일 외, 2006).

첫째, 시각자료는 아이디어에 대한 구체적인 참조물을 제공함으로써 이해를 돕는다. 말이나 소리는 그것이 나타내고자 하는 실물과 유사하지 않지만 시각자료는 영상적이므로 그것이 나타내는 사물과 보다 유사하다. 따라서 시각자료는 보다 정확한 정보를 제공하다.

둘째, 시각자료는 이해하기 어려운 정보를 더 쉽게 기억하고 회상할 수 있게 한다. 이는 시각자료가 단순히 사물을 표현하는 것이 아니라 추상적인 정보도 더 쉽게 이해할 수 있게 한다는 면에서 첫 번째 역할과 구별될 수 있다. 예를 들면 어떤 정보의 흐름이나 순서를 단순히 말이나 텍스트로 제시 하는 것보다 다이어그램이나 그래프를 이용해 요소 간의 관계를 묘사하면 이해와 기억을 더 쉽게 할 수 있다.

셋째, 시각자료는 학습자의 주의를 끌고 감정적인 반응을 유도함으로써 학습자의 동기를 유발할 수 있다. 같은 정보가 제시된 책이라 할지라도 단순히 텍스트만 있는 것보다 그림이나 사진이 적절히 삽입된 책은 학습자의 주의를 더욱 집중시킬 수 있고, 흥미를 유발할 수 있다. 또한 수업에 있어서도 시각자료를 사용할 경우 그렇지 않을 경우보다 학습에 대한 학습자들의 동기를 더 유발할 수 있다.

넷째, 시각자료는 풍부한 의사소통의 채널을 제공함으로써 이해를 촉진시킬 수 있다. 즉, 시각자료는 일반적으로 말이나 문자 정보와 함께 제시되므로 같은 정보를 여러 가지의 다른 유형으로 나타내게 된다. 이는 학습자들이 말로는 이해하지 못한 것을 시각적으로 이해할 수 있는 기회를 제공한다. 따라서 의사소통에서 나타날 수 있는 오해나 오류를 최소화하는데 기여할 수 있다.

나. 시각자료의 목적

수업이나 학습을 위해 시각자료를 개발하는 목적은 기본적으로 다음과 같은 네 가지의 목적을 달성하고자 하는데 있다(박성익 외, 2014: 301-302).

첫째, 자료를 읽기 쉽게 하는 것이다. 모든 사람들이 표현하고자 하는 단어나 이미지를 볼 수 없다면 시각자료는 그 기능을 시작할 수 없다. 좋은 시각적 설계의 목적은 메시지의 전달을 방해하는 장애물을 가능한 한 많이 제거하는 것이다.

따라서 "여러분은 아마 이 TP(또는 슬라이드)의 내용이 잘 안보일지 모르겠습니다. 제가 대신 읽어 주겠습니다."라는 이야기를 하게 된다면 이미 그 자료는 설계상에 문제가 있다고 할 수 있다.

둘째, 학습자들이 시각물의 의미를 이해하기 위해 필요한 노력을 최소한으로 줄이는 것이다. 이를 위해서는 강조 유형(정렬, 모양, 균형) 사용, 같은 것들을 모아놓기(근접), 일관성 있는 유형 사용하기, 조화로운 색의 혼합 사용하기, 배경과 대조되는 그림 사용 등의 방법을 사용할 수 있다.

셋째, 학습자들의 몰입을 증가시키는 것이다. 학습자들이 시각자료에 주의를 집중하지 않는다면 메시지를 전달할 수 있는 기회는 전혀 없다. 따라서 학습자들의 주목을 끌고, 전달하고자 하는 메시지에 대해 생각해 볼 수 있도록 가능한 한 호소력이 있게 설계해야 한다. 이를 위한 방법으로는 주의를 끌기 위해 신선감이 있는 시각자료를 사용하거나 상호작용적인 그림이나 텍스트 사용하고 학습자의 특성에 알맞은 스타일이나 색상을 사용해야 한다.

넷째, 일단 주의를 끌고 나면, 다음에는 전달하고자 하는 메시지의 가장 중요한 부분으로 사람들의 주의를 유도해야 한다. 전체적인 설계의 구도에 특별한 방향 안내(색상이나 설계의 단서를 사용하여)를 첨가하는 것이 이 목적을 달성하기 위한 수단이 될 수 있다.

다. 시각자료의 설계 원리

시각자료를 설계하기 전 왜, 어떻게 그 정보를 사용할 것인가를 결정하는 것은 매우 중요하다. 대부분의 경우 시각자료는 학습에 도움을 주지만 어떤 경우에는 학습을 방해하거나 정보를 왜곡시킬 수 있기 때문에 이러한 경우에는 시각자료를 사용하지 말아야 한다. 따라서 효과적 시각자료 설계를 위한 원리를 제시하면 다음과 같다(조성일 외, 2006: 225-226).

첫째, 내용과의 관련성이다. 교육적 용도를 위한 시각자료의 설계에 있어서 시각자료는 반드시 전달하고자 하는 정보를 포함해야 한다. 다시 말하면 제시되는 시각물은 학습내용이나 상황과 관련성이 있어야 한다. 전달하고자 하는 내용과 관련이 없는 그림이나 사진은 오히려 학습자의 주의를 분산시킬 수 있다.

둘째, 사실성의 정도이다. 모든 시각자료는 어느 정도 사실성을 가지고 있지만 그 정도는 다르다. 만화와 그림, 사진은 사실성의 연속선을 보여준다. 사실성이 더 많을수록 실재와 가까워진다. 그러나 사실성의 정도가 낮거나 높은 시각자료는 학습과정과 의사소통을 방해할 수 있다. 사실성의 정도가 과하면 학습자들이 본질적인 학습의 단서를 구별하는데 어려움을 겪게 한다. 따라서 일반적으로 사진을 그림보다 선호하지만 많은 경우에는 단순한 그림이나 만화가 의사소통에 더욱 용이할 수도 있다.

셋째, 상세화의 정도이다. 하나의 시각자료에는 전달하고자 하는 메시지를 의사소통하는데 적절한 수준의 상세성을 포함해야 한다. 너무 자세하거나 너무 복잡한 자료는 혼란을 야기하거나 내용에 대한 흥미를 떨어뜨릴 수 있다. 그러므로 그림을 제시할 때는 불필요한 요소는 제거해야 한다. 모든 그림은 적절한 정도의 상세성을 가지고 있어야 한다. 이것은 내용과 대상, 학습자, 목표, 그림의 형태 등에 따라 달라진다. 만약, 상세한 정보가 필요하다면 너무 많은 정보를 담은 하나의 시각자료를 사용하기보다는 여러 장의 그림을 사용하는 것이 좋다. 예를 들면 슬라이드를 사용하는 경우 한 장의 슬라이드에 하나의 메시지만을 담는 것이 좋다. 이는 인쇄물을 설계할 때도 적용된다.

넷째, 색상이다. 색상이 학습효과에는 큰 영향을 미치지 않을 지라도 대부분의 학습자들은 흑백 자료보다는 색상이 있는 자료를 선호한다. 따라서 적절한 색상의 선택은 학습자의 흥미를 유발하고 주의를 집중시킬 수 있다. 색상이 있는 자료를 사용할 때는 색상의 선택에 있어서 몇 가지 주의를 요구한다.

- 일반적으로 색상은 중요한 요소나 정보를 강조할 때 사용하는 것이 좋다. 강조하고자 하는 사물이나 정보는 배경 색상과 잘 대비가 되는 색상을 사용하는 것이 좋다. 그리고 너무 많은 색상의 사용은 오히려 주의를 분산시키고 혼란을 줄 수 있으므로 피하는 것이 좋다.
- 색상의 선택은 학습자의 특성에 맞게 사용해야 한다. 아동들은 차분하고 어두운 색상보다 밝고 선명한 색상을 선호하는 경향이 있다.
- 사용된 색상은 일관성이 있는 것이 좋다. 색상이 연속적으로 사용되었을 때는 같은 주제나 사물에 대해 일관성이 있는 색상을 사용한다. 일관성이 없

는 색상은 오히려 혼란을 초래한다.

라. 시각자료의 언어적 요소

대부분의 시각자료들은 언어적 요소를 포함한다. 교수·학습에서 문자가 기본적이고 필수적인 요소임을 감안하면 시각자료에서 언어적 요소의 중요성은 간과할 수 없다. 언어적 요소에 관련된 사항으로 글자체, 글자체의 수, 글자의 색, 글자의 크기에 대해 알아보고자 한다(박숙희·염명숙, 2008: 230-231).

- 글자체: 효과적인 의사전달을 위해서는 시각자료가 주는 느낌과 조화를 이룰수 있는 적절한 글자체를 선택해야 한다. 적절한 글자체를 선택할 때 가독성의 정도와 글자체가 주는 감정적 느낌을 고려하여야 한다. 일반적으로 신명조체가 널리 사용되고 있는 이유는 가독성이 높고 사무적이며 무난하기 때문이다. 글자체가 사용자에게 주는 느낌과 글자체의 사용 용도를 정리하면 <표 6-1>과 같다.

〈표 6-1〉 글자체의 사용 용도

글자체		사용 용도
명조체	시각자료의 언어적 요소	• 간결, 사무적, 무난, 눈의 피로가 적다. • 공식적인 문서, 리포트, 교과서, 신문 등
고딕체	시각자료의 언어적 요소	• 딱딱한 느낌을 주지만 눈에 띈다. • 제목 또는 강조, 표어, 포스터 등
안상수체	시각자료의 언어적 요소	• 현대적인 감각을 준다. • 감각을 요하는 그래픽 관련 문서 등
야채, 과일류	시각자료의 언어적 요소	• 이름에 걸 맞는 귀엽고 깜찍한 느낌, 가독성이 낮은 경향이 있다. • 편지, 엽서 또는 명함 등
옥수수체	시각자료의 언어적 요소	• 전원적이다. 비석, 문서 등
샘물	시각자료의 언어적 요소	• 깜찍하고 귀엽다. 편지, 시, 짧은 글 등
엽서, 필기체	시각자료의 언어적 요소	• 손으로 쓴 것같이 친근하고 자연스럽다. • 편지, 엽서 등
휴먼옛체, 헤드라인체	시각자료의 언어적 요소	• 눈에 잘 띄고 강조를 준다. • 제목, 헤드라인, 프레젠테이션 등
태나무, 그래픽체	시각자료의 언어적 요소	• 깔끔하고 단정하다. • 강의 계획안, 투시물 자료 등

글자체		사용 용도
펜흘림, 궁서체	시각자료의 언어적 요소	• 고풍스럽고 붓글씨 느낌이 난다. • 서류, 고문, 시조, 경부조 봉투 등
굴림체류	시각자료의 언어적 요소	• 정돈된 느낌을 준다. 컴퓨터 화면 등
양재튼튼	시각자료의 언어적 요소	• 튼튼한 느낌을 준다. 제목 등
양재샤넬	시각자료의 언어적 요소	• 화려하고 오락적이다. • 웨딩 전문점, 유흥가 간판 등

- 글자체 수: 다양한 변화를 주기 위해 여러 종류의 글자체를 사용할 수도 있으나 여러 종류의 글자체는 일관성이 결여되기 때문에 혼란스러운 느낌을 줄 수 있다. 시각자료의 유형에 따라 다르지만 2~3개 이내의 글자체를 사용하는 것이 바람직하다.
- 글자의 색깔: 글자의 가독성과 강조성 여부는 색을 이용하는 것이 좋다. 글자의 색상과 배경 색상이 대조적일 때 읽기도 쉽고 강조도 된다.
- 글자의 크기: 글자의 크기는 여러 학습자가 볼 수 있도록 충분히 크고 진한 것이 좋다. 시각자료의 유형에 따라 다르지만 일반적인 규칙은 보는 이가 대략 3미터 떨어질 때마다 글자의 크기는 1/2인치 크게 하는 것이 좋다.
- 시각자료와 글자의 간격: 시각적 요소와 언어적 요소의 간격은 균형을 이루어야 한다. 시각적 요소와 언어적 요소가 너무 가까우면 가독성이 떨어지고, 너무 멀면 별개로 존재하는 듯한 느낌을 준다.

마. 시각자료에 영향을 주는 요인

시각자료를 보는 자체가 곧 학습을 의미하지는 않는다. 따라서 교수·학습과정에서 사용되는 시각자료의 내용을 학습자들이 정확하게 해석하고 구성할 수 있어야 한다. 이를 위해 학습자가 시각자료를 해독하고 이해하는 데 영향을 주는 요인을 고려하여 시각자료를 제작함으로써 학습자들이 시각자료를 정학하게 이해하는 데 도움이 될 수 있다. 일반적으로 시각자료 해석에 영향을 주는 요인으로는 학습자의 지적 발달 단계, 문화적 배경, 선호도 등을 들 수 있다(홍기칠, 2014: 339).

- 학습자의 지적 발달 단계: 일반적으로 12세 이전의 아동은 시각자료에서 전체 보다는 부분적인 측면, 특히 자신이 관심이 있는 부분을 주시하는 반면, 12세 이상의 아동은 전체적인 안목에서 시각자료를 이해하고 의미를 해석한다. 그러므로 저학년의 아동들에게는 고도의 사실적인 시각자료가 효과적이지 않을 수도 있다.
- 학습자의 문화적인 배경: 학습자가 어떤 문화적 배경에서 성장하였는가에 따라 같은 시각자료도 다르게 해석할 수 있다. 예컨대 도시와 농촌, 혹은 다문화 가정의 학습자들은 동일한 시각자료라도 달리 해석할 가능성이 있다. 따라서 다양한 문화적 배경을 지닌 학습 집단을 대할 경우 교사는 이런 점에 유의해야 한다.
- 학습자의 선호도: 학습자의 선호도가 학습을 보장하는 것은 아니지만 시각자료를 선택할 때는 다음 같은 사항을 고려할 수 있다.

첫째, 대부분의 학습자는 흑백 시각자료에 비하여 칼라 시각자료에 대한 선호도는 높지만 학습량에 유의미한 차이는 없다.

둘째, 대부분의 학습자들은 단순한 그림이 의사소통을 보다 원활히 해주는 상황에서도 단순그림 보다는 상세한 그림을 선호하는 편이다. 어린 학습자는 단순한 시각자료를 선호하고 고학년 학습자들은 상세한 시각자료를 선호하는 편이다. 그러나 학습자의 연령에 상관없이 단순한 시각자료가 학습에 더 효과적이다.

② 파워포인트 자료 개발의 원리

효과적인 파워포인트를 제작하기 위해서는 앞서 제시한 시각자료 개발 원리를 참조하여 다음과 같은 주의사항을 고려해야 한다(박성익 외, 2009; 오인경·최정임, 2005; 주용국·홍은실, 2014).

가. 내용은 되도록 적게 넣는다.

많은 내용을 전달하다 보면 한 슬라이드에 너무 많은 글자를 담는 경우가 있다. 프레젠테이션 화면은 여러 사람이 거리를 두고 보기 때문에 글자가 너무 많거나 글자의 크기가 작으면 잘 보이지 않는다. 따라서 슬라이드에는 핵심 내용만 입력하고 자세한 내용은 말로 설명하거나 유인물을 나눠주는 것이 바람직하다. 일반적으로 텍스트로만 화면을 구성할 경우에서는 '6×6 법칙'으로 알려진 제작 방법을 활용하는 것이 좋다. 즉, 본문 내용이 6줄을 넘지 않도록 하고 한 줄에는 6단어를 넘지 않도록 내용의 양을 조정하는 것이다.

나. 여백을 잘 살린다.

프레젠테이션 화면에는 적당히 빈 공간이 있어야 보기 좋다. 너무 꽉 차서 답답한 느낌이 드는 화면은 여유가 없어 보이고 학습자들에게 부담감을 준다. 따라서 여백을 잘 살리는 것이 좋다. 여백을 살리는 좋은 방법의 하나는 텍스트 보다는 그래픽이나 도형 등을 잘 활용하는 것이다.

다. 가급적 도해를 이용한다.

프레젠테이션 슬라이드를 설계할 때에는 단순히 원고를 적절히 배치하는 것만 고민해서는 안 되고 같은 내용을 시각적으로 빨리 이해하기 쉽게 전달하는 방법을 고려해야 한다. 따라서 텍스트보다는 그림이나 도해를 활용해서 청중이 직관적으로 내용을 이해할 수 있도록 설계해야 한다.

라. 다양한 멀티미디어 기능을 사용한다.

파워포인트의 가장 큰 장점은 텍스트뿐만 아니라 그래픽, 동영상, 사운드 등 멀티미디어를 자유자재로 사용할 수 있다는 것이다. 시각적 정보와 함께 소리와 움직임이 병행되면 정보에 대한 집중력과 이해도를 높일 수 있다. 하지만 지나친 멀티미디어 기능의 사용은 오히려 주의집중력을 떨어트릴 수 있다. 애니메이션이나 동영상, 사운드 등은 가금씩 강조의 효과를 줌으로써 지루함을 없애거나 내용을 이해하는 데 꼭 필요한 경우만 삽입하도록 한다. 내용과 상황에 따라 적절한 멀티미디어 기능을 사용하는 것이 바람직하다.

마. 배경 색상에 주의한다.

파워포인트의 배경 색상은 기본적으로 밝은 배경과 어두운 배경으로 나누어진다. 배경색도 목표와 환경에 따라 주의 깊게 선택해야 한다. 암막, 시설이 잘 갖추어진 어두운 장소에서는 흰 바탕에 검정 글씨보다 검정 바탕에 흰색 글씨가 더 눈에 잘 띈다. 따라서 어두운 공간에서 여러 사람을 대상으로 진행하는 프레젠테이션의 경우에는 배경 색상이 어두운 것이 좋다. 또한 그래픽이나 도형이 많이 사용된 슬라이드는 어두운 색상을 사용하는 것이 그림의 효과를 돋보이게 한다. 하지만 조명이 비교적 밝은 곳에서 프레젠테이션을 하거나 비교적 긴 시간에 걸쳐 프레젠테이션 자료를 제시해야 하는 경우에는 밝은 배경을 사용하는 것이 시각적으로 덜 피로하다.

바. 장식효과에 치중하지 않도록 한다.

처음 프레젠테이션 화면을 만들다 보면 내용보다는 애니메이션이나 동영상, 사운드, 화려한 그림 등을 넣는데 치중하는 경향이 있다. 가장 중요한 것은 '내용'이지 장식효과가 아니다. 또한 화면에 너무 많은 색상이나 장식효과가 들어가면 보는 사람을 피곤하게 할 뿐만 아니라 내용의 초점을 흐트러뜨리는 결과를 가져온다. 필요한 핵심내용을 압축하여 발표하고 슬라이드는 내용을 파악하는데 방해가 되지 않을 정도로 깔끔하게 만들어야 한다.

사. 단순히 판서를 위한 용도로만 사용하지 않도록 한다.

프레젠테이션 프로그램이 대부분은 단순히 텍스트 위주의 판서를 위한 내용이 주를 이루는 경우가 많거나 단순히 판서를 위한 용도로 사용된다면 오히려 칠판을 이용하는 것이 효과적일 수도 있다. 그리고 화면 전환효과나 텍스트 애니메이션 효과 등으로 인해 학습자들의 시선과 흥미를 끌었다 하더라도 점차 그 횟수가 많아질수록 학습자들은 식상해 한다. 파워포인트의 가장 큰 장점은 텍스트뿐만 아니라 그래픽, 동영상 사운드 등 멀티미디어를 자유자재로 사용할 수 있다는 것이다. 따라서 항상 같은 형식으로 파워포인트를 사용하지 말고 다양한 용도와 방법으로 사용하도록 한다.

이상의 내용에 덧붙여 다음과 같은 내용을 적용함으로써 파워포인트 자료의 효과적 활용 및 학습자들의 참여 유도를 높일 수 있다(강이철, 2012: 358).

- 파워포인트는 정형적인 연역적 정보 제시 형식을 취하고 있다. 우리가 신문이나 잡지의 기사를 볼 때, 먼저 제목부터 보고 관심과 흥미가 있는 경우에 본문 내용을 자세히 살펴보게 된다. 파워포인트 역시 학습자들에게 제목만 먼저 보여주고 그 내용에 대한 호기심과 흥미를 충분히 유발시킨다.
- 목차를 제시하여 전체 발표 내용의 구조를 파악할 수 있도록 한다. 이때, 시각자료 형태로 제시하는 것이 효과적이다. 그리고 목차 프레임은 중간 중간에 소제목을 작성해 둠으로써 학습자들이 정기적으로 전체 맥락을 파악할 수 있도록 한다.
- 학습자들에게 파워포인트 자료가 전체 몇 장으로 어떻게 구성되어 있는지를 알려 주어 발표내용에 대해 예측할 수 있도록 한다.
- 본문 내용은 한 번에 한 줄씩 제시하여 설명함으로써 발표내용에 대한 주의를 집중시킬 수 있다. 이때 '애니메이션 후 효과'의 기능을 적용하여 이전에 학습한 내용을 다른 색이나 무색으로 처리함으로써 확실하게 한 번에 한 내용만을 집중하게 할 수 있다.
- 긴 설명이 필요한 경우는 '화면 어둡게 하기'기능을 이용하여 파워포인트 화면을 끈다. 이렇게 함으로써 학습자들의 분산된 주의를 발표자에게 집중시키는 효과를 발휘할 수 있다.
- 학습자들의 적극적 참여를 유도하기 위해서는 각 프레임 마다 중요한 내용이 비워진 빈칸으로 된 출력물을 배포하여 발표를 들으면서 빈칸을 채우도록 한다.
- 마우스나 전자펜을 이용하여 화면에 직접 판서하는 기법을 활용할 수도 있다. 설명을 하면서 긋거나 중요한 내용을 직접 기술함으로써 생중계를 하는 것과 같은 생생함과 현장감을 주고 깊은 인상으로 기억에도 도움이 된다. 이러한 기법은 교수자가 사전에 충분한 연습을 할 필요가 있다.

2 형성평가 실시 및 교수자료의 수정과 제작

교수 프로그램이나 교수자료의 초안 개발이 완성되면 수업을 개선하는데 필요한 자료를 수집하기 위한 일련의 평가 작업이 이루어진다. 따라서 이전 단계에서 실시되었던 분석, 설계, 개발 과정을 통해 제작된 교수자료를 총체적으로 점검하여 교과전문가, 또는 교육 프로그램과 관련한 각 분야의 전문가 검증과 학습자를 대상으로 교수자료 초안에 대한 평가를 실시하여 이를 수정·보완하는 단계를 거치는데 이를 형성평가라고 한다(주용국·홍은실, 2014).

형성평가는 Scriven(1967)에 의하여 처음 사용된 용어로 결과나 성과보다는 과정에 초점을 두고 이루어지는 평가이다. 형성평가의 목적은 특정 프로그램이 적절하게 개발되고 있는지를 판단함으로써 단점을 수정·보완하고 미비한 점을 개선하여 더 나은 프로그램을 개발하는 데 있다. 따라서 형성평가의 결과를 바탕으로 하여 프로그램의 문제점을 수정하거나 교수 자료를 정교화하거나 새로운 교수 요소를 첨가할 수 있다.

형성평가의 단계는 일반적으로 일대일 평가, 소집단 평가, 현장평가의 세 단계를 거쳐 실시하게 된다. 형성평가의 세 단계를 실시하기에 앞서 교수개발 계획에는 직접적으로 관여하지 않지만 관련된 전문 지식과 관심이 있는 전문가들의 검토가 먼저 이루어진다(Dick, Carey & Carey, 2005). 형성평가의 각 단계별 특징은 다음과 같다(노혜란 외, 2013; 박성익 외, 2009).

1) 일대일 평가

일대일 평가에서는 교수 프로그램이나 자료를 활용하게 될 개별 학습자를 대상으로 정보를 수집한다. 평가 방법은 목표영역별로 한 명씩의 학습자를 선택하여 선수학습 능력을 확인하기 위한 사전 검사를 한다. 평가자는 학습자와 함께 자료를 하나씩 검토하면서 어려움을 느끼는 부분을 확인하고 그 효과성을 평가하고 수정이 필요한 부분이나 또는 학습 동기 유발 관련 문제 및 아이디어를 교환하고 수정·보완한다. 일대일 평가에서 중점으로 다루는 내용은 선수 학습 능력, 내용분석, 목표의 명확성, 문장 및 어휘사용, 예문, 비유, 그림, 정보 및 계열화, 검사문항 등이 해당되며 이들의 적절성과 문제점을 중심으로 정보를 수집한다.

2) 소집단 평가

소집단 평가는 일대일 평가 후에 수정된 교수 프로그램을 약 8~20명 정도의 학습자로 구성된 집단에게 개발된 교수 프로그램을 학습하게 한 후, 프로그램의 문제점에 대한 정보를 찾아내는 것이다. 평가 방법은 교수 프로그램을 사용할 대상 집단으로부터 범주별로 대표적인 학습자를 선정한 다음 사전검사를 실시하고 교수 프로그램을 진행한 다음 사후검사를 실시한다. 이때, 문제가 되는 사항을 기록한다. 또한 구체적 정보를 얻기 위해 학습자와의 면담을 실시할 수도 있다.

소집단 평가에서 중점으로 다루는 내용은 지시문, 설명 내용, 질문 등에서의 어휘의 명료성과 적절성, 교수활동 소요 시간, 시험의 적절성, 사전·사후검사 결과, 교수활동의 동기측면에 관한 정보, 매체의 적절성, 교수전략, 내용 조직의 타당성, 이해가 안 되는 부분 등이 해당되며 여기서 발견된 문제점을 중심으로 교수 프로그램 및 자료를 수정·보완한다.

3) 현장평가

현장평가는 교수 프로그램이 실제로 활용될 현장과 유사한 상황에서 정보를 수집하는 것으로 소집단 평가 후에 수정된 프로그램의 효과를 전반적으로 판단하고 프로그램의 유용성을 판단한다. 평가 방법은 학습자 집단을 대표할 수 있는 30명 내외의 실제 규모로 소집단 평가 후에 수정된 프로그램을 교수자가 실제로 실시 한다. 현장평가에서 중점으로 다루는 내용은 학습자와 교수자의 상호작용성(토론, 질문, 피드백, 연습 등), 매체 및 자료의 적절성 및 효과성, 보충 및 심화학습의 필요성, 내용제시의 명료성, 교수자의 관련 지식 이해도 및 학습지원 정도 등이 포함된다. 이와 같이 현장평가에서는 교수자료의 전반적인 평가와 교수자와 학습자 간의 상호작용 평가에 초점을 두며 교수자료와 교수과정 전반에 관한 정보를 바탕으로 교수 프로그램의 총체적인 검토가 이루어진다.

이상에서와 같이 형성평가의 각 단계를 통해 수집된 정보와 자료를 종합·분석하여 이를 토대로 교수 프로그램이나 교수자료를 수정·보완한 후 실제 교육현장에 활용할 최종 산물을 개발한다.

CHAPTER 07

실 행

개 요

프로그램 실행은 개발된 교육 프로그램을 실제 현장에서 활용하는 것뿐만 아니라 실행에 영향을 미치는 요인인 자원 확보 및 배분과 마케팅 및 홍보, 운영 요원의 운영 및 관리 행위가 통합적으로 상호작용하여 전개된다. 따라서 이 단계에서는 교수자의 실제 수업의 실행도 중요하지만 이에 앞서, 개발된 프로그램이 수업상황에서 최적의 효과를 얻기 위해서는 사전에 많은 자원들을 확보하는 것도 매우 중요하다. 또한 잠재적 학습자들에게 프로그램의 참여를 촉진하고 프로그램의 원활한 실행을 위한 교육기관의 교육 담당자와 운영 요원들의 전문적인 운영 및 관리 행위가 필수적으로 요구된다. 이 모든 일련의 행위들이 성공적으로 이루어질 때 비로소 프로그램의 성공적 결과를 이뤄 낼 수 있다.

따라서 이 장에서는 자원의 효율적·효과적 확보를 위해 인적자원과 물적자원, 금전자원의 확보 및 배분에 대해 소개하고 개발된 프로그램을 잠재적 학습자에게 알리고 그들의 참여를 유도하기 위한 마케팅과 홍보 전략에 대해 소개한다. 또한 프로그램의 운영과 프로그램의 목표를 실현하기 위한 과정으로 프로그램 운영 및 실행에 대해 소개한다.

학습목표

이 장의 학습을 끝낸 후, 다음과 같은 학습목표가 성취되기를 기대한다.

- 교수자 선정을 위한 고려사항 및 절차를 설명할 수 있다.
- 교육장소 선정 과정을 설명할 수 있다.
- 수강료 책정 방법을 설명할 수 있다.
- 프로그램 마케팅의 개념을 설명할 수 있다.
- 마케팅의 주요 절차를 설명할 수 있다.
- 홍보매체 선정을 위한 기본 원칙을 설명할 수 있다.
- 홍보 기법을 다섯 가지 이상 설명할 수 있다.
- 교수·학습 활동을 도입-전개-정리 단계로 나누어 각 단계별 실행 활동을 설명할 수 있다.
- 효과적 교수 기술에 대해 설명할 수 있다.

1 프로그램 실행의 의미

프로그램의 실행은 일반적으로 프로그램 참여자(학습자)를 대상으로 의도한 목표를 달성하기 위하여 실제로 전개해 나가는 것을 말한다. 그런데 이러한 프로그램 실행의 의미는 광의의 의미와 협의의 의미에 따라 내포하는 대상 영역에 차이가 있다(김미자 외, 2014: 167). 먼저, 프로그램 실행을 광의의 의미로 보면 계획된 프로그램을 실제적으로 실행하기 위한 운영조직을 편성하는 것에서부터 실제의 프로그램 활동을 실천하고 그 결과를 기록·정리하여 평가 활동에 이르기까지의 일련의 과정을 포함한다. 즉, 프로그램 운영과 실행에 필요한 자원 확보 및 배분, 학습자 모집을 위한 마케팅 및 홍보, 선정된 활동 내용의 편성 및 실행, 활동결과의 기록·정리하여 평가 활동에 이르기까지의 일련의 과정을 포함하는 것으로 개념화 된다.

프로그램 실행을 협의의 의미로 보면 해당 프로그램의 활동 내용을 매개로 교수자와 참여자들이 일정한 방법으로 상호작용하는 과정 즉, 교수·학습 활동이 직접적으로 전개되는 과정을 의미한다. 따라서 프로그램의 실제적인 실행을 위한 도입과정에서부터 정리단계에 이르기까지의 과정으로 개념화 된다(김영숙 외, 2003: 207).

한편, 자원 확보 및 배분과 마케팅 및 홍보는 프로그램의 실행을 위한 활동으로 실행에 직접적인 영향을 미치는 요인이다. 또한 프로그램의 실제 실행이 교수자의 교수행위, 학습자의 학습행위, 운영 요원의 운영 및 관리 행위가 통합적으로 상호작용하는 인간의 인위적인 노력에 의해 전개되는 것으로 볼 때 프로그램 실행의 단계에서는 이들 요소를 모두 포함한 활동이 이루어진다(김진화, 2010: 365).

따라서 여기에서는 PADDIE 모형에 따라 프로그램 실행 단계로 프로그램 운영과 실행에 필요한 자원 확보 및 배분, 마케팅 및 홍보, 프로그램의 실제 전개를 위한 실행, 실행을 위한 운영 요원의 운영 및 관리까지를 포함하여 실행으로 규정하기로 한다.

2 자원 확보 및 배분

프로그램 개발은 인적자원과 물적 자원, 금전적 자원의 확보에 대한 계획을 포함하고 있다. 이는 자원이 확보되지 않으면 실현될 수 없기 때문이다. 자원 확보는 경영 마인드가 반드시 필요한 작업으로 프로그램 개발자들의 자원 동원 능력은 프로그램의 성패를 결정하기도 한다. 따라서 여기서는 프로그램 개발에 필요한 인적자원과 물적 자원, 금전적 자원의 확보 및 배분에 대해 알아보고자 한다.

1) 인적자원의 선정과 관리

인적자원은 프로그램 설계자, 프로그램 관리자 및 운영자, 교수자, 프로그램 평가자의 역할을 담당하는 사람을 말한다. 프로그램 설계자는 먼저 아이디어를 수집하고 프로그램으로 개발될 아이디어를 선정하여 목표를 설정하고 학습내용을 설계하고 예산과 마케팅 계획을 세운다. 프로그램 관리자 및 운영자는 프로그램의 기획과 조정, 평가와 관련된 업무를 수행하며 시설물 배치와 참가자 등록, 프로그램 모니터, 프로그램 운영 등이 포함된다. 프로그램 관리자는 시설관리와 함께 정보전달자, 브로커, 카운슬러의 역할을 수행하기도 한다. 교수자는 다양한 학습기법을 사용하면서 학습자들에게 교육내용을 전달한다. 프로그램 평가자는 프로그램의 가치와 결과를 평가하는 역할을 한다. 이러한 역할은 한 사람에 의해 모두 수행될 수 있고 몇 사람에 의해 분담되어 수행될 수도 있다. 프로그램의 크기에 따라 필요한 인적자원의 수도 달라진다. 대부분의 조직에서는 많은 인적자원을 확보하고 각 프로그램의 특성에 따라 인적자원을 적절히 혼용하여 활용한다(김용현 외, 2013, 기영화, 2010).

아울러 인적자원 확보에 있어 기관의 자원봉사자는 좋은 인적자원이 된다. 자원봉사자는 단순 보조적인 업무를 넘어서 타 인적자원들의 역할을 보조하거나 프로그램의 운용·기획 및 전문분야에 관한 조사에 참여하기도 하며 특정 기술 지원 등 다양한 업무를 수행한다. 이들은 자원봉사 활동을 통해 얻은 지식, 경험,

애정을 바탕으로 기관 및 조직의 활동과 프로그램을 소개하는 등의 직접적인 홍보 역할도 한다.

본 책에서의 인적자원 확보는 개발된 프로그램을 운영할 담당자와 실제 프로그램을 실행할 교수자에 한하여 알아보고자 한다.

(1) 프로그램 운영 담장자

① 운영 담당자의 중요성

프로그램 운영 담당자는 프로그램을 운영할 인적자원들 중 첫 번째로 선정되어야 할 자원이다. 프로그램 실시 단계에 있어서 교육 프로그램 운영 담당자의 역할은 매우 중요하다. 소속 기관의 여러 부서들과의 유대관계를 형성해야 하며 교수자와 많은 다양한 학습 고객들을 응대하고 면담해야 할 뿐만 아니라 타 기관과 교육 정보를 교환하고 유대관계를 형성·유지해야 하며 때론 파트너십도 형성해야 한다. 또한 강사 관리, 교육생 관리, 수업 관리, 교육기자재 및 시설 관리 등을 비롯하여 프로그램과 관련한 전 영역을 운영 관리해야 할 뿐만 아니라 교육 프로그램 진행까지도 담당해야 한다. 이와 같이 프로그램 운영 담당자가 이러한 담당 업무를 얼마나 잘 해 내느냐에 따라 교육의 목표를 달성하느냐 못하느냐에 영향을 미치고 이는 곧 교육의 성과와 직결될 수도 있다.

많은 비용과 시간과 노력을 투입한 교육이 최대한의 성과를 얻을 수 없다면 교육 제공 기관이나 학습자 개인으로도 큰 손실이 아닐 수 없다. 이러한 측면에서도 교육 운영 담당자의 중요성은 더욱 크다고 볼 수 있다. 따라서 교육 운영 담당자는 성과 있는 교육을 위해 교육 진행의 기본 방향, 준수 사항은 물론 교육 진행 시 필요한 여러 가지 기술들을 완전히 터득하여야 한다(김용현 외, 2013: 167).

② 교육 운영자의 기본 자세

교육 운영 담당자는 많은 인원 중에서 선택받은 자로서 수준 높은 가치관과 행동규범이 뚜렷해야 한다. 이에 교육 운영자의 조건과 임무에 대해 다음과 같이 살펴보고자 한다(김용현 외, 2013: 168-170).

가. 교육 운영자의 조건

- 지식: 교육 훈련 전반에 대한 이론과 지식 소유
- 경험: 다양한 프로그램 운영 경험 소유
- 자기계발: 변화에 대처하여 앞서가는 지속적인 자기계발(전문지식, 교양지식, 자기관리, 인간관계, 교육정보와 관련한 다양한 정보 수집 등)
- 인내: 어떤 역경에도 좌절하지 않는 불굴의 인내심
- 매너: 교육자의 품위를 유지하며 교육생의 귀감이 될 수 있는 자세
- 외모 및 표정: 단정한 외모, 밝고 명랑하며 친밀감 있는 표정
- 말과 행동: 언행일치하며 분명한 의사전달과 신뢰감을 줄 수 있어야 하며 대화 시 전문용어는 피한다.
- 태도: 학습자에게 관심을 갖고 존중하며 겸손한 태도

나. 교육 운영자의 임무

교육 운영자는 기관 및 조직의 발진이 곧 교육에 있음을 명심하여 다음 사항을 유념하여 실천한다.

- 기관의 설립목적 및 취지, 경영이념의 이해
- 경영 풍토 파악: 타기관이나 경쟁기관의 경영특색 파악, 타 기관과 유대관계 형성·발전·유지
- 교육 훈련의 가치 제고: 교육에 관한 부서장과 의사 일치, 현업부서에서 제기되는 문제점과 교육적 요구에 정보 수집, 인사부서와 유기적 관계 유지
- 조직 내의 문제해결에 협력할 것
- 교육의 질을 제고시킬 수 있는 교육 훈련기법 개발
- 지속적인 자기계발

(2) 교수자 선정

① 유능한 교수자의 요건

좋은 교수자(강사)를 선정하는 것은 좋은 프로그램을 결정한다고 해도 과언이 아니다. 교육 프로그램의 성공에서 교수자가 차지하는 비중은 대단히 크다. 성공적인 프로그램을 위해 교수자는 다음의 요건을 갖춘 자라야 한다(기영화, 2010: 171-172).

첫째, 전문적인 지식이 있어야 한다. 교수자는 무엇보다도 진행하는 주제에 대해 능통해야하며 해박한 지식을 갖추고 있어야 한다. 특히 주제와 관련한 지식 정도는 교육의 성패를 좌우하는 중요한 지표라고 할 수 있다. 교수자가 충분한 지식을 갖추지 못한 상황에서는 학습자와 신뢰를 형성하기 어려우며 학습자들의 학습 요구는 충족되지 못하고 이로 인해 후속 프로그램에의 참여에 영향을 미친다.

둘째, 가르치는 기술이 있어야 한다. 교수자가 교육내용 및 주제와 관련해서 해박한 지식을 갖추고 있다고 해서 잘 가르칠 수 있는 것이 아니라 그것을 바르게 전달하는 기술적인 능력을 갖추고 있어야 한다. 같은 내용을 전달하더라도 교수자의 교수 기술에 따라 학습자들이 느끼는 정도는 각기 다르다. 따라서 교수자는 다양한 교수기법에 숙달되어 있고 학습자들의 능력, 관심, 흥미 등 학습자의 특성과 상황에 맞게 적절한 교수법을 사용할 수 있어야 한다.

셋째, 가르침과 학습자에 대한 열정을 갖고 있어야 한다. 교수자는 학습자에게 관심과 애정을 갖고 있어야 하며 교수자가 학습자와의 만남을 즐기지 않을 경우 기계적인 관계가 형성되고 이 경우 학습효과는 떨어진다. 그러나 교수자가 학습자에게 관심을 갖고 교수 자체에 열정을 갖고 있는 경우, 학습자들의 프로그램에 관심을 끌지 못했던 경우라도 그 열정은 학습자에게 전이되어 공감대를 형성하고 학습효과가 증진된다.

넷째, 학습자의 배경과 경험에 따라 융통성 있게 반응할 수 있어야 한다. 예컨대 특정 주제에 대한 문제를 다룰 경우 학습자들이 이미 그 주제에 대한 학습경험을 한 경우와 그렇지 않은 경우 학습내용과 교수기법은 다르다. 따라서 교수자는 학습자의 경험을 고려하여 상황에 따라 대처할 수 있는 유연성을 가져야 한다.

다섯째, 학습자들의 상황과 경험을 진심으로 이해하고 그들과 공감대를 형성할 수 있어야 한다. 학습자들의 참여는 지식과 정보를 얻기 위한 것만이 아니다. 어떤 경우의 학습자들은 교수자와 인간적인 교감을 원하기도 한다. 실제 학습자들 자신이 교수자에게 어느 정도 이해받고 있다고 여기는 경우, 학습자는 적극적으로 학습에 참여한다. 반면에 학습자가 교수자에게 이해받지 못한다고 여기는 경우, 패쇄적이고 소극적으로 학습 활동에 개입한다. 따라서 학습효과를 높이기 위해서는 교수자는 자신이 학습자와의 공감대를 형성하고 있는가에 대해 수시로 점검할 필요가 있다.

여섯째, 문제해결력이 있어야 한다. 학습 활동을 전개하는 데 있어 예측하지 못한 여러 다양한 문제들이 일어날 수 있다. 이것은 학습자일 수도 있고, 기자재의 문제, 기후의 문제 등 수많은 상황이 전개될 수 있다. 예컨대, 실외 실기수업에서 예기치 못한 날씨의 변화로 갑자기 비가 오는 경우 학습내용과 교수기법을 변화시킬 수 있어야 할 것이다. 교수자는 이러한 돌발 상황이나 문제에 대해서 자연스럽게 대처할 수 있어야 한다.

일곱째, 유머를 효율적으로 사용할 수 있어야 한다. 교수자는 단순한 정보나 지식전달자가 아니다. 교수자가 유머를 적절하게 사용함으로써 학습자들의 긴장감을 해소시킬 수 있으며 학습자와의 관계를 보다 더 긴밀하고 친근감을 갖게 할 수 있다.

여덟째, 학습 활동을 전개하는 또는 프로그램이 소속된 기관의 환경에 대한 정보를 갖고 있어야 한다. 기관 및 조직의 이념과 철학 등을 파악하여 학습상황에서 이를 실현할 수 있게 한다. 교수자가 기관에 대해 충분한 정보를 갖지 못한 경우, 의도치 않게 기관의 이념과 상치되는 문제를 다룸으로써 프로그램을 갈등상황으로 끌고 갈 수도 있다. 이런 사항은 사전에 기관에 관한 오리엔테이션을 받음으로써 방지될 수 있다.

이상에서와 같은 요건을 갖춘 교수자의 선정은 프로그램을 성공하게 만드는 핵심요소이다. 잘 선정된 교수자가 프로그램에 투입되면 학습의 성과는 물론이고 학습자의 만족도 매우 높아진다. 이 경우 프로그램의 평가는 긍정적이며 참여자들은 다음 프로그램을 위한 홍보자 역할을 자원하기도 하며 기존의 참여자가 다른 사람들에게 프로그램의 효과를 전달함으로써 참여를 증가시키기도 한다. 따라서 교수자 선정에 특별히 신중을 기울여야 할 것이다.

② 교수자 선정 시 고려 사항

좋은 프로그램을 위해서는 좋은 교수자를 선정해야 한다. 교수자 선정의 기준은 교수자의 전공과 주요 강의 과목, 출강하는 기관 및 대상 등을 다른 기관의 교육담당자들과 정보교환을 통하여 사전에 충분히 파악하여야 한다. 의외로 명성에 비해 강의 내용이 부실한 경우와 지명도는 없어도 강의가 충실한 경우가 있다. 따라서 프로그램 담당자는 교수자의 중요성을 인식하여 적절한 강사를 확보하는 것이 매우 중요하다.

프로그램 담당 교수자를 결정할 때 사전에 강사 뱅크를 통하여 이미 그 과정에 맞는 전문가의 인적사항을 다수 확보하여야 한다. 교수자를 선택할 경우 교육담당자 혼자 결정하기가 부담스러울 수 있다. 이때, 자체 교수자 인선위원회를 개설해서 합리적이고 객관적인 평가를 내린 후 결정하는 것도 바람직한 방법이다.

다음은 교수자를 선정할 때 고려해야 할 사항들로 이를 살펴보면 다음과 같다 (양병찬, 2003: 388-389).

- 학습자들이 받아들이기 쉬운 교수자로 교수자의 성별, 경력, 사회적 평가, 직위, 태도 등 가급적 모든 요소를 충분히 고려해야 하다.
- 학습내용에 대해 숙지시키고 그것을 전달할 수 있는 표현력이 있는 사람이어야 한다.
- 전체 흐름 속에서 구성 의도를 나타낼 수 있는 분위기를 갖고 있는 사람이어야 한다.
- 교수자 후보는 복수로 해두고 빨리 접촉하여 본인의 승낙을 얻을 필요가 있다. 특히 외부 강사의 경우에는 일반적으로 본인의 스케줄이 있기 때문에 희망하는 시기를 확보하기 위해서는 가능한 한 빨리 섭외할 필요가 있다.
- 기관 내 강사의 경우 전문 강사가 아니기 때문에 충분한 준비 기간을 가질 수 있도록 배려할 필요가 있다.

③ 교수자 선정의 절차

교수자 선정의 절차는 다음과 같다(이화정 외, 2010: 134).

첫째, 교육 프로그램을 먼저 확인한다.

둘째, 기관이 보유하고 있는 교수자 뱅크를 활용해서 강의에 적합한 교수자 후보를 선정한다.

셋째, 기관 외 정보를 활용하여 강의에 적합한 교수 후보자를 추천받는다.

넷째, 교수자 후보를 놓고 적임자를 선정하는 회의를 한다.

다섯째, 교수자 후보의 순위를 매긴다.

여섯째, 1순위 교수자부터 전화로 수업을 의뢰한다.

- 이때는 강의와 관련된 전반적인 내용을 팩스 또는 e-mail을 이용하여 발송한다.
- 교수자가 먼저 교수자료에 대한 문의를 할 때는 정확하게 알려준다. 단, 지속적으로 강의를 해온 강사에게는 특별히 통보할 필요가 없다.
- 교육담당자의 연락처를 남겨놓고 교수자 후보의 결정을 기다린다.
- 결정 사항을 알려주기로 한 기한까지 연락이 없으면 다시 의뢰한다.

일곱째, 교수자가 강의를 수락하면 강의 의뢰서와 기관 안내 자료 등을 발송한다.

- 교육기관의 간략한 소개(기관의 설립 취지 및 기관의 이념 등), 교육목적, 학습자 집단의 특성(나이, 성별, 교육수준, 관련 교육경험의 유·무 등) 전체 프로그램 내용 등이 포함되어야 한다.
- 주차 여부와 교육장소, 약도 등 세부적인 사항에 관한 내용도 알려준다.
- 교육담당자의 휴대폰 번호를 알려주어 교육 당일 만약의 사태에 대비한다.

여덟째, 프로그램 실시 하루 전 쯤 교수자에게 강의 시간과 강의 장소들을 직접 전화통화로 알리고, 휴대폰 문자, e-mail로 확인시켜 준다.

- 변동사항은 즉각 통보해 주어야 한다.
- 프로그램 실시 당일 교통상황, 기후관계, 장소 변경 등을 교수자에게 통보하여 강의 시간 도착에 차질이 없도록 한다.

아홉째, 교육 당일 교육담당자의 휴대폰은 교수자가 무사히 도착하기 전까지 켜놓아야 한다.

2) 물적 자원의 선정과 관리

물적 자원은 조직차원에서 확보된다. 프로그램 개발자는 조직이 이미 확보하고 있는 자원과 새롭게 확보해야 할 자원으로 구분한다. 이미 확보된 자원은 자원의 가용성여부와 시기를 확인한다. 확보되지 않은 물적 자원은 기부나 무료로 사용할 수 있는 방법을 모색한다. 물적 자원 확보는 조직의 예산과 밀접하다. 그러므로 프로그램 개발자는 예산을 미리 확보하여 프로그램에 조달할 수 있어야 한다(기영화, 2010: 170). 물적 자원들 중 특히, 프로그램에 직접적으로 영향을 미치는 것은 교육 장소와 프로그램을 지원하는 기자재들이다. 이러한 자원은 프로그램의 기간과 참여자의 수, 참여자의 특성, 프로그램의 내용과 교수기법 등에 따라 달라질 수 있다. 여기서는 물적 자원요소들 중 교육장소 및 기자재 선정에 대하여 살펴보고자 한다.

(1) 교육장소 및 기자재 선정

교육 프로그램 담당자는 프로그램이 시작되기 전에 교육 장소와 관련된 많은 항목들을 점검해야 한다. 일반적으로 교육장소 선정은 교과특성, 학습자 특성, 교육목표와 내용, 방법 등 여러 측면들을 고려하여 가장 적합한 곳을 선정한다. 이를 위해 교육 프로그램 담당자는 교육장소 선정에서 각별히 고려해야 할 사항들이나 기타 적합한 장소 선정을 위해 사전에 교수자와 함께 충분히 소통할 필요가 있다.

① 교육장소 선정의 원칙

교육장소를 선정할 때는 몇 가지의 원칙들이 있는데 이를 살펴보면 다음과 같다(양병찬, 2003: 390).

- 교육장소는 학습 분위기를 수용할 수 있어야 한다.
- 교육장소는 학습자 규모에 적합한 크기와 원래 의도한 용도에 맞아야 한다.
- 교육인원이 소규모일 경우에는 가급적 기관 내 교육장소를 활용하는 것이

좋다.

- 연수와 같이 합숙교육일 때는 외부 장소를 활용하는 것이 좋은데, 이때 대상자의 인원과 연령, 환경, 시설, 거리, 비용 등을 감안하여 선정하되 특히 비용(예산 범위 내)을 감안해야 한다.
- 교육장소는 반드시 사전 답사를 해야 한다.
- 학습자들의 생활 수준을 고려하여 교육장소를 선택한다.
- 일반인들이 많이 사용하는 복합 휴양 시설은 특별한 목적이 없는 한 피해야 한다.
- 교육장소로 인한 문제점을 극복하고 적절한 학습 분위기 조성을 위해 교육·훈련 담당자는 상상력과 창의력을 발휘할 필요가 있다.

② 교육장소 및 기자재 선정의 기준

교육장소 및 기자재 선정의 기준은 다음과 같다(김용현 외, 2013: 181).

- 참석인원 수: 정원을 초과한 교육 장소에 더 많은 인원을 억지로 수용해서는 안 된다.
- 교육장의 크기: 책걸상 일체형－학습자 1인당 2~2.5 평방미터
의자와 책상 분리 회의 형－학습자 1인당 2.5~3.5 평방미터
- 교육장 배열: 교육 프로그램에 맞게 그리고 어떤 자리 배치든 모든 사람들이 정확하게 보고 들을 수 있도록 해야 한다.
- 적합한 의자와 책상: 책상은 폭 0.5m, 길이 1.8m 정도
- 의자와 책상의 배열: 의자와 책상의 배열에 유념해서 선정해야 한다.
- 조명: 학습자들이 필기할 때 지장이 없도록 해야 한다.
- 소음: 작업장으로부터 멀리 떨어진 장소를 선정해야 한다.
- 온도: 섭씨 20~25도 정도 유지, 냉·난방을 철저히 한다.
- 교통편의: 대중교통 시설, 주차공간, 장애인 시설 등을 고려해야 한다.
- 부대 시설물: 휴게실, 자동판매기, 화장실, 비상출입문, 숙박시설 등을 고려한다.

- 주의 산만: 주의를 산만하게 할 만한 것을 사전에 제거한다. 예를 들어 교육과 무관한 포스터나 그림 등을 가리기 위해 블라인드를 사용하는 방법 등이 있다.
- 음향시설: 교육 담당자와 교수자의 목소리가 주도적인 소리가 되어야 한다.
- 전기시설: 전기설비의 사용 가능 여부와 전원 코드의 위치를 점검해야 한다.
- 교육용 기자재: 구비 여부, 정상 작동, 대여 가능성 등을 점검해야 한다.
- 여분의 비품: 여분의 준비물을 구비하고 그것의 교체 방법도 알고 있어야 한다(슬라이드, 전구, 수업용 펜, 종이 등).
- 비품 보관 장소: 여분의 교육용 장비, 배포 자료, 기자재 등을 보관할 공간이 있어야 한다.

③ 교육장소 선정의 과정

교육장소 선정의 과정은 다음과 같다(양병찬, 2003: 390).

첫째, 교육 참여 인원수와 학습자 특성(연령, 신체적 장애 유·무 등)을 파악한다.
둘째, 교육장소 후보 시설을 선정한다.
셋째, 교육장소 후보 시설들에 대한 정보(비용, 위치, 연락처, 환경 등)을 요청한다.
넷째, 수집된 정보를 가지고 준비한 체크리스트에 따라 필요한 사항들을 점검한다.
다섯째, 체크리스트 점검 결과에 따라 교육장소 후보 시설들의 순위를 매긴다.
여섯째, 1순위 후보 시설부터 연락한다.
일곱째, 사전 답사를 실시하여 준비된 체크리스트 항목에 따라 점검하여 가장 적합한 장소로 결정한다.

이상에서 제시한 교육장소의 선정 과정들 중 특히 고려해야 할 사항은 학습자 특성이다. 여기엔 학습대상의 연령이나 특정 장애가 있는 학습자 등을 미리 파악하는 것이 좋다. 예컨대, 거동이 불편한 노인이나 신체적 장애가 있는 학습자일 경우 반드시 이들 학습자를 고려한 교육장소가 선정되어야 하기 때문이다.

다음은 교육장 및 기자재 준비를 위한 체크리스트의 예이다. 이를 참고하되 체크리스의 세부 항목은 교육의 특성에 따라 필요한 항목을 미리 작성해 둠으로써 적합한 교육장소를 선정하는 데 도움이 될 수 있다.

교육장 및 기자재 준비를 위한 체크리스트의 예

번호	항목	점검	점검중	미점검
1	참여 학습자 인원			
2	학습자 특성(연령, 신체적 특성 등)			
3	교육장 위치의 적합성(접근의 용이성 및 주의 환경)			
4	교육장 교통편			
5	교육장의 크기(참여인원 수에 적합한가?)			
6	교육장 내외의 소음			
7	교육받기 적합한 책상과 의자			
8	교육받기 적합한 책상 및 의자, 가구 배치			
9	교육장 조명			
10	교육장 음향 상태			
11	교육장 전기설비			
12	교육장 냉·난방			
13	빔프로젝트			
14	화이트보드 및 마커, 지우개			
15	필요한 시설물			
16	기타 필요한 기자재			
17	기타 편의시설(화장실, 매점, 휴식 공간 등)			

3) 금전자원의 확보 및 관리

예산수립은 프로그램 개발의 중요한 작업으로 프로그램 예산은 크게 개발비용(development costs), 운영비용(delivery coats), 평가비용(evaluation costs)으로 구분된다. 구체적 내용은 다음과 같다(김용현 외, 2010, Caffarella, 2002).

첫째, 개발비용은 프로그램을 개발하는 데 소요되는 비용으로써 자체에서 개발하거나 외부 전문가에게 의뢰하였거나 아웃소싱에 의한 경우 지급되는 비용이며 일반적으로 요구분석, 설계, 개발에 소요되는 비용이다. 흔히 개발에 드는 비용을 적게 투자하는 경향이 있는데 좋은 프로그램이 되기 위해서는 개발비용에 많은 비용이 투자되어야 할 것이다.

둘째, 운영비용은 프로그램이 실제 진행되는 과정에서 소요되는 비용으로써 프로그램 진행요원에 대한 인건비, 강사비, 참여자 비용, 시설 임대료, 각종 기자재 대여 및 사용비, 수업자료비 등이 여기에 속한다. 또한 운영비용은 준비비용, 직접비용, 기타 행정비 등으로 나눌 수 있다. 그리고 마케팅 및 홍보비의 경우는 운영관련 비용으로 제시하거나 비용 항목을 따로 설정할 수도 있다.

셋째, 평가비용이란 프로그램 운영결과에 대한 평가 활동을 실행하는 데 소요되는 비용이다. 여기에는 평가자료 제작비, 수집 자료의 처리비용, 보고서 작성에 필요한 제 비용 등이 포함된다. 특히 평가를 외부기관이나 평가자에게 평가를 의뢰하는 경우, 인건비는 평가비용에 속한다. 좋은 프로그램이 되기 위해서는 프로그램을 운영하는 데 그치지 않고 프로그램의 결과를 평가하여 다음 프로그램 개발에 반영해야 할 것이다. 그러기 위해서는 프로그램 평가에도 많은 비용이 책정되어야 한다.

(1) 적정예산 수립 방법

① 예산 수립 원리

프로그램 예산수립은 경영에서와 같이 유사한 원리가 적용된다. 프로그램은 예산에 따라 달리 운영되고 다음의 요소를 고려하여 수립된다(기영화, 2010: 181-182).

첫째, 예산승인과 재정담당자를 고려한다. 프로그램의 재정은 그것을 승인하는 사람이 프로그램에 대해 어느 정도의 신념을 가지고 있는 가에 따라 달라지기 때문이다. 예컨대, 프로그램 개발자가 사회적 배려대상을 위한 문화예술교육 프로그램에 대한 요구가 높아 이를 개설하는 경우, 재정담당자가 사회적 배려대상자는 소수에 해당된다고 판단하여 예산을 삭감할 수 있다. 이 경우, 사회적 배려대상을 위한 문화예술교육 프로그램의 실시는 어려워진다.

둘째, 특정 예산항목에 대한 한계 액수 설정이다. 프로그램 재정은 개발비용,

전달비용, 평가비용 등을 나눠보았을 때, 각각의 경우 프로그램 비용에 소요될 한계를 미리 정해두어야 한다는 것이다. 그렇지 않을 경우, 담당자의 편의에 따라 재정이 소요될 수 있어 프로그램이 당초 의도한 목적을 달성하기 어려울 수 있다.

셋째, 다른 프로그램에 의해 간접적으로 비용을 충당하는 방법을 고려한다. 프로그램이 실시되기 위한 필요한 모든 경비가 리스트로 작성된 후, 다른 프로그램과 공동으로 사용되는 비용이 있는가를 확인하는 작업이다. 예컨대, 어떤 특정 프로그램의 진행을 위해 CD 플레이어를 구입할 필요가 있을 경우, 다른 프로그램의 예산 항목을 확인하는 것이다. 이때 다른 프로그램이 구입한 경우 공동으로 액수를 분담할 수 있다.

넷째, 재정충당금과 보조금을 고려한다. 프로그램의 재정은 어느 정도 금액이 어디서 확보될 것인가를 고려하는 것이다. 대부분의 재정은 참여자들의 수업료와 조직의 보조금으로 충당된다. 보조금을 받아야 하는 경우, 조직의 요구에 대응하는 프로그램이 요구되는 반면, 참여자들의 수업료로 충당되는 경우, 프로그램은 자율적으로 운영될 수 있다.

다섯째, 회계처리방법이다. 프로그램의 재정은 회계처리방법을 고려하여 수립된다. 회계처리가 기관 및 조직에 의해 직접 수행되는 경우, 재정은 일찍 수립되어 시간을 충분히 허용하도록 한다. 그러나 재정이 프로그램 담당자에 의해 자율적으로 수행되는 경우, 프로그램 실행은 유연성을 가질 수 있다.

여섯째, 참여자들의 수업료 부담 정도를 정한다. 프로그램이 수업료에 의해 충당되는 경우, 납부금의 액수는 높아진다. 이 경우, 개인이 납부할 수 있는 한계 액수가 설정되어야 하며 외부의 유사기관 혹은 유사 프로그램과 수업료의 차등도 고려하여야 한다. 수업료가 너무 높으면 참여자 수는 적어질 것이므로 적정한 액수를 선정하는 것이 중요하다.

일곱째, 수업료 이외의 수입원을 고려한다. 프로그램은 수업료, 보조금 외에 후원금에 의해 운영되기도 한다. 프로그램이 수업료로 충당되기 어려운데 보조금이 지원되지 않는다면 프로그램 담당자는 후원금을 확보하는 방안을 고려해야 한다. 후원금은 정해진 출처가 있는 것이 아니다. 프로그램 담당자는 지역사회와 관련조직에 관한 정보를 추적하고 프로그램의 후원 여부를 요청한다. 이 방법은 예상하지 않은 많은 재정을 확보할 수 있는 방법으로 활용되고 있다.

② 프로그램 비용 감소를 위한 전략

적정예산을 수립하기 위해서는 프로그램과 관련하여 비용을 감소시킬 수 있다면 적정예산을 수립하는데 있어 매우 도움이 된다. 따라서 프로그램 비용 감소를 위한 몇 가지의 전략을 살펴보면 다음과 같다(Caffarella, 1994).

- 프로그램을 계획, 운영, 평가하는 데 필요한 담당자의 수를 줄인다.
- 참가자 수를 줄인다(비영리기관인 경우).
- 저렴한 학습 형태와 테크닉을 사용한다.
- 참가자들로 하여금 그들의 음식과 간식을 준비하게 한다.
- 현재의 프로그램을 줄이고 구성을 타이트하게 한다.
- 참가자들에게 모든 자료를 제공하기 보다는 도서관에서 빌리게 한다.
- 비용이 낮아질 수 있다면 그 프로그램의 하청을 고려한다.
- 프로그램에 대한 엄격한 평가를 통하여 불필요하게 제공되고 있다고 생각되는 행동, 지원 등을 줄인다.

③ 재정 확보 방법

프로그램 비용을 감소시키는 전략도 중요하지만 다양한 방법으로 재원을 확보하는 것도 필요하다. 재정은 프로그램의 유형과 후원기관에 따라 매우 다양하다. 전액 보조로 운영되는 프로그램이 있는가 하면 스스로 재정을 충당해야 하는 프로그램도 있다. 예컨대 비영리조직은 자원봉사자를 많이 확보하거나 재능기부 등으로 예산 없이도 프로그램을 실시할 수도 있다. 그러나 일반 프로그램은 기관이나 조직으로부터 보조금을 받아 운영한다. 이와 같이 프로그램의 재정을 확보하는 방법은 매우 다양하다. 프로그램 재정 확보를 위한 방법을 살펴보면 다음과 같다(기영화, 2010; 이화정 외, 2010).

첫째, 참여자의 수업료 부담을 증가시킨다. 예컨대 연속되는 장기 프로그램은 학습자들로부터 수강료를 내도록 한다.

둘째, 기관 및 조직의 일반 재정으로 충당하는 방법이다. 흔히 대규모 조직에 속한 프로그램은 조직의 전체 수입의 일부를 프로그램에 투자하게 할 수 있다. 기업 프로그램도 조직의 목적을 위해 학습을 실시하도록 일반 재정으로 충당한다.

셋째, 공적 자금 관련 사업에 제안하여 선정될 수 있다. 공공사업의 경우는 국가나 지방자치단체 등의 공공기관으로부터 사업 제안서를 제출하여 선정될 수 있다.

넷째, 개인 및 기관, 기업, 특정 단체 등으로 부터의 기부금, 후원금 등을 획득하는 방법이다. 대기업들은 직접 혹은 간접적으로 지역사회를 후원하고 있다. 이들 기업은 프로그램을 공개 심사하여 후원하고 있다. 이 경우 프로그램의 목적이 명백해야 하고 후원하는 조직의 이념에 부합하거나 조직에서 요구하는 프로그램의 취지 및 목적 등에 부합해야 한다.

④ 프로그램 재정의 적정 수준을 결정하기 위한 원리

첫째, 프로그램에 필요한 비용과 수입을 고려하여 재정운영 목적을 수립한다.

둘째, 수입을 확보하기 위한 세부 계획을 세운다.

셋째, 모든 재정상의 거래는 정확하게 기록되어야 한다.

넷째, 모든 금전거래는 적어도 1년에 한 번씩 발표해야 하며 이러한 기록은 실제 비용과 수입의 항목에 따라 구성되어야 한다.

⑤ 예산 편성의 과정

프로그램 예산 편성의 과정은 먼저, 프로그램의 목표를 검토한 다음 프로그램 실행에 사용 가능한 자원을 확인하며 재정을 배분하고 마지막으로 예산을 관리하고 평가하는 작업이다. 각 과정의 구체적 내용은 다음과 같다(기영화, 2010: 184-185).

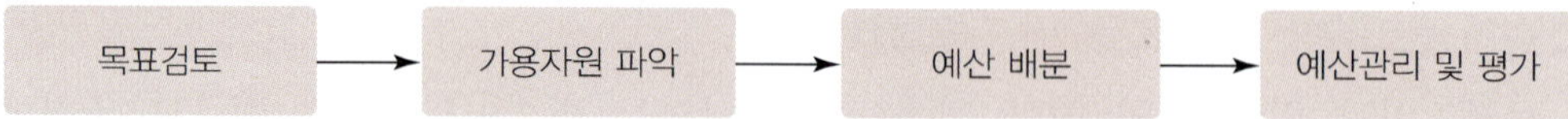

[그림 7-1] 프로그램 예산 편성의 과정

첫째, 목표를 검토한다. 프로그램 목표는 예산을 편성하는 근거가 된다. 프로그램 목표는 예산 편성의 기본 방향을 제시해주고 재정지출의 우선순위를 설정하는 기준이기 때문이다. 프로그램 관리자는 예산을 수립할 때 프로그램 목표개발 과정과 방법 그리고 누가 목표를 설정하는 데 영향력을 발휘하였는가를 파악한다.

둘째, 가용자원을 파악한다. 프로그램 비용을 산출할 때는 프로그램과 관련하여 기관 및 조직 내·외의 이용 가능한 자원을 파악한다. 기관의 인적·물적 자원과 시간, 공간 등의 이용 가능한 기존 자원과 프로그램에 요구되는 자원을 서로 결합시키면 새로운 자원 목록이 정해지고 예산 편성도 달라지기 때문이다. 예컨대 기관 내 프로그램의 실행에 적합한 교육장이 있다면 이것 또한 여러 다양한 물적 자원 중 기관 내 가용자원이 될 수 있다. 그렇지 않을 경우 외부의 교육장을 활용해야 하며 이 경우, 교육장소 대여에 대한 예산 편성을 해야 한다.

셋째, 예산을 분배 한다. 예산분배는 프로그램을 실행하는 데 소요되는 비용을 항목별로 나누는 과정이다. 예산분배는 먼저 프로그램에 대한 정확한 기록이 필요하다. 예컨대 프로그램의 총 기간 및 해당 강좌에 소요되는 시간 등을 비롯하여 교재 및 비품비, 관련비용(식비, 교통비, 마케팅 및 홍보비 등) 등과 같이 프로그램운영에 관련된 직접비와 간접비용 등에 대한 정확한 목록이 필요하다.

넷째, 예산 관리 및 평가를 실시한다. 분배된 재정이 집행되고 효과적인 프로그램 실시를 위해 예산관리와 그 결과에 대한 평가가 이루어져야 한다.

프로그램 예산 목록의 예(김한별 외, 2010: 125)

구분	예산 목록	개발비용	운용비용	평가비용
내부인력	• 프로그램 개발자 • 교수자(강사) • 기술전문가 • 행정지원인력			
외부인력	• 컨설턴트 • 교수자(강사) • 기술전문가 • 지원인력			
수업자료	• 교재 • 슬라이드 • 미디어파일 • 컴퓨터 소프트웨어 • 필기도구 • 각종 준비물(실습자료)			
시설/장소	• 강의실 • 작업실 및 실습실 • 숙박시설 • 주차공간			
음식	• 음료 • 다과 • 식사			
교통	• 주차비 • 대중교통 이용비			
장비/기자재	• 컴퓨터 • 프로젝트 • 스크린 • OHP			
특별지원	• 학습자의 특수성을 감안한 지원(통역수화 제공 등)			
마케팅/홍보	• 시장분석 • 자료수집 • 자료분석 • 홍보매체 제작 • 홍보지원 인력			
일반	• 간접비			
기타				

(2) 수강료 결정의 접근방법

수강료(교육비) 선정은 프로그램 개발 과정에서 가장 고민하게 되는 민감한 사안 중의 하나이다. 이는 기관의 운영철학이나 보조금, 기관의 시장 점유율 등 다양한 요소들이 가격결정에 영향을 미치기 때문이다. 따라서 예산과 관련하여 프로그램 교육비를 결정하는 것은 어려운 일이 아닐 수 없다. 여기서는 수강료 선정의 원리라고 볼 수 있는 세 가지 기본적 접근에 대해 살펴보고자 한다(이화정 외, 2010: 148).

① 전체 비용 가격에 기초한 가격 결정

전체 가격 비용은 형식적으로 고정된 수익 또는 판매나 생산품의 예상되는 양을 할당한 전체 비용을 취하는 것이다. 교육 상황에서 이것은 매우 적절한 방법이 될 수 있지만 여기서의 주요 한계는 참여자의 수를 파악하기가 힘들다는 데에 있다. 이때의 대책은 최소한의 등록 인원을 설정해 두고 이에 따라 프로그램 운영을 결정하는 것이다.

② 시중의 현재 가격에 의한 가격 결정

시중의 현재 가격에 의한 결정은 타 기관 즉, 경쟁 기관의 현재 가격과 맞추어 비슷하게 결정하는 방법이다. 경쟁자들 간의 비용은 공정하게 일치하는 경향이 있기 때문에 합당한 결과가 예상될 수 있다. 그러나 이때 어려움은 개별 기관마다 다양한 형태의 보조금이 있으며 그 체계 또한 복잡하기에 예측이 불가능하다는 데 있다. 공공기관과 달리 동일한 보조금이 없는 기관에서 그 기관과 가격을 맞춘다는 것은 엄청난 손실을 초래할 수도 있다. 따라서 시중의 현재 가격에 의한 수강료 결정 시 프로그램의 특성, 기관의 재정 상황, 기관의 성격 등을 고려하는 등의 보다 세심한 주의를 기울여 결정해야 할 것이다.

③ 이윤주의에 의한 가격 결정

이윤주의는 가격이 올라가면 참여는 떨어진다는 전제를 기본으로 하고 있다. 그러나 수입은 가격과 함께 올라가고 떨어진다. 수입은 참여에 의해 복합적으로 이루어진 단위가격이다. 이때의 가격전략은 최고조를 이루는 시점에서 가격을 설정함으로써 수입을 극대화시키는 것이다. 진짜 문제는 수요 대 가격에 영향을 미치는 진정한 정보의 획득에 달려 있다. 이러한 이유로 이윤주의는 실제에 적용하기에는 어려움이 따른다. 높은 가격의 프로그램들은 질적인 면에서도 어느 정도 받쳐준다는 이점이 있는 반면에 높은 가격의 프로그램은 진정한 타깃집단을 감소시키게 마련이다. 따라서 이 두 가지 요소를 모두 고려해야만 하는 것이다.

(3) 수강료 책정 방법

일반적인 수강료 책정 방법으로는 총수입 및 지출 내용을 토대로 한 손익분기점 분석 방법이 있다(김용현 외, 2013: 오혁진, 2007).

① 손익분기점 분석 방법

손익분기점 방법은 총수입액과 총지출액이 같은 금액이 되도록 수강료를 책정하는 방법이다. 총경비 내역에는 교수자료, 시설사용료, 광고비, 교재비, 숙식비 등을 들 수 있으며, 총수입내역은 기관내부지원금, 기관외부지원금으로 구성된다.

총수입내역을 (A), 총경비 내역을 (B), 최소참가자 수를(C), 수강료를 (D)로 가정했을 때 수강료 결정 공식은 D=[(B-A)/C]이다.

손익분기점 분석 방법의 예

- 총수입내역(A): 기관내부 지원금: 1,100,000원
  기관외부 지원금: 2,000,000원
  합계: 3,100,000원
- 총지출내역(B): 강사료: 2,000,000원
  숙박비: 600,000원
  교재비: 250,000원
  재료비: 200,000원
  간식비: 100,000원
  워크숍: 250,000원
  합계: 3,400,000원
- 최소참가 예상인원(C): 30명
- 수강료: 3,400,000 - 3,100,000 / 30 = 10,000원

② 최소 참가자 수의 결정 방법

프로그램이 존속하기 위한 최소 참가자 수를 결정하는 방법은 다음과 같다. 참가자 수는 결국 수강료에 의한 손익분기점이 되는 셈이다.

- **최소 참여자 수(손익분기점)** = 프로그램운영 고정비용 / 프로그램의 수강료-참가자 1인당 가변비용

예를 들어 프로그램을 운영하기 위한 고정비(프로그램 참여자 수에 관계없이 고정되어 지출되는 비용으로 시설임대료, 전기요금, 냉·난방비, 수업 기자재, 시설 등)가 8,000,000원이고 프로그램 수강료를 80,000원으로 책정하였으며 가변비용(사람 수에 따라 비용이 달라지는 것으로 교재비, 복사비, 차량비, 식사 및 간식비, 기타 소모품비 등)이 50,000원이 든다고 하였을 때 프로그램이 자립적으로 운영되기 위한 최소한의 교육 프로그램 참여자 수는 다음과 같다.

• **최소 참여자 수**: 8,000,000원 / 80,000원 − 50,000원 = 266

따라서 최소 266명이 참석하여야 손익분기점을 맞출 수 있다. 이처럼 프로그램 수강료 책정에 있어서는 최소 참가자 수를 고려하여야만 한다.

(4) 수강료 관리

학습자들은 프로그램에 일단 등록한 후 환불을 요구하거나 등록기한을 늦추도록 요구하기도 한다. 따라서 기관 및 조직에서는 수강료 관리를 위한 구체적인 기준을 갖고 있는 것이 바람직하다. 여기에서는 수강료 관리와 관련해서 수강료 지불, 납부기한 연장, 환불과 참가보조금 등에 대해 살펴보고자 한다(기영화, 2010: 195-196).

① 수강료 지불

수강료 지불의 경우 지불방법에 대한 정책이 너무 관대하면 행정이 조직적으로 운영되지 못한다는 인상을 줄 수 있고 너무 엄격하면 상업주의로 오해받기도 한다. 중용을 지키는 것은 항상 어려운 일이지만 오해의 소지를 최소한으로 줄이기 위해 분명하고 명확하게 재정규칙을 언급해 놓아야 한다.

② 납부기한 연장

학습자들에게 수강료 지불기간을 연장해 주는 것은 학습자의 부담을 덜어 주는 편의를 제공해 준다. 하지만 수강료 납부기한 연장은 주체 측 차원에서 볼 때는 많은 불이익을 갖게 된다는 단점이 있다. 회계가 복잡해지고 수강료 미납용지 또한 불쾌함을 안겨줄 수 있으며 납부기한 연장으로 오히려 중도 탈락자가 많아지는 경우도 있다. 납부기한 연장제도는 수강료의 규모에 따라 결정되기도 한다. 대부분의 프로그램 수강료는 그 비용이 저렴하기 때문에 분납이나 지연납부가 필요 없지만 장기프로그램일 경우는 지불연장제도가 때로는 필요할 것이고 분납은 2~3회로 나누는 것이 바람직하다.

③ 환불과 참가보조금

일반적인 경우는 아니지만 환불이 필요한 경우가 발생한다. 학습자가 그 강좌를 그만두고 싶어 할 때는 특정기간을 정해주고 전액환불 혹은 일부금액을 환불해 줄 수도 있으며 그 금액에 해당되는 다른 강좌를 들을 수 있도록 해 주는 것도 좋은 방법이다. 이러한 환불에 대한 사항은 프로그램 안내장에 미리 명시해 두는 것이 좋다. 그리고 학습자들의 프로그램 참여를 증진시키기 위해서 일정 부분의 예산을 장학금 명목으로 참가비를 보조하는 것도 좋은 방법이 될 수 있다.

3 프로그램 마케팅과 홍보전략

1) 프로그램 마케팅의 이해

프로그램 마케팅(program marketing)이란 개념은 교육의 비영리성이라는 관점에서 보면 수용하기 어려운 용어라고 생각할 수 있으나 교육시장을 통해 보여주는 학습 고객의 요구와 수요에 효율적으로 대응하는 방법에 관심을 둘 때, 마케팅은 어느 분야에도 적용될 수 있다. 이러한 측면에서 문화예술교육기관에서 개발된 프로그램을 분류해 보면 학습자에게 경제적 지출을 요구하지 않는 서비스지향 프로그램과 경제적 비용 지출을 요구하는 시장지향 프로그램으로 분류해 볼 수 있다.

이 두 유형은 모두 개발된 프로그램을 잠재적 학습자에게 알리고 그들의 참여를 유도하는 다양한 조치를 취해 나가야만 한다. 만일 공공기관에서 개발한 서비스지향 프로그램 같은 경우 시민들의 호응을 얻지 못한 채 학습 고객의 참여가 이루어지지 않는다면 그 기관은 지속적인 공적 지원을 얻기가 힘들게 되고 결국에는 그 기관의 필요성 여부가 제기될 수 있다. 또한 시장지향 프로그램을 가지고 있는 문화예술교육기관은 해당 프로그램을 통해 경제적 보상을 받아야 함으로 보다 많은 잠재적 학습 고객의 참여를 고려해야만 한다. 이때 프로그램 마케팅이 보다 효과적일 수 있다(김진화, 2010: 338). 따라서 프로그램 마케팅은 프로그램 개발 과정의 필수적인 요소인 것이다.

(1) 프로그램 마케팅의 개념

프로그램 마케팅의 개념을 이해하기에 앞서 먼저 마케팅의 개념에 대해 살펴보고자 한다. 마케팅에 대한 공식적인 정의는 1960년대 미국마케팅협회(American Marketing Association: AMA)에 의해 처음으로 제시되었다. AMA는 마케팅을 '생산자로부터 소비자 또는 사용자에 이르는 제품 및 서비스의 흐름을 관리하는 기업활동(business activities that direct the flow of goods and services from producer consumer or user)'이라고 정의하였다. 이 당시의 정의는 마케팅을 주로 유통 기능적 측면으로 취급하여 경제적 활동을 하는 영리추구 기관들만이 마케팅의 주체가 될 수 있다는 사고가 지배적이었다. 그러나 1969년 이르러 Kotler와 Levy가 마케팅의 핵심은 상거래(business transaction)에 있는 것이 아니라 교환(exchange)에 있으므로 기존의 마케팅기법, 절차, 사고 등을 비영리기관에 적용하였다. 그리고 비영리기관의 목적달성과 비영리기관이 대상으로 하는 시장욕구를 충족시키는 데 공헌할 수 있다고 주장하면서 마케팅 범위의 확장론을 제기하였다(고재준, 2003: 18).

마케팅 범위의 확장론 주장은 수년간 학술적 논쟁 끝에 이들 주장이 수용되면서 1985년 미국마케팅협회에서 기존의 마케팅 정의를 수정하여 "마케팅이란 개인과 조직의 목적을 충족시키는 교환을 창조하기 위하여 아이디어, 재화 그리고 서비스의 개발, 가격결정, 판매촉진, 유통을 계획하고 수행하는 과정(Marketing is the process of planning and executing the conception, pricing, promotion and distribution of idea, goods and services to create exchanges that satisfy individual and organizational objectives)"으로 정의하였다(구승회, 2011: 44).

이러한 정의에는 마케팅을 상호교환을 창조하는 과정으로 봄으로써 교환을 마케팅의 중심적인 주요 요인으로 보고 있으며 교환대상 또한 재화와 용역에만 국한하지 않고 아이디어까지 포함시키고 있다는 것이다. 또한 마케팅 활동의 기본은 다양한 소비자의 욕구를 충족하는데 있어야함을 강조하고 있으며 마케팅 활동의 영역은 상품개발에서부터 가격결정, 촉진, 유통 등으로 세분화하고 있다.

그리고 마케팅의 활동은 경제적인 교환활동뿐만 아니라 사회적 교환활동으로까지 확장하고 있음을 알 수 있다. 이러한 측면에서 보면 결국 마케팅이란 기업이나 조직에서 고객들이 원하는 것이 무엇인지를 연구하고 고객이 원하는 상품과 서비스를 개발하며 그것에 효과적인 가격을 책정하고 고객이 쉽게 구매하도록 유통시키면서 고객과 지속적인 관계를 유지하는 일련의 활동을 의미하는 것이라 볼 수 있다(김용현 외, 2013: 195).

한편, 프로그램 마케팅이란 개념을 사용하게 된 것은 Kortler와 Zaltman(1971)에 의해 제기되었던 사회적 마케팅(social marketing)이라는 용어에서 비롯되었다. 사회적 마케팅이란 개념은 앞서 Kotler와 Levy가 제시한 바와 같이 마케팅을 단순히 만질 수 있는 물건과 용역의 판매만을 염두에 두고 사용되는 개념이 아니라 보다 광의적인 상황에 적용될 수 있는 포괄적인 개념으로 이해하고 있다.

프로그램 개발에서 마케팅의 원칙이 적용되기 시작한 것은 1980년대 초반부터 두드러지게 나타나면서 우리나라의 경우에는 1990년대 중반 이후 프로그램 마케팅의 중요성이 제기되기 시작하면서 였다(김진화, 2010: 338).

프로그램 마케팅에 대한 정의는 아직까지 학문적으로 일치된 개념은 없지만 이를 협의의 개념으로 보면 단순히 문화예술교육 프로그램을 광고하기 위한 팜플렛을 배달하는 정도로 간주하는 경우가 있는가 하면 교육 프로그램에 일반사람들이 참여할 수 있도록 설득하는 것으로 이해되기도 한다. 그러나 이러한 개념은 지극히 도구적인 개념이다. 도구적 개념의 마케팅 도입의 경우는 효율성을 고려한 것이다. 즉, 마케팅이라는 도구를 활용하여 아이디어와 정보를 학습자들에게 전달하고 이를 통해 학습자들의 실천과 행동을 유도해 냄으로써 기관 및 조직의 설립취지를 실현하는 것이다. 그러나 프로그램 마케팅이란 이 보다는 훨씬 더 광의적으로 해석된다. 이는 학습 고객의 요구와 필요를 결정하고 이러한 요구와 필요들을 충족시킬 수 있는 프로그램을 개발·실행하고 또 그것의 성공 여부를 평가하는 모든 단계를 포함하는 매우 포괄적인 과정이라 할 수 있다(김진화, 2010: 339).

따라서 문화예술교육 프로그램 개발에 있어서 마케팅이란 ① 학습자들이 원하는 것이 무엇인지를 연구하고 ② 학습자들이 원하는 프로그램과 서비스를 개발하고 ③ 프로그램 수강료 책정과 교육장소 및 시간을 배정하고 ④ 잠재적 학습 고객에게 알리고 그들의 참여를 적극적으로 유도하고 촉진하는 방법에 대해 연구하면서 ⑤ 학습자들과 지속적인 관계를 유지하는 일련의 활동이라 정의할 수 있다.

문화예술교육 프로그램 개발에 있어서의 마케팅은 기업의 마케팅과는 다른 몇 가지 특징을 갖고 있는 것으로 이들 내용은 다음과 같다(김용현, 외 2010: 195-196).

첫째, 목표지향성이다. 문화예술교육기관은 대부분이 비영리기관의 경우가 많다. 따라서 마케팅의 목표도 수익성을 극대화시키기 위한 것보다는 기관이 추구하는 목표를 효과적으로 달성하였는가에 두고 있다. 수익성보다는 공익성을 우선하는 경우가 많으며 교육 프로그램을 널리 알려서 많은 사람들이 참여할 수 있도록 문화예술교육을 통한 다양한 학습의 기회를 제공하는 데 목표를 두고 있고 지역주민의 문화 복지를 지향하는 삶의 질을 개선하는데 궁극적인 목적이 있다고 볼 수 있다.

둘째, 서비스마케팅이다. 교육기관이 제공하는 상품은 무형의 서비스가 대부분이다. 무형의 서비스는 유형의 상품과는 달리 구매하기 전까지는 서비스의 질적 수준을 확인할 수 없다. 따라서 학습자는 문화예술교육기관의 광고보다는 입소문에 의한 정보를 더욱 신뢰한다. 일반적으로 유형의 상품은 제조와 유통과정을 거쳐서 고객에게 전달되지만 서비스는 생산과 동시에 소비가 이루어진다. 또한 서비스의 질적 수준은 일정하게 정해져 있지 않은 가변성을 갖고 있으며 소멸성이 있어서 일정 시점에서 소비가 이루어지지 않으면 그 가치가 없어져 버리고 마는 특징이 있다.

셋째, 다수집단 대상이다. 비영리기관은 서비스를 제공하는 '고객'들로 구성된 시장과 비영리기관의 활동을 지원하는 '후원자'로 구성된 시장이다. 비영리기관은 후원자들로 제공받은 자원을 그 기관의 운영목적에 따라 학습 고객에게 다시 제공해 주는 역할을 하는 경우가 많다. 따라서 문화예술교육기관은 학습자와 후원자 외에도 지역사회 주민과 지방자치단체 등 다양한 집단이나 기관과 관계를 갖고 있으며 마케팅의 대상도 넓다고 볼 수 있다.

이상에서와 같이 문화예술교육 프로그램 개발에 있어서의 프로그램 마케팅은 학습 고객에게 프로그램을 알리는 광고나 홍보보다는 훨씬 넓은 개념으로 볼 수 있다. 문화예술교육기관이 교육 프로그램이나 서비스를 제공하기 이전부터 마케팅 활동을 시작된다는 점에서 마케팅은 프로그램 개발의 전체 과정을 포괄하고 있으며 마케팅의 절차가 프로그램 개발 단계와 중첩된다고 볼 수 있다.

(2) 마케팅 개념의 변천 과정

마케팅은 그 시대의 경제와 사회구조적 변화에 따라 마케팅의 개념도 변화되어 왔다. 산업화 초기의 시장 상황이 수요를 초과하는 상태에서는 기관중심 개념이 주를 이루었고 공급과잉 상태로 변화됨에 따라 고객중심 개념으로 변화되었다. 시장중심적이고 고객중심적인 마케팅 개념은 최근 환경오염, 자원고갈, 인구폭증 등의 사회적 문제가 대두되면서 사회중심 마케팅 개념으로 변화되었다(김용현 외, 2013: 197).

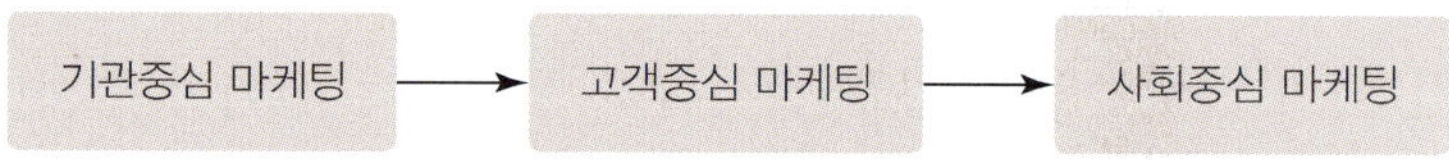

[그림 7-2] 마케팅 개념의 변천 과정(김용현 외, 2013: 197)

기관중심 마케팅의 개념은 역사적으로 세 단계를 거치면서 변천하였다. 그 과정은 다음과 같다(김용현 외, 2013: 197-198).

첫 번째 단계는 생산중심 마케팅 개념이다. 이는 상품 수요에 비하여 공급이 부족하여 소비자들이 상품구매가 어려운 경우로 제품을 생산하는 즉시 판매로 이어지는 마케팅이다. 즉, 기업이 만드는 상품은 소수고 물건을 구매하려는 소비자가 많은 것으로 이때 소비자에게는 선택의 권리가 없다. 기업은 원가 절감과 대량유통을 좀 더 효율적으로 하는 것이 목표이며 유통 범위를 광범위하게 넓히는 데 주력한다. 이와 같이 수요가 공급을 초과하고 경쟁 프로그램들 간의 차별화가 이루어지지 않은 상황에서 문화예술교육기관은 교육 프로그램의 생산과 제공에만 집중된다. 따라서 기관의 온갖 역량을 프로그램 생산에만 집중하고 교육 프로그램 제공을 통하여 학습자를 많이 끌어 들이는 데에만 주력한다. 그러나 학습자들의 욕구가 다양화되고 교육시장 상황이 공급과잉으로 바뀌면서 위기를 맞게 된다.

두 번째 단계는 상품중심 마케팅 개념이다. 상품 공급 증대에 따라 경쟁기관 간의 상품이 유사해지고 경쟁이 심화함에 따라 경쟁기관보다 차별화된 상품 혹은 양질의 제품을 생산하는데 주력한다. 즉, 상품지향적 마케팅은 차별화된 상품 자체의 특징 및 품질 등 상품 차별화에 중심을 둔다. 따라서 교육 프로그램 생산을 통한 학습자 유치에만 관심을 갖던 기관들은 경쟁기관이 늘어나고 교육 프로그램의 공급이 과잉되면서 교육 프로그램의 품질 향상과 가격 경쟁력을 높이기 위하여 노력하게 된다. 같은 가격이면 경쟁기관보다 더 좋은 프로그램이나 서비스를 제공하기 위하여 지속적인 품질 개선에 매진한다. 그러나 이 단계에서는 학습자들의 근본적인 요구와 필요가 무엇인지를 분석하는 데 소홀하기 쉽다.

세 번째 단계는 판매중심 마케팅 개념이다. 경쟁기관보다 더 좋은 양질의 프로그램을 제공하는 상품중심 마케팅은 점점 시간이 흐를수록 프로그램의 질에 대한 차이는 줄어들고 유사한 프로그램이 많아지게 되었고 학습 고객들도 프로그램의 질을 따질 수 없게 된다. 그러므로 이 시점부터는 판매전략에 중점을 둔다. 즉, 프로그램 개념으로도 시장에 대처할 수 없을 만큼 치열해진 경쟁 때문에 좋은 프로그램을 제공한다고 해도 기관은 프로그램 등록 유치를 위한 촉진 활동에 노력하지 않을 수 없게 되었다. 그렇기 때문에 학습자가 원하는 것을 제공하려 하기 보다는 광고 및 홍보 등의 판매 촉진을 통하여 기존 프로그램을 학습자들의 등록 유치에 역량을 집중하게 되었다. 그러나 판매중심 마케팅은 단기적 효과는 좋을 수 있으나 장기적인 관점에서 성과를 보장하기 어렵다고 볼 수 있다.

이상에서 제시한 생산중심, 상품중심, 판매중심 마케팅은 소비자의 요구와 선호를 간과했다는 데 문제점이 지적되었고, 이런 단점을 극복하고자 고객중심 마케팅의 개념으로 변화하게 되었다(박신의 외, 2002: 133).

고객중심 마케팅 개념은 모든 마케팅의 활동의 중심에 고객을 위치시키고 고객의 욕구를 파악하여 경쟁기관보다 더 효과적으로 충족시키기 위해 노력한다는 가정에서 출발한다. 기관 및 조직에서는 타 기관 간의 경쟁이 과열되면서 학습 고객의 등록 유치에 역량을 집중함에도 불구하고 학습자 유치에 한계를 느끼게 되면서 기관에서는 더 이상 고객을 단순히 프로그램을 구매하는 판매 대상으로만 인식하지 않고 학습자의 필요와 요구를 적극적으로 찾아내고 그들의 필요와 요구를 충족시킬 수 있는 프로그램을 개발하고 고객으로서 학습자를 일시적으로 만족시키는 것이 아니라 상호 가치와 지속적인 관계 유지가 중요시 된다.

사회중심 마케팅 개념은 마케팅이 개별 고객의 요구와 필요의 충족만이 아니라 사회전체의 이익과 복지를 동시에 고려해야 한다. 즉, 문화예술교육기관에서는 개인학습자의 교육 요구를 충족할 뿐만 아니라 사회전체에 대한 영향을 미치고 기관이 속한 지역사회에 어떻게 기여하고 봉사할 것인지와 같은 사회적 공헌에도 관심을 기울인다.

(3) 프로그램 마케팅 모형

프로그램 마케팅 모형은 크게 전통적 모형, 교환모형, 적응모형 등이 있다. 이들은 실제 문화예술교육 현장에서 단독적으로 활용되기 보다는 매우 복합적으로 이용되는 것으로 세부 내용은 다음과 같다(김진화, 2011: Simerly & Associates, 1989).

첫째, 전통적 모형의 마케팅은 학습 고객의 필요와 요구보다는 문화예술교육기관의 요구와 필요에 우선적인 관심이 있다. 교육기관은 교육 프로그램을 독자적으로 창출하며 학습 고객이 이것을 수용하도록 설득하기 위해서 마케팅을 사용한다. 즉, 문화예술교육기관에서 개발된 프로그램을 학습 고객들이 수용할 수 있도록 프로그램에 대한 학습 고객들의 생각, 태도, 가치관들을 변화시키는 관점이 강조된다.

전통적 마케팅 개념의 의미가 학습 고객을 설득시키는 것에 집중되며 문화예술교육기관이 학습 고객보다 강조됨으로 내부지향적인 성격을 띠고 있다. 따라서 마케팅 활동을 계획할 때 고려해야할 요인들이 거의 없다는 장점이 있는 반면에 외적 변화를 무시하고 학습 고객에 대한 무관심이 발생한다는 단점이 있다.

둘째, 교환모형은 문화예술교육기관 및 단체들이 앞으로 개발할 프로그램의 가치를 학습 고객의 요구와 필요의 교환을 통해 획득하는 것을 강조한다. 이러한 접근모형은 문화예술교육기관이 잠재적 학습 고객이나 소비자들과 함께 공생적인 관계임을 강조한다. 따라서 의사결정을 이끌어 내기 위해서는 문화예술교육기관과 학습 고객 사이에 끊임없는 협상과 정보교환을 중요시 한다. 학습 고객들과 소비자들은 그들이 가치 있게 여기는 것(시간 또는 돈)을 자신들에게 이익을 가져다주는 것이라고 생각하는 것(교육 프로그램, 생산물, 용역)과 교환하기를 원한다. 따라서 마케팅에 대한 교환적 접근은 학습 고객과 문화예술교육기관 사이의 가치의 교환에 중점을 둔다. 이 접근은 교육기관과 학습 고객의 균형적인 관점을 강조하며 그 장점은 요구분석과 협상을 통해 문화예술교육기관의 지속적인 변화를 촉진시킨다는 것이다. 그러나 계속적인 협상과 장시간의 요구분석 등으로 문화예술교육기관의 변화가 점진적이라는 단점을 가지고 있기도 한다.

셋째, 적응모형은 학습 고객의 요구와 흥미에 대한 문화예술교육기관의 응답을 강조함으로 외부 지향적이다. 또한 교환모형보다는 학습 고객의 요구와 필요에 대한 응답을 강조하기 때문에 실제적으로 교육기관의 목적이나 필요, 기준, 가치들을 무시하는 경향이 있다. 이 모형은 기본적으로 학습 고객이 원하거나 필요한 것이라면 그것이 문화예술교육기관의 전통적인 경향을 도외시할 수 있다는 단점을 가지고 있다. 반면에 학습 고객의 만족을 강조하기 때문에 변화촉진에 매우 적극적이라는 장점을 가지고 있기도 하다.

이상의 내용을 살펴보면 전통적 모형은 앞서 살펴본 기관중심 마케팅 개념과 유사하며 적응모형은 고객 중심 마케팅 개념과 거의 일치한다고 볼 수 있다. 지금까지 제시한 전통적 모형과 교환모형, 적응모형의 내용을 요약·정리하면 <표 7-1>과 같다.

〈표 7-1〉 프로그램 마케팅 모형의 비교(김진화, 2011: 348)

구분	전통모형	교환모형	적응모형
강조점	• 기관 및 조직체 지향	• 공생적 관계(기관 및 조직과 학습 고객)	• 학습 고객 지향
환경과의 관계	• 거의 반응이 무딤	• 의사결정을 위한 지속적인 협상, 교환, 정보공유	• 매우 반응적임
관점	• 학습 고객이 조직체의 프로그램 및 서비스를 수용해야 하기 때문에 학습 고객의 사상, 태도 신념을 변화시키는 관점에서 마케팅을 이해함	• 학습 고객이 시간, 돈, 낡은 사고 유형 등을 자신들에게 해택을 주는 교육 프로그램 및 서비스와 교환하다는 관점	• 문화예술교육기관이 학습 고객의 요구와 필요에 상응하는 교육 프로그램 및 서비스를 변화시키는 점
참여	• 내부지향	• 내부·외부균형	• 외부지향

구분	전통모형	교환모형	적응모형
장점	• 덜 복잡하고 단순함 • 고려할 요소가 거의 필요없음 • 쉽게 판촉할 수 있음	• 문화예술교육기관의 변화에 적응할 수 있도록 요구 분석과 협상을 강조함	• 학습 고객에 의해 문화예술교육 기관의 재생과 적응이 잘 이루어짐 • 능동적으로 변화에 적응함
단점	• 문화예술교육기관의 변화지향성이 거의 없음 • 기관의 실패 및 학습 고객의 불만을 가져올 수 있음	• 전통적인 문화예술교육기관이 지속적인 협상과 교환과정에 어려움을 겪을수 있음	• 전통적 문화예술교육기관내의 보수적인 집단과 갈등이 초래될 수 있음

2) 마케팅 계획 수립 전략

문화예술교육 프로그램의 마케팅을 보다 효과적으로 수행하기 위해서는 다음과 같은 내용에 관심을 기울일 필요가 있다(이화정 외, 2010; Simerly, 1989).

첫째, 마케팅, 광고, 홍보 사이의 차이점에 대한 명확한 정의는 보다 효과적인 마케팅 계획의 개발에 도움이 된다. 마케팅이란 문화예술교육 프로그램을 가지고 학습 고객들에게 가장 잘 봉사하기 위한 연구, 분석, 결정의 종합적인 과정을 지칭할 때 사용되며 문화예술교육기관의 요구뿐만 아니라 학습 고객의 필요, 행동, 가치 등을 강조한다.

둘째, 마케팅이 효과적이기 위해서는 기관의 전체적인 임무, 목적, 목표의 성취와 직접적인 관련이 있어야 한다. 만약 마케팅이 기관의 임무 성취와 직접적인 관련이 없다면 효과적일 수 없다.

셋째, 환경에 대한 검토와 분석은 모든 마케팅 노력이 효과적이 되도록 한다. 환경에 대한 검토와 분석은 프로그램 개발자가 기관과 프로그램 및 서비스의 성공을 위한 결정적인 현안에 대한 정보를 획득할 수 있도록 한다. 어떤 기관이든지 끊임없이 환경을 관찰하는 것을 가능케 하는 형식, 비형식의 기재를 가지고 있어야 한다. 이것은 모든 문화예술교육기관에서 변화를 성취하고 그들의 환경에 적용하는 가장 중요한 방법이다.

넷째, 학습 고객의 서비스 지향 체제를 개발하는 것은 마케팅의 주요한 부분이다. 문화예술교육기관은 기관과 관련된 학습 고객을 항상 고려하고 있어야만 한다. 학습 고객이 문화예술교육기관의 가장 중요한 자산으로 인정 될 때, 이것을 성취하기 위한 정책들이 개발될 수 있다.

다섯째, 심리학적·인구통계학적 자료는 마케팅 기초자료 중 중요한 요소들이다. 인구통계학적 자료는 나이, 성, 학력, 직업, 교육수준 등 상당히 잘 알려지고 측정하기 쉬운 개인이나 단체에 대한 자료들을 말한다. 이에 반해 심리학적 자료는 보다 추상적이어서 인구통계학적 자료와는 달리 측정하기가 쉽지 않다. 그렇지만 시장 조사자들은 마케팅에 대한 종합적인 접근을 발전시키는 데 있어서 인구통계학적 자료만큼이나 심리학적 자료를 중요시 한다.

심리학적 자료들은 학습 고객의 라이프스타일에 따라 어떤 생산물, 상품, 서비스에 돈을 쓰는가, 언제 그들의 소비행동에 어떻게 영향을 주는가, 그들과 그들의 아이들을 위해 어떤 기대를 가지고 있고 시장에서 이들의 기대를 어떻게 해소하는가, 다양한 직업의 사람들이 광고에 사용되는 다른 매체들에 대해 어떻게 느끼는가, 어떤 매체가 그들에게 가장 정확하고 책임 있는 메시지를 제공한다고 느끼는가 등이다. 따라서 성공적인 마케팅 계획의 개발을 위해서 문화예술교육기관은 그들의 마케팅 계획의 계속적인 수립을 위한 기초로서 인구통계학적인 것과 심리학적인 것 두 가지 자료의 수집과 분석을 위한 세심한 방법의 개발이 필요하다.

여섯째, 시장 세분화 전략에 대한 인식이 필요하다. 시장 세분화는 문화예술교육사를 위한 중요한 마케팅 개념으로 문화예술교육 프로그램과 서비스가 제공되는 시장을 분할하기 위해 믿을 만하고 효과적인 방법을 찾을 수 있다.

일곱째, 마케팅 효과에 대한 추적은 전체적인 마케팅 계획에서 필수적인 단계이므로 마케팅의 효과를 평가하기 위하여 마케팅의 결과를 추적하는 것은 반드시 이루어져야 한다. 만약 어떤 특정 프로그램에 대한 마케팅을 한 후 어떠한 사람들이 프로그램에 등록을 하는 경향이 많았는가를 추적하는 것은 매우 바람직하다. 효과적인 추적시스템은 마케팅 행동과 이러한 행동을 필요에 따라 구성하는 결과를 분석할 수 있도록 하고 결국 모든 마케팅 활동을 보다 효율적으로 만들어 준다.

여덟째, 마케팅 계획의 수립은 일회적으로 단 한번으로 끝나는 것이 아니라 계속적인 과정이다. 문화예술교육 기획을 위한 최후의 마케팅 계획이라는 것은 존재하지 않는다. 어떠한 성공적인 마케팅 계획일지라고 끊임없이 조절과정을 겪어야 한다. 환경으로부터 새로운 자료를 받게 되면 계획은 반드시 바뀌고 다양한 마케팅 행동들이 재구성을 필요로 할 것이다. 프로그램 마케팅 기법들도 끊임없이 바뀌는 마케팅 목표를 만나기 위해서 지속적으로 방향을 바꾸어 갈 것이다.

3) 마케팅의 주요 절차

문화예술교육 프로그램 마케팅의 절차는 학자들 마다 다양하게 제시되고 있지만 공통적으로 제시되고 있는 절차를 중심으로 살펴보면, 전략적 분석-마케팅 목적 및 목표설정-시장 세분화 및 포지셔닝-마케팅 믹스-프로그램 마케팅 실행-프로그램 마케팅 평가 및 통제의 순서로 전개된다. 각 단계는 필요에 따라 피드백 과정을 거치며 순환하면서 진행된다. 프로그램 마케팅의 주요 절차는 [그림 7-3]과 같다.

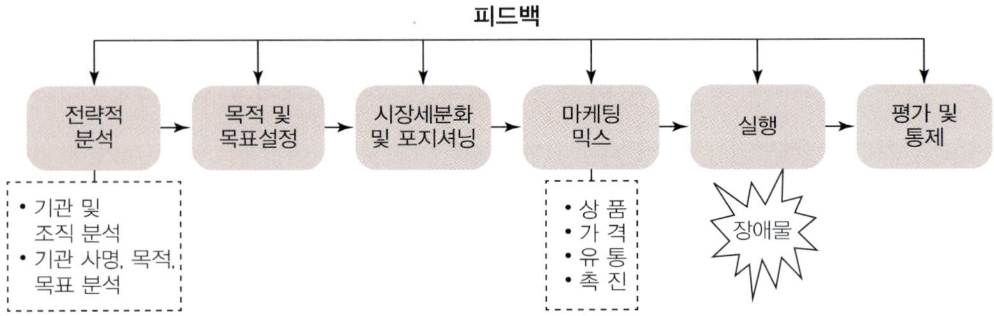

[그림 7-3] 프로그램 마케팅의 주요 절차

(1) 전략적 분석

전략적 분석은 크게 두 가지로 살펴볼 수 있다. 첫째, SWOT 분석의 방법을 통해 문화예술교육기관 및 조직의 강점(Strengths)과 약점(Weakness), 기회요인(Opportunities)과 위협(Threats)요인들을 분석하고 평가한다. 기관 및 조직의 내부적 환경과 외부적 환경으로 구분하여 내부적 환경에서는 감정과 약점을, 외부적 환경에서는 기회요인과 위협요인을 분석하는 것이다. 강점과 약점은 기관 및 조직의 내적인 특징과 관련된다. 즉, 조직이나 기관 자체의 기초역량, 관련 사업 운영경험, 전문인력 확보여부, 재정적 여건, 시설 공간 및 여건 등을 비롯하여 조직에서 운영하고 있는 주요사업과 프로그램 등을 분석한다. 필요한 경우 외부 기관과의 파트너십도 검토 한다(김민주 외, 2005). 이때, 내부기관의 약점이 파악되었을 경우, 그 약점을 교정할 것인지, 아니면 다른 대안을 추구하는 것이 더 좋을 지를 결정해야 한다. 기회와 위협요인은 조직 외적인 환경으로부터 도출된다. 예컨대, 정치, 경제, 사회, 문화, 기술, 국제적 동향, 경쟁조직 및 유사조직의 프로그램 등 조직 안에서 통제하기 어려운 외부 요소들을 주로 분석한다. 외부 환경에 대한 영향력은 강점요인과 약점요인을 판단하는 방식과 마찬가지로 주관적인 판단에 의존한다. 기회는 기관의 핵심적인 자산 또는 강점과 외부환경에 있는 비어 있는 영역(unfilled niches)의 결합으로 볼 수 있다(구승회, 2011: 54).

이상에서와 같이 SWOT 분석을 실시함으로써 조직 및 기관이 처해 있는 현실태를 정확하게 파악하고 이를 기반으로 마케팅의 실제적인 추진 전략을 구축할 수 있다. SWOT 분석은 앞서, 기획단계에서 제시한 바와 같이 프로그램 마케팅에서도 첫 출발점이 된다. 따라서 기획단계에서 실시한 SWOT 분석을 프로그램 마케팅과 관련해서 다시 한 번 검토하여 추가 분석이 필요하지 않을 경우 이를 토대로 마케팅 전략적 분석에 활용할 수 있다.

SWOT 분석의 예: 국립민속박물관(2007: 45)

S(강점)	W(약점)
⊙전통문화 교육기관으로서의 높은 위상과 질적인 교육수행	⊙교육의 질과 양을 동시에 충족하지 못함
• 국가기관으로서의 공인성 확보 • 저렴한 교육 참가비와 높은 교육의 질 유지 • 민속교육 관련 연구 및 교육인력의 우수성 • 다양한 강사인력풀 및 질적 운영	• 많은 프로그램 운영에 치중, 창의적 교육 프로그램 개발 미흡 • 수요대비 교육시설 부족으로 학습자의 다양한 욕구에 부응하지 못함 • 교육기자재 노후 등 열악한 교육환경 • 제계적인 박물관 전략 부재
O(기회)	**T(위기 또는 장애)**
⊙민속과 문화에 대한 대내외적 관심 고양	⊙대외기관의 유사 프로그램 개설 증가
• 주 5일제 근무에 따른 박물관 교육 욕구 변천 • 전통문화 향유의식 고양 및 민속체험 수요 급증 • 학교연계 교육 등 박물관 체험교육 확대	• 다양한 문화단체의 난립과 유사 교육 프로그램 운용 • 현장체험 교육의 확대 추세로 인한 기존 교육 프로그램의 관심 약화

둘째, 기관의 사명과 목적 및 목표를 확인한다. 문화예술교육기관이 목적은 대부분의 기관에서 사명서 형식으로 제시되어 있다. 사명서는 기관의 기본적인 목

적으로 현재의 상태와 미래의 방향을 제시해 준다. 즉, 사명서에는 기관이 어떤 일을 하고 누구에게 서비스를 제공하며 무엇을 성취하고자 하는 지가 서술되어 있어야 한다. 사명은 빈번하게 수정할 필요가 없도록 충분히 포괄적이면서 동시에 모든 것을 분명히 제시하고 사업 계획수립에 지침이 될 수 있도록 구체적이어야 한다. 또한 일반 학습 고객들이 이해할 수 있는 것이어야 하며 가능한 한 간결해야 하고, 전향적이어야 하며 능동적·적극적인 단어로 표현해야 한다(구승회, 2011: 54). 작성된 사명서는 단체의 존재 이유를 의미하며 단체가 달성하고자 하는 결과를 폭넓게 서술하게 된다.

(2) 마케팅 목적 및 목표 설정

앞서, 분석에서 확인된 문제를 바탕으로 마케팅의 목적과 목표를 설정한다. 이때 사명서와 일관되도록 해야 한다. 목적과 목표의 설정은 정확한 문제의 진술, 표적집단의 성격과 규모, 기관의 정책, 매출, 이익, 시장 점유율, 자원동원 등의 변수들에 의해 범위와 방향이 정해지며 성취해야 할 목표는 구체적인 수치로 설정해야 한다. 즉, 목적을 달성하기 위한 목표를 규명하기 위해서는 운영 가능하고 측정 가능한 용어로 구체화하여 진술한다. 예컨대 마케팅의 목적이 '문화예술교육기관의 새로운 학습 고객 회원 수를 늘린다'에 해당되는 구체적 목표는 '2017년도에 새로운 학습 고객 회원 10% 증가'라는 숫자로 표시할 수 있을 것이다(구승회, 2011: 55).

목표를 설정하는 데 있어 주의할 점은 비현실적이거나 너무 높은 수준의 변화를 성취하기 위한 목표는 실행에 어려움이 많을뿐더러 기간도 많이 소요되기 때문에 유의해야 한다. 이상에서와 같이 목표를 적절하게 설정하는 것은 프로그램 마케팅 수행 후에 평가하는데 도움이 된다.

(3) 시장세분화 및 포지셔닝

시장세분화 및 포지셔닝은 교육시장 분석으로 볼 수 있다. 즉, 표적시장(target market)을 어떻게 선정하고 다룰 것인가를 결정하기 위해 교육시장을 분석하는 것을 의미한다. 여기서 시장이란 교육 프로그램이 필요하고 프로그램에 대한 관심이 있고 프로그램에 참여하려고 하는 개인이나 조직을 시장이라고 한다. 교육시장 평가는 주요 고객과 직원, 경쟁자, 회원, 자원봉사자 등의 요구와 인식을 파악하고 분석하는 과정이다. 다음의 질문에 대한 해답을 찾는 과정으로 볼 수 있다(양병찬, 2003: 377).

- 누가 우리기관의 핵심적인 고객인가?
- 각 대상 고객의 요구, 인식 서비스에 대한 기대는 무엇인가?
- 현재 서비스 대상자, 자원봉사자, 경쟁자 들을 포함하는 시장의 트랜드는 어떤 조짐을 보이는 가?
- 그 중에서도 우리 기관에게 특히 의미 있는 것은 무엇인가?
- 우리 기관이 위의 같은 시장의 변화에 어떻게 대응할 것인가?

교육시장 분석을 위한 과정은 시장세분화(segmentation), 표적시장 선택(targeting), 포지셔닝(positioning)이라는 주요 세 단계의 과정을 거치는 것으로 이를 'STP'전략이라고 한다.

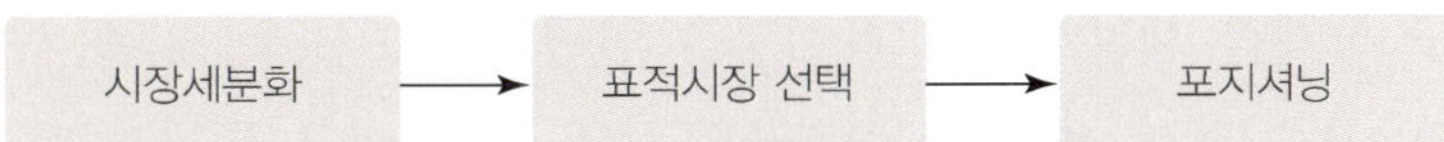

[그림 7-4] 교육시장 분석의 과정

① 시장세분화

시장세분화(segmentation)는 고객의 특성이나 요구를 준거로 하여 집단을 분할하는 과정을 의미하는 것으로 시장분할(market segments)이라고도 한다. 시장세분화를 하는 이유는 문화예술교육기관에서는 마케팅에 활용할 수 있는 자원이 한정되어 있기 때문이다. 더욱이 하나의 프로그램이 추구하는 교육의 목표가 수많은 잠재적 학습 고객들의 요구를 모두 충족하기란 현실적으로 불가능하다. 그러므로 프로그램의 목표에 일차적으로 관심을 가지고 참여할 대상을 선정하게 되는데 이때 잠재적 학습 고객들의 다양한 특성을 고려하면서 대상을 분류하게 되는 것이 바로 시장의 세분화다(김한별 외, 2010: 114). 따라서 시장세분화를 통해 한정된 인력과 시간과 자원 및 재원 등을 가장 반응도가 높을 것으로 예상되는 세분시장에 집중함으로써 그 효과를 높이려는 것이다.

시장세분화를 통해서 프로그램 개발자는 프로그램의 핵심적 학습 대상자가 누구인지 정확하게 파악할 수 있고 그럼으로써 프로그램의 내용이나 형식적인 측면에서 학습자들의 만족도를 높일 수 있으며 프로그램의 운영 측면에서도 불필요한 비용을 감소할 수 있게 된다. 이와 같이 특정 세분시장에 마케팅을 집중하였을 때 마케팅의 효과는 더욱 커지게 된다. 시장세분화는 학습자 매핑과 유사한 것으로 잠재적 학습 고객을 세분화하는 기준에는 흔히 지리적 조건, 인구 통계적 조건, 심리적 조건, 행동조건의 네 가지로 살펴볼 수 있다.

첫째, 지리적 세분화는 도시, 어촌, 농촌지역 거주와 같이 학습자들의 거주 지역에 따라서 학습자들의 요구와 선호도가 다르게 나타날 수 있으므로 이들 지역에 따라서 나타나는 차이를 중심으로 세분화하는 것을 말한다. 대부분의 기관들은 마케팅 프로그램을 지역화한다. 교육시장은 행정구역과 인구 규모에 따라 대도시, 중소도시 등의 지역 단위로 나눌 수 있으며 각각의 단위별로 주요산업, 기후 등의 분석자료를 수집하는 것이 필요하다(김용현 외, 2013: 201).

둘째, 인구 통계적 세분화는 교육시장을 연령, 성별, 소득, 가족 규모 가족 생활주기, 직업, 교육 정도, 종교, 인종, 국적 등과 같은 인구 통계적 변수들에 기초하여 학습대상을 구분하는 것을 말한다. 인구 통계적 요인은 학습자 특성을 파악하는 데 기초적인 자료를 제공해 주는 것으로 학습 고객 집단을 세분화하기 위해 사용하는 가장 보편적인 기준이 된다. 그 이유로는 잠재적 학습 고객의 요구 및 교육 프로그램 참여 빈도 등이 인구 통계적 변수들과 매우 밀접하게 관계가 있는 경우가 많고 또한 인구 통계적 변수들이 대부분 다른 변수들보다 측정하기가 쉽기 때문이다. 따라서 표적시장의 규모를 평가하거나 그 시장에 효과적으로 접근하기 위해 인구 통계적 특성에 대한 파악은 꼭 필요하다(고재준, 외, 2003: 101).

셋째, 심리변수적 세분화는 학습 고객의 사회계층, 생황양식 및 개인적 특성을 중심으로 분류하는 것을 말한다. 사회계층이란 비슷한 수준의 사회적 지위와 경제력에 따라서 학습 고객을 분류하는 것을 말한다. 동일한 사회계층의 학습자들은 유사한 목적을 가지고 상호작용을 행하므로 구매행동에 있어서 유사한 반응을 보이는 경향이 있다. 따라서 학습 고객 계층의 속성에 일치되고 선호되도록 마케팅 활동이 전개되어야 한다.

생활양식(life style)은 학습 고객의 독특한 양식이나 행동 방식에 따라 학습 고객을 분류하는 것을 말한다. 나이와 직업이 같은 사람이라고 하더라도 학습자 개인에 따라서는 아주 다른 생활양식을 가지는 경우가 많다. 예를 들면 외모나 외형적인 미의 감각을 중시하며 유행이나 주의의 환경변화를 예민하게 받아들이는 서구지향적 자아추구형, 자신의 개성을 표현하기 보다는 집단의 틀 안에서 안주하려하고 타인과의 관계에서 규범을 중시하며 가족 중심적 생활양식을 지향하며 부수적으로 살아가려는 규범중시 현실불만형, 자기개발의 욕구가 강하며 지적 탐구욕구가 왕성하고 취미활동이나 교양활동을 중시하는 미래지향적 갈등형, 가족중심의 가치관을 중시하고 가족지향적 삶의 양식을 추구하려는 전통지향적 현실순응형, 패션이나 유행의 변화에 민감하고 서구적 생활양식을 수용하고 자신의 개성을 중시하고 집단적 규범에 대한 거부감이 강한 감각지향적 자유분만형, 취미활동이 활발하고 개인지향적 가치관보다 집단의 규범과 주위와의 조화를 중시하는 안정지향적 현실향유형 등과 같은 분류가 이에 속한다(고재준 외, 2003: 103). 개인적 특성은 프로그램 참여동기, 성격유형, 학습에 대한 태도 등과 같이 심리적 특성에 따라서 분류하는 것을 말한다.

넷째, 행동 세분화는 학습 고객들의 구매행동에 따라 세분화하는 것을 말한다. 행동 세분화는 마케팅 전략 수립에 있어서 가장 중요한 기초 자료가 된다. 구매행동 세분화에는 구매동기, 구매액, 구매시기, 구매횟수, 구매인원, 구매장소, 사용상태 및 고객 상태(비고객, 잠재적 고객, 고객, 단골 고객), 프로그램에 참여함으로써 추구하는 편익, 특정 프로그램에 대한 충성도 또는 선호도 등에 따라 세분화한다. 이들 세분화 중, 가장 강력한 형태는 학습 고객이 프로그램에 참여함으로써 추구하려는 다양한 이익에 따라 분류하는 것이 해당된다.

이상에서와 같이 교육 시장을 세분화하는 것은 기관 및 조직마다 다르고 그 결과로 나타나는 세분시장의 윤곽을 긋는 방식도 제각기 다르다. 그리고 이러한 방법 모두가 효과적인 것은 아니다. 따라서 효과적인 시장 세분화가 되기 위해서는 다음과 같은 몇 가지의 특성을 갖고 있을 때 보다 효과적인 시장 세분화가 될 수 있다(고재준 외, 2003; 용호성, 2015).

- 측정가능성(measurability): 세분시장의 규모와 구매력이 측정될 수 있는 정도를 의미한다. 예컨대 어떤 세분화 변수는 세분시장의 규모를 측정하는데 어려움이 따른다. 즉, 잠재적 학습 고객의 개성이나 성격을 기준으로 세분화한다면 세분시장 간의 주요한 차이점을 발견할 수 있으나 개성이나 성격을 측정하기는 곤란하다는 것을 알게 된다. 따라서 마케팅 담당자가 각 세분시장별로 규모나 구매력, 구성의 특성 등을 쉽게 측정할 수 있어야 한다.
- 접근가능성(accessibility): 세분시장에 접근할 수 있고 그 시장에서 활동할 수 있는 정도를 말한다. 예컨대, 잠재적 학습 고객이 현재의 유통경로(프로그램 실행 장소나 시간 등의 참여 접근의 가능성)로는 접근하기 어려운 곳에 거주하고 있거나 신문, TV 등 기타 광고를 접하기 어려운 곳이라면 마케팅 측면에서 세분시장으로의 의미가 없다.
- 실질성(시장성: substantiality): 세분시장의 규모가 크고 이익이 발생할 가능성이 큰 정도를 말한다. 즉, 하나의 세분시장은 잘 고안된 독자적인 마케팅 프로그램이 추구할 가치가 있을 만큼 가능한 한 시장 규모가 큰 동질적 집단이어야 한다. 예컨대, 어떤 프로그램이 특정 집단만을 위해 개발된 프로그램이라면 그 집단에 특화된 프로그램으로서의 가치는 있으나 그 집단의 규모가 너무 적으면 실질성이 낮다고 볼 수 있다.
- 행동 가능성(actionability): 세분시장으로 유인하고 그 세분시장에 효과적인 프로그램을 설계·계획하여 판매활동을 할 수 있는 정도를 말한다. 예컨대, 어떤 기관에서 5개의 세분시장을 밝혀냈지만 인적자원이 너무 부족해서 각각의 세분시장에 대해 분리된 마케팅 프로그램을 개발할 수가 없는 경우가 해당된다. 따라서 각 세분시장에 대해 효과적으로 접근해 서비스를 제공할 수 있어야 한다.

② 표적시장 선택

교육시장을 분할하면 이에 따라 시장이 세분화되고 특정기관이나 프로그램에 적절한 표적시장을 선택한다. 표적시장이란 세분시장 중에서 교육기관이 주력할 목표 세분시장을 말하며 그 시장의 잠재력이나 특성을 분석하여 기관의 마케팅 전략을 전개하는 시장을 말한다. 따라서 표적시장 선택은 세분시장을 평가하여 가장 유리한 세분시장을 선정한다. 표적시장을 선택할 때 한 시장만 선택해 집중할 수 있고 여러 개의 시장을 선택해 각각 다양한 마케팅 전략을 구사할 수도 있다. 표적시장을 선택하기 위한 전략으로는 주로 세 가지의 전략이 사용되는데 여기엔 비차별적 마케팅 전략, 차별적 마케팅 전략, 집중적 마케팅 전략이 해당된다(고재준, 외, 2003; 김한별 외, 2010; 김현주, 2011).

- 비차별적 마케팅 전략(undifferentiated marketing strategy): 모든 학습자 대상에게 하나의 교육 프로그램을 가지고 접근, 홍보, 실행하는 것을 말한다. 즉, 한 프로그램을 가지고 학습자 간의 특성을 무시하고 모든 학습자를 대상으로 마케팅하는 것을 말하는 것으로 이 접근법은 학습 고객들의 요구의 선호도, 차이점 보다는 오히려 공통점이 무엇인가에 초점을 맞추고 대부분의 학습자들에게 호소할 수 있는 프로그램과 마케팅을 설계하는 대량 마케팅(mass marketing) 차원의 전략을 개발한다. 이 전략은 세분시장 각각에 대한 마케팅 조사와 계획 수립이 꼭 필요하지는 않다.
- 차별적 마케팅 전략(differentiated marketing strategy): 세분화된 학습자 대상에 따라서 구별되는 프로그램을 제공하고 그 운영과 홍보 방식도 학습자 대상의 차이를 고려하여 차별화하는 것을 말한다. 즉, 교육기관에서 여러 세분시장을 표적시장으로 삼고 이들 각각의 시장에 독특한 프로그램을 제공하는 것을 말한다. 이 방법은 학습 대상 간의 차이를 고려하고 학습자들의 요구에 부합하는 여러 가지 프로그램을 각기 다른 수강료로 공급하고 여러 장소에서 사용하여 마케팅을 함으로써 여러 세분시장에서 보다 많은 학습 고객을 확보할 수 있다.
- 집중 마케팅 전략(concentrated marketing strategy): 여러 세분시장 중에서 특정 세분시장만을 표적으로 삼고 기관의 마케팅 노력을 집중하는 전략을 말한다.

즉, 세분화된 학습자들 가운데 프로그램의 목적과 기관의 특성에 가장 잘 부합될 수 있는 대상을 실제 학습자로 선정하여 이들의 요구에 적합한 방식으로 프로그램을 운영·홍보하는 것을 말한다. 이 방법은 제한된 조직의 가용 자원과 역량을 집중적으로 투입할 수 있으며 특정 세부시장의 요구를 보다 잘 알 수 있고 그 시장에서 강력한 시장 지위와 명성을 얻을 수 있으며 프로그램, 장소, 홍보의 전 과정을 전문화시킬 수 있다. 또한 이를 통해 마케팅 비용의 절감과 운영상의 경제성을 누릴 수 있다는 이점이 있다. 그러나 집중적 마케팅 전략은 표적집단의 요구변화로 인해 수요가 격감하거나 동일 시장 내에 경쟁 프로그램이 잔입하게 되면 일시에 표적시장을 잃게 될 위험성을 안고 있다.

이상에서 제시한 표적시장 선정에 따른 마케팅 전략을 그림으로 살펴보면 다음과 같다.

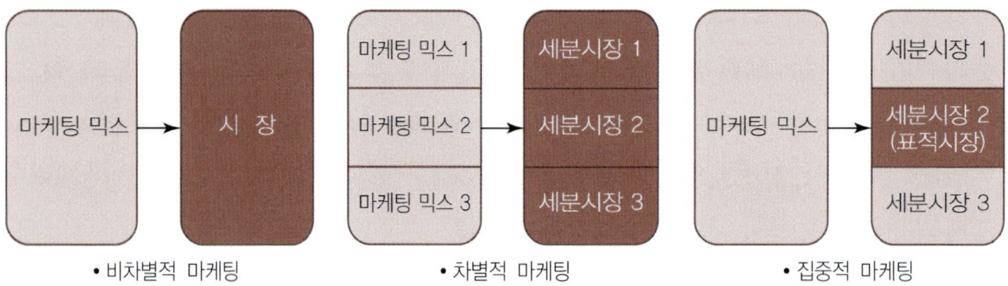

[그림 7-5] 표적시장에 선정에 따른 마케팅 전략

③ 포지셔닝

포지셔닝(positioning)이란 상품의 위치(product position)를 뜻하는 것으로 어떤 프로그램이 경쟁 프로그램과 비교해서 표적고객의 마음속에 의미 있고 차별화된 이미지를 구축하는 행동이다. 포지셔닝의 핵심은 인지화와 차별화이다(용호성, 2015). 표적시장이 선정되면 그 시장에 제공하려는 프로그램을 우선 잠재적 학습 고객에게 인지시켜야 하며 나아가 그 프로그램이 다른 프로그램에 비해 어떤 차별적 특성을 갖는지 알려주어야 한다. 따라서 표적집단을 만족시켜 주기 위해서는 자신의 기관과 프로그램의 특성을 다른 경쟁기관과 차별적 우위로 인식시킬 수 있는 전략이 필요하다. 특히 학습자들의 요구를 보다 더 충족시킬 수 있다는 것을 인식시키는 것은 필수적이다.

효과적인 포지셔닝을 위한 전략에는 학습자들에게 자신의 기관 프로그램이 경쟁기관의 프로그램에서 가지지 못한 특징이나 속성 또는 다른 편익을 지녔다고 인식시키거나, 특정 학습 계층에 적합하다는 것을 강조하거나, 자신의 기관에서 제공되었던 종전의 프로그램에서 부족했던 점을 부각시킴으로써 차별적으로 포지셔닝할 수 있다.

(4) 프로그램 마케팅 전략 수립: 마케팅 믹스

프로그램의 성공을 위해서는 마케팅 전략을 잘 수립해야 한다. 이때 적용되는 전략으로는 마케팅의 핵심적인 네 가지 구성요소인 상품(Product), 가격(Price), 장소(Place), 촉진(Promotion)의 혼합이다. 이를 마케팅 믹스(marketing mix)라고 하는데, 각 구성요소의 영문 첫 지를 따서 '4P'라고도 한다. 이들은 마케팅에 관련된 네 가지 요소가 상호 간에 조화를 이루면서 하나의 마케팅 계획 아래에서 추진될 때 그 효과가 극대화 된다. 즉, 이 네 가지 구성요소가 조화롭게 믹스가 될때 좋은 마케팅 전략이 나올 수 있다는 것이다. 문화예술교육기관에서는 이러한 네 가지 요소들을 개선하고 변경시킴으로써 프로그램에 학습 고객의 참여를 유도하는 전략을 수립해 나간다. 각 구성요소의 구체적 내용은 다음과 같다.

① 상품 전략

상품(product)이란 구매자의 욕구를 충족시키기 위한 산출물로 교육 프로그램이나 서비스를 의미한다. 일반 상품과는 달리 문화예술교육기관에서 제공되는 프로그램이나 서비스는 비유형적 특성 때문에 만져볼 수 없고 눈으로 확인하기도 어렵다. 따라서 문화예술교육기관에서는 잠재적 후원자들의 공감을 얻어낼 수 있는 가치를 구체적인 상징물로 유형화해야 한다. 이러한 상징물이 곧 상품으로 문화예술교육기관에서 산출된 교육 프로그램이나 서비스이며 교육 프로그램은 마케팅 전략의 가장 핵심적인 요소이다.

교육 프로그램이나 서비스에는 학습자의 요구를 만족시켜 주기 위하여 제공되는 유형적인 것과 무형적인 것을 모두 포괄한다. 여기엔 학습자가 특정 프로그램에 등록하여 학습함으로써 얻게 되는 이익으로 프로그램 그 자체가 될 수 있으며 브랜드 네임, 활용도, 보상 서비스, 인간관계 등이 모두 포함될 수 있다.

교육 프로그램을 개발하는 데 있어 중요한 것은 기관에서 판매하려고 하는 것을 강조하는 것이 아니라 학습 고객이 사고자하는 것이 무엇인지를 파악하는 것이다. 즉, 교육 프로그램이나 서비스는 잠재적인 학습자 집단의 변화하는 교육과 필요를 바탕으로 설계되어야 한다는 것이며 또한 문화예술교육 프로그램은 후원 행위를 통한 사회적 기여와 소외계층 및 지역주민 등의 삶의 질 향상에 중점을 두어 상품이 개발되어야 한다.

② 가격 전략

가격(price)이란 학습 고객이 교육 프로그램에 대해 지불하는 비용을 결정하는 것으로 수업료 또는 수강료를 의미한다. 가격의 문제는 학습자가 교육 참여를 결정하는 가장 명백한 요소 중의 하나로써 적정한 비용을 결정하는 것은 복잡하고도 어려운 일이다. 흔히 학습자들의 특성과 수요에 따라 또는 보조금, 후원금 등의 액수에 따라 달라지기도 하고, 프로그램 이슈의 유행 정도에 따라 달라지기도 하는 등, 학습자들이 부담해야 할 수업료 책정의 기준 또한 매우 다양하다.

이러한 측면에는 문화예술교육 프로그램이 일반 상품과는 다른 몇 가지의 차이점을 갖고 있기 때문이다. 즉, 문화예술교육 프로그램은 일종의 교육적 서비스 상품이라는 것이다. 그러므로 잠재적 학습 고객은 교육 프로그램의 품질에 대한 정확한 정보나 확신이 없기 때문에 교육 프로그램의 가격에 대해 자신 있게 평가를 내리지 못하며 프로그램 가격의 원가 구성 또한 명확하지 않다. 일예로 대학 등록금은 해마다 인상되지만 인상 요인은 항상 명확하지 않고 그저 대학에서 주장하는 물가 상승률 등을 고려했다는 것뿐이다. 따라서 교육 프로그램에 대한 가격은 유사 프로그램이라 하더라도 제공되는 기관마다 비교적 다양하게 나타난다. 그리고 서비스 품질에 대한 평가가 주관적으로 이루어지기 때문에 교육 프로그램 가격에 대해서도 주관적인 평가가 이루어진다. 따라서 교육 프로그램을 제공하는 문화예술교육기관에서는 동일한 서비스에 대해 수요자별로 다른 가격을 책정할 수 있는 여지가 많다.

이상에서와 같이 문화예술교육 프로그램의 대한 수강료 결정 전략을 위해서는 여러 다양한 상황 등을 복합적으로 고려해야 할 것이다. 일반적으로 교육 프로그램에 대한 가격결정 방식으로는 지출중심 가격결정, 수요중심 가격결정, 경쟁중심 가격결정이 있다.

지출중심 가격결정은 프로그램에 소용되는 총비용과 참여자수를 예측하여 참여자들의 수업료로 충당하는 방법이다. 지출비용은 고정비용과 가변비용으로 구분된다. 고정비용이란 참여자 수에 관계없이 고정되어 지출되는 비용이다. 예컨대, 강의시설과 관련된 조명이나 강의실 대여, 수업 기자재, 시설 등이 해당된다. 가변비용은 사람의 수에 따라 비용이 달라지는 것으로 교재비, 복사비, 식사비용 등이 해당된다. 지출중심 가격결정의 경우 고정 지출비용을 중심으로 가격이 정해지므로 프로그램 등록을 취소하는 사람에 대해 벌금을 부과하거나 일정 기간 내 취소 시 수업료의 일부만을 돌려주는 등의 방법이 있으며 만약 등록을 최소하는 자가 많은 경우에도 반드시 실시되어야 할 프로그램일 경우는 지출비용으로 가격이 정해진다(기영화, 2010; 김진화, 2010).

수요중심 가격결정은 프로그램에 대한 수요에 따라 가격을 달리 책정하는 방법이다. 프로그램 참여자 수가 적다하더라도 그들의 수요가 강하면 가격은 상대적으로 오를 것이다. 그러나 수요가 적으면 프로그램의 가격은 낮아진다. 이러한 점을 고려하여 가격을 결정하는 것을 수요중심 가격결정이라 한다. 이러한 원리는 기업대상의 프로그램에 적용된다.

경쟁중심 가격결정은 프로그램들 간의 경쟁도를 기준으로 경쟁력이 높은 프로그램에 상대적으로 높은 가격이 책정되는 방법을 말한다. 즉, 어떤 상품의 가격이 그 상품의 공급과 수요 여건을 기초로 형성되지만 더 넓게 생각하면 단순히 그 상품 자체의 공급과 수요만으로 결정되지 않는 면도 있다. 유사 교육기관에서 그 상품과 경쟁하는 다른 상품이 존재하기 때문이다. 이 경우 어느 상품의 가격이 적정 가격보다 높게 형성되면 그 상품의 수요자들은 다른 상품을 선택하게 된다. 그 결과 상품 가격을 결정할 때는 불가피하게 경쟁 상품의 가격을 고려하여 결정하게 된다. 이를 경쟁중심 가격결정이라 한다(용호성, 2015: 509).

교육 프로그램에 책정되는 프로그램의 가격을 결정하는 것은 매우 복잡하고 중요한 영역이다. 어떤 방법으로 교육 프로그램의 가격을 결정하던지 간에 프로그램의 효과적 운영과 학습자의 참여를 유도하기 위해서는 적절한 가격이 결정되어야 하며 이것이 적절하게 결정만 되면 학습자의 참여를 유도하는데 매우 효과적이다. 따라서 제공자 입장에서 결정하는 가격의 규모가 잠재적 학습 집단에서 감당할 수 있는 합리적인 수준으로 인식되는 것이 중요하다.

③ 유통 전략

유통(place)이란 기관에서 제공하는 교육 프로그램이나 서비스를 학습 고객에게로 유통시키기 위한 장소나 시간적 개념의 참여 접근 가능성을 의미하는 것으로 교육장소의 효용성과 시간의 효용성을 높이고자 하는 전략이다. 먼저, 장소 같은 경우는 개발된 프로그램을 어느 장소에서 운영하느냐의 문제로 잠재적 학습 고객의 직접적인 참여에 상당한 영향을 미친다. 많은 경우에 학습자들은 의외로 프로그램이 운영되는 장소에 따라 참여에 차이를 보이는 경향이 있다. 흔히 교육장소를 선정하는 방식에는 학습자가 직접 교육기관을 찾아오는 방식과 문화예술교육 강사가 학습자가 있는 곳으로 찾아가는 방식, 또는 공간의 제약을 받지 않는 원격교육 방식 등이 있다. 어떤 방식이 되었던 교육기관은 잠재적 학습자들의 특성과 예상을 고려하여 프로그램에 가장 많이 접근할 수 있도록 중심적인 장소를 결정하는 데 신중해야만 할 것이다.

장소 요소는 프로그램을 제공하는 시설 즉, 기관의 공간적 속성과 관련이 있는 것으로 크게 물리적 편의성과 장소의 상징적 가치의 두 가지 차원이 고려될 수 있다(김한별, 외 2010; Beder, 1986).

물리적 편의성은 교육기관이 보유하고 있는 시설이나 위치의 편안함, 접근가능성 그리고 유동성 등을 가리킨다. 기관의 물리적 편의성은 학습자들의 참여 저해에 영향을 미치는 주요 요인이 된다. 특히 교육 프로그램의 주요 학습자가 상대적으로 거동이 불편한 노인, 장애인 등일 경우 물리적 편의성의 요소는 교육 참여 및 지속에 심대한 영향을 미칠 수 있는 부분이다. 따라서 보다 높은 교육 참여를 유도하기 위해서 대상 학습자들이 교육기관에 편리하게 접근할 수 있도록 세심한 주의를 기울여야 한다.

장소요소와 관련한 또 다른 측면은 잠재적 학습 집단이 인식하는 상징적 가치이다. 상징적 가치는 사회구성원들이 공유하고 있는 교육 제공 주체에 대한 이미지, 태도, 성향과도 관련되지만 학습자들이 해당 교육기관에서 제공하는 프로그램에 참여하는 행위가 사회적으로 갖게 되는 의미와 깊이 관련되어 있다. 장소가 가지는 상징적 가치가 고려되어야 하는 중요한 이유는 학습자 자신들이 참여하고 있는 교육 프로그램이나 기관의 성격 그리고 함께 활동하고 있는 동료들을 준거로 삼아서 자신의 사회적 정체성을 규정하고 또 지속적으로 변화해 가기 때문이다.

사회적 존재로서 개인은 자신이 사회적으로 동일시하는 준거집단이 주로 향유하는 문화나 지향하는 가치를 따름으로써 자신의 사회적 정체성을 확인해 나간다. 그렇기 때문에 교육 프로그램의 목표, 내용이나 기관이 추구하는 활동이 학습자가 가지고 있는 자신의 사회적 정체성과 일치하지 않는 경우에는 자신에게 적절하지 않은 교육으로 판단하고 참여를 하지 않게 된다. 따라서 원활한 교육 참여를 지속하기 위해서는 학습자 집단에 대한 분석을 통해서 이들이 가지고 있는 문화, 가치 등을 확인하여 교육기관의 사회적 위상 그리고 제공하는 교육 프로그램의 목표 내용, 교육방법 등의 사회적 의미가 학습자가 지각하는 자신의 사회적 정체성과 일치할 수 있도록 하는 것이 필요하다.

아울러 시간적 개념의 유통 측면도 중요하다. 프로그램이 제공되는 장소가 학습 고객과 가까운 곳에 위치한 경우는 학습자로 하여금 시간적 이점을 가질 수 있게 한다. 프로그램이 제공되는 시간 또한 학습자들의 참여에 영향을 미치므로 학습 고객의 특성과 상황을 고려하여 접근이 용이한 시간에 프로그램을 실시하도록 하는 것이 좋다. 예를 들어 직장인이나 가족을 대상으로 하는 프로그램의 경우는 야간이나 주말 시간을 이용할 수 있도록 배정하는 것이 좋으며 주부들을 대상으로 하는 프로그램은 자녀들이 등교한 이후의 시간을 활용하도록 하는 것이 좋을 것이다.

④ 촉진 전략

촉진(promotion)이란 학습 고객과의 의사소통을 통해 프로그램 참여를 높이는 것으로 프로그램의 성패를 좌우하는 중요한 요소이다. 촉진은 문화예술교육기관이 창출한 교육 프로그램을 다양한 커뮤니케이션 기법을 사용하여 잠재적 학습 고객에게 널리 알리는 것을 의미한다. 아무리 잘 만들어진 교육 프로그램이나 서비스라고 할지라도 교육시장에서 그것을 모르거나 그것이 표적집단에게 어떠한 편익을 가져올지 이해하지 못하거나 그것을 어디에서 어떻게 구매하는지 모른다면 마케팅에 성공할 수 없다(김용현 외, 2013: 208). 따라서 촉진전략은 소비자의 구매행동에 영향을 미치고자 하는 커뮤니케이션 활동으로 매우 중요한 요소이다.

촉진전략으로 활용되는 커뮤니케이션 기법에는 대표적으로 인적판매, 판매촉진, 광고, 홍보 등이 있다(고재준 외, 2003: 325).

첫째, 인적판매는 학습 고객과 직접 접촉하여 학습 고객들을 일일이 만나 정보를 주고 설득하는 것을 말한다. 따라서 학습 고객이 원하는 종류의 정보를 필요한 만큼 줄 수 있기 때문에 설득력이 높은 편이다. 또한 학습 고객과의 개인적인 접촉을 통하여 그들의 요구나 상황을 직접 관찰할 수 있고 학습 고객의 반응에 따라 즉석에서 커뮤니케이션 방법을 달리 할 수 있으며 특히 학습 고객에게 가장 흥미 있는 소구점을 강조할 수 있고 많은 양의 정보를 효과적으로 제공할 수 있다는 이점이 있다. 반면에, 촉진 속도가 매우 느리기 때문에 널리 그리고 빨리 고지 하고자 할 때 활용하기에는 부적절하다. 또한 광고에 비해 촉진비가 높다는 단점이 있다.

둘째, 판매촉진은 특정 프로그램이나 서비스의 판매·구입을 촉진시키기 위한 단기간적인 인센티브를 말한다. 광고가 상품이나 서비스를 구입할 경우의 이유를 제공하는 반면 판매촉진은 당장 구입하도록 하는 이유를 제공한다. 판매촉진은 학습 고객의 인지도와 관심을 증대시켜 단기간 내에 상품구매를 직·간접적으로 이끌어 내기 위해서 만들어진 많은 수단들을 포함하고 있다. 여기엔 공개강좌, 할인쿠폰이나 마일리지 제공, 작품전시회, 경품 등 다양한 편익과 혜택 등이 해당된다. 이와 같이 판매 촉진은 기관에서 어떤 촉진전략을 사용하느냐에 따라 매우 다양하다.

판매촉진은 학습 고객으로 하여금 새로운 등록을 유도하고 충성도가 높은 학습자들에게 보답하고 재등록을 높이는 데 활용될 수 있다. 또한 짧은 기간 내에 등록을 늘리거나 한 번에 여러 프로그램을 등록할 수 있도록 유도하거나 1년 내내 프로그램 참여가 일정하게 이루어지도록 하는 등 프로그램의 참여를 높이는 데 매우 효과적이다.

셋째, 홍보는 별도의 비용을 지불하지 않고 학습 고객에게 정보를 전달하는 것으로 신문이나 방송에서 기사화된 기획물이나 인터뷰 등이 해당된다. 홍보는 관계에 보다 중요성을 둠으로 신뢰성이 높고 촉진효과가 크며 광고 보다 비용이 적게 드는 장점이 있다. 그러나 정보가 다소 과장될 가능성이 있다.

넷째, 광고는 판매에 목적을 두고 아이디어나 상품 또는 서비스에 대한 정보를 표적고객에게 전달하는 것으로 유료의 대가를 지불하고 매체를 이용한 의사소통 방법이다. 즉, TV, 신문, 인터넷, 잡지 등의 매체를 통해 비용을 지불하는 조건으로 프로그램 및 서비스의 우수성을 잠재적 학습 고객에게 일방적으로 알리고 직접적인 참여를 유도하는 기법이다. 광고는 짧은 시간에 많은 사람들에게 정보를 대량 전달할 수 있으며 이러한 정보 전달효과를 고려할 때 그 비용이 비교적 낮다고 할 수 있다. 반면에 광고를 통해 얻는 정보는 직접적인 프로그램의 경험을 통한 것이 아닌 간접적이기 때문에 풍부한 정보를 전달하기 곤란한 것으로 광고를 통한 설득은 한계가 있다.

이상에서 제시한 커뮤니케이션 기법별 특징을 간략히 정리하여 제시하면 <표 7-2>와 같다.

〈표 7-2〉 커뮤니케이션 기법별 특징(김용현 외, 2013: 209)

절차	특징	장점	단점	촉진수단
인적판매	• 개별고객 대상 • 비용 높음	• 구매유도에 효과적임 • 피드백이 가능함	• 접촉건당 높은 비용 • 촉진 속도가 느림	• 위원회 • 박람회, 시사회
판매촉진	• 일반대중 대상 • 비용 높음	• 즉시적 구매 유도 효과 • 집중력이 있음	• 경쟁기관이 모방하기 쉬움 • 단기적 효과	• 공개강좌, 할인쿠폰, 일리지 • 경품, 작품전시회
홍보	• 일반대중 대상 • 비용 낮음	• 신뢰도가 높은 • 촉진효과가 큼	• 통제가 곤란함 • 간접적 효과	• 언론보도, 인터뷰 • 입소문
광고	• 일반대중 대상 • 비용 높음	• 다수 고객에게 신속전달 • 메시지 통제 가능	• 일반적 전달로 효과 측정이 어려움 • 고객별 정보의 차별화 곤란	• 언론매체 • 팜플렛, 전단지 • 인터넷 배너, 팝업

<표 7-2>에서 보는 바와 같이 커뮤니케이션 기법별로 마케팅의 효과가 다르게 나타날 수 있다는 점도 고려해야 한다. 광고와 판매촉진 기법은 소비자에게 상품을 인지시키고 관심을 끄는 효과는 홍보나 인적판매 기법보다는 크지만 상품을 사용해 보고 구매(수용)하는 행위로 이어지는 효과는 상대적으로 약하다. 반면에 홍보와 인적판매 기법은 소비자에게 상품을 인지시키고 관심을 끄는 효과는 광고나 판매촉진 기법보다는 약하지만 상품을 사용해 보고 구매하는 행위로 이어지는 효과는 상대적으로 크다고 볼 수 있다(김용현 외, 2013: 209).

(5) 프로그램 마케팅 실행

전략적 분석의 결과를 토대로 마케팅의 목적과 목표가 설정되고 고객의 특성과 요구에 따라 세분시장이 설정되면 되면 다양한 프로그램 마케팅 기법들이 마련된다. 이렇게 마련된 기법들은 구체적으로 실행과정을 거치게 되는데 이 실행단계에서 고려되어야 할 요소도 매우 많다. 이것은 경제적 지원 단체나 잠재적 학습 고객의 저항 등이 있을 수 있으며 고객의 프로그램 개설 시간에 대한 관심 그리고 다른 자원들을 위한 다른 조직과 경쟁적 관계에 놓인다는 사실도 인식해야 할 것이다(김진화, 2011: 354).

(6) 프로그램 마케팅 평가 및 통제

프로그램 참여를 촉진시키기 위한 최종 단계는 마케팅 평가 및 통제이다. 이 단계는 마케팅 실행을 하고 나서 성공 여부를 진단하기 위해서 목표에 비추어 프로그램 마케팅의 결과를 사정하는 것이다. 그러나 프로그램 마케팅 활동의 결과는 그렇게 쉽게 추적되지 않는다. 따라서 마케팅 활동을 평가할 때는 그 활동을 통한 고객 만족도 조사를 비롯하여 매출분석, 시장점유율 분석, 매출 대 마케팅 비용 관련하여 매출고 즉, 얼마나 많은 사람과 수강료가 들어왔는가가 성공이나 실패의 지표가 될 수 있다. 만약 목표에 견주어 볼 때, 결과가 새로운 변형을 위한 정보로 가치가 있을 수 있고 목표를 성취하는 데 충분치 않았다면 그 이유를 밝혀 새롭게 마케팅 전략에 대한 재평가가 이루어져야 할 것이다.

4) 프로그램 홍보 전략

(1) 홍보의 개념

문화예술교육에서 홍보란 문화예술교육기관이나 기관에서 개발한 교육 프로그램을 학습자에게 널리 알리는 행위를 말한다. 특정 기관이 학습자들에게 경쟁기관에 비하여 호의적인 이미지로 인식하도록 지속적인 관계를 유지하고 학습자들의 학습 의욕을 불러일으켜서 프로그램에 참여하도록 촉진시키는 활동이라 볼 수 있다. 일반적으로 홍보는 광범위한 학습자들에게 정보를 전달할 때 이용되며 비용이 들지 않는 언론보도, 인터뷰, 입소문 같은 방법을 포함하여 구두홍보, 인쇄물 홍보 등 다양한 홍보 방법을 활용한다(김용현 외, 2013: 210).

(2) 홍보의 기본 원칙

홍보의 기본 원칙은 주의단계(Attention)-관심단계(Interesting)-요구단계(Desire)-기억단계(Memory)-행동단계(Action)의 다섯 단계를 거치는 것으로 이들 영문의 머리글자를 따서 '아이드마(AIDMA) 법칙'이라 부른다.

[그림 7-6] 홍보의 5단계: AIDMA 법칙

- 주의단계(Attention): 사람들의 주의를 불러일으키고 눈길을 끈다.
- 관심단계(Interest): 사람들에게 더욱 관심을 갖게 하고 여러 번 눈길을 가게 한다.
- 요구단계(Desire): 사람들의 요구를 불러일으킨다.
- 기억단계(Memory): 사람들에게 기억시키고 기회가 되면 구매하도록 충동시킨다.
- 행동단계(Action): 사람들로 하여금 실제 행동(구매)하도록 한다.

이상에서와 같이 교육 프로그램에 등록하기까지 5단계의 홍보과정을 거치게 된다. 즉, 홍보의 독창성이 잠재적 학습자들의 눈길을 끌게 하는 주의를 불러일으키고 홍보 내에 프로그램에 대한 특색이나 속성을 강조하여 관심과 흥미를 갖게 하며 프로그램의 그러한 특색이 잠재적 학습 고객의 잠재 욕구와 일치되어 학습에 대한 요구를 불러일으키고 프로그램의 특징이 홍보의 독창적인 호소와 함께 잠재적 학습 고객의 머릿속에 자리 잡도록 하여 그것을 기억시키고 기억된 내용이 학습자들로 하여금 최종적으로 프로그램에 등록하게 된다. 따라서 각 단계의 과정이 성공적으로 이루어 질 수 있도록 홍보가 이루어져야 할 것이다.

(3) 홍보내용 구성과 홍보카피 작성 원칙

프로그램 마케팅을 위하여 홍보자료를 제작할 때 홍보내용에는 기관 소개와 교육 프로그램과 관련하여 교육과정, 교육내용, 교육방법, 교육기간 및 일시, 교육장소, 교육비 등록 기간, 문의처 등이 포함된다. 이러한 홍보내용을 구성할 때의 지침은 다음과 같다(이화정 외, 159-160).

- 정확하고 명확한 내용 전달: 학습자에게 교육 프로그램에 대한 정확한 정보가 전달되어야 한다.

- 최소한의 내용만을 전달: 잠재적 학습자의 교육 요구를 자극하여 학습 동기를 유발하고 학습계획 수립에 필요한 학습 안내 내용이 전달되어야 한다.
- 쉬운 표현 사용: 주어가 확실해야 하고 짧은 문장으로 진술해야 한다. 또한, 한자어와 외국어는 최대한 피하며 어렵고 애매한 표현을 피하며 간접적이고 은유적 표현을 사용하지 말고 명확하게 기술한다.
- 친숙한 내용으로 구성: 학습자 자신의 것으로 인식되는 내용으로 전달해야 한다. 홍보내용은 학습자의 신변과 직접 관련이 있는 친숙한 내용으로 구성해야 한다.

아울러 효과적인 홍보카피(Copy) 작성을 위한 여덟 가지 원칙을 살펴보면 다음과 같다(Simerly, 1989).

첫째, 홍보카피를 작성하기 전에 목표시장을 명확하게 정의해야 한다. 홍보 대상자의 직업, 생활 스타일, 교육수준 및 가계수입 등을 비롯하여 홍보 대상자가 소속된 집단이나 사회단체와 활용할 우편 주소록 등에 대해 알고 있어야 한다.

둘째, 잠재적 학습자들의 요구를 먼저 파악하고 이러한 요구를 충족할 수 있도록 돕는 목표로 작성한다. 목표 집단의 요구를 파악하기 위하여 구성원들과 이야기하거나 설문조사를 실시해야 하며 프로그램 내용은 이들 요구를 충족시키는 내용으로 구성해야 한다. 따라서 목표 집단의 요구를 목록으로 만들고 홍보카피에 포함시킨다.

셋째, 교육에 참여하면서 얻을 수 있는 혜택을 강조하도록 한다. 교육에 참여함으로써 받을 수 있는 혜택을 홍보 문구에 포함시키도록 하며 특혜 부분은 따로 강조하는 것이 좋다.

넷째, 처음 3~4초 내에 독자의 관심을 포착하도록 한다. 홍보카피는 앞뒷면 모두에서 대담하고 실천 지향적으로 쓰고 제목에 있어서는 실천성, 긴급성, 중요성, 그리고 우수성이 강조되도록 하며 특히 프로그램 제목이 목표 집단의 관심을 끌고 자극할 수 있도록 작성한다.

다섯째, 독자를 사로잡아 참여시켜야 한다. 독자들이 프로그램에 관한 더 많은 정보를 얻기 위하여 쿠폰을 회송하거나 전화를 요청하도록 만들어야 한다.

여섯째, 독자의 참여를 독려하는 단어들과 강력한 메시지를 사용한다. 홍보카피에 활동적이고 강력한 단어를 사용하도록 하며 홍보의 각 페이지 마다 강력하고 행동 지향적 머리글이 되도록 한다. 또한 제목은 학습결과를 강조하도록 한다.

일곱째, 메시지를 통해서 당신이 원하는 행동을 독자들이 취하도록 홍보카피를 배열한다. 이를 위해 적어도 한 명 이상의 동료 또는 잠재적 학습 고객들로부터 홍보카피를 검증받도록 한다.

여덟째, 시험하고, 시험하고, 시험한다!. 홍보카피를 신선한 관점을 가지고 수정하기 위해 며칠의 시간을 두고 다시 확인하도록 하며 홍보카피의 효과성에 대한 평가를 계획하고 우편 주소록의 효과성을 추적하기 위한 시스템을 고안해야 한다.

(4) 홍보 기법

홍보 기법의 제작과 함께 중요한 것은 매체의 선정이다. 홍보매체 선정을 위한 몇 가지 기본 원칙을 살펴보면 다음과 같다(양병찬, 2003: 384).

- 홍보매체의 특성을 감안하여 주 매체를 선정하고 그 매체의 단점을 보완할 수 있는 보조 매체를 다각적으로 활용한다.
- 무료 홍보수단 즉, 지역 신문 등을 보조 홍보매체로 최대한 활용한다.
- 홍보내용이 간단한 것은 '눈보다는 귀', 복잡한 내용은 '귀보다는 눈'을 활용하는 홍보매체를 선택한다.
- 교육 프로그램의 내용을 고려하여 그 대상이 교육 수준이 낮은 사람일 경우는 청각 매체를 활용하고 반면에 교육 수준이 높아질수록 시각 매체를 활용한다.
- 광범위하게 홍보할 수 있는 매체를 선택한다.
- 내용을 정확하게 전달할 수 있는 매체를 선택한다.
- 빠르게 정보전달이 가능한 동시성이 있는 매체를 선택한다.
- 학습요구를 촉발시킬 수 있을 정도로 내용 전달이 가능한 매체를 선택한다.
- 적은 경비로 최대의 효과를 얻을 수 있는 매체를 선택한다.

① 우편 DM

우편물은 문화예술교육기관의 프로그램을 홍보하기 위한 전통적인 수단이다. 최근에는 불특정 다수를 대상으로 한 홍보보다는 특정한 대상에 대해 구체적인 정보와 내용을 전달하는 형식의 직접홍보가 각광을 받고 있다. 그 중 DM(Direct Mail)은 가장 대표적인 직접홍보 수단이라고 할 수 있다. 편지나 엽서, 브로슈어, 카탈로그 등으로 알리고 싶은 소비자에게 특별히 직접 배달하는 형식의 광고 방법으로 직접우편 또는 DM이라고 한다.

DM은 기존 대중들을 대상으로 한 대량 마케팅의 한계로 인해 등장했는데 내용이 복잡하거나 새로운 프로그램의 경우 효과적이다. 또한 소비자의 눈을 독점할 수 있고 경쟁기관에서 전술적으로 이용이 가능한 특성이 있다. 특히, 경쟁 프로그램이 많으면 잠재적 학습 고객들은 선택에 혼란을 겪게 되는데 이때 DM은 효과적로 잠재적 학습 고객들을 설득하는 수단이 된다.

최근에는 이메일이 보편적으로 활용되면서 이메일로 DM을 보내는 것이 활성화되었다. 이런 DM은 최근 각광받는 고객관계관리(Customer Relationship Management: CRM) 기법을 발전시켜 나가는 데 기본이 된다. DM은 수신자의 주소와 이름이 분명한 사람들에게 한정되므로 기존 프로그램 이용자나 후원자에 국한되는 점에서 한계가 있으므로 이러한 경우 반신우편을 동봉하는 것이 보통이다. 그리고 우편물을 활용할 때는 중복을 피하는 것이 좋으며 내용은 짧고 분명한 메시지로 잠재적 학습 고객집단에 호소할 수 있어야 한다. 이러한 DM의 이점을 살펴보면 다음과 같다(구승회, 2011; 용호성, 2015).

- 선택성: 잠재적 학습 고객에게 선택적으로 접근할 수 있다. 예를 들어 비회원, 준회원, 정회원, 일회성 학습 고객을 구분하여 각각에 맞는 홍보내용을 전달할 수 있다.
- 개인지향성: 개인을 대상으로 한 차별화된 메시지의 전달이 가능하다.
- 관계형성: 잠재적 학습 고객과 밀접한 관계 형성이 가능하다. 개인별 요구와 필요, 선호도에 맞는 홍보와 마케팅이 가능하다. 이를 통해 개인별 관심과 참석 횟수, 나아가 충실도를 높일 수 있는 전략을 짤 수 있다.

- 적시성: 적절한 시점을 잡아 목표 학습 고객에게 홍보할 수 있다. 예를 들어 정기회원에게는 상반기 프로그램을 시작하기 전 하반기 프로그램을 홍보할 수 있다.
- 관심성: 일반광고에 비해 높은 열독률을 보인다. 이는 좀 더 가능성이 높은 대상에게 전해지기 때문이다. 그리고 잠재적 학습 고객들은 자신을 직접 대상으로 하여 전해진 홍보물에 더 많은 관심을 보인다. 이로써 비용 절약과 함께 대량 홍보에 따른 여러 가지 낭비적인 요소의 절감이 가능해 진다.
- 조사성: 대안이 되는 홍보 수단이나 메시지에 대한 테스트가 가능하기 때문에 가장 효과적인 접근 방법을 탐색할 수 있다.

② 신문 및 정보지

신문이나 잡지가 대중성을 띠게 됨에 따라 신문이나 잡지의 광고란을 이용하여 홍보하는 사례가 늘어나고 있으며 그 효과도 입증되고 있다. 그러나 광고비가 수반된다는 단점이 있다. 반면에 지역소식지나 생활정보지 등은 무료로 이용할 수 있는 경우가 많고 최근에 많이 활성화되고 있는 것으로 그 지역에서 이루어지는 문화예술교육 활동을 홍보하는데 더 없이 좋은 홍보매체가 되고 있다. 특히 지역사회 내 영향력을 발휘하는 이해관계 조직들에게도 자연스럽게 홍보할 수 있다는 이점도 있다.

③ 팜플렛, 전단지, 포스트, 현수막

팜플렛은 독자가 프로그램을 이해하고 등록을 유도할 수 있도록 모든 정보를 제공해야 한다. 팜플렛은 프로그램을 홍보하는데 가장 많이 사용되는 것 중의 하나이다. 팜플렛은 잠재적인 학습자에게 배부하거나 학습 안내를 받고자 하는 학습자에게 상담용으로 활용될 수 있고 장기간 보관할 수 있다는 장점이 있다. 반면에 팜플렛을 제작하기 위해서는 어느 정노 예산이 소요되고 한번 제작하면 수정하기 어렵다는 단점이 있다(김용현 외, 2013: 216).

전단지나 포스트는 제작이 간편하고 비용도 저렴하여 가장 많이 활용되는 방법이이다. 전단지는 단일 활동프로그램의 홍보에 적합한 것으로 인구 밀집 지역에서 신문에 끼워서 배포하는 경우가 많으며 널리 퍼뜨릴 수 있지만 가급적 등록 가능성이 높은 잠재적 학습자에게 우송하는 것이 효과적이다.

포스트는 잠재고객의 관심을 끄는 데 유용하게 활용할 수 있다. 포스트의 구성과 그림, 도안 등은 독자의 시선을 끄는 데 매우 중요하다. 포스터는 벽보판에 부착할 수 있으며 인쇄된 포스트들은 현재 참여하고 있는 사람들의 특정 활동에 대한 흥미를 고조시키는 데도 사용된다.

현수막은 가장 흔히 홍보하는 방법 중의 하나로 주된 교육기관의 존재와 모집기관 등을 집중 홍보할 수 있으며 홍보매체를 보조하는 것으로 널리 이용되고 있다. 현수막은 유동 인구가 많은 곳에 설치함으로써 독자들의 눈을 강하게 사로잡을 수 있고 비용도 저렴하여 비교적 신뢰도와 효율성이 높은 홍보방법이다. 현수막은 가급적 단순하게 구성하고 현수막 사용 시, 현수막의 내용 중 일부 즉, 기간 부분을 공란으로 하여 교육 때 마다 다시 사용할 수 있는 장점이 있다. 그러나 기관 외에 현수막을 설치할 경우 지역의 지정 게시대에 설치해야 하기 때문에 그 절차가 다소 복잡하다는 단점이 있다.

④ 전화

전화는 당사자와 직접 대화를 할 수 있는 쌍방향 미디어로 시간, 공간, 거리의 장벽을 극복하는 실시간(real time)의 개념이다. 기업에서 판촉을 위해서 텔레마케팅 방법을 사용하는 것과 같이 문화예술교육기관에서도 전화를 이용하여 잠재적 학습 고객집단에 홍보하는 것이다. 전화를 통한 프로그램의 홍보는 실제로 통화 거부율이 높기 때문에 시간에 비해서 홍보의 실적이 저조하고 프로그램 담당자의 소진을 불러일으킬 가능성이 크기 때문에 프로그램 참여 가능성이 높은 집단을 사전에 선별해서 전화작업을 하는 것이 효과적이다(김미자 외, 2014: 210).

⑤ 개인적 접촉

일대일의 개인적 접촉은 직접적인 상호작용이 이루어지기 때문에 가장 확실하고 설득력이 있는 홍보방법으로 직접적인 접촉을 통해서 프로그램의 내용을 구두로 홍보하는 것이다. 기획된 프로그램에 대해 관심이 있을 것으로 생각되는 사람하게 직접 찾아가서 대면적 대화를 나누는 가운데 프로그램의 이모저모를 알리는 것이다. 개인적 접촉은 잠재적 학습 고객이 잘 알고 있지 못하는 문제에 대해서 반복적인 설명을 통해서 홍보하고자 하는 내용을 전달할 수 있기 때문에 많은 사람들을 프로그램에 접근하도록 하는데 매우 효과적이다. 이를 위해서는 과대 홍보를 피하고 기획된 프로그램에 대해 잠재적 학습 고객을 보다 잘 이해시킬 수 있는 홍보자가 필요하다(김진화, 2010: 357).

4 프로그램 운영과 실행

프로그램 실행은 프로그램 운영과 서로 통합되어 이루어진다. 따라서 프로그램 운영 담당자는 프로그램과 관련된 인적·물적 자원을 투입하여 프로그램이 원활하게 전개될 수 있도록 해야 한다. 프로그램 운영은 개발된 프로그램을 실제 학습 대상들에게 적용할 뿐만 아니라 지속적으로 유지하고 관리하는 활동이므로 프로그램의 효과적·효율적인 운영을 위해서 프로그램 진행의 기본 방향을 설정하고 운영에 임하는 것이 바람직하다. 교수자에 의한 프로그램 실행은 프로그램의 목표가 실현되는 과정으로 프로그램의 효과와 그 가치를 확인하게 하는 매우 중요한 단계이다. 이에 프로그램 운영 관리와 프로그램의 실제 실행인 수업 실행에 대해서 알아보고자 한다.

1) 프로그램 운영 관리

(1) 프로그램 운영의 기본 방향

문화예술교육 프로그램 실행에는 여러 요인들이 영향을 미치게 된다. 프로그램 실행이 제대로 이루어지기 위해서는 프로그램 운영자는 다음과 같이 프로그램 진행의 기본 방향을 설정하고 운영에 임해야 할 것이다(양병찬, 2003: 387).

첫째는 자기주도적 학습이다. 학습자 개개인은 학습요구, 지적 수준, 교육경험, 생활방식, 가치관, 성격 등 여러 가지 측면에서 차이가 있기 때문에 무엇보다도 학습자들에게 본 교육 프로그램이 자신에게 필요하며 매우 유익하다는 점을 인식케 하여 학습의 동기를 부여시켜야 한다. 이를 통해서 학습자 스스로가 즐거움 속에서 자발적·적극적으로 교육 프로그램에 참여할 수 있도록 유도하며 결과에 대해서도 스스로 책임지는 분위기가 조성되어야 한다.

둘째는 학습자의 입장에서 진행해야 한다는 것이다. 프로그램 진행 담당자는 흔히 자기중심적으로 교육을 진행하기 쉽다. 교육 운영자가 학습자의 입장에서 진행하지 않음에 따라 학습자의 불평불만을 초래하는 경우가 많으며 이는 학습의 성과를 반감시키게 된다. 따라서 운영자는 항상 학습자가 불편함이 없이 편안한 상태에서 학습에 전념할 수 있도록 최대한 신경을 써야 한다.

아울러 교육 담당자의 프로그램 운영 관리 과정에서 요구되는 일반적인 원리를 살펴보면 다음과 같다(Boone, 1985: 157-165).

첫째, 운영자는 편성된 프로그램을 실행하는데 필요한 제반 여건을 확보하고 조성하는데 다양한 기법과 전략을 활용해야 한다.

둘째, 프로그램이 보다 효과적으로 운영하기 위해서는 인적·물적 자원을 확인하고 동력화시키고 이를 발전적으로 이용할 수 있어야 한다. 이를 위해서 인적 조직의 정비를 통한 역할 분담을 분명히 하고 그 역할을 활성화시킬 수 있는 제반 노력을 강구하여야 한다. 한편, 물적 자원의 체계적인 확보 및 정비를 통하여 실행에 있어서 혼란이 일어나지 않도록 한다.

셋째, 기획된 프로그램의 진행 과정을 조정할 수 있어야 한다.

넷째, 프로그램의 실행 과정에서 문화예술교육사는 계속적인 강화요인을 제공하여야 한다. 학습자 개인이나 집단 그리고 지역사회와 같은 모든 학습체제에서의 행동 변화가 목표에 대응하고 이를 달성하기 위한 상당한 투입요소가 필요하고 프로그램 활동에 있어서 보상 등을 통한 강화 활동이 수반되어야 한다는 것이다.

다섯째, 실행과정에서 학습자의 경험을 적응시키고 재조정하는 것은 학습자들의 반응을 기꺼이 수용할 수 있어야 할 뿐만 아니라 그에 대한 즐거움을 지녀야 한다.

(2) 프로그램 운영 관리

실행 단계를 보다 원활하게 수행하기 위해서 교육 담당자는 프로그램을 효과적·효율적으로 실행되고 운영하기 위해서 필요한 시설 및 기자재 등 프로그램 지원에 관련한 모든 사항들을 사전에 철저히 점검하고 확인해야 한다. 이를 위해 교육 담당자는 실행에 필요한 문서화된 준비물 점검표를 일정별로 체계화시켜 확인 하도록 한다. 이때, 프로그램 실행을 위한 체크리스트를 작성하여 준비한다.

담당자의 운영 관리 영역은 <표 7-3>과 같으며 프로그램 실행을 위한 준비물 점검 체크리스트의 예는 다음과 같다.

〈표 7-3〉 프로그램 운영 관리 영역(김진화, 2011: 412)

영역	주요활동	영역	주요활동
교수자 관리	• 교수자 섭외 • 강의 의뢰서 송부 • 강의원고 확인 • 강사료 지급 • 원천징수 영수증 작성/송부	교육기자재 및 시설 관리	• 재물 조사 준비 • 시설물 청소 • 시설물 활용계획서 작성 • 냉·난방 확인 • 교육기자재 수리·보수
교육생 관리	• 참석대상자 명부 작성 • 출결상황 점검 • 요구사항 점금 • 즉시적인 교육반응 점검 • 교육생 자치회 협조	기타	• 개강식 식순 작성 • 사회진행 시나리오 작성 • 개강식 식장 준비 • 개강식·종강식 초정인사 안내문 • 행사 준비물 점검 • 각 전공별 대표자 회의 • 예산 편성 • 신입생 모집요강 작성 • 운영위원회 준비 • 자원봉사자 교육
수업관리	• 교육 교재 및 수업준비물 준비 • 강의실 점검 • 교수자 소개 • 교육기자재 준비 상황 체크 • 평가 설문지 준비 • 수료증 준비 • 휴·결강 강사 보강 조치		

준비물 점검 내용의 예

점검사항	항 목	월/일	점검	미점검
1. 교육장	교육일시에 사용가능여부 확인			
	교육받기 적합한 책상과 의자			
	교육받기 적합한 책상 및 의자, 가구 배치			
	교육장 조명			
	교육장 내외의 소음			
	교육장 음향상태 및 미이크			
	교육장 전기설비			
	교육장 냉·난방			
	빔프로젝트			
	기타 교육장에 필요한 시설 및 기자재			
2. 교수지	강의 의뢰서 전송 확인			
	강의 수락서 확인, 출력			
	강의 원고 확인			
	강의에 필요한 준비물 확인			
3. 교육매체 및 자료	교재(참여 인원수에 맞게 확인)			
	화이트보드 및 마커, 지우개			
	기타 준비물(각 강좌에 따른 각종 준비물)			
4. 평가지	학습성과 평가지			
	평가 설문지			
5. 행사 준비물	교육장 안내 시트 및 기타 편의시설 안내 시트 부착			
	출석부			
	실내 현수막 설치			
	교육 참여자 명찰 및 스태프 명찰			
	수료증			
	가위, 테이프, 기록용지, 필기도구, 휴지 등			
	음료 및 간식			
	의약품			
5. 기타 준비물				

2) 프로그램 실행: 수업 실행

프로그램의 목적과 목표를 달성하기 위해 개발된 프로그램을 학습자에게 구체적으로 전달하는 과정이 곧 수업의 실행이다. 따라서 여기서는 수업 실행과 효과적 교수 기술에 대해 살펴보고자 한다.

(1) 수업의 실행

수업 실행은 학습단계에 따라 한 차시 수업에 제공될 주요 교수·학습 활동을 도입, 전개, 정리의 세 단계로 나누어 각 단계의 주요활동을 중심으로 살펴보고자 한다.

① 도입단계의 주요 활동

도입단계는 본 수업이 시작되는 단계로 비교적 짧은 시간 안에 이루어진다. 수업상황에 따라 약간의 차이는 있지만 대략 약 5~10분 정도로 시간을 배분하는 것이 적절하다. 이 단계의 주요 활동으로는 학습자의 동기유발, 학습목표 제시, 선수 학습과 관련짓기가 해당된다. 도입단계의 구체적 활동의 작성은 다음과 같다(변영계 외, 2006; 손은주 외, 2014).

가. 학습자의 동기유발

수업 자체가 재미있고 흥미롭다면 학습자는 당연히 관심을 갖고 주의를 집중시킬 것이다. 그러나 대부분의 수업은 그렇지 못하다. 따라서 교수자는 수업에 대한 학습자의 동기유발 전략을 위해 다음과 같은 방법들을 사용할 수 있다.

- 학습자들에게 주어진 수업목표를 달성했을 때 그들이 할 수 있는 것이 무엇인지를 설명한다. 학습자들은 수업의 도입단계에서 자신이 그 수업을 성공적으로 참여했을 때 무엇을 할 수 있게 되는가를 분명히 알아야만 성취동기가 생긴다.
- 학습과제와 관련된 예화나 경험담을 들려주어 학습자의 관심을 유도하는 방법이다. 최근 뉴스나 보도와 신문을 통해서 알려진 사건들이나 일상생활에서 경험한 내용들을 언급함으로써 학습자의 관심을 불러일으킨 다음 이것이 학습과제와 어떻게 관련이 있으며 왜 중요한지에 대해서 설명한다.
- 학습과제를 설명하거나 표현해 주는 시청각 자료를 사용하여 학습자의 주의를 집중시키는 방법이다. 학습해야 할 문제 사태를 담고 있는 사진, 필름, 테이프, 멀티미디어나 인터넷 자료 등을 보여 줌으로써 학습자의 호기심을 자극하고 시선을 집중시킬 수 있으며 이는 학습의 동기유발에 효과적이다.

나. 학습목표의 제시

학습목표를 제시할 때는 다음의 사항을 유의해야 한다.

- 학습목표는 한 시간 수업이 끝났을 때 학습자가 성취할 수 있게 되는 것으로 진술해야 하며 가능한 한 행동적 수준에서 구체적으로 제시해야 한다. 이렇게 진술된 학습목표는 수업의 성공 여부를 판단하는 평가기준이 되며 이 평가기준은 학습자의 학습 활동을 촉진시키는 요인이 될 수 있다.
- 학습목표를 학습자에게 분명하게 인지시킨 다음에 수업에 임해야 한다. 이를 위해 수업목표를 판서하거나 구두로 설명할 수 있다. 그러면 교수자와 학습자가 학습목표를 의식하면서 이에 초점을 맞춘 수업을 전개할 수 있기 때문이다.

다. 선수 학습과 관련짓기

본시 수업에서 다룰 학습과제와 관련이 있는 과거의 학습경험들을 회상시키거나 재생시켜주는 것도 필요하다. 선수 학습과 현재 학습해야 할 과제들을 연결시켜서 학습자로 하여금 그 관계를 분명히 이해하게 되면 새로운 학습과제의 해결이 매우 용이해질 수 있다.

이상에서 제시한 도입단계에서 교사는 다음의 몇 가지를 특히 유의할 필요가 있다(박인학·이주헌, 2002: 166).

- 학습 동기를 효율적으로 유발시키기 위해서는 특별한 경우를 제외하고는 여러 가지 방법을 동시에 활용해야 한다. 단 하나의 기법으로는 효과를 기대하기 어렵다.
- 학습 의욕이 왕성하고 학습 동기가 충분히 유발되어 있는 경우도 있을 수 있으므로 이런 경우에는 별도의 학습 동기 유발 기법을 사용할 필요 없이 바로 전개단계로 넘어가도 된다.
- 학습 동기의 유발을 위해서 너무 많은 시간을 소모해서는 안 된다.
- 학습자 집단의 특성이나 학습 환경 및 학습과제의 특수성 등에 따라서 학습

동기 유발 기법은 앞에서 제시한 것 외에 교사의 독창적인 기법의 개발이 필요하다.

② 전개단계의 주요 활동

전계단계는 수업의 중심활동으로 도입단계에서 유발된 학습 동기를 토대로 하여 설정된 목표를 효율적으로 성취시키기 위하여 교사의 수업활동과 학습자의 학습 활동이 본격적으로 전개되어 상호작용하는 수업의 중심적·본론적인 부분이다. 실제 본시 수업의 대부분은 주로 이 단계에 해당된다. 그러므로 도입과 정리 단계에 비해서 시간 비중도 높은 편으로 한 시간 수업의 약 60~70%를 차지한다.

따라서 학습내용을 몇 개의 하위단계 또는 활동으로 구분하여 시간과 자원을 관리하는 것이 효율적이다. 일반적으로 탐색활동 단계, 해석활동 단계, 응용 단계 등으로 나누어지는데 이 세 가지는 한 시간 수업 중에 한번으로 끝날 수도 있으나 몇 번씩 반복될 수도 있다. 이와 같이 이 단계에서의 수업활동은 교수자의 수업양식에 따라서 매우 다양하기 때문에 이를 몇 가지로 구분한다는 것은 사실상 한계가 있다. 그러나 일반적으로 전개단계에서 공통적으로 수행되는 과정은 학습과제의 내용제시, 학습 안내 제공, 수행 유도, 피드백 제공 등이 해당된다. 전개단계의 교수·학습 활동의 구체적 내용은 다음과 같다.

가. 학습 과제 제시하기

학습과제 또는 학습내용을 제시하기 위해서 어떤 순서로 제시할 것인지 그 범위와 깊이를 결정하여 제시해야 한다. 학습내용을 제시하기 위해 고려할 점은 다음과 같다.

- 가장 기본적인 학습과제부터 시작하여 점차 일반적인 학습과제에 이르기까지 순차적으로 제시하는 것이다. 즉, 먼저 단순하고 쉬운 학습과제에서부터 학습하게 하고 그 다음 이를 토대로 점차 복잡하고 어려운 학습과제를 학습하도록 제시한다.
- 한 시간에 가르칠 내용을 학습자의 수준과 특성, 수업의 조건과 활동상황 등

을 고려하여 적당한 크기로 묶어 제시한다.

- 학습자들이 학습내용을 보다 쉽게 이해하도록 하기 위해선 가르칠 개념이나 원리에 해당되는 예들을 선정하여 적당한 때에 제시해 주어야 한다.

학습내용을 제시하는 것은 수업의 핵심이다. 이 단계는 일제수업형태로 이루어지는 학습 활동으로써 내용에 따라 다양하고 효과적인 제시 방안을 고안하여 학습자료를 선택적으로 지각할 수 있도록 차별성 있는 제시 방안을 고려해야 한다. 따라서 학습내용을 제시할 때는 실제성의 원칙, 선택성의 원칙, 다양성의 원칙에 따라 자료를 선택하고 제시한다(강이철, 2011: 319).

- 실제성의 원칙: 학습내용은 실제적인 방법으로 제시되어야 한다는 것이다. 예컨대, 단세포 생물의 관찰을 위해 현미경 사용법을 가르치는 것이 수업의 목표일 때, 현미경의 부분 이름에 대해 가르치는 것은 실제적이지 못하다. 부분의 이름을 아는 것이 선수 학습의 중요한 목표일지 모르나 이번 수업목표와는 관련이 적은 것이다. 학습내용은 수업목표를 기준으로 실제 적용에 필요한 내용을 가르쳐야 한다.
- 선택성의 원칙: 학습내용에서 핵심내용을 선택하여 강조해야 한다는 것이다. 학생들이 배우는 내용은 모두 중요한 것은 아니다. 각 수업에서 가장 중요한 내용을 강조해 주어야 학생들이 학습을 효과적으로 하고 수업의 중심 내용을 기억할 수 있을 것이다. 이 단계에서 중요한 것은 수업의 핵심내용을 선택적으로 강조해야 한다는 점이다.
- 다양성의 원칙: 학습내용을 제시할 때, 다양한 방법으로 제시해야 한다는 것이다. 수업을 시작할 때 학생의 관심을 유발시키는 것도 중요하지만 그 관심을 유지시키는 것도 중요하다. 다양한 교수자료와 활동으로 학습내용을 제시하면 학생들은 자신의 학습양식에 맞는 방법으로 학습내용을 이해할 수 있을 것이며 당연히 학습효과는 커질 것이다. 배운 내용을 같은 방법으로 반복하는 것보다 다양한 방법으로 학습하면 더 효과적인 학습을 할 수 있을 것이다.

학습내용을 제시하는 방법은 교사의 수업 양식이나 과제의 특성에 따라 서로 다르겠지만 앞서 제시한 학습내용 제시의 원칙을 토대로 공통적으로 사용하는 방법으로는 구두에 의한 제시, 행동에 의한 제시, 매체에 의한 제시로 살펴 볼 수 있다(박인학·이주헌, 2002: 167).

- 구두에 의한 제시: 구두에 의한 학습과제 제시는 가장 보편적인 과제제시 방법으로 여기엔 다시 설명, 해설이나 해석, 발문, 읽어 주기 등의 방법으로 세분화 될 수 있지만 가장 대표적인 것은 설명에 의한 과제제시이다. 이 방법은 통상적으로 판서 행위와 동시에 사용되어지고 있다.
- 행동에 의한 제시: 교사의 구체적인 행동에 의해서 수업과제를 제시하는 경우는 관찰·실습·실험·시범 등을 말한다. 이는 주로 자연과학 계통의 교과와 운동 기능적인 교과에 적합한 제시방법인데 이 방법을 사용 하더라도 구두에 의한 설명 등이 보충적으로 필요한 경우가 대부분이다.
- 매체에 의한 제시: 이는 시청각 자료나 인쇄 자료, 컴퓨터 프로그램을 이용한 과제제시 등 다양한 교수매체를 사용하여 수업과제를 제시하는 것을 말한다. 이러한 경우에도 구두에 의한 설명 등의 방식이 같이 활용되고 있다.

이상에서 제시한 세 가지 방식은 어느 한 가지만 독자적으로 사용되기 보다는 대부분은 몇 가지 방식이 혼합되어 수업이 전개되는 것이 일상적이다.

나. 학습 안내 제공하기

제시한 내용에 대한 학습자의 이해 수준에 따라 보다 개별적인 학습 안내와 지도를 제공하는 단계이다. 즉, 학습자료가 효과적으로 개개인의 장기기억에 유의미하게 저장될 수 있도록 다양한 상황과 맥락을 이용하여 구조적으로 제시해야 한다. 이때 교사는 학생들의 동기화가 최대로 이루어질 수 있도록 배려하면서 학습 안내를 제공할 수 있어야 한다. 이를 위해서 제시한 내용에 대한 학습자의 이해 수준에 따라 보다 개별적인 학습 안내와 지도가 필요하다.

높은 성취의 학습자에게는 심화학습을 할 수 있는 학습 안내와 과제가 제공되어야 하며 낮은 성취의 학습자에게는 보충학습을 유도해야 한다. 이렇게 적절한 수준의 학습 안내가 이루어지지 않으면 주의가 산만해지고 학습 참여율이 낮고 어떤 경우는 학습을 포기하게 될 수도 있다. 따라서 학습자들의 적극적인 사고활동이 이루어질 수 있는 학습유도가 필요하다.

다. 학습 수행 유도하기

교사의 안내에 따라 학습자들이 학습과제를 실제로 수행해 보고 연습하는 활동이다. 교사와 학습자 간에 다양한 질의응답이 오고가며 상호작용이 활발하게 이루어지도록 충분한 시간을 제공해야 한다. 그리고 학습내용을 학습자가 실제 상황이나 유사한 상황에 적용시킬 수 있도록 연습의 기회를 제공해야 한다. 중요한 개념이나 원리, 그리고 새로 학습한 기술과 운동능력 등은 몇 번의 반복만으로는 숙달되지 않는다. 따라서 학습내용을 학습하고 학습 안내를 받은 학생들은 이후 실제 상황이나 이와 유사한 상황에서 직접 적용시킬 수 있도록 연습의 기회를 제공받고 이를 해결하기 위한 활동에 참여한다.

연습문제 제공 단계에서 학생들은 학습내용에 대한 요약, 재해석, 적용, 문제해결 등 시행착오를 거치면서 내용을 더 잘 이해하려는 보다 적극적인 자세를 가져야 한다. 연습은 학습한 것을 보다 분명하게 이해시켜 주며 쉽게 망각하지 않도록 해 준다. 따라서 교사는 학습자들이 이론적인 수준에서 체계화된 학습내용을 여러 가지 문제해결 상황에 반복적으로 적용해 봄으로써 내용을 보다 깊이 있게 이해할 수 있는 기회를 제공해 준다. 이때, 학습자의 개인차를 고려하여 개인의 능력에 알맞은 연습량을 제공하면 연습의 효과는 높아질 수 있다.

라. 피드백 제공

학습자들이 수행한 학습 활동 결과에 대하여 확인하는 활동이다. 수행한 학습 활동 결과에 대하여 정보와 칭찬, 격려가 함께 제시되어야 하며 오답 시 즉각적이고 구체적으로 교정해 주는 등 교사의 피드백 활동이 주어져야 한다.

③ 정리단계의 주요 활동

정리단계는 학습지도의 결론 부분으로 한 시간 동안 교사와 학생이 수행한 여러 가지 교수·학습 활동을 정리하는 단계이다. 여기서 정리란 한 시간 동안 학습자가 학습한 개념, 학습요소들을 교수자가 통합하여 공고히 하는 활동을 말한다. 따라서 정리단계는 학습한 내용의 요약정리, 수행평가, 파지 및 전이 활동을 통한 일반화, 차시 학습과제 제시활동 등이 수행된다(강이철, 2011; 백영균 외, 2006; 홍기칠, 2012).

가. 학습내용 요약·종합하기

학습내용을 살펴보면서 중요한 사항을 요약하고 종합해 주는 활동이다. 요약이란 중요한 하나하나의 지식을 정리해 주는 것이며 종합이란 학습자가 부분적으로 파악하고 있는 학습내용을 전체적인 맥락에서 이해시켜 하나의 완성된 학습과제로서 이해할 수 있도록 해야 한다. 이때 중요한 것은 전개단계에서 언급되지 않은 새로운 사실을 유발해서는 안 되며 전개단계에서 제시된 내용들 중 중요하고 핵심적인 내용들을 중점으로 요약·정리하도록 한다.

나. 수행 평가하기

이 단계에서는 다음 단계의 학습이 가능한지를 결정하기 위한 평가를 실시하는 단계이다. 즉, 앞 단계에서 수행에 대한 연습과 강화가 주어졌으므로 수행평가를 실시한 단계이다. 이 평가는 학습자들이 다음의 새로운 학습을 위한 준비가 되었는지를 결정하기 전에 학습자들에게 학습할 것을 시연하도록 한다. 특히 시험상황은 단순한 암기가 아니라 이해가 이루어졌는지를 점검하기 위해서 이전에 주어진 상황과 유사한 문제 사태를 제공해야 한다. 이를 통해 학습에 장애나 곤란한 점은 없는지, 수업진행 속도나 수준은 학습자들에게 적합했는지, 해당 수업 목표는 적절히 달성하였는지에 대한 평가를 계획해야 한다. 평가 방법으로는 교수자의 질문을 통한 구두평가, 지필평가, 쪽지시험, 면담이나 관찰, 포트폴리오 등 다양한 방법을 활용할 수 있다.

다. 파지와 전이 증진하기

수업에서 학습한 경험이 다른 유사한 상황에 적용되거나 일반화되도록 하기위해 수행되는 활동이다. 이것은 연습의 효과와도 밀접한 관련이 있기 때문에 상호작용하는 가운데서 일반화의 수준을 높일 수 있다. 일반화를 위한 방법을 제시하면 다음과 같다.

- 단순암기나 단편적인 학습보다는 학습요소나 내용들의 관계를 이해하고 이에 관련된 문제 사태를 해결할 수 있도록 학습하게 한다.
- 학습한 내용을 실제 생활에 적용해 보는 기회를 반복적으로 제공하도록 한다.
- 학습 직후에 학습한 주요 내용을 요약·정리하게 한다.

라. 보충자료 제시

수업시간에 충분히 다루지 못했던 학습내용이나 학습자가 더 알고 싶어 하는 주제에 관한 보충자료나 참고도서 등을 언급해서 학습자 스스로 보완 및 심화할 수 있도록 하여 학습자가 자신의 지식 욕구를 충족할 수 있도록 한다.

마. 차시예고

다음 시간에 학습할 내용이나 주제를 본시 수업에서 배운 것과 관련지어 제시해야 한다. 이는 학습의 계열성을 유지시키고 차시 수업에 대한 학습자의 준비와 기대를 유도할 수 있다.

(2) 효과적 교수 기술

수업 실행에서 효과적인 수업이 이루어지도록 하는 데는 다양한 교수 기술이 필요하다. 여기서는 교사가 갖추어야 할 일반적인 교수 기술에 대해 교사의 성품, 교수·학습에서 의사소통, 질문하기, 청취하기, 피드백하기 등으로 살펴보고자 한다.

① 교사의 성품

이상적인 교사가 되기 위해서는 교사로서 갖추어야 할 여러 가지 성품이 있어야 하겠으나 수업과 관련한 효과적 교수 기술에 있어서는 우선, 교수자 자신이 교사로서의 능력에 대한 신념을 가지는 것이 중요할 것이다. 이것이 바로 교사효능감이다. 교사효능감이란 가르치는 행위에 대한 효능감인 동시에 교사로서 개인이 가지고 있는 자기효능감을 말한다. 가르치는 행위에 대한 효능감은 가르쳐서 학습자의 학업성취를 변화시킬 수 있다는 교사의 지각을 의미하고 교사의 개인적 효능감은 자기 자신의 가르치는 능력에 대한 지각을 의미한다.

교사효능감이 높은 교사와 교사효능감이 낮은 교사는 여러 가지 측면에서 차이를 주는 중요한 요인이 된다. 높은 교사효능감을 갖고 있는 교사는 열정을 가지고 성심성의껏 가르치며 학생들이 자신의 기대를 실현해 줄 것으로 기대한다. 또한 학습자들이 가지고 있는 가능성을 최대치에 도달할 수 있도록 이끌어갈 수 있다는 자신감을 가지는 반면, 교사효능감이 낮은 교사는 가르치는 행위에 자신감이 없으며 학습자에 대해 실망하는 등 부정적 태도를 나타낸다(유구종 외, 2013: 58).

학습에 대한 교사 효능감은 학습자들의 학업성취 수준에 따라 학습자들에게 각기 다르게 영향을 미친다. 일반적으로 학업성취가 높은 학습자는 교사효능감이 높고 낮음에 관계없이 자신의 수행을 적절하다고 여기고 자신의 능력과 잠재력을 긍정적으로 평가한다. 그러므로 학습자의 포부수준이나 자아개념형성 등에 교사의 영향을 미치지 않을 수 있다. 반면 학업성취가 낮은 학습자에게는 교사효능감이 매우 중요하게 영향을 미칠 수 있다. 학업성취가 낮은 학습자는 자신의 학문적 능력을 부정적으로 평가하고 미래에 대해서도 확신을 가지지 못하기 때문에 외재적으로 동기화되는 경향이 있다. 이런 측면에서 볼 때, 교사효능감이 낮은 교사는 헉업성취도가 낮은 학습자에게 교사의 낮은 기대를 전달하여 학습자의 외적 동기 유발을 어렵게 만들 수 있다(신명희 외, 2015: 340). 이러한 특성의 차이는 교육현장에서 나타날 수 있는 차이로 이를 간략히 제시하면 <표 7-4>와 같다.

〈표 7-4〉 교사효능감의 높은 교사와 교사효능감이 낮은 교사의 태도 비교(Ashton, 1984: 29)

구분	교사효능감이 높은 교사	교사효능감이 낮은 교사
개인적 성취에 대한 지각	• 학습자와 함께 하는 일을 긍정적으로 여기며 긍정적 영향을 미칠 수 있다고 본다.	• 자신의 가르치는 행위에 대한 실망과 좌절을 자주한다.
학습자의 성취에 대한 기대	• 학습자들의 진보를 기대하며 학습자가 자신의 기대를 실현해 줄 것으로 기대한다.	• 학습자가 실패하는 것을 예상하지 못하며 수업에 대한 노력을 기울이지 않고 자신이 노력해도 소용없을 것이라 본다.
학습에 대한 책임	• 학습자가 학습한 정도를 아는 것은 자신의 책임이며 학습자의 실패를 자신의 책임이라 생각하고 좀 더 도움이될 만한 방향으로 자신의 교수방법을 검토한다.	• 학습자가 학습하는 것에는 자신에게 책임을 두지만 학습자의 실패는 학습자의 가정환경이나 능력, 동기, 태도 등의 관점에서 그 이유를 설명한다.
목표 달성을 위한 전략	• 교수·학습을 계획하고 목표를 수립하고 달성하기 위한 전략을 세운다.	• 특별한 목표를 가지지 않으며 목표 달성에 대한 확신을 가지지 못하고 전략도 세우지 않는다.
정서	• 가르치는 행위와 학습자의 존재가치를 인정한다.	• 학습자에 대하여 부정적 태도를 갖고 실망을 자주 표현한다.
학습자 통제관	• 학습자의 학습에 대한 영향력이 자신에게 있음을 확신하며 자신감을 가진다.	• 학습자에 대해 무력감을 경험한다.
민주적 의사결정	• 의사결정 과정에 학습자를 참여시키며 목표 달성을 위한 전략을 수립할 때도 학습자를 참여시킨다.	• 의사결정 과정에 학습자를 포함시키지 않고 학습 전략과 목표를 강제로 부과하고 독단적이며 일방적으로 결정한다.

<표 7-4>에서 본 바와 같이 교사효능감이 높은 교사와 교사효능감이 낮은 교사의 태도는 매우 다르게 나타남을 알 수 있다. 따라서 교사가 높은 효능감을 갖고 학습자를 대하면 학습자의 성취는 긍정적인 결과를 얻을 수 있을 것이다.

아울러 학습에 대한 교사의 자기충족예언(self-fulfilling prophecy) 또한 학습자들의 학업성취에 많은 영향을 미칠 수 있다. 이는 많은 학습자들이 교사의 기대에 보답하여 높은 학업성취를 나타낼 수 있기 때문이다. 교사의 자기충족예언이란 어떤 기대가 실현될 것이라는 믿음을 갖고 이를 실현시키기 위해 노력하면 결국은 원래의 기대를 실현될 수 있다는 것이다. 따라서 학습자에게 긍정적인 믿음을 전달해 주는 것은 학습자로 하여금 보다 자신감을 갖고 적극적으로 학습과제를 수행할 수 있도록 함으로써 학업의 성공적 성취로 유도하는 데 도움이 된다.

② 교수·학습에서의 의사소통

효과적인 의사소통은 교육목표 달성에 영향을 미치는 다양한 변인들 중의 하나로 특히 강의실에서의 수업의 성패는 우선적으로 교사와의 효과적인 의사소통 능력에 좌우된다. 의사소통은 교환의 과정으로 의사소통에 참여하는 사람들은 서로의 생각, 감정, 의도 등을 주고받는다. 또한 의사소통은 목적을 달성하기 위한 하나의 수단이다. 그 목적이란 설득일 수도 있고 정보전달일 수도 있고 교육과 같이 구체적인 내용을 가르치고자 하는 목표일 수도 있다. 이러한 정보를 전달하는데 있어 의미가 왜곡되거나 문제가 발생되는 것은 의사소통 간에 장애가 발생하기 때문이다(전태련, 2010). 이러한 장애는 물리적 환경의 잡음이나 메시지의 정확성, 심리적 소음 등 다양할 수 있지만 송신자와 수신자 간의 상이한 경험의 장이 중요한 요소가 된다.

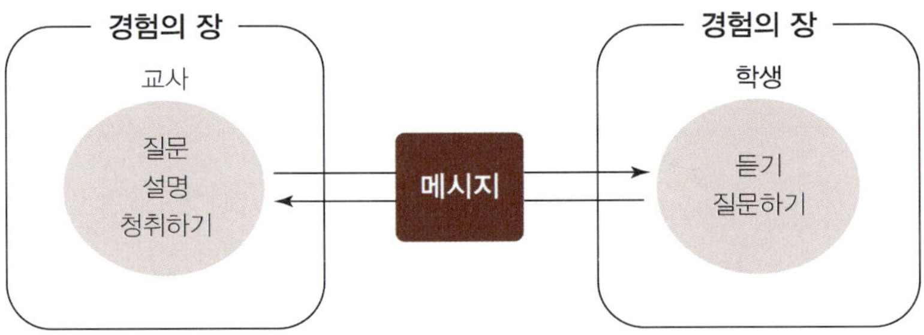

[그림 7-7] 의사소통과정으로서의 수업모형(박성익 외, 2009: 323)

[그림 7-7]과 같이 수업 과정을 의사소통 과정으로 파악할 때, 송신자와 수신자의 역할은 각각 교사와 학습자가 맡게 된다. 교사는 교사의 경험의 장(지식수준, 삶의 양식, 문화, 가치관, 태도, 의사소통 기술 등)을 토대로 학습과제를 전달하거나 질문, 청취하게 되며 반면에 학습자는 학습자의 경험의 장을 토대로 전달받고 해석하며 질문하게 된다. 이때, 교사와 학습자 사이에 공통된 경험의 장이 많으면 많을수록 의사소통이 잘 일어날 수 있으며 교사와 학습자가 서로의 경험의 장을 이해하는 차원에서 의사소통이 이루어져야 비로소 효과적인 메시지 전달의 결과를 가져올 수 있다. 즉, 실제의 경험의 장을 고려할수록 메시지의 전달과정은 효과

적이다. 이때, 메시지는 주로 교육목표로 설정된 내용 영역이 된다. 송신자로서 교사의 주요한 의사소통활동은 크게 '질문하기', '설명하기', '청취하기'로 구성된다.

질문하기는 교육적 의사소통에서 매우 중요한 기능을 한다. 수업 내용과 관련된 질문을 통해 학습자들의 주의를 집중시킬 수 있으며 학습자의 사고를 촉진시키고 수업의 참여와 동기를 높인다. 또한 질문을 통해 학습목표 성취여부를 파악할 수 있는 좋은 방법이 되기도 한다.

교사의 설명하기는 교수·학습 활동 전개 시 가장 중요한 의사전달 활동이다. 효과적인 설명을 위한 방법에는 내용의 분할부터 시작하여 매체의 활용, 목소리, 몸동작 등 많은 요소들이 포함된다. 마지막으로 청취하기는 수신자로서 학습자들의 반응에 관심을 부여하는 것으로써 그 자체가 효과적인 교육적 활동이면서도 교사의 추후 질문하기, 설명하기를 위한 주요한 정보 수집의 단계가 되기도 한다(박성익 외, 2009: 322).

③ 질문하기

질문은 교육적 상황에서 교사의 질문에 관한 효과 연구를 통해 일관된 결과를 보여주고 있다. 적절하게 질문할 때 학습내용에 대한 이해를 돕고 주의집중을 촉진시키며 학습자의 동기수준과 학습 활동에 몰입을 높이며 학습자들을 적극적으로 참여시키며 교사와 학습자 간의 상호작용을 촉진시키는 것은 물론이고 이후 학습과정을 효과적으로 안내하여 줄 수 있다. 교육적 질문의 근본적인 목적은 학습자의 사고를 촉진하기 위한 것이다. 교사의 적절한 질문에 대답함으로써 학습자는 자신의 사고를 드러내고 평가받는 시간을 가지게 된다(박성익 외, 2009).

질문과 관련된 교수 기술은 질문의 수, 공평한 분배, 기다려주기, 단서주기 등이 해당된다. 따라서 질문의 수는 적절한 것이 좋으며 학습자들에게 골고루 공평하게 분배되도록 하여야 하며 질문을 한 후 학습자의 반응이 있기까지 차분히 기다려 주어야 한다. 또한 단서주기를 통해 스스로 정답을 맞힐 수 있도록 유도하는 것도 바람직하다(박숙희·염명숙, 2009: 90).

질문의 유형은 학습자들의 사고수준, 학습의 형태와 내용, 학습의 단계에 따라 다양하게 선택되어야 한다. 일반적으로 질문의 유형은 사실, 개념, 정보의 재생을 요구하는 제한형(패쇄적) 질문과 어떠한 관계를 기술하거나 설명을 요구하는 수렴적 질문, 학습자의 사고 과정을 촉진하기 위한 질문으로 개인의 생각, 의견, 판단을 드러내는 확장형(확산적, 개방형)질문으로 나눠진다.

한편, 교수·학습과정에서는 다음과 같은 학습단계에 따라 질문의 유형을 달리 적용하는 것이 효과적일 수 있다(박인학·이주헌, 2002; 신재흡, 2012; 조성일 외, 2006).

- 학습 동기 유발 단계: 확산적 질문으로 다양한 경험과 관심을 끌어낸다. 특히 수업의 초기 도입단계에서 적절하게 선정된 확장형 질문은 학생들의 사고를 활성화시킬 뿐만 아니라 주의집중 이후 학습과정의 연계를 유도한다는 점에서 매우 중요하다.
- 전시학습내용 회상 단계: 재생적인 질문을 통해 배운 지식을 확인한다. 이는 질문을 가장 효과적으로 사용하는 것으로 학생의 사고과정을 촉진하거나 혹은 해당 학습내용과 관련된 학습자의 선행지식 혹은 경험을 활성화시키는데 있다.
- 학습목표 확인 단계: 수렴적인 질문으로 학습목표를 명료화 한다. 이는 구두 또는 필기로 질문을 하는 방법으로써 수업 도중에 수시로 질문할 수도 있고 형성평가, 종합평가 시에도 모두 가능하다.
- 문제해결 및 탐구 단계: 확산적인 질문과 추론적인 질문으로 다양하고 창의적인 문제해결 방법을 탐색한다.
- 정리 단계: 수렴적인 질문으로 개념을 정리하고 학습내용을 요약한다.
- 발전 및 적용 단계: 확산적인 질문으로 새로운 사태에 적용하도록 한다.

④ 설명하기

전형적인 수업의 전개는 교사에 의한 도입 질문으로부터 시작하여 설명의 과정으로 연결된다. 설명은 수업이 완성되는 단계에서 이루어지는 교사의 활동이다. 그리고 교사의 준비된 능력이 드러나는 활동이기도 한다. 효과적인 설명을 하기 위해서는 사전에 반드시 연습의 기회를 가져야 한다. 실제로 수업을 실행할 곳이나 유사한 곳에서 연습하고 예상되는 질문에 대답할 수 있도록 연습하고 강의 장면을 녹화하여 동료들에게 피드백 받거나 자기평가를 하는 등 사전에 충분하게 준비하고 연습할수록 보다 효과적인 설명을 할 수 있게 된다(박성익 외, 2009: 331). 여기서는 효과적으로 설명하기 위한 원칙들을 살펴보고자 한다.

가. 긴장의 통제

학습자들 앞에서 수업을 실행하는 것은 여전히 긴장되는 상황이다. 특히 수업 경력이 별로 없거나 새로운 주제를 다루거나 혹은 새로운 교수방법을 활용할 때는 그 긴장의 정도는 더 하다. 긴장을 통제하는 효과적인 방법은 다음의 두 가지를 들 수 있다(박성익 외, 2009: 임철일·최정임, 1999).

- 호흡법: 긴장을 쉽게 가라앉히는 좋은 방법은 심호흡법으로 천천히 길게 늘여마시고 천천히 내 쉰다. 수업 시작 전에 사용할 수 있으며 수업 도중에도 잠간씩 할 수 있다. 이때는 학습자들도 잠시 여유를 가질 수 있다.
- 역설적 인정(paradoxical admission): 역설적 인정의 심리적 기제를 활용할 수 있다. 이것은 학습자들에게 솔직하게 "이번에 이것을 처음 하는 것이라 잘 되어야 될 텐데 걱정입니다. 자, 그러니 여러분들께서 저를 좀 도와주기 바랍니다"와 같이 말하는 것을 의미한다. 이러한 자기 고백을 하게 될 때 오히려 수업을 자신감 있게 실행할 수도 있다.

나. 설명의 실시

설명을 실시할 때의 바람직한 자세와 목소리, 눈맞춤, 몸동작 등에 대해 살펴보면 다음과 같다(박성익 외, 2009: 332-336).

㉠ 자세

- 학습자들을 정면으로 바라보도록 하여 교사의 얼굴 표정을 학습자들이 볼 수 있도록 한다. 얼굴 표정을 환하게 하고 학습자들을 응시하는가 여부에 따라서 설명의 효과성이 많이 좌우된다. 학습자들을 응시 하면서 설명하는 것은 학습자들이 현재 자신이 설명하는 것을 제대로 이해하고 있는지 여부

를 확인하는 좋은 방법이다. 학습자들의 상태를 파악하면서 설명의 속도와 강조점을 조정할 수 있다.

- 가능한 한 손은 호주머니에 놓지 않으며 팔은 뒤로 돌리지 않고 옆에 있게 한다.
- 판서가 필요할 경우 칠판을 바라보면서 동시에 설명을 하지 말고 먼저 칠판에 글자를 쓴 후 학습자들을 바라보면서 설명하도록 한다. 마찬가지로 대형 스크린이나 텔레비전을 활용하여 설명하는 경우에도 학습자들을 주로 바라보면서 설명하도록 한다.
- 교탁을 이용할 경우에는 교탁 뒤에만 있지 말고 교탁의 한 측면으로 나가 선다. 이렇게 함으로써 보다 자신감 있으면서도 친근감 있게 학습자들에게 다가설 수 있다. 또한 때때로 교탁을 벗어나서 교탁 앞 등으로 나아갈 수 있다.
- 적절히 움직이면서 설명하도록 한다. 전혀 움직이지 않고 설명하다보면 긴장하게 된다. 또한 움직이면서 역동적으로 설명할 때 설명에도 힘이 실리게 되며 학습자들의 주의력도 어느 정도 높아진다.

ⓛ 목소리

- 교과서, 슬라이드 혹은 수업자료에 있는 내용을 그대로 읽지 말고 부연 설명을 하는 방식으로 이용해야 한다.
- 목소리의 다양한 음색이나 억양을 이용한다. 일정한 음을 듣다 보면 학습자들은 지루하게 느낀다.
- 고음 및 저음을 적절히 사용한다. 특히 강조하는 부분에 대해서는 고음을 낼 수 있도록 한다.
- 천천히 말하도록 한다. 설명을 하게 되면 대부분 말을 빨리 한다. 의도적으로 천천히 말을 한다는 의식을 하면서 말을 하도록 해야 한다.
- 학습내용을 설명한 후 잠시 멈추는 것은 중요한 내용을 강조할 때 매우 효과적인 방법이다.

㉢ 눈맞춤

- 학습자들과 눈맞춤을 시작한 후에 설명에 들어간다. 눈맞춤을 통하여 일대일 방식의 수업이 되는 것 같은 분위기를 만들 수 있다.
- 눈맞춤을 위한 한 가지 효과적인 방법은 한 사람당 대체로 3초 정도의 시선을 주면 된다. 스쳐지나가듯이 전체 학습자들을 바라보는 것이나 맨 뒤의 벽을 바라 보는 것은 효과적이지 않다.
- 오른손잡이의 경우, 대체로 오른쪽 앞에 앉아 있는 학습자들을 주시하는 경향이 있다. 의도적으로 중앙, 왼쪽 그리고 맨 뒤쪽의 학습자들을 골고루 주시할 수 있도록 연습해야 한다.

㉣ 몸동작(gesture)

- 대화하는 것처럼 자연스러운 몸동작이 나올 수 있도록 연습해야 한다.
- 손을 적절하게 활용한다. 제스쳐 중에서 손은 매우 중요한 역할을 한다. 설명하고자 하는 바를 강조할 때 등, 손을 활용함으로써 보다 역동적인 수업을 할 수 있다.
- 호주머니 속에 손을 넣거나 뒷짐을 지지 않도록 해야 한다.
- 손과 팔을 흔들지 말아야 한다.
- 펜이나 다른 물건들을 만지작거리면서 설명하지 말아야 한다.

⑤ 청취하기

학습자의 적극적인 참여는 학습자들의 질문과 대답을 통하여 이루어진다. 이때 교사가 할 수 있는 매우 효과적인 대응 행동이 바로 청취하기이다. 청취하기는 학습자의 의견에 대한 존중의 표시이다. 또한 교사의 후속활동을 위한 명료화 과정이 포함되기거나 칠판 등에 표기됨으로써 이후 학습과정의 단서를 찾을 수 있다. 따라서 교사가 효과적인 청취를 위해서는 다음의 몇 가지의 원칙에 대한 이해와 실천이 요구된다(박성익 외, 2009: 336-337).

- 눈맞춤을 유지하도록 한다. 학습자들에게 질문을 한 후 학습자들이 대답을 할 때 교사가 다른 행동을 해서는 안 된다. 눈맞춤을 유지하는 것은 "나는 너의 의견을 존중하고 있다"라는 메시지를 강하게 보내는 것이다. 그렇지 않을 경우에는 "나는 너의 의견을 제대로 듣고 있지 않다"는 메시지를 보내는 것으로 이해할 수 있다.
- 학습자가 있는 방향으로 몸을 약간 기울이듯이 서 있도록 한다. 이러한 자세는 적극적인 청취 의사를 보여준다. 대답을 들을 때 뒤로 물러서듯이 듣는 자세는 학습자로 하여금 "지금 교사가 내가 하는 말을 듣기 싫은 가봐"하는 인상을 준다.
- 학습자의 대답에 긍정의 표시를 한다. 학습자의 대답에 고개를 끄덕거리거나 혹은 재진술하여 주거나 칠판에 정리하여 다른 학습자들이 같이 볼 수 있도록 한다.
- 질문을 함으로써 학습자의 대답을 분명하게 한다. 학습자의 대답을 듣는 중에 혹은 대답을 다 듣고 난 후 간단한 질문을 함으로써 불분명한 것을 확인한다. 이 과정은 학습자들의 대답을 보다 존중하는 것으로 비춰질 수 있다.
- 학습자의 대답을 끝까지 들어주도록 한다. 학습자의 대답을 듣는 중에 교사가 말을 끊게 되는 태도는 학습자로 하여 불쾌감을 갖게 한다.

⑥ 피드백 하기

피드백(feedback)이란 미래의 수행을 향상시켜 주기 위하여 사용하는 현재 행동에 관한 정보의 제공을 의미한다. 교수·학습과정에서 교수자나 학습자 모두는 서로에 대한 정보를 필요로 한다. 예컨대, 학습자들은 어떤 주제나 과제를 수행하든지 간에 자신들의 학습 활동이 기준에 비추어 어떠한지에 대한 정보를 필요로 하며 교수자는 학습자들이 의도하는 방향으로 학습이 잘 진행되고 있는지, 진행 속도는 적절한지 등을 파악하고 있어야 한다. 이러한 피드백은 학습 증진에 긍정적인 역할을 한다.

피드백에는 일반적으로 문어적 피드백(written feedback)과 구어적 피드백(verbal feedback)의 두 가지 유형으로 구분할 수 있다. 문어적 피드백은 보고서, 평론, 서면 등으로 작성한 질의서 등이 해당되며 이것은 많은 작성 시간과 노력이 요구되기 때문에 구어적 피드백과 절충하여 사용하는 것이 효과적이다. 구어적 피드백은 질문과 대답 과정에서 전달되는 것으로 “맞았어!”, “좋아”와 같은 간단한 반응에서부터 대답의 정확성과 수준에 따라 보다 확장된 반응에 이르기 까지 다양하게 제공된다. 또한 이러한 피드백과 함께 교수자는 학습자들의 학습 참여 활동을 촉진시키기 위하여 적절한 강화(reinforcement)를 사용할 수 있어야 한다. 학습자들이 학습 활동의 결과로 보상(긍정적 강화)을 받게 되면 바람직한 결과를 가져올 수 있는 행동을 하도록 그들을 변화사킬 수 있는 기회를 가지게 된다(김희수, 2010; 임형택 외, 2013: 주용국·홍은실, 2014).

교수로서 자기진단-1

수업계획 및 실행을 평가표(변영계 외, 2006: 82)

구분	진 단 항 목	평가
수업목표 제시	• 학습자가 학습목표를 명확히 인지하였는가? • 학습자는 학습목표를 획득하는 절차를 이해하였는가? • 학습 후 기대되는 결과나 예시를 관찰할 기회가 있었는가?	
학습 동기 유발	• 학습자가 과제에 집중하도록 하였는가? • 학습자가 수업목표의 가치를 인식하도록 하였는가? • 학습자가 수업목표의 달성에 자신감을 갖도록 하였는가? • 학습자가 학습과정상 성공적인 경험을 할 수 있도록 하였는가? • 학습자가 학습과제에 호기심과 흥미를 갖도록 하였는가?	
학습결손의 발견과 처지	• 학습자가 선수 학습요소를 충분히 학습한 후 후속학습을 했는가? • 학습자가 선수 학습요소에 대한 자신의 결손을 파악하게 했는가? • 학습자가 결손학습 부분에 대한 적절한 보완조치를 했는가?	
학습 활동과 수업 내용의 제시	• 학습자의 수준에 맞게 학습 활동을 개별화시켰는가? • 학습자가 학습 활동에 능동적으로 참여하도록 하였는가? • 수업목표의 유형에 따라 적절하게 수업사태를 변화시켰는가? • 학습자에 적합한 매체를 선택하고 활용하였는가? • 수업목표의 하위요소들이 올바로 계열화되었는가? • 수업 내용이 학습자의 수준에 맞게 쉽게 설명되었는가? • 새로운 개념과 원리의 제시를 위해 선행조직자가 활용되었는가?	
연습 및 응용	• 학습내용의 정착과 암기를 돕기 위한 연습이 사용되었는가? • 학습내용의 전이를 촉진하기 위한 연습이 사용되었는가? • 연습의 양은 학습자의 개인차를 고려하여 결정되었는가? • 반복 연습의 기회가 주어졌는가?	
형성평가와 피드백	• 학습 결과에 대한 즉각적인 피드백과 강화가 있었는가? • 학습 오류에 대한 즉각적이고 구체적인 교정이 있었는가? • 학습자 자신이 평가할 수 있는 기회가 많이 주어졌는가?	
전이와 일반화	• 학습내용에 대하 이해를 놀이기 위한 방안이 강구되었는가? • 학습한 내용을 일상생활에 적용해 보는 경험이 주어졌는가? • 학습 직후에 내용에 대한 정리가 이루어졌는가?	

교수로서 자기진단-2

수업 실행 평가표(박성익 외, 2009: 341)

분야	진 단 항 목	잘함	보통	개선 필요
언어적 표현	• 발음이 정확한가? • 말하는 속도는 적절한가? • 목소리 크기가 적절한가? • 내용에 따라 목소리의 높낮이를 잘 구사하는가?			
얼굴 표현	• 얼굴 표정은 부드러운가? • 미소를 띄고 있는가? • 모든 학습자를 골고루 둘러보는가? • 시선은 자료와 학습자에게만 주고 있는가?			
몸동작	• 자세는 바른가? • 몸동작이 자연스럽고 적절한가? • 긴장하지 않고 적절하게 움직이고 있는가? • 긍정적인 느낌을 줄 수 있는 태도를 취하는가?			
시청각 자료 활용	• 시각적으로 보기 좋은가? • 자료의 수준은 적합한가?			
수업진행	• 수업에 열의가 있는가? • 수업의 속도와 흐름은 적절한가? • 수업시간 조절은 잘하고 있는가?			
수업구성	• 수업에 시작이 있는가? • 수업에 끝맺음이 있는가? • 수업에 여유가 있는가? • 수업이 호기심을 유발하는가? • 가장 중요한 내용이 부각되는가? • 내용을 보충 혹은 심화하는가			
학습자와의 관계	• 질문을 주고받는가? • 학습자의 의견을 존중해 주는가? • 학습자에게 참여할 기회를 주는가? • 학습자가 잘했을 때 칭찬해 주는가? • 학습자가 잘못했을 때 격려해 주는가?			

CHAPTER 08

평 가

개 요

평가 단계는 PADDIE 모형의 마지막 단계이다. 평가는 단순히 프로그램의 효과를 평가할 뿐만 아니라 추후에 개발될 프로그램을 기획하고 개선하는 데 중요한 지표가 될 수 있다. 따라서 의미 있는 평가결과를 얻기 위해서는 무엇을 어떤 내용과 방법으로 평가할 것인지에 대한 체계적인 계획이 필요하다.

이를 위해 프로그램 평가의 이해에서는 프로그램 평가의 개념, 목적과 기능, 평가의 영역과 원리, 평가의 준거에 대해 소개한다. 다음으로 평가의 관점을 적용한 구체적 틀을 제시하는 평가의 주요 모형인 목표중심 모형, 결과중심 모형, 의사결정중심 모형, 판단중심 모형, 실험 모형에 대해 소개한다. 또한 프로그램 평가 유형에서는 목적에 따른 평가, 학습목표 영역에 따른 평가, 평가기준과 방법에 따른 유형, 수행평가에 대해 소개하고 마지막으로 프로그램 평가의 절차에 대해 소개한다.

학습목표

이 장의 학습을 끝낸 후, 다음과 같은 학습목표가 성취되기를 기대한다.

- 프로그램 평가의 개념, 목적과 기능에 대해 설명할 수 있다.
- 평가의 영역과 원리를 설명할 수 있다.
- 평가의 준거를 설명할 수 있다.
- 프로그램 평가의 각 모형(목표중심 모형, 결과중심 모형, 의사결정중심 모형, 판단중심 모형, 실험 모형)의 특성을 설명할 수 있다.
- 프로그램 평가의 다양한 유형을 설명할 수 있다.
- 프로그램 평가의 절차를 설명할 수 있다.
- 선택형과 서답형 평가문항을 제작할 수 있다.
- 평가결과 보고서 작성 방법을 설명할 수 있다.

1 프로그램 평가의 이해

1) 프로그램 평가의 개념

교육 프로그램에 대한 평가는 다양한 방식으로 정의 된다. 학문 분야와 학자마다 그 의미를 다르게 규정하기도 하며 상황에 따라서도 다른 평가의 개념이 사용되기 때문이다. 여기서 몇몇 학자들의 개념을 살펴보면, Tyler(1949)는 평가를 의도한 결과와 실제로 얻어진 산출 간의 비교라고 정의하면서 사전에 수립한 교육목표를 준거로 그 목표가 어느 정도 성취되었는지에 중점을 둔 목표성취도를 판단하는 행위로 보았으며, Cronbach(1969)는 새로운 교육 프로그램을 검증하고 그에 근거해서 교육과정을 개선하는 것이라고 하였고, Stufflebeam(1971)은 의사결정을 위한 정보를 제공하는 일이라고 정의하였다.

박성익 등(2009)은 교육 프로그램 평가란 교육 프로그램이나 교육자료 또는 교육의 결과나 과정의 가치에 대한 정보를 제공하고 필요한 경우 교육에서의 의사결정을 도와주는 것이라 하였으며 이화정 등(2010)은 평가란 프로그램의 효과성이나 목적 달성 여부에 대해 판단하고 참여자가 프로그램을 어떻게 평가하는지, 그들이 내용을 이해했는지, 프로그램이 적절한 시기에 이루어졌는지의 여부에 대해 판단하며 목적 달성에 대한 참여자의 반응을 토대로 프로그램의 질과 적합성을 판단하는 것으로 정의하였다.

김용현 등(2010)은 교육기관에서 운영하는 프로그램이 설정한 학습목표를 어느 정도 달성했는지, 학습 활동이 계획대로 진행되었는지, 학습자들의 학습과 성장에 어떤 영향을 주었는가를 확인하고 가치를 판단하는 과정이라 하였으며 김한별 등(2010)은 프로그램에 관한 제반 의사결정 및 가치 판단을 위하여 자료를 수입하여 정보화 하고 활용을 위해 정보를 제공하는 체계적인 활동이라 하였고, 김진화(2011)는 프로그램과 관련된 제반요소에 중에서 프로그램의 의도, 프로그램의 내용, 프로그램 참여자, 프로그램 운영을 평가의 주 대상으로 삼아 프로그램의 가치를 판단하고 프로그램의 성과를 점검하고 해당 프로그램의 목표, 내용, 활동, 산출물, 비용 투입 등에 관한 정보를 제공하려는 일련의 절차를 의미한다고 하였다.

성낙돈 등(2013)은 교육 프로그램 평가는 프로그램에 관련된 제반요소(프로그램 운영과 관련된 다양한 인적·물적 요소들과 프로그램의 목적과 의도, 프로그램의 내용, 프로그램의 결과 등) 들의 가치를 부여하고 비평하는 일련의 과정을 의미한다고 하였다.

이상에서와 같이 평가에 대한 다양한 정의들의 주요 개념들을 종합해 볼 때, 문화예술교육 프로그램 평가란 '문화예술교육 프로그램에 관한 제반요소에 관련한 의사결정 및 가치나 유용성을 판단하기 위해 정보를 제공하는 일련의 체계적이고 조직적인 모든 행위'로 정의할 수 있다. 이러한 정의에는 다음과 같은 몇 가지의 주요한 평가 요소를 포함하고 있다(장원섭, 2011: 173-174).

첫째, 평가는 평가대상의 가치에 대해 검토하는 활동이다. 평가에 해당하는 단어는 'evaluation'이다 이는 가치(value)의 문제를 담고 있다. 가치를 판단하기 위한 절차로서 평가는 탈가치적 활동이 아니다. 교육 프로그램 평가는 다양한 이해관계자들이 관여한다. 여기엔 교수자와 학습자, 학습자의 동료, 프로그램 개발자, 운영자, 관리자와 경영진 등을 포함한다. 조직의 내부자뿐만 아니라 외부평가자가 참여할 수도 있다. 또한 평가는 교육과 평가가 이루어지는 현실적인 여건이나 맥락과 무관할 수 없다. 이렇게 평가는 실제적인 평가의 과정 속에서 이해 관계자들의 가치가 타협되고 창출되는 활동이다. 그런 가운데 교육의 가치와 장점을 발전하게 된다.

둘째, 평가는 의사결정을 목적으로 한다. 평가는 그 결과를 어떻게 사용할지에 대한 의도를 가지고 실시된다. 따라서 평가는 교육의 가치에 대한 지식에 기초하여 프로그램에 대한 의사결정을 하기 위한 과정이다. 이런 점에서 평가는 측정과 구별된다. 측정(measurement)은 사물을 구분하기 위해 규칙에 따라 수치를 부여하는 활동으로서 주로 양적으로 서술되며 본질적으로 가치가 없다는 점에서 가치중립적인 개념이다. 반면에 평가는 어떤 대상의 질이나 가치 등을 판단하는 활동이다. 따라서 측정은 객관성, 공정성, 정확성 등이 자료수집에 있어 가장 중요한 기준으로 평가의 사전단계이다. 그러므로 측정은 평가에서의 의사결정을 위한 근거자료가 될 수 있다. 즉, 평가는 가치 내재적이고 맥락적인 활동으로서 교육에 대한 유의미화와 의사결정의 과정이다.

셋째, 평가는 대부분 체계적인 과정이고 계획적인 활동이다. 평가가 체계적이고 계획적으로 이루어질 때, 평가 대상에 대한 지식을 더 효율적이고 효과적으로 획득할 수 있을 것이다. 그러나 평가가 반드시 체계적이고 계획적으로만 진행되는 것은 아니다. 일상적인 활동에서 무형식적이고 우연하게 평가대상에 대한 정보를 얻는 경우가 상당히 많다. 그렇게 획득한 정보가 오히려 더 정확한 경우도 있다. 실제로 무형식적인 평가는 일상 속에서 언제나 이루어지고 있기도 하다. 특히 개발적 또는 형성적 평가는 교육 프로그램이 진행되는 과정에서 일상적이다.

넷째, 평가는 자료를 수집하고 분석하는 활동을 포함한다. 교육 프로그램에 대한 올바른 의사결정은 타당하고 신뢰할 만한 자료에 근거하여야 한다. 따라서 평가의 과정에서는 의문이 있거나 쟁점이 되는 정보를 수집하고 분석하는 절차가 필요하다. 그것은 연구(research)과정과 유사하다. 사전 설계에 기초하여 자료를 수집하고 분석하는 방법은 평가와 연구가 동일하다. 그러나 연구는 새로운 지식을 개발하는 것을 목적으로 하고 그 결과는 다른 연구자를 주요 청중으로 한다. 반면에 평가는 특정 프로그램의 성공 여부를 결정한다는 목적을 가지고 있고 그 이해 관계자들을 주요한 청중으로 한다. 또한 평가 대상의 가치를 판단하기 위한 수단이기 때문에 연구와 차이가 있다.

2) 프로그램 평가의 목적과 기능

(1) 프로그램 평가의 목적

프로그램 평가의 목적은 여러 측면에서 설명될 수 있다. 일반적으로 프로그램 평가는 프로그램 운영의 성공 여부를 판단하는 전반적인 과정이며 프로그램의 개선, 중단·축소·유지·확대 여부 등을 결정하는 데 실질적 도움을 주는 데에 목적이 있다고 볼 수 있다. 문화예술교육 현장에서 활용되고 있는 프로그램 평가는 다음의 네 가지의 의도 하에 이루어지고 있다. 첫째, 프로그램의 가치나 장점을 판단하거나 결정하기 위해 둘째, 프로그램의 효과 및 영향을 파악하고 판단하기 위해 셋째, 프로그램의 목적 달성 정도를 확인하기 위해 넷째, 프로그램에 대한 의사결정을 보조하기 위해 등이다(성낙돈 외, 2013: 339). 이러한 의도에 기초하여 프로그램 평가의 목적을 제시하면 크게 프로그램의 전 영역에 필요한 정보의 제공, 책무성의 이해, 지역사회 개발 정책이나 국가 정책 결정 시 판단자료 제공, 문화예술교육 이론에의 기여 등으로 개념화될 수 있다. 이들 내용을 구체적으로 살펴보면 다음과 같다(김미자 외, 2014; 성낙돈 외, 2013).

첫째, 프로그램 평가는 프로그램 기획에서부터 평가에 이르기까지의 전 영역에 걸쳐 필요한 정보를 제공할 목적으로 수행된다. 기획은 프로그램의 목적과 목표 설정의 적합성을 결정하는데 필요한 정보를 제공하며, 프로그램의 개선, 중단, 축소, 유지, 확대 등의 여부를 결정하는 네 필요한 정보를 제공하고 또한 프로그램의 내용을 수정하거나 보다 효율적인 운영에 필요한 정보도 제공해 준다. 그리고 프로그램의 기획자나 참여자, 교육자, 기타 이해 당사들에게도 유용한 정보를 제공해 준다. 프로그램의 효과성과 효율성에 대한 평가결과는 그 프로그램의 유지, 확대, 또는 중단, 축소에 관한 판단 근거가 된다.

둘째, 프로그램 평가는 문화예술교육기관 및 조직의 책무성을 이행하게 하는 목적을 갖는다. 프로그램에 대한 평가 결과는 문화예술교육기관 및 조직의 이사회, 재정지원기관 뿐만 아니라 프로그램 참여자에게도 보고되어 그 기관이 어느 정도 책임성 있게 활동하고 있는지를 증명하는 주요한 근거를 제공한다.

셋째, 프로그램 평가는 지역사회 개발 정책이나 국가 정책 결정 시, 판단자료로 활용할 수 있다. 문화예술교육 프로그램이나 활동이 관련 지역사회나 국가발전의 공헌도를 밝힐 수 있다. 지역사회 개발 정책이나 국가 정책 결정 시에 어떠한 문화예술교육 프로그램을 강화 또는 변경해야 할 것인지에 대한 판단자료를 제공한다.

넷째, 프로그램 평가는 문화예술교육 이론의 형성에도 기여하는 목적을 갖는다. 프로그램 평가는 프로그램의 기획으로부터 프로그램의 성과에 이르는 인과경로를 검토·확인·발전시키며 그렇지 못한 경우는 이론을 수정하는 데 기여하게 된다.

(2) 프로그램 평가의 기능

평가는 그 목적과 형태에 따라 다양한 기능을 갖는다. 여기서는 평가의 기능을 학습진단의 기능, 학업성취도 평가의 기능, 학습 촉진의 기능, 학습자에 대한 이해와 치료의 기능, 교육 구성요소의 개선 기능, 교수자의 교육활동을 평가하고 반추하는 기능, 교육 정치(定置)의 기능, 의사결정에 필요한 자료 제공의 기능 등으로 살펴보고자 한다(김국현, 2012; 노희선 외, 2006; 성낙돈 외, 2013; 조성일 외, 2006).

① 학습진단의 기능

교육의 출발은 학습자들의 현재 능력이나 적성 또는 정의적 상태의 파악으로부터 비롯된다. 따라서 교육이 전개될 시점에서 현재의 개개학습자 또는 한 학급 전체가 직면하고 있는 학습 곤란점이나 상태를 정확히 진단할 필요가 있다. 진단 활동은 가장 효과적인 수업 설계와 전략, 방법 등을 모색하기 위하여 학습자에 관한 여러 가지 정보를 수집하는 것이다. 학습진단 기능의 목적은 장차 학습을 위한 준비 상태를 조장하는 데에 있다.

② 학습성취도 평가 기능

학습성취도 평가 기능은 교육목표 달성 여부를 확인하는 기능을 말한다. 교육목표의 달성 여부에 대한 판단은 교육평가의 가장 기본적인 기능이다. 따라서 학습자들로 하여금 교육을 통해 지식, 기술, 태도 등을 어느 정도 습득했는가를 확인시켜 준다.

③ 학습 촉진의 기능

평가는 학습자들의 학습을 촉진시키기 위해 필요한 학습 동기를 유발해 주는 심리학적 기능을 수행한다. 학습결과에 대한 정기적 또는 수시로 실시하는 평가결과의 확인은 학습자 스스로 자신의 능력을 이해하고 개발하는데 도움을 줌으로써 학습 의욕을 촉진하는데 도움이 된다.

④ 학습자에 대한 이해, 진단, 치료의 기능

교육평가는 학습자의 성취도를 정확히 파악하여 그것에 대처한다. 또한 학습자의 각 다양한 발달 상태와 특히 학업 저하요인 등을 발견하고 확인함으로써 그 대책을 세울 수 있다.

⑤ 교육 구성요소의 개선 기능

교육평가는 학습자의 학습에 대한 평가뿐만 아니라 교수자, 교육내용, 교육방법, 평가도구 및 매체, 결과 전반에 대한 평가를 실시하여 그 결과를 토대로 전체적인 교육 프로그램의 질적 수준의 개선 및 향상을 도모한다.

⑥ 교수자의 교육활동을 평가하고 반추하는 기능

평가 결과를 토대로 교수자의 수업, 학습자 지도, 인성에 대한 종합적 판단의 기회를 제공하며 이를 통해 교수자 스스로 문제점을 진단하고 평가하는 근거를 제공한다.

⑦ 교육정치의 기능

교육정치(educational placement)라는 용어는 학습자들의 능력이나 그 밖의 조건에 따라 그들에 알맞은 위치에 배치한다는 뜻에서 비롯된 것으로 학습자들의 능력에 부합되는 교육적인 배치를 의미한다. 교육정치는 개별화 학습을 요구하는 현재의 상황에서 학생을 개인적인 특성에 적합하도록 배치하는 일이 필수적으로 요망된다.

⑧ 의사결정에 필요한 자료 제공 기능

교육평가의 결과를 통해 프로그램의 개혁이나 수정, 패기 등에 대한 사항을 결정한다.

2) 평가의 영역과 원리

(1) 프로그램 평가의 영역

프로그램 평가의 영역이란 평가하고자 하는 거시적인 범위와 대상을 말한다. Kirkpatrick(1989)에 의하면 프로그램 평가의 영역을 다음의 네 가지를 제시한 바 있다. 첫째, 학습자들의 반응을 통해 그들이 프로그램에 대해 느낌이나 호감 정도를 평가하는 학습자 만족도 평가이다. 둘째, 프로그램을 통해 학습자가 어떤 지식, 기능, 태도를 습득했는가를 평가하는 학습의 정도 즉, 프로그램의 효과성에 대한 평가이다. 셋째, 교육 프로그램 이수 후 실생활에서 어떤 긍정적 변화가 있었는지를 평가하는 실생활 적용도 평가 또는 실제 행동평가이다. 넷째, 프로그램을 통해 조직 전체를 어떻게 개선시켰는지, 프로그램 운영에 투자한 시간과 노력, 비용 등에 대비해 조직 성과에 얼마나 기여했는지에 대한 교육성과를 평가하는 것으로 프로그램의 효율성 평가이다. 이들 내용을 종합해 보면 프로그램 평가의 핵심영역은 프로그램의 목적에 대한 평가, 프로그램 내용에 대한 평가, 학습자 반응에 대한 평가, 프로그램 운영에 대한 평가로 요약될 수 있다(김진화, 2011: 419).

첫째, 프로그램 목적에 대한 평가는 프로그램이 궁극적으로 의도하는 바가 성취되었는가를 확인하는 것에 초점이 맞추어진다. 이것은 주로 목표지향 평가의 원리와 절차에 따라 수행된다.

둘째, 프로그램 내용에 대한 평가는 프로그램의 질적인 측에 관심을 가지고 프로그램 내용의 혁신성, 현실성, 즉시성, 적용성, 요구반영 정도 등에 초점이 맞추어진다. 이것은 탈목표 중심 평가 원리와 절차에 따라 수행된다.

셋째, 학습자 반응에 대한 평가는 프로그램에 참여했던 사람들의 프로그램에 대한 인식, 태도, 느낌, 호감도, 만족도 등을 파악하는데 초점이 맞추어 진다. 이것은 탈목표 중심 평가 원리와 학습자 중심 평가의 원리와 절차에 따라 수행된다.

넷째, 프로그램 운영에 대한 평가는 프로그램이 원활하게 수행되었는가? 혹은 프로그램 운영과 관련된 제반 요소, 즉 시설, 매체, 수강료, 교수자(강사)의 질, 운영 여건 등을 종합적으로 확인하고 점검하는데 초점이 맞추어 진다. 이것은 의사결정 중심 평가의 원리와 절차에 따라 수행된다. 프로그램 운영에 대한 평가는 교육기관에서 문화예술교육의 실현을 위해 어느 정도의 역량을 갖추고 있는 가를 확인하고 진단하는 것으로 교육기관 평가에 해당되기도 한다.

(2) 프로그램 평가의 일반적 원리

프로그램 평가는 객관적이고 과학적이고 합리적으로 이루어져야 한다. 그러므로 프로그램 평가의 기본적 목적은 프로그램을 실행 한 후 프로그램의 목적과 목표가 제대로 수행되었는지의 여부를 판단·결정하는 데 있다. 문화예술교육 프로그램을 평가하기 위해서는 다음의 몇 가지 기본적인 원리들을 생각해 볼 필요가 있다(김진화, 2006; 성낙돈 외, 2013).

첫째, 프로그램 평가는 교육의 과정 속에서 여러 가지 다양한 사상, 조건 또는 상태들에 대한 바람직성을 필연적으로 평가하게 된다. 그 평가 기준이 가치의 응결을 가장 핵심적 요인으로 생각하기 때문에 가치를 인식하고 표현하는 가치화 또는 판단 행동이 평가자들에게 끊임없이 요구된다.

둘째, 프로그램 평가는 실험실의 제한된 상태 또는 이론적으로 가설화된 상태에서 이루어지는 평가가 아니고 현장에서 실제 활동 상황 속에서 지금 이루어지는 평가 활동이다. 즉, 지금 막 실천되고 있는 교육활동 상황 속에서 문제를 발견하고 진단하고 치유책을 강구하고 또 문제를 예방하는 활동이다. 따라서 평가는 결코 결과와 사실만을 발견해서 진부를 가리는데에서만 멈추는 것이 아니라 나아가서 그 활동을 보다 더 발전시킬 수 있는 방책을 강구하기 위한 노력이다.

셋째, 프로그램 평가는 항상 의사결정 또는 정책수립을 촉진하기 위한 필수불가결의 활동이다. 따라서 프로그램 평가는 그 목적과 목표를 지향하는 진행과정이 어떻게, 언제, 어느 방향으로 이루어져 가고 있는지를 분명히 밝혀내야 한다. 이는 차후 의사결정과 정책수립을 위한 귀중한 출발점이 된다.

넷째, 프로그램 평가는 순환적, 재생적, 계속적인 활동 과정이며 프로그램의 목적과 목표에 관련된 모든 다양한 활동들을 동합시키는 종합성을 띤 활동이다.

그러므로 계속해서 종합적으로 전개되는 가운데 본래의 평가 목적을 성취할 수 있다.

3) 평가의 준거

평가 준거 설정은 평가목적에 근거하여 평가하고자 하는 바를 구체적으로 체계화 및 명료화하는 일이다. 평거 준거란 평가할 대상 및 내용 또는 평가하고자 하는 대상의 속성, 또는 그로인한 산출 및 활동 결과의 특정 영역이나 차원을 의미하므로 평가 준거를 설정한다는 것은 '무엇을' 평가할 것인가에 대한 구체적인 답을 구하는 일이라 할 수 있다(김한별 외, 2010: 161).

문화예술교육 프로그램의 평가의 준거는 프로그램의 특성이나 대상, 기간 등에 따라 다양하게 설정될 수 있으며 학자들 마다도 다소 차이가 있긴 하지만 공통된 준거로는 대개 프로그램의 목표, 과정, 결과 및 실제 활용 수준과 관련된 요인들이 해당된다(김남선, 2001: 362). 여기서는 평가의 준거로 프로그램의 효과성, 효율성, 비용효과성, 실생활 적용도, 민족도, 적절성 등에 대해 살펴보고 김진화(2011)가 제시한 프로그램 평가의 준거를 함께 살펴보고자 한다.

(1) 효과성

효과성(effectiveness)은 문화예술교육기관의 프로그램에 참여하는 학습 고객들이 프로그램에 참여하면서 어떤 변화를 얻기를 희망했으며 어느 정도의 변화를 경험했는가에 대한 부분이다. 즉, 기관이 초기에 목표로 했던 부분을 어느 정도 달성했는지에 대한 부분이기도 하다. 또한 기관이 희망했던 성과에 어느 정도 접근했는지에 대한 목표지향성을 의미한다. 따라서 프로그램이 초기에 설정했던 목표에 어느 정도 도달했는지에 대한 부분을 판단한다. 효과성을 측정하기 위해서는 프로그램의 실행 이전에 명확한 목표를 가지고 있어야 한다.

(2) 효율성

효율성(efficiency)은 얼마의 비용 또는 적은 비용을 가지고 특정 결과를 성취했느냐를 평가하는 것이다. 즉, 조직에서 교육을 통해 조직목표를 효율적으로 달성했는가에 대한 평가로 프로그램에 투자한 시간과 노력, 비용 등에 대비한 교육성과를 의미한다.

(3) 비용효과성

비용효과성(cost-effectiveness)은 비용을 통해 프로그램의 성과를 평가하는 것이다. 프로그램의 실제 비용이 어느 정도 사용되었는지를 통해 프로그램의 성과를 평가할 수 있다. 따라서 비용효과성은 효과성 및 효율성과 함께 논의해야 한다.

(4) 실생활 적용도

실생활 적용도는 문화예술교육 프로그램을 이수 한 후 학습자들이 실생활에서 어떤 긍정적 변화가 있었는지를 평가하는 것으로 실제행동 평가를 의미한다. 즉, 프로그램을 통해 습득한 지식, 기능, 태도에 대한 현업적용 여부에 관심을 기울이는 것을 의미한다.

(5) 만족도

만족도(satisfaction)는 학습자의 반응 평가로 학습 고객이 문화예술교육 프로그램에 어느 정도 만족했느냐에 대해 평가하는 것으로 학습 고객 만족은 늘 효과성과 함께 논의 된다. 효과성이 꼭 학습 고객의 만족과 통하는 것은 아니지만 프로그램의 효과를 최종적으로 논의할 때 효과를 높이기 위해서는 고객들의 만족도가 높아야 함은 물론이기 때문이다. 따라서 프로그램 평가에서는 프로그램 및 서비스에 대한 학습 고객의 만족도 및 선호도에 대한 조사가 꼭 필요하다. 이는 고객들에게 프로그램과 서비스에 대한 피드백을 구할 수 있으며 만족도를 실시함으로써 보다 저렴한 비용으로 더 많은 자료를 얻을 수 있다는 장점을 갖는다.

(6) 적절성

프로그램 평가의 적절성(appropriateness)은 기대된 산출이 실제로 가치로운가?에 대한 것으로 학습 고객의 문제나 요구를 해결할 만큼 적절한 수준의 프로그램이나 서비스가 이루어졌는가, 프로그램 목표 혹은 원하는 성과가 어느 정도로 명확하게 구성되었는가에 대한 부분을 평가하는 것을 말한다. 그리고 예산이 정부의 지원이나 후원에 의해 이루어지는 경우 정부지원·정책과 함께 학습 고객들이 어느 정도 요구하는 것을 담고 있는지에 대한 부분에 관심을 기울이는 것을 의미한다.

이상의 내용과 더불어 김진화(2011)는 프로그램 평가의 준거를 효과성, 효율성, 적정성, 형평성, 대응성, 적절성의 6가지로 제시하고 있는 것으로 다음의 <표 8-1>과 같다.

〈표 8-1〉 프로그램 평가의 준거와 질문(김진화, 2011: 423)

평가준거	질문	예시적 준거
효과성(effectiveness)	• 가치로운 산출이 성취되었는가?	• 교육 효과
효율성(efficiency)	• 교육을 위해 어느 정도의 노력이 투입되었는가?	• 평가 교육 비용/수익률
적정성(adequacy)	• 교육결과에 의해 문제해결이 어느 정도 이루어졌는가?	• 문제해결 능력 평가
형평성(equity)	• 비용과 효율이 개인 혹은 집단 간에 공평하게 배분되었는가?	• 교육기회 및 자원배분준거평가
대응성(responsiveness)	• 조직의 목표, 집단의 필요 등을 프로그램을 통해 만족할 수준으로 달성했는가?	• 기업 및 조직체의 교육 목표 달성 여부
적절성(appropriateness)	• 기대된 산출이 실제로 가치로운가?	• 적절성을 제외한 모든 준거의 검증

2 프로그램 평가의 주요 모형

교육 프로그램 평가모형은 평가의 관점을 적용한 구체적 틀을 의미한다. 평가모형은 학자들 마다 교육 평가를 어떻게 인식하느냐에 따라 매우 다양하다. 그러므로 평가에 대하여 어떤 입장을 취하여 어떤 평가모형을 택하느냐에 따라 평가의 의미와 방법 및 절차는 달라질 수 있다. 따라서 평가에 관하여 더 깊은 이해를 위해서는 평가모형을 다양하게 고찰해 볼 필요가 있다. 여기서는 목표중심 평가 모형, 결과중심 평가 모형, 의사결정중심 평가 모형, 판단중심 평가 모형, 실험 평가 모형에 대해 살펴보고자 한다.

1) 목표중심 평가 모형

목표중심 평가 모형은 교육평가 모형들 중에서 가장 많이 알려지고 널리 활용되는 고전적 평가 모형으로 Tyler의 목표성취 모형이 대표적이다. Tyler는 학습자·사회·교과 등의 세 가지 목표실정 자원과 철학 및 학습 심리라는 여과 기능을 통해 목표를 상세히 설정할 것을 제안하였다. 그리고 이러한 목표는 다시 측정 가능한 구체적인 행동적 목표로 변환시켜 교수 프로그램을 통하여 학습자로 하여금 그것을 달성하도록 해야 한다는 것이다. 여기에서 학습자들이 달성한 목표는 그 교수 프로그램의 효과성과 효율성을 판단하는 기준이 되는 반면, 성취되지 못한 목표는 교수 프로그램의 부적합성을 나타내는 기준이 된다. 따라서 이와 같은 의미에서 Tyler의 접근을 목표성취 모형이라고 한다(박인학·이주헌, 2002: 276).

[그림 8-1]에서 보듯이 Tyler는 평가를 사전에 수립한 교육목표에 맞게 교육내용을 선정하고 이를 얼마나 잘 가르치고, 교육과정을 통해 교육목표가 어느 정도 성취되었는가를 판단하는 과정으로 개념화하였다. 이러한 Tyler의 목표중심 평가 모형의 이점은 다음과 같다(황정규 외, 2012).

첫째, 교육목표, 내용, 평가 간의 논리적인 일관성을 지닌다.

둘째, 명확한 평가기준에 근거하여 평가를 과학적으로 접근할 수 있다.

셋째, 평가를 통해 교육목표의 실현 정도를 명확하게 파악할 수 있다.

넷째, 단기간 성취를 목표 달성으로 했을 때 교육의 효과를 즉시적으로 평가할 수 있다.

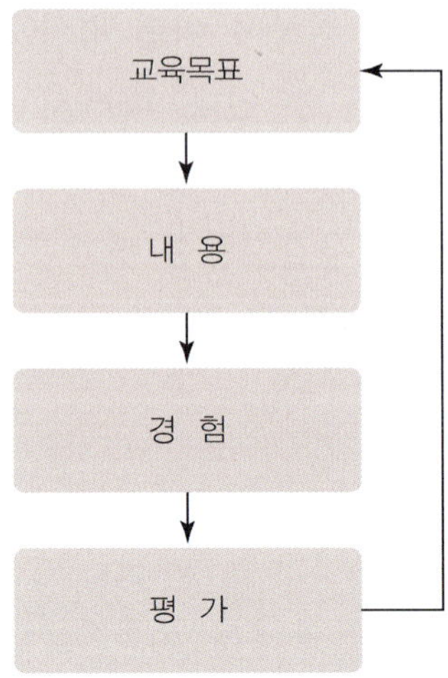

[그림 8-1] Tyler의 목표중심 모형

Tyler의 목표중심 평가 모형의 비판점은 다음과 같다(박인학·이주헌, 2002).

첫째, 의도하지 않은 부수적인 교육 효과를 평가할 수 없다.

둘째, 교육성과에만 주된 관심을 갖기 때문에 본질적인 교육과정의 개선에 한계가 있다.

셋째, 기술적인 합리성만 강조하기 때문에 교육의 정치·사회적 역할이나 윤리·도덕적 역할과 같은 복합적인 측면을 평가할 수 없다.

넷째, 행동으로 표현되지 않고도 측정하기 어려운 경험이나 태도 및 감정변화 등과 같은 중요한 교육성과와 학습과정을 평가하기 어렵다.

2) 결과중심 평가 모형

결과중심 평가 모형은 Kirkpatrick(1998)의 4수준 평가 모형이 가장 대표적인 모형이다. 이 평가는 1959년에 처음 발표하여 50년 이상이 지났음에도 불구하고 여전히 활용도가 높은 것으로 교육 프로그램 개발에서 가장 널리 활용되고 있는 평가 모형이다. Kirkpatrick의 4수준 평가의 단계는 반응평가, 학습평가, 행동평가, 결과평가로 이들 각 단계별 내용을 구체적으로 살펴보면 다음과 같다(성낙돈 외, 2013: 오인경·최정임, 2005; 장원섭, 2011).

(1) 1수준: 학습자 반응평가

학습자 반응평가(reaction evaluation)는 프로그램 참가자의 반응 또는 만족도를 평가한다. 프로그램 참가자가 교육환경, 교육내용, 교육방법, 교수자(전문성, 참여 유도) 등에 얼마나 만족스러워 했는지를 파악하는 것이다. 이 단계의 평가 목적은 프로그램의 효과를 점검하고 개선을 위한 방안을 모색하는 데 있다. 따라서 학습자 반응평가는 교육의 과정에서 나타난 강점과 약점에 관한 정보를 파악하기 위한 직접적 피드백을 제공함으로써 프로그램 개선에 직접적 영향을 줄 수 있다. 이 평가는 교육 중·후 실시할 수 있으며 자료 수집은 질문지법, 인터뷰, 관찰 등의 방법을 활용할 수 있으나 주로 질문지법을 많이 활용한다.

프로그램에 대한 학습자의 반응평가는 재미와 흥미 위주로 평가될 가능성도 있다. 그리고 이 평가에서 학습자 반응이 긍정적이라고 해서 반드시 학습효과를 보장해 주는 것은 아니지만 부정적인 반응은 학습효과를 감소시킬 수 있는 가능성이 높다. 이와 같이 학습자의 반응평가는 교육의 효과 그 자체를 측정하는 것은 아니므로 교육 프로그램의 효과에 대한 정보는 1수준만으로는 충분히 일 수 없다. 따라서 수준 2의 평가가 필요하다.

(2) 2수준: 학습평가

학습평가(learning evaluation)는 프로그램에 참여함으로써 새롭게 습득된 지식, 기술 및 태도의 변화를 측정하는 것이다. 이 평가는 전통적인 의미의 교육평가로 '학업성취도 평가'라고도 한다. 이 평가는 교육 전·중·후 실시할 수 있다.

인지적 영역(지식)의 평가 방법으로는 지필검사와 사례연구를 통하여 할 수 있으며 정의적 영역(태도)은 지필검사와 사례연구, 역할연기, 상호평가 방법을 적용할 수 있으며 신체적 영역(기능)은 실습, 역할연기 기법을 통해 평가할 수 있다. 그리고 이들 평가는 자기평가, 팀 평가, 주관자 평가 등을 활용할 수도 있다.

학습평가는 학습환경과 전이 환경과의 차이로 인해 학업성취도가 높다고 해서 반드시 현업적용도 또는 실제 적용할 수 있는 능력이 그 만큼 높다고 보장할 수는 없으므로 수준 3의 평가가 필요하다.

(3) 3수준: 행동평가

행동평가(behavior evaluation)는 습득된 기술과 지식의 실제 현장적용도를 평가하는 것으로 직무수행 행동의 변화 정도를 측정하는 것이다. 즉, 지식, 기능, 태도를 현업에 얼마나 잘 적용하고 있는지를 평가하는 단계이다. 그리고 이 평가는 일반적으로 사후평가를 실시하지만 교육을 마친 후 학습자의 행동에 어떤 변화가 있어났는가를 확인하기 위해선 사전과 사후 평가를 다 실시하는 것이 바람직하다.

행동평가는 1, 2수준의 평가보다 교육의 효과성을 더 정확하게 평가할 수 있는 방법이긴 하지만 동시에 복잡하고 어려운 평가 방법이기도 하다. 왜냐하면 1, 2수준의 평가에서는 과정이 끝난 직후 교육생들이 아직 모여 있는 단계에서 평가가 이루어지지만 3수준 평가는 교육생들이 업무에 복귀해서 그들이 학습한 내용을 적용할 기회를 가질 때까지 충분한 시간이 지난 후에 이루어지기 때문이다. 즉, 프로그램이 끝나고 일정 기간(일반적으로 3~6개월 이내)이 지난 후 평가하는 것이므로 추가적인 시간과 별도의 비용이 필요하며 평가를 위한 인력의 협조(교육생, 동료, 상사, 부하 직원 등의 협조)가 필요한 등의 많은 노력과 시간을 필요로 한다. 또한 교육받은 내용을 현업에 적용하는지의 여부는 여러 가지 상황적 요소에 의해 영향을 받을 수 있기 때문에 정확한 교육의 효과를 측정하기 위해서는 다양한 방법과 체계적인 평가계획을 수립해야 한다.

일반적으로 이 단계의 평가 방법으로는 질문지를 통해 주관적 또는 객관적으로 평가하거나 직무관찰, 인터뷰 등의 방법을 활용할 수 있다. 그러나 이 평가에서 측정하는 것은 교육 참여자 개인 수준에서의 변화에 불과하므로 학습자가 속해 있는 조직의 변화를 알아보기 위해서는 수준4의 평가가 필요하다.

(4) 4수준: 결과평가

결과평가(result evaluation)는 교육 프로그램의 효과를 교육생의 행동 변화에만 한정하지 않고 사업 전체에 어떤 변화가 나타나는 가를 측정하는 것이다. 즉, 교육이 실질적으로 조직을 어떻게 개선시켰는지, 교육의 효과가 교육생의 생산성을 높이고 기업의 경영성과에 영향력을 주었는지를 평가하는 것으로 사업 효과 변수의 변화를 측정한다. 그럼으로써 교육이 조직의 성과에 얼마나 기여했는지를 평가한다.

따라서 4단계의 평가에서는 평가의 성과가 실질적인 경영성과에 연결되어야 한다. 예를 들면 '교육을 실시한 이후 고객에 대한 서비스의 질이 향상되었는가?', '교육생들이 비교육생들보다 제품을 더 많이 팔고 있는가?', '교육 이후에 제품의 불량률이 줄어들었는가?'등의 자료를 활용하는 것이다. 이 평가결과는 교육 운영자들을 넘어서 경영자들의 관심에 대답하기 위한 자료로 사용될 수 있다. 하지만 교육이 명확한 경영성과와 연결되지 않고 교육의 결과를 관찰하기 어렵다면 굳이 4단계 평가를 실시할 필요는 없다(오인경·최정임, 2005: 279).

한편, 비용이익 관점에서 교육 프로그램의 결과를 평가할 때는 '투자회수율(Return On Investment: ROI)' 평가를 적용할 수 있다. 투자회수율 평가는 Phillips(1997)가 제안한 것으로 Kirkpatrick의 4수준 평가를 확대·발전시켜 추가한 것이다. 투자회수율이란 말 그대로 투자한 것에 비해 얼마나 효과를 거두었는가를 분석하는 것인데 이때 그 효과는 금전적인 가치로 전환해야 한다. 투자회수율 평가는 RIO(%) = (교육·훈련으로 발생된 순이익/교육·훈련에 투자된 총 비용)×100의 공식을 활용하여 계산한다. 투자회수율 평가는 비용효과분석과 비용수익분석으로 교육의 성과를 측정하기 때문에 조직과 사업 전체에 미치는 교육의 효과를 밝힘으로써 보다 가치 있는 결과를 얻을 수 있다.

이상에서 제시한 Kirkpatrick의 4수준 평가를 평가목적, 평가시기, 평가기능, 평가대상, 평가 방법의 측면에서 간략히 정리하여 비교해 보면 <표 8-2>와 같다.

〈표 8-2〉 Kirkpatrick 4수준 평가(장원섭, 2011: 183)

구분	1수준: 반응	2수준: 학습	3수준: 행동	4수준: 결과
평가 목적	• 반응도 평가 • 프로그램 개선	• 목표 달성도 평가 • 효과성 판단	• 현업 적용도 • 학습전이도 및 근무 조건 판단	• 경영성과 기여도 • 교육투자 가치 확보
평가 시기	• 교육 중·직후	• 교육 전·중간·직후	• 교육종료 후	• 교육 종료 후
평가 대상	• 학습자 • 강사 • 연수진행자 • 교육 프로그램	• 학습자의 지식, 기능, 태도 습득 정도	• 근무 조건 • 적용된 지식, 기능, 태도	• 경영성과 중에서 교육이 기여한 부분
평가 방법	• 설문지 • 면접 • 관찰	• 설문지 • 필기시험 • 사례연구 • 역할연기	• 설문지 • 관찰 • 인터뷰	• 투자회수율 • 설문지 • 재무지표 • 인사기록

Kirkpatrick의 결과중심 모형은 각 단계가 논리적일뿐만 아니라 실제 적용방식도 간단하여 전문가가 아닌 일반적인 교육 운영자들이 쉽게 적용할 수 있다는 이점을 지니고 있어 기업 및 기관이나 조직 등에서 실시하는 교육 프로그램 평가에 가장 널리 활용되고 있다. 그러나 각 수준(반응-학습-행동-결과)간의 상관관계가 명확하지 않다는 비판을 받고 있다. 그리고 이 모형의 4수준 평가는 조직차원의 성격을 띠고 있는 만큼 기업환경에서의 교육·훈련 활동결과에 대한 비용효과성을 평가하는 방법으로 활용가치가 크다고 볼 수 있다(주용국·홍은실, 2014).

3) 의사결정중심 평가 모형

의사결정중심 평가 모형은 1960년대 체제이론의 영향 하에 이를 원용하여 평가에 적용한 것으로 대표적 모형은 Stufflebeam(1973)의 CIPP(context-input-process-product)모형이다. Stufflebeam은 평가가 의사결정에 필요한 정보를 설계, 획득, 제공하는 과정이라는 정의를 바탕으로 CIPP 모형을 제안한 것으로 이는 상황평가(context evaluation), 투입평가(input evaluation), 과정평가(process evaluation), 산출평가(product evaluation)로 각 단계 영문의 첫 글자를 따온 이름이다.

CIPP 모형은 최선의 의사결정을 위해 체제적 관점인 '환경-투입-과정-산출' 요인을 고려하여 의사결정자에게 이들 각 요인에 관한 필요한 정보를 총체적으로 제공함으로써 최선의 의사결정을 지원하는 평가모형이다. 따라서 이 모형의 목적은 의사결정자에게 도움을 주기 위한 것으로 목표중심 방식에서 탈피한 모형이다.

Stufflebeam의 CIPP 모형의 4단계의 과정을 살펴보면 다음과 같다(강현석·주동범, 2004: 김한별 외, 2010: 주용국·홍은실, 2014).

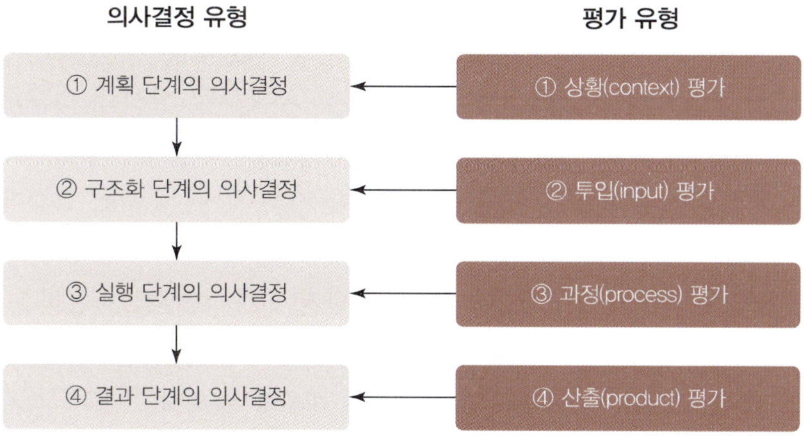

[그림 8-2] Stufflebeam의 CIPP 모형(황정규 외, 2011: 47)

(1) 상황평가

상황평가(context evaluation)는 맥락평가라고도 한다. 이 평가는 프로그램 목표를 결정하기 위한 정당한 근거를 제공하기 위한 목적으로 이루어지는 가장 기본적인 평가 형식이다. 이 평가는 프로그램이 도입된 요구, 프로그램 요구를 달성하는 과정에 나타나는 문제들, 프로그램 운영에 있어서 활용 가능한 자산 및 기회들에 대한 평가가 이루어진다. 프로그램 운영과 관련된 긍정적 환경요인뿐만 아니라 잠재적 방해요인에 대해 통합적으로 고려하여 평가자는 교육 프로그램의 목표와 타당성과 실현가능성에 대하여 판단할 수 있게 된다. 상황평가 방법으로는 분석, 조사, 연구, 면접 등을 활용하여 목표를 비롯하여 관련된 환경을 정의하고 문제, 요구, 기회 등의 자료를 수집한다. 결과적으로 상황평가는 교육목적 또는 목표를 결정하는 계획적인 의사결정에 필요한 정보를 제공한다.

(2) 투입평가

투입평가(input evaluation)는 입력평가라고도 한다. 이 평가는 프로그램의 목적을 달성하기 위하여 어떻게 자원을 활용할 것인가를 결정하는 데 필요한 정보를 제공하기 위한 평가 형식이다. 즉, 구조화 단계의 의사결정에 도움을 주기 위한 평가로 현재 어떠한 산물이 투입되고 있고 또 앞으로 어떠한 산물이 투입되어야 하는 가를 파악하는 단계이다. 즉, 프로그램의 목적을 달성하기 위하여 어떤 자료와 전략이 사용되어야 하는가에 관한 평가로 프로그램 설계와 개발을 결정하는 과정이다.

따라서 프로그램 목적을 충족하는데 필요한 자원 활용 방법을 결정하기 위한 정보를 제공한다. 구체적으로 어떠한 프로그램에 어떠한 교재가 유용한지, 프로그램이 전개되는 시설과 장소는 어디가 적절한지, 어떤 매체를 사용하는 것이 효과적일지 등이 투입평가에서 다루어질 수 있으며 이 밖에 예산, 시간 계획 등이 다루어 질 수 있다. 또한 예산에 비추어 여러 대안을 탐색하고 평가 실시 과정에서 발생하는 장애 또는 문제점도 검토한다.

(3) 과정평가

과정평가(process evaluation)는 교육 프로그램의 목적을 달성하기 위해 실행되고 있는 제반 교수활동의 효율성에 관한 정보를 수입하여 그것을 의사결정자에게 제공하는 것이 주된 과제이다. 즉, 프로그램 운영 방법과 절차를 수정·보완하는데 필요한 정보를 수집·제공하기 위해 프로그램이 실시되고 있는 동안 프로그램의 운영 상황을 정기적으로 검색하는 평가이다.

따라서 구조화단계에서 수립한 전략이 실행되는 과정에서 고려해야 할 점, 발생 가능한 사건 등을 파악하는 것으로 목표 달성에 아무런 문제는 없는지에 대한 실천 과정이나 절차상의 문제점을 파악한다. 예컨대, 학습자가 잘 수행하고 있는지, 프로그램의 내용과 진행과정에 어느 정도 만족하는가? 프로그램 목표에 도달하고 있는가? 등의 평가를 통해 실패할 소지가 있는 자원을 조사하고 프로그램 운영 과정상의 결점을 찾아내고 이를 보완하는 평가 단계로 교수자가 준비한 측정지침, 전문가가 제작한 측정도구를 활용한다. 이와 같이 과정평가는 프로그램의 절차 전략 방법을 활용하고 개선하는 등의 수행적 의사결정에 필요한 정보를 제공한다.

(4) 산출평가

산출평가(product evaluation)는 프로그램이 종료된 후, 교육 프로그램에 의해 성취된 결과를 측정하여 해석하는 것으로 성과평가 혹은 결과평가라고도 한다. 산출평가는 산출된 결과를 프로그램의 목표나 상황, 투입, 과정과 관련된 정보와 연계시키는데 중점을 두며 이를 해석하는 방법론을 활용한다. 산출평가는 학습자에게 즉시적으로 나타난 변화(output)와 일정한 시간이 경과한 후에도 지속된 변화(outcome), 즉, 활용정도를 평가하는데 초점을 둔다. 따라서 학습자가 획득한 지식과 기능의 수준은 어느 정도인가? 학습자에게 일어나는 변화는 무엇이며 수준은 어느 정도인가? 프로그램을 통해 얻은 결과를 현장에 어느 정도 적용하고 있는가? 등이 산출평가와 활용평가에서 다루어진다. 이를 통해 의사결정자에게 정보를 제공하여 프로그램의 효과와 지속을 결정한다.

이상에서와 같이 의사결정중심 모형은 목표성취 모형에서 강조하고 있는 목표와 결과에만 초점을 두지 않고 그러한 목표가 수립된 배경과 환경 및 상황, 그리고 그러한 목표가 실현되는 과정을 모두 고려하여 목표와 결과와의 관계를 해석하고 개선하는 데 초점을 두고 있다는 점이 강점이라 할 수 있다(황정규 외, 2011: 48).

4) 판단중심 평가 모형

판단중심 평가 모형은 평가과정에 있어 자유로운 관찰과 반응에 기초한 가치판단을 평가의 본질로 간주한다. 대표적 모형은 Scriven(1967)의 판단중심 평가모형으로 이를 탈목표 평가라고도 한다. Scriven은 교육평가를 가치의 평가로 보았다. 따라서 사전에 설정된 목표만을 기준으로 목표의 달성여부를 판단하는 평가에서 벗어나 교육의 과정 중에 발생하는 잠재적인 결과의 가치까지도 판단해야 함을 주장하였다. 즉, 목표 달성 여부에 중점을 두지 않고 현재의 프로그램이 어떠한 결과를 산출하고 있는가를 규명하는데 초점을 두고 있다(주용국·홍은실, 2014: 376). 따라서 어떤 기준에 근거하여 판단을 내리느냐를 결정하는 것이 평가의 타당성을 확보하는 주요 관심사이다. 그리고 교육의 결과를 총체적으로 판단하는 전문적 평가를 중시하므로 전문가의 지식과 기술, 자질과 경험을 중시한다.

Scriven의 판단중심 모형에 관련된 주요 개념을 정리하면 다음과 같다(박성익 외, 2009; 박인학·이주헌, 2002).

첫째, 교육평가는 평가의 내재적 준거(평가도구나 방법의 신뢰도, 객관도, 평가도구의 제작, 문항의 작성, 통계적 처리 등)뿐만 아니라 평가의 외재적 준거 즉, 의도된 효과뿐만 아니라 의도되지 않은 많은 부수적 효과까지 평가되어야 함을 강조한다. 따라서 평가 자체의 효과, 평가에 의해 무엇이 변화되며 어떤 효과가 발생하는가, 그 부작용과 역작용을 무엇인가, 그에 대한 대안은 무엇인가 등을 강조해야 한다고 제안하였다.

둘째, 교육 평가자는 비교평가 즉, 여러 가지 교육 프로그램과 교육목표 등에 관한 대안들 사이에서 어느 것이 더 우수하며 어떤 장점이 있는지 또 그것의 효과는 무엇인지 등을 비교해서 제시해 주어야 한다. 이와 같은 비교평가는 교수자나 교육 행정가들에게 선택을 위한 의사결정을 할 때 도움을 줄 수 있다.

셋째, 교육 평가자는 목표가 얼마나 성취되었는가에 관한 평가뿐만 아니라 목표 그 자체의 가치나 질에 대해서도 평가할 필요가 있다. 이것은 외부에서 제공된 목표를 수동적으로 받아들이지 않고 교수자나 평가자의 가치판단에 비추어 볼 때, 가치가 없거나 의미가 없는 것으로 판단되면 이를 거부하는 태도를 취해야 한다는 것이다.

넷째, 교육 프로그램이나 기타 교육 정책 등을 평가할 때 사전에 그것의 목적이나 목표를 아는 것이 때로는 평가에 부정적 영향을 끼칠 수 있다. 따라서 평가자에게 처음부터 어떤 프로그램이나 정책의 목표에 관한 지식과 정보를 주지 않고 대신에 여러 가지 정보와 증거만을 수집해서 그 목표가 무엇인지, 그것이 제대로 구현되고 있는지, 그 가치는 무엇인지를 판단하도록 해야 한다. 이러한 탈목표 평가는 평가자들이 가질 수 있는 편견과 허위적인 합리화를 방지하는데 기여한다.

다섯째, 형성평가와 총괄평가를 구분해야 한다. 형성평가는 아직 개발 도중에 있거나 진행 중에 있는 수업과정을 개선하고 향상시키기 위하여 형성적으로 실시하는 평가이다. 그러므로 내부 평가자인 교수자가 될 수 있다. 총괄평가는 이미 끝났거나 완성된 수업과정의 가치를 통괄적으로 판단하려는 평가이다. 그러므로 외부 전문가에 의해 객관적이고 편견 없이 평가하고 판단해야 한다. 이처럼 이 두 평가는 개념상으로도 다를 뿐만 아니라 평가에 필요한 자료 수집의 계획이나 자료 분석 방법에서도 다르다.

이상의 내용을 토대로 Scriven의 평가에 대한 절차를 간략히 제시하면 <표 8-3>과 같다.

〈표 8-3〉 Scriven의 판단중심 평가 절차(김미자 외, 2014: 243)

절차	평가 내용
1단계: 프로그램 시행과 관찰	• 프로그램을 운영하면서 목표를 의식하지 않고 프로그램의 운영 과정과 성과를 다각적으로 광범위하게 관찰·기록한다.
2단계: 기술적 자료 분석	• 관찰된 성과 중에 프로그램을 통해 획득하려고 의도했던 성과를 분석·정리해서 목표를 준거로 하여 그 가치를 판단한다.
3단계: 이차적 효과 분석	• 프로그램의 실제적 성과 중에 목표에 진술하지 않았거나 또는 전혀 의도하지 않았으나 예상외의 부수 효과가 있는 것을 추출하여 긍정적인 것과 부정적인 것으로 분류·정리한다.
4단계: 표적집단의 요구	• 프로그램 참여자와 이해관계 당사자들의 프로그램에 대한 요구 또는 기대를 폭넓게 조사하여 항목별로 열거한다.
5단계: 사실상의 효과 분석	• 표적집단의 요구와 프로그램에 대한 만족도를 준거로 하여 이차적 효과를 판단한 다음 일차적 효과와 함께 프로그램의 실제 효과를 종합적으로 판단한다.

<표 8-3>에서 본 바와 같이 Scriven의 판단중심 모형에 의한 평가는 현장 관찰이나 프로그램 시행과정에 대한 지속적이고도 주의 깊은 관찰을 요구한다. 따라서 이 평가는 평가 상황을 파악하는 데 많은 시간과 비용이 소요되며 적용상

의 어려움을 배제하기 어렵다. 그리고 평가자들이 목표에 대해 미리 알지 못하기 때문에 평가의 오류가 존재할 수 있음도 고려해야 한다.

5) 실험 평가 모형

실험 평가 모형은 실행된 프로그램을 평가하는 데 있어 실험 설계한 형태를 적용하는 것으로 실험집단과 통제집단을 대상으로 프로그램을 실시하기 이전과 프로그램을 실시한 이후를 비교·분석하여 프로그램의 효과를 분석하는 방식이다. 즉, 실험집단과 통제집단의 사전/사후 변화의 비교를 통계적으로 검증하고자 하는 방식이다. 통계적 검증을 통하여 유의미한 차이가 있는지, 관계가 어떠한지, 어떠한 영향을 미치는지 등에 대한 내용을 보다 과학적이고 객관적인 형태로 검증하고자 하는 평가 모형이다. 실제로 문화예술교육 현장에서는 프로그램 참여자의 행동변화를 검증하기 위해 실험집단을 만들어 프로그램의 효과를 평가하는 사례가 많다.

이 모형에서 주의할 점은 설계에 있어서 보다 객관성과 신뢰성을 보장 받을 수 있는 형태로 진행해야 한다는 점이다. 실험 설계가 잘못될 경우 평가 전반의 객관성을 보장하기 어렵게 될 가능성이 있다(김미자 외, 2014: 305).

3 프로그램 평가의 유형

평가는 여러 기준에 따라 다양한 유형으로 구분할 수 있다. 여기서는 문화예술교육 프로그램 평가에서 가장 널리 활용되는 대표적인 평가의 유형으로 평가의 목적(시기)에 따른 평가, 학습목표 영역에 따른 평가, 평가기준에 따른 유형, 평가 방법에 따른 유형을 중심으로 살펴보고 최근 교육현장에서 많은 관심을 갖고 있는 수행평가에 대해 살펴보고자 한다.

1) 목적(시기)에 따른 평가

프로그램 평가는 평가의 목적에 따라서 혹은 평가가 이루어지는 시기에 따라 진단평가, 형성평가, 총괄평가로 구분할 수 있다(권건일, 2006; 노혜란 외, 2013).

(1) 진단평가

진단평가(diagnostic evaluation)는 프로그램에 대한 준비와 점검을 목적으로 할 때 수행한다. 프로그램이 실시되기 이전의 초기상태에서 실시되는 평가로 교육을 받을 대상이 되는 표적집단 학습자의 선수 학습의 정도, 학습경험에 대한 유무, 학습경험의 정도, 학습 결함의 유무를 비롯하여 학습자의 일반적인 배경, 학습자의 인지적·정의적 특성, 학습 양식, 적성, 흥미, 동기 등을 체계적으로 조사·분석하여 진단하는 평가이다. 진단평가를 통해 학습자에게 적절한 교수 전략을 투입하고 교수의 효율성과 효과성을 향상시키고 프로그램 설계뿐만 아니라 프로그램 개발의 전 영역에서도 중요한 정보를 제공받을 수 있다.

(2) 형성평가

형성평가(formative evaluation)는 프로그램이 진행되는 상태에서 학습자에게 피드백을 주고 교육과정 및 교수방법을 개선하기 위해 실시하는 평가이다. 따라서 형성평가의 목적은 특정 프로그램이 절적하게 개발되고 있는지를 판단함으로써 프로그램의 단점을 수정·보완하고 미비한 점을 개선하여 보다 나은 프로그램을 개발하려는데 있다. 그러므로 형성평가는 진단평가와 총괄평가가 평가전문가 등에 의해 제작된 도구를 사용하여 평가되는 것과 달리, 주로 내부 개발자에 의해 산출물을 개발하는 과정에서 실시된다. 형성평가의 단계는 교육 프로그램이나 자료를 활용하게 될 개별 학습자를 대상으로 하는 일대일 평가, 8~20명 내외의 소규모로 프로그램을 실시하는 소집단 평가, 30명 내외의 실제 규모로 프로그램을 실시하는 현장 평가의 세 단계로 이루어진다.

(3) 총괄평가

총괄평가는 형성평가와 다르게 프로그램의 개발이 끝난 후에 실시되기 때문에 프로그램의 개선에 직접적인 영향을 미치지는 못한다. 그러나 개발된 교육 프로그램이나 자료를 유지할 것인지에 관한 의사결정에 필요한 정보를 제공하는 것이 총괄평가이다. 따라서 교육 프로그램 평가에서 총괄평가의 목적은 완성된 교수 프로그램의 적절성을 결정함으로써 외부에 있는 사용자나 의사결정자에게 유용한 정보를 제공하려는 데 있다. 정보는 향후 후속적으로 개발되는 프로그램에 반영할 수 있다. 이 평가는 크게 전문가 평가와 현장 평가로 이루어진다.

전문가 평가는 전문가에 의해 프로그램이 교수 목적을 충족시키는 지를 평가하는 것이다. 주요 내용으로는 일치성 분석(프로그램이 요구나 목적과 일치하는가), 내용 분석(내용이 완전하고 정확하며 최신의 것인가), 설계 분석(학습, 교수, 동기 원리들을 프로그램에 잘 반영했는가), 실용성 분석(프로그램이나 자료가 비용 효과적이며 사용자에게 유용한가)등이 포함된다.

현장평가는 교육현장의 학습자를 대상으로 실시한다. 교수 프로그램이나 자료를 활용하면서 학습의 효과와 교수 과정상의 효과를 살펴보는 것이다. 결과 분석에서는 학습자에 미친 영향, 직무에 미친 영향, 조직에 미친 영향 등으로 나누어 평가할 수 있다. 관리분석을 위해 관리자의 만족도, 전개 전략의 실용성, 비용면의 적절성 등을 평가할 수 있다.

2) 학습목표 영역에 따른 평가

평가대상이 지닌 어떤 특성이나 능력에 대하여 평가할 때, 학습목표의 영역에 따라서 인지적 영역, 정의적 영역, 심동적 영역으로 나눠볼 수 있다(강현석·주동범, 2004; 변창진 외, 2001).

(1) 인지적 영역 평가

인지적 영역(지적 영역)의 평가란 교육목표에 진술되어 있는 학습내용을 기억, 이해, 추론 등과 같은 사고 작용을 통해 획득해야 하는 지적 학습목표의 달성 여부와 그 정도를 측정하여 평가하는 것을 의미한다. 인지적 영역에서의 학습목표는 단순한 지식에서부터 복잡한 지식에 이르기까지 다양하며 이를 복잡성의 수준에 따라서 지식, 이해, 적용, 분석, 종합, 평가의 여섯 가지로 분류하고 있다. 따라서 이 영역의 평가는 지식력, 이해력, 적용력, 분석력, 종합력, 평가력과 같은 학습자의 인지적 사고 능력을 평가하는 것이다. 인지적 영역의 평가유형에는 진위형, 선다형, 배합형, 단답형, 완성형과 같은 객관식 검사와 논문형의 주관식 검사를 활용할 수 있다.

(2) 정의적 영역 평가

정의적 영역의 평가는 학습자의 흥미, 태도 , 가치, 학습 동기, 협동성, 책임감, 준법성, 사회성, 자아개념과 같은 특성에 있어서의 학습목표가 달성된 정도를 확인하는 평가를 의미한다. 정의적 영역에 해당하는 학습목표와 이에 따른 학습경험들은 그 내면화 정도에 따라서 수용, 반응, 가치화, 인격화의 다섯 단계로 나누어진다. 태도에 속하는 영역을 평가할 때는 정확한 평가가 어렵기 때문에 다양한 방법의 평가 기법을 사용해야 한다. 정의적 영역의 평가 방법으로는 관찰법, 면접법, 질문지법 등을 활용할 수 있다.

(3) 심동적 영역 평가

심동적(신체운동적) 영역의 평가는 실기평가의 핵심적인 부분으로서 기능평가를 의미한다. 신체운동적 영역에는 감각적 자극의 반응에서부터 새로운 동작이나 기능을 개발하는 수준까지 위계적으로 분류되는 것으로 여기엔 지각, 태세, 유도반응, 기계화, 복합외현반응, 적용, 창안 등이 있다. 신체운동적 영역의 평가는 신체와 관련된 기능의 숙달과 발달도 포함하고 있는 것으로 동작을 요구하는 학습내용에 대한 평가를 의미한다. 따라서 다른 평가에 비해 기능적인면의 평가에 큰 비중을 두는 영역이다. 예를 들면 예체능 과목에서 노래 부르기, 그림 그리기, 체육활동, 율동 등의 실기평가를 비롯하여 실업 과목에서 도구나 기계를 조작하는 능력이나 과학 과목에서 실험기를 다루는 능력을 평가하는 것 등은 모두 심동적 영역의 평가에 속한다고 볼 수 있다.

이와 같이 심동적 영역의 평가는 아느냐 혹은 모르느냐를 확인하기 보다는 얼마나 잘하느냐에 관심을 두고 있다. 다시 말해서 knowing 보다도 doing에 초점을 두고 있는 평가인 것이다. 따라서 학습자들의 기능 수행 과정이나 완성된 작품을 평가하기 위해 흔히 사용되는 방법인 체크리스트와 평정척도법을 활용한다. 대부분의 경우에 체크리스트는 과정을 평가하는 데 적합하고 평정척도법은 최종 작품을 평가하는 데 적합하다(이병석·박완성, 2005: 332).

3) 평가기준에 따른 유형

프로그램을 평가하는 유형에서는 일반적인 평가와 마찬가지로 평가 점수 자체에 가치를 부여하기 위해 어떤 평가 기준을 사용하는가에 따라 규준지향 평가와 준거지향 평가로 구분할 수 있다(김미자 외, 2014; 홍기칠, 2012).

(1) 규준지향 평가

규준지향 평가(norm-referenced evaluation)는 규준참조평가 또는 상대평가라고도 한다. 이는 평가결과를 평가대상 간의 상대적 위치를 기준으로 해석하는 것으로 절대적인 기준이 없다. 따라서 상대평가의 경우, 특정 프로그램에 대한 평가 점수는 그 자체로 별다른 의미를 갖지 못한다. 상대평가에서 평가의 기준은 특정 프로그램 개별의 점수보다는 다른 프로그램과 비교해서 어느 정도의 수준을 유지하고 있느냐를 판단하고자 하기 때문이다. 즉, A라는 기관에서 10개의 프로그램을 시행 한 후에 어떤 프로그램이 가장 효과성이 높은 프로그램이었는지를 판단하고자 한다면, 이때 사용하는 것이 상대평가 방식이다. 각 10개의 프로그램을 모두 평가하여 각 점수를 서열화하고 가장 높은 평가를 받은 프로그램부터 선별적으로 좋은 프로그램이었다고 의사결정 하고자 할 때 사용한다. 따라서 상대평가에서는 프로그램 간의 변별을 중요시하기 때문에 평가도구의 신뢰도가 무엇보다 중요하므로 객관적이고 믿을 만한 평가도구를 사용해야 평가결과를 신뢰할 수 있다.

한편, 학습자를 대상으로 상대평가를 적용할 경우, 집단 내의 학습자 간의 개인차를 변별하는 데 적합하다. 상대평가의 기본 가정은 개인차 극복이 불가능하다는 선발적 교육관에 기초하고 있다. 상대평가는 객관적 평가가 가능하며 학습자의 상대적 서열을 명확히 판단할 수 있고 경쟁을 통해 외적 동기의 형성에 도움이 된다는 장점이 있는 반면, 이 평가는 수업목표 달성 여부와 관계없기 때문에 교수·학습 개선에는 도움이 되지 못하고 학습자들을 무한경쟁 상황에 놓이게 하여 건강상의 문제를 야기할 수 있다는 단점이 있다.

(2) 준거지향 평가

준거지향 평가(criterion-referenced evaluation)는 준거참조평가 또는 절대평가라고도 한다. 이 평가는 목표의 성취 여부를 측정하기 위해 개발된 검사이다. 따라서 절대평가는 특정 프로그램의 평가 점수가 어느 정도 수준인지에 관심을 갖는다. 예컨대, 다른 프로그램과의 비교를 통한 점수는 중요하지 않다. 즉, 원래 프로그램이 가지는 목표와 비교하여 어느 정도의 효과성을 보이고 있는지에 초점을 맞춘다. 따라서 절대평가는 해당 프로그램이 학습자들을 만족시키기 위해서 혹은 목표로 하는 효과를 나타내기 위해서 어느 수준을 갖추고 있느냐에 관심을 둔다. 그러므로 절대평가에서는 평가도구의 내용을 중요시 하여 타당도에 관심을 갖는다.

한편, 학습자를 대상으로 절대평가를 적용할 경우, 특정 기준을 정해 놓고 학습자가 이 기준에 비하여 얼마나 잘했는지를 평가한다. 절대평가는 가능한 한 모든 학습자가 의도하는 바의 학습목표를 달성할 수 있도록 학습방법을 제공하고 학습결과의 평가가 학습목표의 달성 여부에 초점이 주어진다. 따라서 절대평가의 기본 가정은 개인차 극복이 가능하다는 발달적 교육관에 기초하고 있다. 절대평가는 교육목표 달성을 목적으로 하기 때문에 교육목표와 내용과 방법을 개선시키는 데 기여할 수 있는 정보를 제공해 주며 학습자의 정의적, 심동적 발달을 촉진시킬 수 있다는 장점이 있는 반면, 목표가 너무 쉽거나 어려우면 학습자의 능력 파악에 어려움이 있고 동기유발에도 어려움이 있다는 단점이 있다.

4) 평가 방법에 따른 유형

평가 방법에 따른 유형에는 평가를 수행하기 위해 사용되는 방법이 어떤 것이냐에 따라 양적 평가와 질적 평가로 분류될 수 있다. 이들 내용을 간략히 살펴보면 다음과 같다(김미자 외, 2014; 주용국·홍은실, 2014).

(1) 양적 평가

양적 평가(quantitative evaluation)는 검사도구를 제작하여 이를 시행하여 점수를 산출하는 경우를 말한다. 즉, 주로 수량화된 자료나 증거를 가지고 평가대상을 기술하고 분석하는 평가방식으로 정량평가라고도 한다. 양적 평가 방식은 경험주의와 실증주의의 전통을 따르고 있다. 양적 평가에 있어서 중요한 것은 평가가 인간 판단의 주관성을 극복할 수 있는 수단이기 때문에 통일된 기준을 가지고 있어야 한다는 것이다. 체계적인 절차를 통해서 객관적이고 타당하고 신뢰성 있는 결과를 수치로 나타낼 필요가 있을 때 사용한다. 즉, 평가의 내용을 양적으로 표현하여 누구나 알아볼 수 있는 형태로 제시하기 위한 목적도 가지고 있다. 따라서 양적 평가는 수량화가 필수적이며 평가한 내용을 일반화하여 다른 프로그램 평가에서 활용할 수 있도록 해야 한다.

이 평가는 일반적으로 가설을 설정하고 객관도, 타당도를 활용한 질문지법을 사용하여 증명한다. 따라서 평가에 따른 시간을 절약할 수 있고 대량표집을 할 수 있는 장점이 있지만 평가자 위주의 질문 작성과 응답자는 주어진 질문에 피동적으로 답변해야 하는 한계가 있다. 또한 양적평가는 객관적인 자료를 얻는데 많은 도움을 줄 수 있으나 학습자들의 학습 활동의 질적인 측면을 평가하는 데는 많은 어려움이 있다.

(2) 질적 평가

질적 평가(qualitative evaluation)는 정성 평가라고도 한다. 이 평가는 양적 평가와는 달리 주관적 측면을 고려한다. 평가를 시행하다 보면 숫자로 표현하기 어렵거나 수량화하기 어려운 정의적 영역이나 심동적 영역에 대한 평가를 위하여 활용되는 평가 방법이다. 따라서 양적 평가의 단점을 보완하고자 등장한 평가로 질적 평가는 이론적으로 현상학적 혹은 해석학적 인식론을 기초로 한다(김미자 외, 2014: 267).

평가 방법으로는 참여관찰법이나 면담, 실기평가 등을 통해 수량화되지 않은 다양한 형태의 자료를 얻는데 주로 사용한다. 피평가자의 논리와 상황 위주로 평가를 실시한다는 장점이 있지만 시간과 비용이 많이 소요되고 소량만 평가할 수 있으며 평가결과를 객관화하는데 어려움이 따른다. 평가척도를 활용할 때 질적 평가는 정량화할 수 없는 문제에 체크리스트를 활용하여 평가자가 주관적으로 수준을 결정한다.

〈표 8-4〉 양적 평가 방법과 질적 평가 방법의 특징(김미자 외, 2014: 267)

양적평가 방법	질적평가 방법
• 일반화가 가능함.	• 자료가 가지는 일차적 의미 파악에 유용함.
• 표본을 선택해서 대표적인 특성을 파악하려고 함.	• 사건이 일어나거나 프로그램을 실행하는 현실 변화의 역동성을 추구함.
• 특정 변수의 효과를 수적으로 표현하려고 함.	• 평가대상을 총체적으로 파악하고 이에 대한 해석을 하려고 함
• 평가 내용을 믿을 수 있도록 하는 객관화된 신뢰도를 중요시함.	• 평가에 대한 타당성을 중요시함.
• 일반화를 고려하기 때문에 표준화하고자 하는 노력이 진행됨.	• 특정 상황에만 활용될 수 있기 때문에 비표준화된 상황이라는 것을 고려해야 함.

5) 수행평가

(1) 수행평가의 의미

수행이란 구체적인 상황에서 실제로 행동하는 과정이나 그 결과를 말하며 수행평가란 '수행'과 '평가'라는 용어의 결합으로 학습자가 자신의 지식이나 기능을 평가할 수 있도록 산출물을 만들거나 행동으로 나타내거나 답을 작성하도록 요구하는 평가 방식을 말한다(박성익 외, 2009).

수행평가는 전통적인 교육평가에서 요구된 객관적·과학적·양적 요소에 치중하는 등의 단편적인 지식 암기에 치중하는 학습결과 평가에 중점을 둔 선다형 지필검사에 대한 새로운 대안으로 제시되었다. 즉, 과거의 단순한 지식을 기억하고 재생하는 능력보다는 학습자의 다양한 개성을 존중하고 인성 및 창의성을 조장하는 새로운 교육체제, 교육평가, 평가방식의 요구와 함께 교육의 정의적, 질적, 과정적 요소를 중요시하고 보다 다양한 평가요소를 추구하여 질적인 측면에서의 수행평가 방식이 모색된 것이다(주용국·홍은실, 2014). 따라서 수행평가는 고정된 평가유형에 의한 평가 방법보다 고차원적이고 복합적인 능력을 측정하는 방식으로 학습자가 지식과 기능을 특정한 상황에서 얼마나 잘 수행하는지 또는 어떻게 수행할 것인지를 관찰, 면접, 서술 등의 다양한 방법을 통하여 판단하는 방법으로서 결과에만 초점을 두는 것이 아니라 수행 과정과 결과를 종합적으로 평가하는 방식이다(성태제 외, 2016).

(2) 수행평가의 특징

수행평가의 일반적인 특징은 다음과 같다(박인학·이주헌, 2002: 310).

첫째, 수행평가는 학습자가 문제의 답을 선택하는 것이 아니라 자기 스스로 정답을 작성하거나 행동으로 나타내도록 하는 평가 방식이다.

둘째, 수행평가는 추구하고자 하는 목표를 가능한 한 실제 상황 하에서 달성했는지 여부를 파악하고자 한다. 통제되거나 추상적인 상황이 아닌 자연스러운 실제 상황에서 직접 관찰할 수 있는 방식으로 평가하는 것이다.

셋째, 수행평가는 교수·학습의 결과뿐만 아니라 교수·학습 과정도 함께 중시하는 평가 방식이다.

넷째, 수행평가는 단편적인 영역에 대해 일회적으로 평가하기보다는 학습자 개개인의 변화, 발달 과정을 종합적으로 평가하기 위해 전체적이면서도 지속적으로 이루어지는 평가를 강조한다.

다섯째, 수행평가는 개개인을 단위로 해서 평가하기도 하지만 집단에 대한 평가도 중시한다. 예컨대, 하나의 연구 과제를 두고 팀을 이루어서 공동으로 그 과제를 하도록 한 후 팀을 단위로 해서 평가하는 것이다.

여섯째, 수행평가는 학습자의 선발, 분류, 배치보다는 학습자의 학습과정을 진단하고 개별 학습을 촉진하는 데 중점을 둔다.

일곱째, 수행평가는 학습자의 인지적 영역뿐만 아니라 학습자 개개인의 행동 발달 상황, 흥미, 태도 등 정의적인 영역 그리고 체력과 같은 신체적인 영역에 대한 종합적이고 전인적인 평가를 중시한다.

(3) 수행평가의 종류

현재 널리 사용되고 있는 수행평가의 종류로는 서술형 검사와 논술형 검사, 구술시험, 실험·실습법, 면접법, 관찰법, 포토폴리오, 연구 보고서법, 자기평가 및 동료평가 보고서법 등이 있다. 이들 내용을 구체적으로 살펴보면 다음과 같다(조성일 외, 2006; 김대현·김석우, 2003).

① 서술형 검사와 논술형 검사

서술형 검사란 흔히 주관식 검사라고 하는 것으로 문제의 답을 선택하는 것이 아니라 학습자들이 직접 서술(구성)하는 검사 형태이다. 학습자들이 단순히 암기하고 있는 수준이 아니라 문제해결의 과정을 제대로 이해하고 있는지를 파악하기 위해서이다. 논술형 검사란 일종의 서술형 검사이기는 하지만 개인 나름의 생각이나 주장을 창의적이고 논리적이면서도 설득력 있게 조직하여 작성해야 함을 강조한다는 점에서 서술형 검사와 구별된다. 논술형 검사를 통해서는 학습자의 창의력, 문제해결력, 비판력, 조직력, 정보 수집 및 분석력 등 고등 사고 기능을 평가할 수 있다.

② 구술시험

구술시험은 가장 오래된 수행평가의 한 형태로서 학습자로 하여금 특정 교육내용이나 주제에 대해서 자신의 의견이나 생각을 발표하도록 하여 학습자의 준비도, 이해력, 표현력, 판단력, 의사소통 능력 등을 직접 평가하기 위한 방법이다.

③ 실험·실습법

실험·실습법은 자연과학 분야에서 많이 사용하는 것으로 어떤 과제에 대해서 학생들로 하여금 직접 실험·실습을 하게 한 후, 그 결과 보고서를 제출하게 한다. 이때 개인 단위로 실험·실습을 하게 할 수도 있고 팀을 구성하여 공동 작업을 하게 할 수도 있다.

④ 면접법

면접법이란 평가자와 학습자가 서로 대화를 통해서 얻고자 하는 자료나 정보를 수집하여 평가하는 방법이다. 면접법은 보다 심도 깊은 정보를 얻을 수 있으며 사전에 예상할 수 없었던 정보나 자료를 얻을 수 있으며 진행상에 융통성을 발휘할 수 있는 등의 장점이 있다.

⑤ 관찰법

관찰은 학습자를 이해하고 평가하기 위한 가장 보편적인 방법 중 하나이다. 객관적이고 정확한 관찰을 위해서는 일화기록, 체크리스트, 평정척도, 비디오 분석 등을 활용하기도 한다.

⑥ 포트폴리오

포트폴리오(portfolio)란 자신이 쓰거나 자신이 만든 작품을 지속적이면서도 체계적으로 모아 둔 개인별 작품집, 혹은 과제물이나 연구 보고서, 실험·실습의 결과 보고서 등을 정리한 자료집을 이용하여 평가하는 방식이다.

포트폴리오의 대표적 특징은 첫째, 일정한 기간 동안 수집한 학습자의 작품은 발달적 변화를 반영한다. 둘째, 학습자가 설계, 수집, 평가에 참여할 수 있다. 이러한 학습자의 활동적인 개입은 학습을 신장하고 동기를 부여하는 측면에서 매우 중요하다. 학습자가 자신의 작품을 평가하는 데 참여하게 됨으로써 자신의 학습 진전 및 성과를 반성적으로 성찰할 수 있는 기회를 가질 수 있다. 또한 학습자들은 자신이 제작한 포토폴리오를 통해 자기 자신의 변화 과정을 알 수 있고 자신의 장점이나 약점, 성실성 여부, 잠재 가능성 등을 스스로 인식할 수 있으며 교사는 학습자들의 과거와 현재의 상태를 쉽게 파악할 수 있을 뿐만 아니라 앞으로의 발전 방향에 대한 조언을 쉽게 할 수 있다.

이 평가 방식은 단편적인 영역에 대해 일회적으로 평가하지 않고 학습자 개개인의 변화 발달 과정을 종합적으로 평가하기 위해 전체적이면서도 지속적으로 평가하는 것을 강조하는 것으로 수행평가의 대표적인 방법 중의 하나이다(문은식 외, 2014).

⑦ 연구 보고서법

연구 보고서법은 개별 교과 또는 범교과적 내용 중에서 학습자의 능력이나 흥미에 적합한 주제를 선택하여 그 주제에 대해서 나름의 자료를 수집하고 분석, 종합하여 연구 보고서를 작성하게 하는 평가 방법이다. 이때, 연구의 주제나 범위에 따라 개인 혹은 소집단별로 연구를 수행하여 보고서로 제출할 수도 있다.

⑧ 자기평가 및 동료평가 보고서법

자기평가(self-evaluation) 보고서법이란 특정 주제나 교수·학습 영역에 대하여 스스로 자신의 학습과정이나 학습결과에 대한 자세한 평가 보고를 작성·제출하도록 하여 평가하는 것이다. 예컨대 어떤 교육 프로그램을 이수한 후, 그 프로그램을 이수하면서 자기 스스로의 학습과정이나 학습결과에 대해 평가 보고서를 작성·제출하도록 함으로써 학습자로 하여금 자신의 준비도, 학습 동기, 성실성, 만족도, 다른 학습자와의 관계, 학업성취도 등에 대해 스스로 생각하고 반성할 수 있는 기회를 제공하게 된다(문은식 외, 2014: 383). 동료평가(peer-evaluation) 보고서법이란 이와 유사하게 동료학습자들이 상대방을 서로 평가하도록 하여 그 결과(보고서)를 보고·평가하는 것이다.

(4) 수행평가의 단점

수행평가는 전통적 평가와 비교해서 볼 때, 다음과 같은 단점이 있다(노희선 외, 2012: 263).

- 수행평가 문항의 개발과 시행 전반에 걸쳐 더 많은 경험과 지식이 요구된다.
- 수행평가 검사결과의 객관성, 정확성, 신뢰성이 떨어진다. 수행평가는 객관화된 결과물에 대한 평가가 아니기에 감정적, 정서적 요소가 개입될 우려가 있고 평가도구의 과학화가 어렵기에 그 신뢰도에 의문이 생길 수 있다.
- 수행평가는 시간과 비용이 많이 소모된다.
- 수행평가의 결과를 해석하고 다음 교육단계에 적용하기 위해서는 전문적인 해석과 안목을 지닌 평가전문가의 개입이 필요하다.

4 프로그램 평가의 절차

프로그램을 평가하는 절차는 평가의 목적, 내용, 규모, 형태 그리고 평가 설계와 평가모형에 따라 현저한 차이가 있을 수 있다. 실제로 평가의 대상이 되는 내용 중에 무엇을 어떤 목적으로 평가하느냐에 따라서 평가절차와 방법이 상당히 달라진다. 그럼에도 불구하고 평가의 목적과 내용이 무엇이든, 평가모형을 비롯하여 규모와 형태가 어떠하든 모든 교육 프로그램 평가 활동에 공통적으로 적용되는 기본적인 절차가 있다. 평가를 위한 절차로는 일반적으로 평가과정 설계-평가실시 및 평가자료 수집-평가자료 분석 및 해석-평가결과 보고-평가결과 활용으로 이어지며 이러한 절차는 체제적 접근에 따른 프로그램 평가절차이다(이화여자대학교 교육공학과, 2006; 주용국·홍은실, 2014).

1) 평가과정 설계

평가과정 설계에서는 평가목적 확인-평가영역 및 내용선정-평가 방법 결정-평가도구 개발-평가 시행을 위한 계획 수립의 과정이 이루어진다.

(1) 평가목적 확인

프로그램 평가의 첫 번째 단계는 평가목적을 확인하는 것이다. 이것은 프로그램 평가자가 '왜 평가를 해야 하는가?'라는 것을 고려하는 것이다. 평가목적 확인은 이후 진행되는 평가의 후속 단계에 계속 영향을 미칠 수 있다. 즉, 평가의 목적에 따라 평가의 영역과 내용 및 평가 방법, 평가시기 등 진행되는 평가의 전체적인 모습이 달라지게 된다. 따라서 평가자는 평가를 실시하기 전에 평가하는 목적을 구체적으로 파악하여 확인할 필요가 있다. 예컨대, 평가의 목적이 학습자들이 사전에 의도했던 학습목표에 얼마나 도달했는지에 대한 증거를 획득하고자 하는 목표중심 평가인지, 평가의 목적이 학습목표 성취여부보다도 의사결정자에게 필요한 정보를 제공하여 의사결정을 돕고자하는 의사결정 중심 평가인지, 또는 교육 프로그램의 가치나 장점을 판단하는데 중점을 둔 가치 판단 중심 평가인지가 해당된다.

일반적으로 프로그램 평가의 목적은 다음과 같이 살펴 볼 수 있다(김미자 외: 300-301).

① 프로그램의 목표 달성 정도를 파악하기 위한 목적
② 프로그램의 효과 및 영향을 사정하기 위한 목적
③ 프로그램의 장점 및 가치를 파악하기 위한 목적
④ 프로그램의 개선 및 변화를 위한 목적
⑤ 프로그램의 기획 및 개발을 위한 목적
⑥ 프로그램의 존속 및 폐지를 결정하기 위한 목적
⑦ 프로그램의 실천 및 수행을 통제 및 모니터링하기 위한 목적
⑧ 프로그램을 지지하거나 인정받기 위한 목적

⑨ 프로그램 담당자의 책무성을 과시하기 위한 목적
⑩ 프로그램을 정당화 및 타당화하기 위한 목적
⑪ 프로그램을 홍보 및 이해시키기 위한 목적
⑫ 프로그램에 관한 연구를 위한 목적

이상에서와 같이 프로그램 평가의 목적은 매우 다양하다. 평가 목적이 무엇인가를 파악하면 어떤 점에 초점을 두고 평가를 실시할 것인가를 결정할 수 있다. 일반적으로 많은 평가들에서는 프로그램이 사전에 의도했던 목표에 얼마나 도달했는지의 정도를 파악하기 위한 목적, 프로그램의 효과 및 영향을 사정하기 위한 목적, 프로그램의 장점과 가치를 파악하기 위한 목적을 주요 목적으로 한다. 그리고 다른 목적들은 이들 세 목적을 달성하는 데 보다 객관성을 부여하는 형태로 활용되기도 한다. 하지만 이들 주요한 목적 세 가지가 달성될 경우 부수적으로 다른 목적들이 함께 달성될 가능성이 높아지기도 한다.

(2) 평가 영역 및 내용 선정

평가의 목적이 확인되어 결정되고 나면 두 번째로 이루어지는 평가의 단계는 평가영역 및 내용의 선정이다. 평가 영역이란 평가하고자 하는 거시적인 범위와 대상을 말한다. 평가의 영역 및 내용의 선정은 평가의 목적에 근거하여 가장 적합한 것을 선정한다. 예컨대 평가 목적에 근거하여 프로그램 평가의 영역이 프로그램의 목표 달성의 정도를 확인하고자 한다면 평가 내용은 지식, 기능, 태도 등의 습득 정도를 파악하는 것이 된다. 평가 영역에 따른 평가내용을 제시하면 <표 8-5>와 같다.

〈표 8-5〉 프로그램 평가의 영역 및 내용(윤옥환, 2014: 213, 수정·보완)

평가영역	평가 내용
프로그램 목적 및 목표	• 학습자(프로그램 참여자)의 지식, 기능, 태도 등의 습득 정도, 실생활 적용 정도에 대한 학습자 행동 평가
프로그램 내용	• 학습자의 기대, 최신성, 혁신성, 현실설, 즉시성, 내용구조, 수준, 내용, 요구의 반영 정도 등의 측면에서 프로그램 내용이 프로그램의 목적 달성에 미치는가에 대한 영향 평가
프로그램 운영 및 지원	• 교육방법과 매체활용: 교수·학습 활동에 사용된 방법 및 매체활용과 첨단기술에 기반한 수업의 적적성과 효과성 등에 대한 평가
	• 프로그램 자료: 교육 프로그램에서 사용한 인쇄 자료와 기타 학습 보조 자료의 효과성, 효율성 및 유용성 등에 대한 평가
	• 프로그램 기간 및 시간 배분의 적절성 정도에 대한 평가
	• 교수자(강사): 프로그램을 주도한 교수자(강사), 또는 학습 촉진자의 전문성, 준비정도 등에 대한 평가
	• 교육담당자 및 자원봉사자들의 업무분담의 적절성에 대한 평가
	• 교육기관의 방법론적 전략과 행정사항에 대한 신속성과 유연성(홍보 및 마케팅 등록) 등에 대한 평가
	• 프로그램 집행 및 관리과정의 적절성에 대한 평가
	• 시설(강의실 및 기타 편의시설), 수강료 등의 적절성 정도에 대한 평가
	• 프로그램에 소요된 비용의 적절성에 대한 평가(비용과 목표 달성의 정도 비교)
	• 기타 프로그램 운영상의 개선점에 대한 내용 평가
학습자(참여자) 반응	• 프로그램 평가의 전체 영역에 대한 인식, 태도, 느낌, 호감도, 만족도 평가

(3) 평가 방법 결정

평가목적이 결정되고 평가영역 및 내용이 선정되면 세 번째 단계에서 고려해야 할 점은 평가 방법을 결정해야 한다. 평가 방법은 여러 가지가 활용될 수 있다. 평가 방법은 프로그램의 목적 및 목표, 학습영역(인지적 영역·정의적 영역·심동적 영역), 집단 규모나 시설, 여건, 학습자들의 특성(언어능력이나 연령 등)과 내용, 평가비용 등을 고려하여 선정되어야 한다. 그러나 무엇보다도 중요한 것은 평가의 목적에 근거하여 평가하려는 내용을 가장 잘 드러내고 변별할 수 있는 방법을 선택한다(강현석·주동범, 2004). 예컨대, 평가내용이 지식이나 정보의 전달이라면 평가 방법은 필답 또는 구술을 적용할 수 있으며 평가내용이 태도의 변화나 정신 및 의식을 다루는 것이면 질문지나 교육 전·후의 태도 및 의식조사, 의견 청취, 관찰 등의 평가 방법을 적용할 수 있을 것이다. 그리고 실기 평가의 경우는 학습자들이 스스로 어떤 감정 진단의 문항에 응답하게 하는 방법과 평가자 또는 심사위원이 실제로 학습자가 만들어 낸 작품이나 작업 과정을 지켜보면서 이미 만들어진 척도에 따라 평정을 하게 하는 방법을 쓸 수 있다.

또한 평가의 내용이 주로 어떤 프로그램이나 기관 및 지역사회의 활동에 관한 것이라면 몇 사람의 평가자들 즉, 보통 심사위원이 그들의 전문적 평가기술을 적용하여 이미 만들어진 평가 기준에 따라 평가를 하고 이들의 점수를 합산해 내는 방법을 활용할 수 있다. 내용에 따라서는 한 가지 방법만을 적용할 것이 아니라 여러 가지 방법을 적절히 혼용하여 활용할 수도 있다. 예컨대, 학습자들의 새로운 기술을 교육시키고 이를 평가할 때 궁극적인 목표는 그 기술을 수용하였는지를 평가하면 되는 것이지만 그러한 수용이 되기까지는 그 기술에 대한 정확한 지식과 태도가 습득·형성되어야 하기 때문에 그 평가 방법도 지식을 물어보는 필답고사와 태도를 물어보는 면접과 실제 수용여부를 확인하는 현지 조사가 함께 이루어져야 할 것이다(김진화, 2010: 435).

일반적으로 교육 프로그램 평가에 자주 사용되는 평가 방법으로는 질문지법, 면접법, 관찰법, 논평 등이 있지만 내용에 따라서 한 가지의 방법만을 적용할 것이 아니라 여러 가지 방법을 적절히 병행하여 활용할 수도 있다. 이들 내용을 간략히 살펴보면 다음과 같다(김용현 외, 2010; 강현석·주동범, 2004).

① 질문지법

질문지법은 어떤 문제나 사물에 대해 필요한 사항을 알아보기 위하여 만든 문항들을 체계적으로 조직 작성하여 평가 대상자의 반응, 즉 주로 객관적인 사실이나 주관적인 의견 및 판단, 태도, 가치관, 만족도 등을 파악하는 것뿐만 아니라 지적영역 평가에도 사용되는 것으로 평가 방법 중에서 가장 일반적으로 활용되는 기법이다.

② 면접법

면접법은 언어적 상호작용을 매개로 하여 면접 대상자로부터 평가목적에 부합되는 여러 가지 정보를 수집하는 방법이다. 즉, 평가자가 질문하고 학습자가 대답하는 과정을 통하여 지필식 시험이나 서류만으로 알 수 없는 사항들을 알아보고 그것을 평가하는 방법이다. 그리고 필요에 따라 즉시 융통성 있게 심층적인 내용을 물어 볼 수 있으며 전문적인 지식이나 기술이 없어도 쉽게 사용할 수 있다는 간편함 때문에 평가 방법으로 널리 사용되고 있다. 흔히 구두시험 또는 구술고사가 여기에 해당되며 면접법은 일반적 조사 목적을 위해서도 사용되지만 특히 어떤 교육적인 사안과 관련된 대상자의 생각을 얻는 데 쓰이기도 한다.

③ 관찰법

관찰법은 관찰을 통해 다양한 정보를 수집하는 것으로 비언어적 행동에 대한 자료를 수집하는 것에 일차적 목적이 있다. 관찰법은 관찰 목적에 일치되는 현장에서 인간과 관련된 일련의 행동과 환경을 선택, 유발, 기록, 기호화하는 방법이다. 따라서 정의적 영역이나 심동적 영역의 평가, 수행평가 등에서도 관찰법을 활용한다. 즉, 실험, 실습, 실기 등 직접 보지 않고 듣지 않고서는 평가가 불가능한 경우에 많이 활용된다. 따라서 평가 방법으로서의 관찰법은 일상생활에서 행하는 관찰과는 다르게 보다 체계적인 관찰이 요구된다.

최근에는 관찰자 자신의 직접적인 참여와 관찰 등을 혼합한 현장기법으로 참여관찰법의 평가를 많이 활용하고 있다. 관찰자의 현장경험을 토대로 외부인들을 위한 보고를 하되 내부인의 입장과 견해를 반영해서 기술한다는 것이 특징이다. 참여관찰에서는 현장관찰의 내용을 기록하는 현장노트나 현장일기를 작성할 때 있는 그대로를 기술해야 한다. 그리고 교차타당화를 위하여 관찰, 면접, 녹음, 사진, 문서 등 다양한 종류의 자료와 정보를 수집하고 자료에 대한 해석과 판단은 분명하게 구별해야 한다는 점을 강조하고 있다(이종승, 2011: 216).

④ 포토폴리오

포토폴리오는 프로그램 종료 시에 참여자들이 만들어낸 결과의 목록이나 결과물을 검사하여 평가정보를 모으는 기법이다. 포토폴리오나 각종 작품 혹은 실행 과정의 비디오 녹화 테이프들이 그 예이다. 포토폴리오는 문서나 활동 성과물, 업적 등을 결집한 학습자의 프로그램 실행 결과물이다. 여기엔 프로그램 참여자의 개인적인 의도와 선호를 담고 있기 때문에 학습자의 성향이나 관심사 등을 파악하고 지속적인 성장 계획을 수립할 수 있는 평가 자료가 된다.

⑤ 논평

논평은 공식적이거나 비공식적인 기록이다. 프로그램에 참여한 학습자들에게 프로그램 전반에 대하여 자신들의 소감을 기록하도록 하는 것이다. 논평은 사람들의 예기치 않은 반응을 알아보는 데 매우 유용한 방법이다. 그러나 논평은 분석하기 어렵고 대표성이 없는 평가 자료를 만들어낼 가능성도 있다. 논평 자료를 수집하는 것은 비교적 쉽지만 결과를 해석하기는 어렵다. 논평 자료가 수집되면 모든 자료를 면밀하게 검토하고 유사한 반응끼리 분류하고 묶어서 결과를 분석하는 것이 필요하다.

(4) 평가도구 개발

평가 방법이 결정되었으면 이 단계에서는 평가도구를 제작·개발하는 단계이다. 평가도구는 평가 목표를 평가하기에 적합한 자료나 증거를 구할 도구를 선정해야 한다. 기존의 개발된 평가도구를 그대로 사용하거나 이를 수정·변형하여 사용할 경우, 평가도구의 용도, 특성 등을 면밀히 검토하여 현재 평가하고자 하는 목적과 내용에 적합한지의 여부를 판단한 후 선택해야 한다. 이미 제작된 평가도구를 사용할 경우 대개 검사 실시 요강이 갖추어져 있으므로 그 검사의 실시, 결과처리 및 해석 등을 알 수 있으므로 이를 참고할 필요가 있다(주용국·홍은실, 2014).

평가자가 직접 제작·개발하여 사용할 경우 평가목적, 평가영역 및 내용, 평가방법 등을 충분히 고려하여 개발해야 한다. 평가도구 개발에 앞서, 평가도구가 갖추어야 할 구비 조건에 대해 먼저 알아본 다음 평가도구 개발에 대해 살펴보고자 한다.

① 평가도구의 구비 조건

프로그램 평가를 진행하기 위해서는 무엇보다도 평가 목적에 부합되는 좋은 평가도구를 사용해야 한다. 평가에 사용한 도구가 신뢰성이 없고 타당성이 결여된 것이라면 이런 도구를 사용하여 평가한 결과 역시 신뢰하기 어렵기 때문이다. 좋은 평가도구는 그 도구가 평가하고자 하는 내용과 일치되는 타당성이 있어야 하고, 평가목표에 알맞은 응답을 정확히 얻어낼 수 있는 신뢰성이 있어야 하며, 누가 평가해도 서로 크게 어긋나지 않는 점수를 얻을 수 있는 객관성이 있어야 하며, 누구나 쉽게 적용할 수 있는 실용성이 있어야 한다. 따라서 평가도구가 갖추어야 할 구비 조건은 신뢰도, 타당도, 객관도, 실용도를 들 수 있다. 이들 내용을 구체적으로 살펴보면 다음과 같다.

가. 신뢰도

신뢰도(reliability)는 측정하고자 하는 대상의 특성을 얼마나 정확하고 오차 없이 측정하고 있는가를 가리키는 것으로 측정의 일관성(consistency)을 의미한다. 따라서 신뢰도가 높다는 것은 측정의 일관성, 안정성, 정확성이 높다는 것을 의미한다. 즉, 하나의 평가도구를 활용하여 반복적으로 측정하더라도 동일한 결과가 나오는 정도를 의미하는 것이다.

신뢰도에는 한 개의 검사를 같은 집단에게 두 번 실시해서 그 전후의 결과로 얻은 점수 간의 상관계수로 산출하는 재검사 신뢰도(test-retest reliability), 사전에 서로 비슷한 검사를 제작한 뒤 이를 동일피험자에게 각각 다른 시기에 실시하여 얻은 점수 간의 상관계수를 산출하는 동형검사 신뢰도(equivalent-form reliability), 한 검사를 어느 집단을 대상으로 실시한 다음 그 검사를 두 부분으로 나누어 반분된 부분을 독립된 두 개의 검사로 간주하고 그것들 간의 상관계수를 계산하는 반분신뢰도(split-half reliability)가 있다. 그리고 검사의 각 문항을 각각 한 개의 검사 단위로 생각하고 그 합치성, 동질성, 일치성을 종합하여 산출하는 문항내적합치(inter-item consistency reliability)도 등이 있다.

이중, 가장 널리 활용되는 것이 문항내적합치도 중 Cronbach α(크론바흐 알파)계수이다. Cronbach α계수는 각 문항에 0점, 1점, 2점, 3점, 4점 등과 같이 부분 점수를 줄 수 있는 범위를 지닌 척도를 사용하는 방법으로 리커트 척도 즉, 매우 그렇다 5점에서 전혀 그렇지 않다 1점을 사용하는 신뢰도 추정 방식에 가장 많이 사용되고 있다. Cronbach α계수는 0에서부터 1까지의 값을 가지는 것으로 계수값이 1에 가까울수록 높은 신뢰도를 가지는 반면, 신뢰도 계수가 .6 미만으로 나타나면 신뢰도가 낮다고 본다.

측정도구 및 검사도구 제작 시, 신뢰도를 높이기 위해서는 신뢰도에 영향을 주는 다음 사항을 고려해야 한다(신명희 외, 2015).

- 측정도구 및 검사도구를 제작할 때는 가급적 문항 수를 많게 한다. 문항 수가 많아야 측정 오차를 줄일 수 있고 신뢰도를 높일 수 있다.
- 문항의 난이도(item difficulty)가 적절해야 한다. 검사가 너무 어렵거나 너무 쉬우면 피검자의 진짜 능력을 측정하기 어렵기 때문에 신뢰도는 낮아진다. 그러므로 응답자의 수준을 고려하여 문항을 구성하는 것이 필요하다.
- 문항은 가능한 명확하게 기술되어 모호하지 않아야 한다. 문항의 내용이 모호하면 응답자는 정확한 뜻을 알 수 없어 임의로 해석할 가능성이 있으므로 응답의 신뢰도가 낮아진다.
- 문항의 변별도(item discrimination)가 높아야 한다. 문항이 피검사자의 능력에 따라 구분할 수 있는 변별력이 있어야 한다.
- 측정 범위를 좁게 한다. 범위가 좁을수록 문항 간 동질성이 높아지기 때문에 신뢰도가 높아진다.
- 검사 시간이 충분해야 한다. 충분한 시간이 주어졌을 때 문항 반응의 안정성을 확보할 수 있다.

나. 타당도

타당도(validity)란 측정도구가 측정하려고 의도하는 것을 어느 정도 충실히 측정하고 있는지를 말한다. 예컨대, 길이를 재려고 할 때는 자를 사용하고 무게를 잴 때는 저울을 사용 하듯이 평가도구가 본래 측정하려고 의도한 것을 충실히 측정할수록 그 도구는 타당성이 높다고 할 수 있다. 타당도는 평가도구의 필요 불가결한 조건이다. 그러나 신뢰도가 낮으면 타당도는 이에 비례해서 낮아지기 때문에 신뢰도는 타당도의 선행조건이 된다. 따라서 신뢰도 없이 타당도가 높은 평가도구는 존재할 수 없다.

타당도의 종류에는 내용타당도와 준거타당도 구인타당도가 있다. 내용타당도(content validity)는 한 검사를 구성하는 문항들이 전집의 내용 영역과 행동 영역을 얼마나 잘 대표하고 있느냐를 나타내는 것으로 문항 표집의 적절성을 의미한다. 즉, 질문이 측정하려는 개념의 의미나 전체 영역을 잘 반영하고 있는지를 나타내는 것이라 할 수 있다. 내용타당도는 내용 관련 전문가의 주관적인 판단에 의해서 규정된다.

준거타당도(criterion-related validity)는 어떤 준거와의 관련성(상관관계)을 통해 검사도구의 타당성을 측정하는 방법이다. 여기에는 크게 예언타당도와 공인타당도로 구분된다. 예언타당도(predictive validity)는 준거가 미래의 어떤 행동이나 특성일 경우에 해당되며 공인타당도(concurrent validity)는 준거가 이미 공인된 검사도구일 경우를 말한다(윤명희 외, 2009: 229).

예언타당도는 검사도구에서 구한 점수와 미래에 피험자에게 나타날 행동 특성을 수량화한 준거점수 간의 상관을 토대로 검사도구의 타당성을 평가하는 방법이다. 예를 들어, 문화예술교육 프로그램의 만족도를 평가하는 데 있어 프로그램의 종료까지 얼마나 많이 결석하였는지에 대한 질문을 통해서 교육생들이 수업을 많이 빠졌을 경우에 프로그램에 대한 만족이나 기대가 낮아서 결석을 한 것으로 예측할 수 있게 된다. 이와 같이 예언타당도는 검사 점수가 미래의 행동 특성을 얼마나 잘 예측할 수 있는지를 나타냄으로 선발, 채용, 배치를 위한 상황에 유용하게 사용된다. 반면에 타당도를 산출하는 데 시간적 여유가 필요하다는 단점이 있다.

공인다당도는 자작 점사도구가 측정하려는 내용이 이미 공인된 검사도구와 얼마나 상관성이 있느냐의 정도로 검사도구의 타당성을 평가하는 방법이다. 예를 들어, 평가도구 개발자가 제작한 자아존중감 검사의 타당도를 산출하기 위해 타당성이 입증된 기존의 자아존중감 검사와의 상관성을 산출하였다고 가정했을 때, 그 결과 자작 검사와 기존의 자아존중감 검사의 상관관계가 높은 것으로 밝혀졌다면 자작 자아존중감 검사는 이전 자아존중감 검사도구에 비추어 보았을 때 공인타당도가 높다고 할 수 있다. 공인타당도는 계량화되어 타당도에 대한 객관적인 정보를 제공할 수 있다는 장점이 있으나 자작 검사도구와 비교할 수 있을 정도로 타당성을 입증 받은 기존의 검사도구가 없을 때 추정이 곤란하다는 단점이 있다.

구인타당도는(construct validity) 검사도구가 측정하려고 하는 어떤 특성의 개념이나 이론과 관련된 개념에 대해 조작적 정의를 내리고 그 정의의 개념의 특성인 구인을 얼마나 제대로 측정하고 있는지의 정도를 분석함으로써 검사도구의 타당성을 평가하는 방법이다. 여기서 구인(construct)이란 구성 개념을 의미하는 것으로서 검사도구에 반영되어 있다고 가정하는 인간의 어떤 행동 특성이나 심리적 특성을 의미한다. 예를 들어, 창의력을 측정할 때 창의력은 민감성, 독창성, 과제집착력, 상상력, 모험성, 융통성, 개방성, 도전성, 자발성 등의 구인으로 구성되어 있다는 조작적 정의에 근거하여 검사도구를 제작·실시한 뒤 그 검사도구가 이같은 구인들을 측정하고 있다고 판단되면 그 검사는 구인타당도가 높다고 할 수 있지만 창의성을 설명하는 구인들 중 일부만 포함하거나 불필요한 구인을 포함하고 있다면 구인타당도가 낮다고 할 수 있다.

구인타당도를 추정하는 방법에는 통계적 방법이 많이 쓰이는데 대표적으로 상관계수 방법, 실험설계 방법, 요인분석 방법 등을 들 수 있다. 상관계수 방법은 각 구인들에 의하여 얻어진 점수와 심리적 특성을 측정하는 총점과의 상관계수에 의해 타당도를 검증하는 방법이다. 실험설계 방법은 심리적 특성을 구인하는 구인을 실험집단에게 처치하고 통제집단에는 처치하지 않고 두 집단에서 심리적 특성의 차이가 나타나는지를 측정하여 그 구인이 심리적 특성을 설명하는 구인인지 아닌지를 판단하는 방법이다. 요인분석 방법은 타당도를 검증하기 위하여 가장 많이 쓰이는 방법으로 요인분석이란 복잡하고 정의되지 않은 많은 변수 간의 상호관계를 분석하여 상관이 높은 변수들을 모아 요인으로 규명하고 그 요인의 의미를 부여하는 통계적 방법이다(강현석·주동범, 2004; 성태제·시기자, 2012).

다. 객관도

신뢰도가 측정의 일관성이라고 한다면 객관도(objectivity)는 채점자, 관찰자, 평정자 간의 합치도를 의미하는 것으로 채점자 신뢰도라고도 한다. 채점자, 관찰자, 평정자가 점수를 부여하는 것도 측정이라고 볼 수 있기 때문에 객관도는 신뢰도의 특수한 경우에 해당한다고 할 수 있다. 객관도에는 채점자가 주관성을 배제하고 얼마나 일관되게 채점하는지에 관한 채점자 내 신뢰도와 여러 명의 채점자가 있을 경우 그들이 얼마나 일관되게 같은 내용을 채점하는지를 의미하는 채점자 간 신뢰도가 있다(신명희 외, 2015).

객관도 부족에는 두 가지 원인이 있을 수 있다. 첫째, 측정도구 자체의 문제다. 이를 보완하기 위해서는 채점기준의 객관성과 엄밀성을 확보하는 것이 필요하다. 둘째, 평가자의 소양 부족의 문제다. 이를 보완하기 위해서는 채점하기 전에 채점자에 대한 사전교육이 필수적이다. 그리고 채점자의 편견을 배제하기 위해서 최고 점수와 최하 점수를 부여한 채점자를 제외할 필요가 있다. 경우에 따라서는 집중경향값을 제공함에 있어서 극단의 점수의 영향을 상대적으로 크게 받는 평균값보다는 중앙값을 활용하는 것도 필요하다(황정규 외, 2011: 204).

라. 실용도

실용도(usability)는 검사도구의 실질적인 가치 정도를 의미한다. 즉, 평가의 도구가 얼마나 많은 시간과 경비, 노력을 필요로 하는가와 관련된 문제이다. 아무리 좋은 평가도구라 할지라도 시간과 경비, 노력을 많이 필요로 한다면 그것은 현실적으로 실용성에 문제가 있는 것이다. 따라서 측정도구 및 검사도구를 제작하거나 선택할 때는 실시과정이나 시간, 채점방법 등이 간편하고 용이한지를 점검해야 하고 측정 및 검사 비용의 적절성 등의 조건이 충족되어야 하며 규준 자료가 얼마나 최신인지도 고려해야 한다.

이상에서와 같이 좋은 평가도구가 되기 위해서는 타당도, 신뢰도, 객관도 및 실용도를 고루 갖추고 있어야 한다.

② 평가도구 개발

평가도구 개발 시 평가문항 형태로 가장 많이 활용되고 있는 것은 선택형과 서답형(서술형)문항 등이 있다.

가. 선택형 문항

선택형(selection-type-item) 문항은 주어진 답지 중 하나를 고르는 문항 형태를 말한다. 즉, 선택형 문항은 응시자에게 대답에 필요한 정보를 제공하고 그 중에서 정답이라고 판정되는 것을 선택하도록 하는 문항이다. 따라서 기억 유형에서 재인을 요구한다고 하여 재인형이라고도 하며 흔히 객관식 또는 객관형이라고도 부른다. 선택형 문항은 정답이 분명하므로 객관적이고 신뢰도가 높은 채점을 할 수 있다는 점과 비교적 많은 수의 문항을 출제할 수 있기 때문에 내용을 포괄적으로 다룰 수 있다는 점, 채점 및 통계적 분석이 쉽다는 점, 채점에 소요되는 시간과 노력이 적게 든다는 점 등의 장점이 있다. 반면에 정답을 전혀 모르고도 추측에 의해 응답할 수 있다는 점과 단순 지식의 암기력을 측정할 위험이 있다는 점 등의 단점이 있다(강현석·주동범, 204: 378).

선택형 문항에는 진위형, 선다형, 연결형 등이 있다. 각 문항 유형에 대한 의미는 다음과 같다(김대현 외, 2015: 333).

- 진위형(true-false form): 객관식이며 고정반응형인 문항 형태로서 흔히 양자택일식이라고도 한다. 즉, 제시된 진술문에 피험자가 그 진술문의 진위 또는 옳고 그름을 판단하게 하는 방법이다.
- 선다형(multiple choice form): 선택형 문항 유형 중 가장 많이 쓰이는 형태로서 두 개 이상의 답지를 주고 그중에서 맞는 답지나 혹은 가장 알맞은 답지를 선택하는 것이다. 선다형은 행동영역에서 낮은 차원의 지식에서부터 높은

차원의 영역까지 골고루 측정할 수 있다. 선다형에는 여러 개의 답지 중에서 정답이 오로지 하나밖에 없는 정답형과 선택지 중에서 가장 알맞은 것, 혹은 가까운 것을 고르는 최선답형, 정답으로 여러 개의 정답을 모두 고르는 다답형, 선택지 중에서 정답에 해당되는 것만 짝지어진 것을 고르는 합답형, 진술문의 일부분이 빠져 있는 불완전한 문장에서 빠져 있는 부분을 정답으로 채우게 하는 미완형 등이 있다.

- 연결형(matching from): 일련의 전체와 답지를 배열하여 전체에 대한 질문의 정답을 답지에서 찾아 연결하는 문항 형태로서 배합형이라고도 한다. 가장 흔하게 쓰이고 있는 유형은 일련의 문제군과 답지군을 배열하여 문제군의 질문에 대한 정답을 답지군에서 찾아 연결하는 단순 연결형이다.

나. 서답형 문항

서답형(supply-type-item)은 검사문항에 대해 피검자가 주로 자신의 머릿속에서 정답을 재생하여 답지에 기입하는 형태로 피검자의 인지능력 보다는 재생능력을 측정하므로 이를 회상형 또는 주관식, 주관형이라고도 한다. 서답형 문항은 선택형에 비하여 고차원적인 학습성과를 측정할 수 있으며 추측으로 정답을 맞힐 가능성을 최소화할 수 있다는 장점이 있으나 채점이 어려울 뿐만 아니라 객관도가 낮다는 단점이 있다(강현석·주동범, 204: 384).

서답형에는 작성해야할 길이와 형식에 따라 단답형과 완성형, 논술형 등으로 분류된다. 각 문항의 유형에 대한 의미는 다음과 같다(김대현·김석우, 2003: 333).

- 단답형(short-answer from): 간단한 단어, 구, 숫자, 기호, 상징 등 제한 된 형태로 피험자가 써 넣은 문항형식으로 용어의 정의나 의미를 측정할 때 자주 사용된다.
- 완성형(completion from): 질문을 위한 문장에 여백을 비워두어 질문하는 형태를 의미한다. 즉, 진술문의 내용 가운데 한 부분을 비워놓고 그 부분에 들어가야 할 적합한 단어나 부호를 넣도록 하는 유형이다.
- 논술형(essay from): 피험자의 자유반응 유형으로 주어진 질문에 제한 없이 여러 개의 문장으로 응답하는 유형이다. 이 유형은 일정한 형식이 있는 것이

아니라 질문이나 지시에 따라 자유롭게 피험자의 능력을 발휘하도록 하므로 분석력, 비판력, 조직력, 종합력, 문제해결력 등의 고등 정신능력을 측정할 수 있다.

학습자 반응평가 평가지의 예

○○문화예술교육 프로그램의 모든 일정을 무사히 마치셨습니다. 끝까지 성실히 참여해 주셔서 대단히 감사드립니다!.
본 설문은 귀하께서 참여하신 ○○프로그램에 대한 소감 및 의견에 대한 조사입니다. 본 설문의 결과는 프로그램의 개선자료로 활용하여 향후 저희 ○○문화예술교육기관에서 실시하는 프로그램의 질을 높이고 보다 나은 서비스를 제공하고자 하는데 있습니다.
모든 자료는 익명처리 되어 비밀이 보장됨을 약속드립니다! 각각의 문항에 빠짐없이 답변해 주시면 고맙겠습니다.

Ⅰ. 다음은 귀하께서 참여하신 프로그램의 각 부문에 대한 **적합성**, **적절성** 및 **만족도의 정도**를 알아보기 위한 질문입니다. 각 문항을 읽고 해당 사항에 √**표** 하거나 **적어**주시기 바랍니다.

1. **프로그램의 전체 내용**은 프로그램의 **목표** 달성에 **적합**하게 구성되었다고 생각하십니까?
______① 매우 적합하지 못함 ______② 적합하지 못함
______③ 보통임 ______④ 적합함
______⑤ 매우 적합함

1-1. 프로그램 내용이 **보통**, **적합하지 않음**, **매우 적합하지 않음**을 느끼셨다면, 그 **이유는** 무엇입니까?
( )

2. **교육방법**은 교육내용을 효과적으로 전달하는 데 **적합**했다고 생각하십니까?
______① 매우 적합하지 못함 ______② 적합하지 못함
______③ 보통임 ______④ 적합함
______⑤ 매우 적합함

2-1. 교육방법이 **보통**, **적합하지 않음**, **매우 적합하지 않음**을 느끼셨다면, 그 **이유는** 무엇입니까?
( )

3. **교재 및 워크북은 만족**하십니까?
______① 매우 불만 ______② 불만 ______③ 보통
______④ 만족 ______⑤ 매우 만족

〈계속〉

3-1. 교육방법이 **보통, 불만, 매우 불만**을 느끼셨다면, 그 **이유는** 무엇입니까?
( )

4. **교육 인원**은 **적절**했습니까?

______① 매우 적절하지 못함 ______② 적절하지 못함
______③ 보통임 ______④ 적절함
______⑤ 매우 적절함

4-1. 교육 인원이 **보통, 적절하지 않음, 매우 적절하지 않음**을 느끼셨다면, 그 **이유는** 무엇입니까?
( )

5. **학습 분위기**는 **만족**하십니까?

______① 매우 불만 ______② 불만 ______③ 보통
______④ 만족 ______⑤ 매우 만족

5-1. 학습 분위기가 **보통, 불만, 매우 불만**을 느끼셨다면, 그 **이유는** 무엇입니까?
( )

6. 다음은 프로그램의 **각 회기 별 교육내용**에 대한 **만족도 및 시간 배분의 적절성의 정도를** 해당 사항에 √**표** 해 주시기 바랍니다.

회기	주제/내용	매우 불만	불만	보통	만족	매우 만족	시간의 적절성		
							과다	적절	부족
1	프로그램 소개, 자기소개, 친밀감 형성	①	②	③	④	⑤	①	②	③
2	<생략>	①	②	③	④	⑤	①	②	③
3	·	①	②	③	④	⑤	①	②	③
4	·	①	②	③	④	⑤	①	②	③
5	·	①	②	③	④	⑤	①	②	③
6	·	①	②	③	④	⑤	①	②	③
7	·	①	②	③	④	⑤	①	②	③
8	·	①	②	③	④	⑤	①	②	③

6-1. 회기별 **교육내용이 보통, 불만, 매우 불만**을 느끼셨다면, 그 **이유**는 무엇입니까?
( )

6-2. 회기별 **교육시간**의 **확대**, **축소**해야 할 필요성을 느끼셨다면, 그 **이유**는 무엇입니까?
( )

〈계속〉

7. 귀하는 **총괄적**으로 **전체 프로그램**을 평가할 때 **몇 점**이라 생각되십니까? 해당 **점수**에√**표** 해 주시기 바랍니다.

10점	20점	30점	40점	50점	60점	70점	80점	90점	100점

8. 귀하는 이번에 참여하신 프로그램을 **다른 사람**들에게도 **추천**하시겠습니까?
   ______① 추천하지 않음　______② 잘 모름　______③ 추천함

9. 귀하는 이번에 참여하신 프로그램과 관련한 **후속 프로그램이 개설된다**면 **등록**하시겠습니까?
   ______① 등록하지 않음　______② 잘 모름　______③ 등록함

   9-1. **잘 모름 등록하지 않음**을 선택하셨다면 그 **이유**는 무엇입니까?
   (　　　　　　　　　　　　　　　　　　　　　　　　　　　　　　)

10. 본 프로그램을 마치며 전반적인 **소감, 느낀 점**을 적어주십시오.
   (　　　　　　　　　　　　　　　　　　　　　　　　　　　　　　)

11. 교육전과 이후의 **변화된 모습** 또는 **도움이 된 점**이 있다면 적어주십시오.
   (　　　　　　　　　　　　　　　　　　　　　　　　　　　　　　)

12. 프로그램 **수정·보완** 사항 또는 **개선점**이 있다면 적어주십시오.
   (　　　　　　　　　　　　　　　　　　　　　　　　　　　　　　)

13. **기타 의견**이 있다면 무엇입니까?
   (　　　　　　　　　　　　　　　　　　　　　　　　　　　　　　)

Ⅱ. 다음은 **교육지원**과 관련한 사항입니다. 각 문항을 읽고 해당 사항에 √**표** 하거나 **적어**주시기 바랍니다.

1. 귀하께서 **참여하신** ○○**프로그램**을 **알게 된 경로는** 무엇입니까?
   ______① 현수막　______② 우편물　______③ 포스터
   ______④ 지인소개로　______⑤ 기타(적어주세요:　　　　　　　　)

2. **등록 절차**는 참가자들을 **잘 배려**하였다고 생각하십니까?
   ______① 전혀 그렇지 않음　______② 그렇지 않음　______③ 보통
   ______④ 그렇다　______⑤ 매우 그렇다

〈계속〉

2-1. 등록 절차가 **보통**, **그렇지 않다**, **전혀 그렇지 않다**를 느끼셨다면, 그 **이유는** 무엇입니까?
( )

3. **교육 장소**는 **만족**하십니까?
______① 매우 불만 ______② 불만 ______③ 보통
______④ 만족 ______⑤ 매우 만족

3-1. 교육장소가 **보통**, **불만**, **매우 불만**을 느끼셨다면, 그 **이유는** 무엇입니까?
( )

4. 교육 지원을 위한 **기자재**는 **만족**하십니까?
______① 매우 불만 ______② 불만 ______③ 보통
______④ 만족 ______⑤ 매우 만족

4-1. 기자재가 **보통**, **불만**, **매우 불만**을 느끼셨다면, 그 **이유는** 무엇입니까?
( )

5. **편의시설**(매점, 화장실, 휴식공간 등)은 **만족**하십니까?
______① 매우 불만 ______② 불만 ______③ 보통
______④ 만족 ______⑤ 매우 만족

5-1. 본 기관의 편의시설에 **보통**, **불만**, **매우 불만**을 느끼셨다면, 그 **이유는** 무엇입니까?
( )

6. 기타 **개선사항**이나 **의견**이 있으면 적어주십시오.
( )

Ⅲ. 다음은 **강사**에 대한 평가입니다. 각 문항을 읽고 해당 사항에 √**표** 해주시기 바랍니다.

번호	문항 내용	매우 그렇지 않다	그렇지 않다	보통이다	그렇다	매우 그렇다
1	목표를 명확하게 제시하고 강의를 진행하였다.	①	②	③	④	⑤
2	교육내용을 이해하기 쉽게 잘 전달하였다.	①	②	③	④	⑤
3	학습자의 참여를 잘 유도하였다.	①	②	③	④	⑤
4	열정적으로 흥미있게 진행하였다.	①	②	③	④	⑤
5	질문이나 과제에 대한 피드백이 충분하였다.	①	②	③	④	⑤
6	강의 진행은 강의 계획서와 일치하였다.	①	②	③	④	⑤
7	수업 시간(시작, 종료)을 잘 지켰다.	①	②	③	④	⑤
8	학습자들을 존중하였다.	①	②	③	④	⑤
9	강사의 강의 진행에 전반적으로 만족한다.	①	②	③	④	⑤

〈계속〉

Ⅳ. 다음은 본 기관의 **프로그램 담당 실무자**에 대한 평가입니다. 각 문항을 읽고 해당 사항에 √**표** 하거나 적어주시기 바랍니다.

번호	문항 내용	매우 그렇지 않다	그렇지 않다	보통이다	그렇다	매우 그렇다
1	요구사항 및 불편사항을 수시로 확인하였다.	①	②	③	④	⑤
2	강의실 환경을 수시로 점검하였다.	①	②	③	④	⑤
3	학습자를 존중하였다.	①	②	③	④	⑤
4	학습자를 친밀감 있게 대하였다.	①	②	③	④	⑤
5	프로그램 전 과정에 걸쳐 담당 실무자의 진행에 전반적으로 만족한다.	①	②	③	④	⑤

6. 프로그램 **담당 실무자**에 대해 **시정할 사항**이나 **제안사항**이 있으면 적어주시기 바랍니다.
(적어주세요:)

Ⅴ. 다음은 **귀하에 대한 질문**입니다. 각 문항을 읽고 해당 사항에 √**표** 하거나 적어주시기 바랍니다.

1. 귀하의 성별은?
______① 남 ______② 여

2. 귀하의 연령은?( ) 세

3. 귀하의 최종 학력은?
______① 중학교 졸업 ______② 고등학교 졸업 ______③ 대학 및 대학교 졸업
______④ 대학원 졸업 ______⑤ 기타(적어주세요:)

4. 귀하의 직업은?
______① 회사원 ______② 공무원 ______③ 자영업
______④ 일용직 ______⑤ 전문직 ______⑥ 서비스직
______⑦ 무직 ______⑦ 학생 ______⑦ 기타(적어주세요:)

5. 귀하의 월수입은?
______① 150만원 미만 ______② 150만원~200만원 미만
______③ 200만원~250만원 미만 ______④ 250만원~300만원 미만
______⑤ 350만원~400만원 미만 ______⑦ 400만원 이상

♣ 설문에 응해 주셔서 대단히 감사합니다.^^.

(5) 평가 시행을 위한 계획 수립

평가도구가 제작되었으면 평가 시행을 위한 구체적인 계획을 수립해야 한다. 따라서 이 단계에서는 평가 시기와 평가 횟수, 평가 장소, 평가에 필요한 인원, 채점 방식, 기타 장비 등의 평가를 실제로 실시하는데 필요한 제반여건을 점검하여 이를 사전에 계획하는 일이 이루어진다(강현석·주동범, 2004; 주용국·홍은실, 2014).

① 평가 시기와 횟수

평가 시기는 평가 횟수와 마찬가지로 교육 전·중·후에 걸쳐 평가를 실시할 수 있다. 또한 기관에서의 공식적인 평가를 실시할 경우에는 기관의 일정을 고려하여 그 시기를 계획하면 된다. 그러나 비공식적인 평가일 경우 교수자의 판단에 따라 시기와 횟수가 결정될 수 있다. 비공식적인 평가는 한 번 이루어질 수 있고 여러 번 실시 될 수도 있다.

② 평가 장소

평가를 위한 적절한 공간이나 시간 배정 등이 확보될 수 있도록 미리 계획을 세워둘 필요가 있다. 일반적으로 지필검사의 경우는 강의실에서 실시하면 되지만 실기평가나 수행평가 등은 다른 장소를 마련해야 한다. 예컨대, 음악실, 미술실, 운동장 실험·실습실 등을 평가 장소로 사용할 수 있다. 그리고 평가를 실시하기 전에 전체 피험자들이 동일한 조건 하에서 검사 받을 수 있도록 검사장의 환경 조건을 표준화해야 한다. 피험자들이 심체적·심리적·정신적으로 안정된 상태에서 자신의 능력이나 기능을 최대한 발휘할 수 있도록 해야 한다. 따라서 평가 장소의 온도, 조명, 환기, 소음상태 등의 조건이 양호한지 등의 평가 환경에 대한 완벽한 점검이 이루어져야 하며 평가에 적합한 환경을 구축해야 한다.

③ 평가 인원

평가 인원은 평가방식에 따라 그 담당 업무와 인원수가 달라질 수 있다. 지필

검사의 경우 몇 명의 감독이 필요하며 실기평가 또는 관찰 등의 경우에는 평가 시행 요원 이외에 별도의 기록자가 필요한지 등의 계획이 수립되어야 한다.

이상에서 제시한 내용 외에도 평가를 실제로 실시하는데 필요한 모든 인적·물적 자원에 대해서도 계획을 사전에 수립해야 할 필요가 있다.

2) 평가실시 및 평가자료 수집

평가를 실시하기 위한 계획이 수립되고 나면 평가를 실시하고 평가자료를 수집한다. 프로그램 평가는 총괄평가만이 아니라 부분평가를 수행하기도 하는 등 지속적인 평가가 이루어진다. 평가실시와 자료 수집을 위한 시기는 크게 프로그램이 시작되기 전과 프로그램이 진행되는 도중, 프로그램이 끝난 직후, 교육 프로그램이 종료되고 일정한 시일이 경과한 후에 따라 수집할 수 있다(김용현 외, 2013; 차갑부, 1999).

(1) 교육 프로그램이 시작되기 전

프로그램이 시작되기 전에는 학습자들의 수준을 알아보기 위해서 그들의 지식이나 기술·기능, 태도에 관한 기초 자료를 수집하는 것이다. 관찰이나 면접, 집단이나 조직, 지역사회의 기록이나 보고서 등을 검토하기도 하고 질문 조사가 활용되기도 한다.

(2) 교육 프로그램이 진행되는 도중 수시 평가

프로그램이 진행되는 도중에는 교육이 실시되는 현장에서 평가 자료가 수집된다. 프로그램과 학습내용에 대한 학습자와 반응을 평가하고 학습자들의 이해 정도를 수시로 평가하여 학습 진도와 내용 및 방법을 개선하고자 하는 것으로 질문지나 면접, 테스트가 활용된다.

(3) 교육 프로그램이 끝난 직후

교육 프로그램이 끝난 직후에는 교육현장에서 학습자들의 만족도나 반응을 질문지, 면접 등을 통해서 자료를 수집하다. 이러한 자료는 프로그램이 시작되기 전에 수집된 평가자료와 비교하여 학습자들의 수준 향상 정도와 개선 사항을 밝히는데 활용될 수 있다.

(4) 교육 프로그램이 종료되고 시일이 경과한 후

프로그램이 종료되고 일정한 시일이 경과한 후에는 추수평가를 통하여 참여자들의 지식 수준, 수행 능력 수준, 가치와 태도 변화 등을 알아본다. 관찰이나 면접, 기록검토, 참기지 주변인을 대상으로 한 다면평가를 통해 자료가 수집된다. 조직이나 기업교육의 경우 직무수행평가 등을 통하여 자료가 수집된다.

이상에서와 같이 수집된 자료는 분석이 용이하도록 잘 정리해 두어야 하며 자료의 소실 등이 발생하지 않도록 주의를 기울여야 한다. 특히 컴퓨터에 자료를 입력하게 될 경우에는 자료를 분실하거나 잘못 입력되지 않도록 조심해야 한다. 컴퓨터를 이용하여 평가를 실시할 경우 별도의 자료 입력과정이 필요 없고 분실의 염려가 없다는 장점이 있다. 그러나 수집된 자료를 정리할 때 자료가 잘못 옮겨지거나 손실되지 않도록 각별이 주의할 필요가 있다.

아울러, 평가실시 및 자료 수집을 위해 몇 가지 지침을 제시하면 다음과 같다 (양병찬, 2003: 416).

① 질문지나 논평 등은 익명으로 해야 한다. 반응의 출처를 추적하거나 몇 가지 측정 사이의 관계를 알고자 하는 상황에서는 코드명이나 코드 번호를 사용하는 것이 좋다.

② 분명하고 정확한 안내문이 제시되어야 한다. 안내문에는 평가의 목적과 응답의 비밀보장에 대한 진술이 반드시 포함되어 있어야만 한다.

③ 면접·토론·관찰은 평가결과에 직접적으로 영향을 끼치지 않는 사람들에 의해 수행되어야 공정하고 신뢰할 수 있는 결과를 수집할 수 있다.

④ 자료 수집 형식이나 그 방법을 결정하기 위한 적절한 시간이 주어져야 한다. 프로그램이 종료될 무렵에 즉흥적으로 평가를 실시해서는 안 된다.

⑤ 어떤 특별한 사건(예컨대, 시험·휴일 등) 직전이나 직후에 정보가 수집되어서는 안 된다.

⑥ 참여자들이 교수자와 수업 내용에 익숙해질 수 있는 충분한 시간을 가진 후 정보가 수집되어야 한다.

⑦ 자연스런 상황에서 정보가 수집되어야 한다. 예컨대, 참여자들은 면접하기 위해서 한꺼번에 그들을 평가자의 사무실로 오도록 해서는 안 된다. 그렇게 된다면 타인을 의식한 나머지 자신의 생각을 자유롭게 표현하지 못하게 된다.

⑧ 부정확하거나 편파적인 지각에 기초를 두어서는 안 되기 때문에 가능하다면 자신의 정보와 다른 정보를 대조하여 검토해야 한다. 평가자료는 특정한 사람이나 집단의 편향적인 시각이 아니라 대다수 사람들의 일반적인 시각이 포함된 것을 수집해야 자료의 객관성을 보장할 수 있다.

3) 평가자료 분석 및 해석

수집된 자료는 평가목적과 내용에 맞추어 적절한 분석을 실시해야 한다. 수집된 자료의 분석과 해석이 적절하지 못하면 제대로 된 평가의 결과를 얻지 못한다. 자료 분석은 크게 양적 분석과 질적 분석으로 나눌 수 있다. 어떤 방법을 사용하느냐 하는 것은 수집된 자료의 성격에 따라 잘라질 수 있다. 예컨대 수집된 자료가 양적인 자료로 되어 있을 경우 일반적으로 통계적 분석 방법을 사용하며 질적인 자료로 되어 있을 경우 질적인 분석 방법을 사용한다. 이들 방법을 살펴보면 다음과 같다(김미자 외, 2014, 권순달, 2011).

(1) 양적 분석

양적 분석은 정확한 수량을 나타내는 통계적 분석 방법을 사용한다. 양적 분석의 자료는 일반적으로 두 가지 단계로 구분된다. 첫 번째 단계는 빈도, 평균, 표준편차, 분산 등과 같은 기술적 통계치를 구하게 된다. 이러한 통계치는 모든 양적 자료 분석에서 기본적으로 구해지고 있다. 이 단계에서 구해진 통계치를 가지고 집단 간의 차이를 구하거나 비교할 수 있게 된다. 두 번째 단계는 추리통계로 모집단의 모수치를 파악하기 위하여 가설검증을 하게 된다. 분석 결과 집단 간의 차이가 없다면 영가설이 받아들여지게 되므로 더 이상 자료 분석을 진행할 필요가 없지만 차이가 있다면 그러한 차이가 의미 있는 차이인가에 대하여 검증을 하게 된다. 이렇게 하는 것을 통계적 용어로 유의도 검정이라고 한다.

양적 분석은 매우 다양한 기법이 사용되고 있다. 이러한 방법 중에서 어떤 통계적 기법이 적합한가를 결정하려면 다음의 몇 가지 요소를 고려하여야 한다. 우선, 자료가 어떤 척도 형태로 수집되었는가에 따라 자료 분석 기법은 달라진다. 다음에는 비교하는 집단의 수와 평가설계 및 연구설계를 검토해야 한다. 이와 함께 표본의 크기(30미만, 30이상)에 따라 검증방법이 달라진다.

양적 분석은 흔히 질문지의 형식에서는 선택형이 해당되며 학습목표 평가 영역에서는 지적영역에 해당되는 경우가 많다. 양적 분석인 통계적 방법을 사용해서 분석할 때는 자료가 가지는 오류를 최소화할 필요가 있다. 통계적 오류는 전체 평가에 대한 객관성이나 일반화를 제어하기 때문에 오류를 발견하거나 대처하기 위한 방안을 마련해야 한다.

(2) 질적 분석

질적 분석은 질적 평가의 환경이나 평가가 진행되는 상황에 대한 맥락적인 부분을 제공하기 때문에 자료가 의미하는 내용이나 숨은 뜻을 파악해야 한다. 따라서 질적인 형태의 자료는 항목별로 유목화하거나 유사한 점, 다른 점 등 어떤 의미 있는 체계에 의해 분석하는 것이 필요하다. 또한 질적 자료는 자료 해석에 대한 명확한 근거를 마련하지 않으면 주관적인 형태로 평가되기 쉽다. 따라서 평가를 위한 기준을 명확히 마련하여 평가를 진행해야 한다.

질적 자료의 유용성을 높이기 위해서는 평가 목표를 명확히 하고 목표 준거별

자료 제시를 위한 사전 계획을 명확히 해야 한다. 흔히 질적 분석은 질문지의 문항 형식에서는 서답형이 해당되며 학습목표 평가 영역에서는 주로 정의적 영역에 해당되는 경우가 많다. 따라서 관찰결과, 면담 결과, 의견조사(논평) 등을 통해 수집된 질적인 형태의 자료를 항목별로 유목화하거나 유사한 점, 다른 점 등 어떤 의미 있는 체계에 의해 분석한다.

이러한 질적 분석은 경우에 따라 동일한 자료에 대해 양적 분석 방법과 병행되어서 사용될 때도 있다. 이와 같이 문화예술교육 프로그램의 평가는 양적 평가도 중요하지만 학습자들이 문화예술교육을 직접 경험하고 체험하는 과정 자체에 보다 큰 의미가 부여됨으로 프로그램이 진행되는 과정에서의 어떠한 변화를 나타내는지를 질적 분석을 통해 살펴봄으로써 양적 분석에서 얻을 수 없는 보다 구체적이고 가치 있는 다양한 정보들을 수집할 수 있다.

이상에서와 같이 수집된 자료로부터 의미 있는 결과를 도출해 내기 위해서는 무엇보다도 그 자료의 특성에 맞는 분석기법을 선택하여 적용하는 것이 중요하다.

4) 평가결과 보고

평가자료의 분석결과를 정리하고 해석이 이루어지고 나면 이를 적절한 형태로 요약·정리하여 필요한 대상에게 보고하게 된다. 보고에 앞서, 만약 프로그램이 실패 했다면 그 원인을 먼저 진단해야 한다. 따라서 여기에서는 프로그램의 실패 유형에 대해 먼저 알아본 다음, 평가결과 보고의 기능과 평가결과를 어떻게 보고할 것인가에 대해 살펴보고자 한다.

(1) 프로그램 실패의 유형

프로그램의 실패 원인은 대체로 크게 네 가지 유형으로 분류해 볼 수 있다. 첫째, 프로그램의 기획은 부분적으로 완성되었으나 실행되지 못한 경우, 둘째, 프로그램의 기획은 완성되었으나 충분한 등록을 유도하지 못해 프로그램이 취소된 경우 셋째, 프로그램이 실행되었지만 학습자들이 기대한 내용을 제공하지 못한 경우 넷째, 학습자들이 프로그램 실행에 만족감을 표시하였지만 설계된 목표에 달성하지 못한 경우 등이 해당된다. 각 유형에 따른 내용을 간략히 살펴보면 <표 8-6>과 같다.

〈표 8-6〉 프로그램 유형별 실패의 원인(성낙돈 외, 2013; 이화정 외, 2010)

유형	실패 원인	내용
1유형	프로그램의 기획은 부분적으로 완성되었으나 실행되지 못한 경우	• 불분명한 조직목표 혹은 불명확한 권한 배분 • 잘못 설정된 학습 고객 대상 • 활용가능한 자원에 대한 이해 부족 • 과도한 비용 내지는 설계의 미비 • 계획 완수 노력의 미흡
2유형	프로그램의 기획은 완성되었으나 충분한 등록을 유도하지 못해 프로그램이 취소된 경우	• 부적절한 교육비 책정, 시간계획, 장소 • 잠재적 학습자, 조직, 지역사회의 관심 부족 • 부적절한 마케팅 • 보다 매력적인 경쟁 프로그램 • 시장의 포화 상태 • 부적절한 지원서비스
3유형	프로그램이 실행되었지만 학습자들이 기대한 내용을 제공하지 못한 경우	• 미숙한 교수자 • 미숙한 운영자 • 불명확한 목표 • 프로그램의 내용과 참여자들의 요구 사이의 불일치 • 교육 외적 자원인 시설, 복지 등 비수업 자원의 질
4유형	학습자들이 프로그램 실행에 만족감을 표시하였지만 설계된 목표에 달성하지 못한 경우	• 비효과적인 프로그램 진행 • 불분명한 목표 • 목표에 대한 인식 부족 • 비현실적인 기대 • 목표 및 프로그램 형식 교수·학습방법들의 불일치 • 부적절한 학습 준비

<표 8-6>에서 제시한 바와 같이 프로그램 개발자는 이러한 프로그램의 실패 원인들을 살펴보고 보다 나은 프로그램을 개발하기 위한 방법들을 고안해야 한다. 예를 들면, 제 3유형의 경우 참여자들은 프로그램에 끝까지 참여하지 않거나 프로그램에 대하여 매우 부정적인 반응을 하게 되는데 이러한 실패를 피하고자 한다면 프로그램 기획자나 개발자는 프로그램의 목표가 참여자들의 요구에 일치하는지 확인할 때 신중히 고려하고 유능하고 식견이 풍부한 강사를 선택해야 한다. 또한 프로그램의 목표가 참여자들의 요구와 다르거나 애초의 계획대로 전달

되지 않고 있음을 발견했을 때에는 설령, 프로그램 운영 중일지라도 변화를 꾀할 수 있는 용기를 가져야만 한다(이화정 외, 2010: 188).

(2) 평가결과 보고의 기능

평가결과 보고는 프로그램의 가치를 전달하는 작업이다. 그러므로 평가 보고는 성공한 것만이 아니라 실패에 대한 기록도 요구한다. 이러한 정보는 조직의 관리와 점검 그리고 체제 유지를 위해 필수적인 사항이다. 보고서는 보고의 목적만이 아니라 프로그램을 지지하는 수단으로 혹은 학습자와 프로그램 개발자의 능력을 향상시킬 목적으로 작성되기도 한다. 또한 프로그램 후원단체의 지원을 얻기 위해서도 보고서의 작성은 중요한 작업이다. 이러한 보고의 기능을 살펴보면 다음과 같다(기영화, 2010: 218).

첫째, 프로그램 결과 보고는 교육 프로그램의 개선 및 유지의 기초 자료가 된다. 보고는 프로그램의 효과성을 알림으로써 다양한 고객들에게 프로그램의 새로운 방향과 주제, 변화 등을 지지하고 홍보한다.

둘째, 프로그램 결과 보고는 필요한 정보나 지원자료, 프로그램의 확장을 위한 근거를 제공한다. 책임자에게 의사결정을 위한 충분한 자료가 된다.

셋째, 프로그램 결과 보고는 홍보와 밀접한 관계를 유지하고 있다. 평가의 결론은 미래 프로그램을 개발하는 동기를 부여하고 일반 대중들에게 프로그램의 가치를 전달하는 등의 프로그램에 대한 긍정적인 인식을 갖게 하는 데 활용된다.

프로그램 개발자는 보고를 통해 프로그램의 효과를 요약·해석·기록할 수 있는 기회를 제공받는 것이므로 이 기회를 최대한 활용하도록 한다.

(3) 평가결과 보고서 작성 방법

평가결과 보고서 작성은 먼저, 보고의 목적을 확인하고 보고받을 대상자와 시기를 결정하고 보고의 형식 및 내용을 결정한다. 각 단계는 다음과 같다.

① 평가결과 보고의 목적 확인

평가결과 보고는 평가목적의 성격에 따라서 어떤 내용을 보다 중시할 것인가, 평가 자료를 어떠한 형태로 제시할 것인가, 보고서 양식과 내용 제시 방법을 어떤 것으로 선택할 것인가, 그리고 언제, 누구를 대상으로 보고할 것인가에 따라 달라질 수 있다. 일반적으로 활용되고 있는 주요 목적들을 살펴보면 다음과 같다(김용현 외, 2010: 274).

- 책임감을 과시하기 위한 것
- 프로그램을 정당화 및 타당화하기 위한 것
- 프로그램 관련자의 교육과 계몽을 위한 것
- 업적 보존 및 기록을 위한 것
- 대중의 지지나 후원을 얻기 위한 것
- 관련자의 프로그램에 대한 이해와 교육을 위한 것
- 프로그램에 대한 의사결정을 위한 것

② 보고 받을 대상자와 보고시기 결정

평가결과 보고를 누구를 대상으로 언제, 어떤 일정에 따라 실시해야 하는 가에 대한 계획을 세워야 한다. 평과결과 담당자가 직접 브리핑 형식으로 보고할 대상은 누구인가, 보고서만을 제출함으로써 보고할 수 있는 대상은 누구인가, 또는 보고서 내용 중 일부만을 발췌해서 또는 요약해서 공고 형식으로 또는 기사화해서 보고할 대상자는 누구인가 등을 사전에 고려하여 결정해야 한다. 아울러 결과 보고의 시기와 일정은 평가 요구자가 요청하는 시각에 적절하게 보고할 수 있는가, 필요한 경우에만 경제적으로 보고할 수 있는가, 특정 시기의 특정 개인이나 기관의 요청에 부응할 수 있는가, 예상치 않은 특별보고 요청에 융통성 있게 대응할 수 있는가, 다른 행사일정과 중복되거나 상충되지는 않는가, 평가 팀 내부의 상호 통신 기능에 부합하는가, 보고일정 및 방식이 계획적이고 체계적인가 등을 종합적으로 고려하여 판단해야 한다(김용현 외, 2010: 275).

③ 보고의 형식 및 내용 결정

보고의 대상과 시기가 결정되면 어떤 형식에 따라 어떤 내용을 보고할 것인지를 결정한다.

가. 보고의 형식

보고의 형식은 정보를 적절한 대상에게 전달하는 방법이다. 보고의 형식은 크게 구두보고와 서면보고로 구분할 수 있다. 구두보고는 간단한 내용 전달이나 전화보고뿐만 아니라 학술대회나 워크숍, 세미나 등 각종 모임에서의 발표도 포함된다. 서면보고는 해당분야의 전문 학술지에 보고서를 개재하거나 기관의 기록물, 사보나 신문, 잡지 등의 출판물에 보고할 수도 있다. 또한 인터넷을 통한 전자메일(e-mail)역시 서면보고에 해당된다. 보고서의 형식은 다음과 같다.

〈표 8-7〉 보고서 형식(기영화, 2010: 219)

형식	내용
기본형식 보고서	• 프로그램의 목표, 결과, 제언을 기술한 기본 형식에 맞춘 보고서이다. • 보고서의 영역과 길이는 자료에 관한 목적과 대상에 따라 달라진다.
형식 보고서의 요약	• 요약은 완전한 보고서의 시작부분에서 발견할 수 있고 또는 분리되어 배포될 수도 있다.
신문 형식의 보고서	• 신문 스타일의 보고서는 프로그램의 특정한 참가자, 활동, 결과 등의 측면을 부각시킨다.
사례 연구 보고서	• 특정한 교육적 상황을 기술한다. 사례는 프로그램의 주요 양상을 예를 들어 설명해 준다.
포스트 및 게시판	• 핵심 인사들이 있는 조직에서 전략적으로 사용한다.
미디어 프레젠테이션	• 슬라이드, 비디오테이프, 비디오디스크 등을 사용할 수 있다.
작품 전시	• 교육 프로그램의 결과로 산출된 작품을 전시한다. 일반적으로 브로셔나 팜플렛과 함께 복합적으로 사용된다.
구두 보고서	• 스태프나 위원회 미팅 등에서 사용할 수 있다.
브로셔, 팜플렛, 전자메일(E-mail)	• 단일형식의 보고사와 함께 복합적으로 사용할 수 있다.

나. 보고서 내용

평가 보고서는 평가에 대한 공식적인 기록이며 평가기간 동안 진행된 각종 활동과 그 결과를 발표하는 것이다. 평가 보고서는 그 평가 보고서를 읽는 사람이 쉽게 이해할 수 있도록 작성되어야 하며 신뢰감을 줄 수 있어야 한다. 따라서 체계적인 절차와 논리적인 설명이 필요하다. 일반적으로 평가결과 보고서에 포함되어야 할 내용은 교육기관에서 이미 사용하고 있는 양식에 따라 작성되지만 흔히 현안문제와 관계자들의 관심에 맞추어 크게 서론, 본론, 제언의 세 영역으로 나누어 기술할 수 있다.

서론 부분에서는 보고의 목적과 다루게 될 내용에 대해 간략히 기술한다. 본론 부분에서는 프로그램 개요나 진행과정에 관한 내용을 간략하게 정리하고 프로그램 참여자들의 현황과 특성 및 프로그램 활동에 대해 기술한다. 그리고 프로그램 평가 설계 및 조사 계획과 평가결과 및 결론 등을 간략히 기술한다. 또한 재정관리와 예산 실행에 대해 자세히 기술하고 프로그램 진행과정에서 예상치 않게 발견된 문제섬이나 평가결과를 통해 제시된 문제점들을 기술하고 이에 대한 개선점 등에 대해 기술하도록 한다.

제언 부분에서는 향후 미래 활동계획에 대한 제언을 기술한다. 이 밖에 공동서비스, 공동스폰서, 재정지원, 편의제공 등과 같이 다른 기관과의 네트워크 상황을 명백히 제시하도록 한다. 이와 같이 보고서 작성이 끝나면 스태프 회의를 열어 프로그램 결과를 검토하고 최종 보고서의 형태로 기관에 제출한다(이화정 외, 2010: 192).

평가 보고서의 내용 구성의 예

- 표지
- 목자

1. 서론
   1) 보고서의 목적
   2) 보고서의 정보 획득 경로(보고서의 정보를 어떻게 얻었는가?)
   3) 보고서에 다루게 될 내용에 대한 개관(보고서에서는 무엇을 말할 것인가?)

2. 본론
   1) 프로그램의 목적과 목표 기술
   2) 프로그램 내용 등을 간략히 기술
   3) 프로그램 참여자들의 현황과 특성 기술

4) 프로그램 참여자들의 활동 기술
5) 프로그램 평가 조사 계획 또는 설계 기술
6) 프로그램 평가 결과 및 결론 기술
7) 재정관리, 예산 실행에 대한 기술
8) 문제점 및 개선점 기술
9) 기타

3. 제언
향후 미래 활동 계획에 대한 제언

※ 부록

이상에서 제시한 보고서의 구성 내용은 일반적인 보고서의 형식에 따른 것이다. 프로그램 결과 보고는 실제로 한 대상에게만 이루어지는 것이 아니라 여러 목적으로 여러 대상에게 보고되기 때문에 가급적 기존 형식의 보고서를 충실히 작성해 둘 필요가 있다. 이를 토대로 보고 받을 대상에 따라 혹은 보고 형식에 따라 구체적으로 또는 약식으로 작성하는 데 도움이 될 수 있다.

보고서 작성을 마친 후 프로그램에 관한 질문과 관심사를 분명히 하기 위해 주요 인사나 핵심그룹과 추가적인 대화를 하는 것도 중요하다. 이러한 대화는 공식적·비공식적으로 행할 수 있다.

5) 평가결과의 활용

프로그램 평가절차의 마지막 단계는 평가결과의 활용이다. 평과결과의 활용은 크게 도구적 활용, 개념적 활용, 상징적 활용의 세 가지로 분류될 수 있다(김한별 외, 2010: 198-199).

첫째, 평가결과의 도구적(instrumental) 활용은 평가 결과에 근거하여 프로그램과 관련한 제반 의사결정을 내리는 것을 말한다. 프로그램과 관련한 전 영역에 걸쳐 개선이나 교육계획의 타당성을 판단할 뿐만 아니라 프로그램의 개혁, 수정 혹은 패기를 결정하고 교수자(강사) 및 교육행정 요원의 질을 향상시키는 등 구체적인 판단 및 의사결정을 위해 활용된다. 따라서 평가의 도구적 활용은 프로그램 관련

제반 의사결정에 목적이 있다.

둘째, 평가결과의 개념적(conceptual) 활용은 프로그램 평가결과가 프로그램을 이해하는 데에 활용되는 것을 말한다. 교육 프로그램의 효과성과 유용성 등에 대한 평가 정보는 프로그램을 이해하는 기본 자료가 될 수 있다. 이러한 평가결과를 통해 프로그램 개발자 및 운영자는 교육 프로그램이 어떻게 작동되고 있으며 결과가 어떤지 또는 의도했던 결과가 나오지 않았다면 왜 그런지에 이해할 수 있게 된다. 뿐만 아니라 그 외의 이해관계자들도 평가결과를 통해 프로그램에 대해 이해함으로써 관심을 가지게 되거나 협조할 수 있게 된다. 따라서 평가의 개념적 활용은 프로그램의 운영과 성과에 대한 이해에 목적이 있다.

셋째, 평가결과의 상징적(symbolic) 활용은 프로그램 평가결과가 프로그램과 관련하여 다른 이해 관계자들을 설득하는 데 활용되는 것을 말한다. 프로그램 평가결과는 주로 프로그램의 목표 달성 정도 및 학습자의 학업성취도, 학업 수행 적용수준, 성과 향상의 기여도 등의 정보를 포함하게 되는데 이는 교육 프로그램과 관련한 설득의 기본 자료가 된다. 프로그램 평가를 통해 프로그램에 대한 투자를 정당화할 수 있으며 나아가 교육담당자 및 부서의 생산성과 효율성을 증명할 수 있다. 따라서 평가의 상징적 활용의 목적은 교육 프로그램에 대한 정치적 설득에 있다.

REFERENCE

가영희·성낙돈·김수현·장청옥(2011). 교과교육론. 서울: 동문사.

강이철(2011). 교육방법 및 교육공학의 입문. 서울: 양서원.

강현석·주동범(2004). 현대 교육과정과 교육평가. 서울: 학지사.

고재준·고선봉·변명식·신문영·유병우·윤태평 외 1인(2003). 마케팅. 서울: 범안.

기영화(2010). 평생교육 프로그램 개발. 서울: 학지사.

구승회(2011). 문화예술과 마케팅. 부산: 신라대학교출판부.

국립민속박물관(2007). 2007 교육백서-박물관교육의 새로운 이해. 서울: 국립민속박물관.

권낙원·김동엽(2007). 교수-학습 이론의 이해. 서울: 문음사.

권대봉(2003). 인적자원개발의 개념 변천과 이론에 대한 종합적 고찰. 서울: 원미사.

권대훈(2008). 교육심리학의 이론과 실제. 서울: 학지사.

권순달(2011). 교육연구의 이해. 서울: 양서원.

권건일(2006). 교육학 개론. 서울: 양서원.

기영화(2010). 평생교육 프로그램 개발. 서울: 학지사.

김주건·팽영일·박희숙·강인숙(2006). 교육학 탐구. 서울: 형설출판사.

김국현(2012). 교육학개론. 서울: 교육과학사.

김대현·김석우·김영환·김정섭·김회용·박수홍 외(2015). 교육과 교육학. 서울: 학지사.

김대현·김석우(2003). 교육과정 및 교육평가. 서울: 학지사.

김두범·박영희(2006). 실기교육방법론. 서울: 학이당.

김리아(2013). 문화예술교육이 가치 변화에 미치는 영향: 명화가 있는 가치카드 프로그램을 중심으로. 이화여자대학교 석사학위논문.

김미자·전남련·윤기종·정현숙·오 주·박정란(2014). 사회복지 프로그램 개발과 평가. 서울: 양서원.

김민주·이보아·홍영주·박성신·용호성·오진이(2005). 컬덕시대의 문화마케팅. 서울: 미래의 창.

김세훈·김형숙·박만용·안이영노·한국문화관광정책연구원(2004). 문화예술교육 중장기 발전 방안. 서울: 한국문화관광정책연구원.

김소영(2015). 문화예술교육 프로그램이 학습자의 창의·인성 발달에 미치는 영향 연구: 자기효능감의 매개효과를 중심으로. 추계예술대학교 석사학위논문.

김송아(2010). 문화예술교육이 시민의식 수준에 미치는 영향에 관한 연구: 부천시 사회

문화예술교육을 중심으로. 서울시립대학교 석사학위논문.
김신애(2015). 문화예술교육 지원사업 조사연구. 진주교육대학교 석사학위논문.
김우경(2014). 공공공연장(公共公演長) 문화예술교육 프로그램의 발전방안 연구. 중앙대학교 석사학위논문.
김영숙·김욱·엄기욱·오만록·정태신(2003). **사회복지 프로그램 개발과 평가**. 서울: 교육과학사.
김영종(2004). **사회복지 프로그램 개발과 평가**. 서울: 학지사.
김용현·김종표·문종철·이복희(2013). **평생교육 프로그램 개발론**. 서울: 양서원.
김주건·팽영일·박희숙·강인숙(2006). **교육학 탐구**. 서울: 형설출판사.
김진화(2011). **평생교육 프로그램 개발론**. 서울: 교육과학사.
김태윤(2019). 초등학교 고학년아동의 정서지능향상을 위한 노래중심음악교육프로그램 개발과 효과. 신라대학교 박사학위논문.
김한별·박소연·유기웅(2010). **평생학습을 위한 프로그램 개발 및 평가**. 서울: 양서원.
김현주(2011). 학생유지를 위한 효과적인 대학마케팅 개선방안에 관한 연구. 건국대학교 석사학위청구논문.
김희수(2010). **교육심리학**. 서울: 신정.
남정걸(2008). **평생교육 경영학**. 경기: 교육과학사.
노희선·박석규·서의정·정석환(2012). **쉽게 풀어쓴 교육학 개론**. 서울: 양서원.
노혜란·박선희·최미나(2013). **교육방법 및 교육공학**. 서울: 교육과학사.
류지헌·김민정·김소영·김혜원·손찬희·이영민·임 걸(2013). **교육방법 및 교육공학**. 서울: 학지사.
류한별(2013). 학교문화예술교육이 중학생에게 미치는 영향에 관한 실증분석: 정의·인지·사회적영역의 효과를 중심으로, 서울시립대학교 석사학위논문.
문은식·박선환·정미경(2014). **교육 심리학**. 서울: 공동체.
문화관광부(2004). **새로운 한국의 예술정책**. 문화관광부.
문화체육관광부(2010). 유네스코 세계문화예술교육대회 조직위원회. 색깔의 꽃과 새 그리고 물고기를 위하여. 문화체육관광부.
문화체육관광부(2012). 2011 문화예술정책백서.
박성익·임철일·임재경·최정임(2009). **교육방법의 교육공학적 이해**. 경기: 교육과학사.
박소현(2010). **2011 문화예술 트렌드 분석 및 전망**. 한국문화관광연구원.

REFERENCE

박숙희·염명숙(2008). 교수-학습과 교육공학. 서울: 학지사.

박신의(2002). 문화예술경영 이론과 실제. 서울: 생각나무.

박인우(1996). 효율적 집단상담 프로그램 개발을 위한 체제적 모형 지도 상담. 계명대학교 학생생활연구소, 20, pp.19-40.

박인학·이주헌(2002). 교육과정 및 교육평가. 서울: 대왕사.

박주혜(2010). 강좌형 문화예술교육 프로그램의 기능과 효과에 관한 연구: 국·공립 공연장을 중심으로. 추계예술대학교 석사학위논문.

백영균·박주성·한승록·김정겸·최명숙·변호승 등(2006). 교육방법 및 교육공학. 서울: 학지사.

변영계·김영환·손 미(2006). 교육방법 및 교육공학 서울: 학지사.

__________________(2012). 교육방법 및 교육공학. 서울: 학지사.

변창진·최진승·문수백·김진규·권대훈(1996). 교육평가. 서울: 학지사.

성낙돈·가영희·조현구(2013). 평생교육방법론. 서울: 동문사.

성태제·강대중·강이철·곽덕주·김계현·김천기·김혜숙(2005). 최신교육학개론. 서울: 학지사.

성태제·시기자(2012). 연구방법론. 서울: 학지사.

손은주·추성경·임희수(2014). 교육방법 및 교육공학. 경기: 교육과학사.

손충기(2006). 교육연구방법론. 서울: 태영출판사.

신동로(2007). 교육과정 및 교육평가. 서울: 형설출판사.

신명희·박명순·권영심·강소연(2004). 교육심리학. 서울: 학지사.

신승환(2008). 문화예술교육의 철학적 지평. 경기도: 한길아트.

신응섭·이재윤·남기덕·문양호·김용주·고재원(2008). 리더십의 이론과 실제. 서울: 학지사.

신재흡(2012). 교육방법 및 교육공학의 이론과 실제. 서울: 동문사.

양명희(2000). 자기조절학습의 모형 탐색과 타당화 연구. 서울대학교대학원 박사학위논문.

양병찬(2003). 평생교육 프로그램 개발. 권이종 외, 평생교육방법론. 서울: 교육과학사.

오인경·최정임(2005). 교육 프로그램 개발 방법론. 서울: 학지사.

용호성(2015). 예술경영. 서울: 김영사.

유구종·강병재·박선희(2013). 교육방법 및 교육공학. 서울: 창지사.

유승우·임형택·권충훈·이성주·이순덕·전희정(2014). 교육방법 및 교육공학. 서울: 양서원.

유혜경(1997). 예술교육. 서울: 학연사.
윤명희·서희정·성수현·고영화(2009). 평생교육 조사방법론. 서울: 학지사.
윤옥한(2014). 평생교육 프로그램 개발. 서울: 양서원.
윤주국(2005). 초등학교 교육내용의 문화교육적 분석. 경북대학교 박사학위논문.
이기성(2014). 인적자원개발론. 서울. 학지사.
이동연(2008). 예술을 넘어서 열 개의 문화고원. 경기도: 한길아트.
이병석·박완성(2005). 실기교육방법론. 서울: 학지사.
이병진(2010). 교육리더십. 서울: 학지사.
이성호(2001). 교수방법론. 서울: 학지사.
이신동·조형정·정선영·정종원(2014). 교육방법 및 교육공학. 서울: 양서원.
이용관(2003). 관객개발을 위한 예술교육과 그 효과성에 관한 연구: 미국과 한국의 공연예술을 중심으로. 성균관대학교 박사학위논문.
이종승(2011). 연구방법론. 서울: 교육과학사.
이참슬(2013). 한국문화예술교육 프로그램 교육목표의 교육학적 분석 및 의미. 상명대학교 석사학위논문.
이칭찬·신민희(2006). 신교육방법 및 교유공학. 서울: 동문사.
이칭찬·이의길(2007). 교육방법 및 교육공학. 서울: 태영출판사.
이홍수(1996). 교육개혁과 예술교육의 방향. 21세기 예술교육의 역할과 진로 제4회 학술세미나, 한국교원대학교 예술교육연구소.
이화여자대학교 교육공학과(2006). 교육공학. 서울: 교육과학사.
이화정·양병찬·변종임(2010). 평생교육 프로그램 개발의 실제. 서울: 학지사.
이희진(2015). 공공공연장 체험형 문화예술교육 프로그램 분석. 안동대학교 석사학위논문.
임광명(2003). 교양교육학 개론. 서울: 형설출판사.
임창재(1999). 교육심리학. 서울: 학지사.
임형택·권재환·권중훈·김경열·김두열·김인숙 외 10인(2013). 평생교육방법론. 서울: 공동체.
장원섭(2011). 인적자원개발 이론과 실천. 서울: 학지사.
전대련(2010). 함께하는 교육학. 서울: 마이쌤.
정명화·김신곤·권 기·김준규·신경숙(2009). 교육방법 및 교육공학. 서울: 학지사.

REFERENCE

조규락·김선연(2006). 교육방법 및 교육공학. 서울: 학지사.

조성일·신재흡·최혜영(2006). 교육방법 및 교육공학의 이론과 실제. 서울: 동문사.

조형은(2010). 구성주의적 접근을 통한 학습자 중심 문화예술교육 연구: 우리나라 문화예술교육을 중심으로. 중앙대학교 석사학위논문.

주용국·홍은실(2013). 교육 프로그램 개발의 이론과 실제. 서울: 동문사.

차갑부(1999). 성인교육방법의 탐구. 경기: 양서원.

최정임(2002). 인적자원개발을 위한 요구분석 실천가이드. 서울: 학지사.

최현묵(2008). 문화예술교육이 문화복지로서의 삶의 질에 미치는 영향에 관한 연구. 성균관대학교 박사학위논문.

한국문화정책개발원·정갑영·김세훈·전성수·주대창(2000). 초등생 문화예술교육 프로그램 개발. 서울: 한국문화정책개발원.

한국문화정책연구원(2004). 문화예술교육 활성화를 위한 정책기반 조성방안 연구.

한국문화예술교육진흥원(2016). http://www.artc.or.kr.

한상만·하영원·장대령 외(2004). 경쟁우위 마케팅 전략. 서울: 박영사.

한정선(2004). 교육공학: 인포맵을 통해 찾아 본 뿌리와 줄기. 서울: 교육과학사.

한승희(2012). 국가지원 문화예술교육 프로그램의 방향에 대한 고찰. 건국대학교 석사학위논문.

홍기칠(2012). 교육방법 및 교육공학. 서울: 공동체.

홍은실(2011). 전뇌학습에 기반 한 초등색채수업프로그램 개발: 정서 지능함양을 중심으로. 경성대학교 박사학위논문.

황연주(2005). 문화교육과 예술교육의 관계고찰. 예술교육연구, 3(3), pp.83-96

황연주·정현희(2005). 문화예술교육의 미술교육적 논의. 미술교육논총, 19(1). pp.1-28.

황정규·서민원·최종근·김빈성·양명희·김채철 외 6인(2011). 교육평가의 이해. 서울: 학지사.

Ashton, P. T.(1984). Teacher efficacy: A motivational paradigm for effective teacher education. *Journal of Teacher Education,* 35(5), pp.28-32.

Beder, H.(1986 ed). *Marketing Continuing Education*. San Francisco, CA: Jossey-Bass.

Bates, A. W.(1995). *Technology, open learning and distance education*. London & New York: Routledge.

Berryman, S. E.(1997). Designing effective learning environments: Cognitive apprenticeship models, *Document no. BI-1(brief)*. New York: Institute on Education and the Economy.

Bloom, B. S.(1956). *Taxonomy of educational objectives: The classification of educational goals- Handbook I. Cognitive domain.* New York: David McKay.

Boone. E. J.(1985). *Developing Programs in Adult Education.* Englewood Cliffs. N. J.: Prentice-Hall. Inc.

Boyle, P. G.(1982). *Planning Better Programs*, Mcgraw-Hill Book Company.

Bradshaw, J.(1972). *A taxonomy of social need. in McLachlan G (ed.)* Problems and progress in medical care. Seventh series NPHT/Open University Press.

Bruner, J. S.(1960). *The process of education*. Cambridge, Mass: Harvard University Press.

Bruner, J. S.(1966). *Toward a theory of instruction*. NY: W. W. Worton & Co.

Caffarella, R. S.(1994). *Planning programs for adult learners,* San Francisco: Jossey-Bass

______________(2002). *Planning programs for adult learners: A practical guide for educators, trainers, and staff developers(2nd ed.),* San Francisco: Jossey-Bass

Clark, L. H., & Starr, I. S.(1986). *Secondary and middle school teaching methods*(5th ed.). New York: Macmillan.

Crnobach, L. J.(1969). Evaluation for course improvement. *Teachers college Record, 64,* pp.672-684.

Dick, W., Carey, L., & Carey,(2005). *The systematic design of instruction*. Addison-Wesly.

Gagné, R M., & Briggs, L. J.(1979). *Principles of instructional design.* New York: Holt, Rinehart & Winston.

Gagné, R. M.(1977). *The condition of learning*(2nd ed.). New York: Holt, Rinehart and Winston.

Gagné, R. M.(1985). *The cognitive psychology of school learning.* Boston: Little Brown and Company.

Gronlund, N. E.(1970). *Stating behavioral objectives for classroom instruction.* New York: Prentice-Hall.

REFERENCE

Heinich, R., Molenda, M., Russell, J. D., & Smaldino, S. E.(1996). *Instructional media and technologies for learning.* Englewood Cliffs, N. J.: Prentice-Hall.

Keller, J. M.(1979). Motivation and instructional design: A theoretical perspective. *Journal of Instructional Development,* 2(4), pp.26-34.

Keller, J. M.(1987). Strategies for stimulating the motivation to learn. *Performance and Instruction,* 26(8), pp.1-7.

Kemp, J. E., & Smellie, D. C.(1989). *Planning, producing and using instructional media.* New York: Harper & Row.

Kirkpatrick, D. L.(1967). 'Evaluation of Training' In R. Craig, & L. Bittel(Eds.), *Training and Development Handbook.* New York: McGraw Hill.

Kirkpatrick, D. L.(1998). *Evaluating training programs: The four levels.* San Francisco: Bettett-Koehler.

Korter, P., & Levy, S.(1978). Broadening the Concept of Marketing. *Journal of Marketing,* Jan. pp.10-15.

Kotler, P., & Zaltman, G.(1971). Social Marketing: An Approach to Planned Social Change. *Journal of Marketing.* July, 35(3). pp.3 - 12.

Kowalski, T. J.(1998). *The organization and planning of adult education.* Albany, NY: State University of New York Press.

Krathwohl, D. R., Bloom, B S., & Masia, B. B.(1964). *Taxonomy of educational objectives, Volume 2: Affective Domain.* New York: McKay.

Mager, R. F.(1962). *Preparing instructional objective.* Palo Alto, CA: Fearan.

Maslow, A. H.(1954). *Motivation and personality.* New York: Harper.

Osborn, A. F.(1953) *Applied imagination: Principles and procedures of creative thinking.* New York: Scribne.

Philips, J. J.(1997). *Return on investment in training and performance improvement program: A step-by-step manual for calculating the financial return.* TX: Gulf publishing Company.

Reigeluth, C. M.(1987). *Instructional theories in action: Lessons illustrating selected theories and models.* Hillsdale, N. J.: Lawrence Erlbaum Associates.

Scriven, M.(1967). The methodology of evaluation In R. W. Tyler, R. M. Gagne, & M.

Scriven(Eds.), *Perspectives of curriculum evaluation.* Chicago, IL: Rand. McNally.

Seels, B. B., & Richey, R. C.(1994). *Instructional Technology: The definition and domains of the field.* Washington, D. C.: AECT.

Simerly, R. G.(1989). *The Strategic Role of Marketing for Organizational Success, in* Simerly, R. G. and Associates(1989). *Handbook of marketing for Continuing Education.* San Francisco: Jossey-Bass.

Simpson, E. J.(1966). The classification of educational objectives: Psychomotor domain. *Illinois Teacher of Home Economics*, 10, pp.110-144.

Stufflebeam, D. L.(1971). *Educational evaluation and decision making*. Lithaca, I. L.: Peacock.

Stufflebeam, D. L.(1973). *Toward a science of educational evaluation*. Englewood Cliffs, N. J.: Educational Technology.

Tyler. R. W.(1949). *Basic principles of curriculum and instruction.* The University of Chicago Press.

Simerly, R. G., & Associates.(1989). *Handbook of Marketing for Continuing Education.* San Francisco: Jossey-Bass.

INDEX

• 주제어 •

가

나

다

찾아보기

INDEX

• 인명 •

INDEX

홍은실

경성대학교 대학원 교육학과 졸업(교육학 박사)

신라대학교 대학원 문화예술경영학과 박사수료

대구대학교 재활과학대학원 미술치료학과 졸업(미학 석사)

신라대학교 미술학과 서양화과 졸업(미술학 학사)

현: 경성대학교 교육인재개발연구소 선임연구원

경성대학교 교육학과 외래교수

브레인인재개발교육연구소 소장

김태윤

신라대학교 음악학부 졸업 및 대학원 석사졸업

신라대학교 일반대학원 예술학박사(Ph.D)졸업

현: 고신대학교 음악과 초빙교수

한국음악교수법협회 이사

글로벌문화예술콘텐츠협회 대표

안원현

현: 신라대학교 미술학과 교수

신라대학교 대학원 문화예술경영학과 및 미술치료학과 주임교수

문화예술교육 프로그램 개발의 이론과 실제

초판 1쇄 발행 / 2020년 2월 20일
초판 2쇄 발행 / 2024년 8월 30일

공저자 / 홍은실 . 김태윤 . 안원현
발행인 / 이 중 수
발행처 / **동 문 사**

서울특별시 서대문구 홍제원 1길 12
(홍제동 137-8)
Tel: 02)736-3718(대), 736-3710, 3720
Fax: 02)736-3719
등록번호: 1974.04.27 제9-17호
가격: 23,000원

ISBN: 979-11-6328-181-8(93370)
E-mail: dong736@naver.com
www.dongmunsa.com